E STAATEN
TEXAS
N.Orleans
del Norte
NUEVO LEON
Monterey
Bagdad
Matamoros
TAMAULIPAS
Victoria
GOLF VON MEXIKO
Tampico
Rio Panuco
LUIS POTOSI
San Luis Potosi
Jalpan
Dolores
Guanajuato
Ixmiquilpan
Queretaro
HIDALGO
Juan del Rio
Pachuca
Tulancingo
Guadalupe
Morelia
Texcoco
MEXICO
Los Reyes
Tlaxcala
Rio Frio
Toluca
Jalapa
VERA CRUZ
S. Juan d'Ulloa
Cordoba
PUEBLA
La Soledad
Tlacotalpam
Tehuacan
San Sebastian
Rio Mescala
GUERRERO
Ayutla
Acapulco
OAXACA
Oaxaca
Tehuantepec
TABASCO
Jalapa
CHIAPAS
S. Cristobal
Progreso
Merida
YUCATAN
Valladolid
Campeche
CAMPECHE
QUINTANAROO
BR. HONDURAS
GUATEMALA
Guatemala
HONDURA
SALVADOR

Hartwig A.
Vogelsberger

KAISER VON MEXIKO

Hartwig A. Vogelsberger

KAISER VON MEXIKO

Ein Habsburger auf Montezumas Thron

Amalthea

Bildnachweis

Aus dem Buch »Schloß Miramare – Das Historische Museum« von Dr. Rossella Fabiani, Triest, 1989. Mit freundlicher Genehmigung der Autorin: 2, 3, 5
Bildarchiv der Österreichischen Nationalbibliothek: 4, 6, 7, 8, 9, 10
Privat: 1

Umschlag: Wolfgang Heinzel
Umschlagbild: Archiv für Kunst und Geschichte, Berlin;
Gemälde von E. Manet, »Die Erschießung Kaiser Maximilians«
Herstellung: VerlagsService Dr. Helmut Neuberger &
Karl Schaumann GmbH, Heimstetten
Satz: Ludwig Auer GmbH, Donauwörth
Gesetzt aus 10/12 Punkt Aldus
Druck und Bindung: Wiener Verlag, Himberg bei Wien
Printed in Austria 1992
ISBN 3-85002-322-2

OTTO VON HABSBURG
dem großen Europäer

Inhalt

Vorwort

In den frühen Morgenstunden des 19. Juni 1867 krachen auf einem Sandhügel im mexikanischen Querétaro sieben Schüsse. Fünf davon treffen den Körper des Mannes, der hier exekutiert wird. Der zum Tode Verurteilte, der mit nach vorne gerichtetem Kopf zu Boden fällt, verrät noch Anzeichen letzter ersterbender Kraft und zuckt, kaum merklich, einige Male auf. Ein Offizier tritt an den Liegenden heran, dreht ihn mit seinem Säbel um und deutet wortlos mit dessen Spitze auf das Herz des Sterbenden. Daraufhin nähert sich ein Mitglied des Exekutionskommandos und gibt aus kürzester Entfernung einen gezielten »Gnadenschuß« ab.

Dieser Schuß ins Herz markiert das schreckliche Ende des zweiten mexikanischen Kaiserreiches, personifiziert durch den eben getöteten Habsburgprinzen Erzherzog Ferdinand Max, der – obwohl Österreicher und Europäer – als vielleicht tragischste Figur der neueren Geschichte Mexikos angesehen werden kann, und zugleich das qualvolle Scheitern des »jammervollsten Versuches, in Mexiko eine Monarchie europäischen Stils zu errichten«, wie Golo Mann das berühmt-berüchtigte mexikanische Abenteuer des jüngeren Bruders von Kaiser Franz Joseph I. von Österreich-Ungarn bezeichnete. Der ehrgeizige junge Mann, der von seinem Triester »Märchenschloß« Miramar ausgezogen war, um im fernen Mexiko glorreiche Geschichte zu schreiben, avancierte in Wirklichkeit nur zu einem machtlosen Marionettenkaiser. Maximilian I. von Mexiko war seinem angeblichen Gönner Napoleon III., dem Initiator dieser katastrophalen Quichotterie mit tödlichem Ausgang, auf Gedeih und Verderb ausgeliefert.

Ferdinand Maximilian, der ehemalige Vizekönig von Lombardo-Venetien, hatte stets darunter gelitten, nur »zweiter Sohn« zu sein und daher keinen Anspruch auf die österreichische Krone bekunden zu können, solange ihm sein allmächtiger pragmatisch denkender Bruder im Weg stand. Der schöngeistige, in letzter Instanz auch nur pseudoliberale Träumer und zur Depression neigende entscheidungsschwache «cunctator«, der bereits auf der Überfahrt nach Mexiko ein hochkompliziertes Hofzeremoniell für sein neues blühendes Kaiserreich ausgearbeitet hatte, welches sich haargenau an den Prinzipien des von ihm verachteten Wiener Hofes orientierte, und dessen Lebenskreislauf auf dem Sandhaufen von Querétaro sein gewaltsam-schauriges Ende nahm, wird von der offiziellen mexikanischen Geschichtsschreibung bewußt totgeschwiegen.

Das einzige Kaiserreich, von dem die mexikanischen Geschichtsbücher künden, ist jenes von General Augustin de Iturbide, der sich 1822 als Augustin I. zum Kaiser Mexikos ausrufen ließ. Das »Kaisergastspiel« des Generals währte jedoch nur ganze zehn Monate; in dieser kurzen Zeit erlebte Mexiko aber immerhin seine größte Ausdehnung und wurde zum zeitweilig höchstbevölkerten Land auf dem amerikanischen Kontinent.

Als die republikanische Generalität ihren ehemaligen Kollegen Iturbide 1823 gewaltsam wegputschte, wie wir heute sagen würden, und Mexiko in der Folge zu einer besonders anarchistisch anmutenden Form der Republik zurückkehrte, dachte wohl kaum jemand daran, daß es nur 40 Jahre später gerade ein Habsburger sein würde – ein Prinz aus Europas vornehmstem Herrschergeschlecht –, der erneut die mexikanische Kaiserkrone tragen würde und drei Jahre lang als letzter Kaiser in einem ihm fremden und feindselig gesinnten, krisengeschüttelten Land herrschen sollte, dessen Geschichtsschreibung ihn bis zum heutigen Tag nicht akzeptiert – nicht zuletzt deshalb, weil es sich bei Maximilian I. um einen ungewollten Fürsten handelte, wie offizielle Stellen betonen.

Die tragische Herrschergestalt Maximilians figuriert in den heutigen Geschichtsbüchern Mexikos lediglich als Statist, als Puppenkaiser einer feindlichen ausländischen Macht (Frankreich). Sein Kaiserreich, das sogenannte zweite mexikanische Kaiserreich, stellt nur eine kurzlebige makabere Randepisode im Zuge des von Frankreich und Napoleon III. entfachten Guerra de Intervencion dar, jenes von Großmachtgelüsten und Weltherrschaftstendenzen geschürten unseligen Eroberungskrieges der Franzosen, der mit einer schmählichen und totalen militärischen Niederlage und der erfolgreichen Demontage des monarchistischen Gedankens im südamerikanischen Raum und für die unglückliche Katalysatorfigur Ferdinand Maximilian selbst vor dem Exekutionspeloton von Querétaro endete.

Das tragische Schicksal Kaiser Maximilians, dessen kurzes Herrschaftsintermezzo von der Weltgeschichte mit einem lässig-müden Achselzucken quittiert worden zu sein scheint, hat mich seit den Tagen meiner frühesten Kindheit und Jugend fasziniert. Bereits vor sieben Jahren spielte ich ernsthaft mit dem Gedanken, eine Biographie des glücklosen Kaisers zu verfassen und legte eine umfangreiche Materialsammlung an, verwarf das Projekt jedoch wieder, da es galt, anderen dringenderen Verpflichtungen nachzukommen. 1988 sprach mich ein Verleger auf mein »Maximilian und Mexiko-penchant« an und bekundete lebhaftes Interesse an einem Buch dieser Art, was dazu führte, daß ich mich erneut auf Spurensuche begab und endgültig beschloß, meine Version der Ereignisse um den »Hamletenkel« Ferdinand Max, wie Stefan Zweig ihn wohl genannt hätte, zu Papier zu bringen.

Eine renommierte österreichisch-deutsche Historikerin forderte in einem 1983 erschienenen Buch, das auf den Tagebuchaufzeichnungen eines bekannten Mitglieds des sogenannten österreichischen Freiwilligenkorps basierte, welches die mexikanische Tragödie an der Front kämpfend miterlebte,[1] eine dringend benötigte wissenschaftliche Biographie Maximilians und verwies gleichzeitig auf die Schwierigkeiten eines solchen Unterfangens.

Obwohl ich mich sehr bemühte, der Wissenschaft genüge zu tun und alle Regeln des wissenschaftlichen Arbeitens zu beachten, kann es durchaus sein, daß manch professioneller Sachgutachter, der das vorliegende Buch durch das Vergrößerungsglas konstruktiver Kritik betrachtet, Mängel entdecken wird. Es ging mir jedoch – in diesem wie in vorangegangenen Büchern – immer darum, Erzählfluß und Spannung zu forcieren. Ich verzichte daher bewußt darauf, ein überlanges, ungemein erudiert wirkendes Fußnotenarsenal auf den hilflosen Leser abzufeuern. Mir geht es darum, dem Leser ein lebendiges Geschichtsbild zu vermitteln, das bei aller Authentizität und Faktentreue auch Lesevergnügen bereiten soll. Es bleibt – wie

immer – dem Leser vorbehalten, sich meiner Argumentation anzuschließen oder nicht.
Konkludierend möchte ich – stellvertretend für all jene, die mir bei der Entstehungsgeschichte dieses Buches so hilfreich zur Seite standen – drei charmanten Damen danken: meiner Mutter Berta Assunta Vogelsberger, die mich auf unserer denkwürdigen Reise nach Triest und Miramar begleitete; Frau Dr. Rossella »Scarlett« Fabiani, der Schloßdirektorin von Miramar, die uns so herzlich willkommen hieß und mir erlaubte, im Inneren der herrlichen Anlage zu photographieren, und schließlich meiner Cousine Elisabeth Wille, die mir ihr Hotel in den Alpen zur Verfügung stellte, um mein Buch über den »träumenden Kaiser« in der malerischen Umgebung eines Tiroler Hochgebirgsdorfes zu Ende führen zu können.

Stans, im September 1991 Hartwig A. Vogelsberger

1. *Montezumas entehrtes Erbe*

Der junge, erst 1821 entstandene Staat Mexiko, der dem österreichischen Erzherzog Ferdinand Max zum Verhängnis werden sollte, war ein unmittelbares Ergebnis des Niederganges des spanischen Kolonialreiches in Südamerika, hervorgerufen durch die Französische Revolution, deren mächtiger Funke auch den amerikanischen Kontinent entzündete. In den ersten 30 Jahren des 19. Jahrhunderts verlor die spanische Krone jene vier Vizekönigreiche der Neuen Welt, welche die stolzen Conquistadoren und ihre Nachfahren auf der Suche nach dem legendären Goldland El Dorado und seinen sagenhaften Schätzen mit Feuer und Schwert erobert hatten. Im krassen Gegensatz zum spanischen fand das portugiesische Kolonialreich in Südamerika ein unblutiges Ende, als 1822 unter Kaiser Pedro I. das unabhängige Kaiserreich Brasilien ausgerufen wurde. Spanien aber hatte die Länder der Neuen Welt im Zeichen des Schwertes und des Blutes erobert und kolonisiert; es hinterließ ein heißumkämpftes blutiges Erbe, das bis zum heutigen Tage fortwirkt und Südamerika zu einem Kontinent der Revolutionen, Diktaturen, Militärstratokratien, Junten und Gewaltregime ohne Beispiel gemacht hat.[1] Bereits 1811 rief ein Kongreß in Caracas die Unabhängigkeit des neuen Staates Venezuela aus und leitete damit den Untergang des Vizekönigreiches Neu-Granada ein. Der venezolanische Feldherr Francisco de Miranda wurde zwar von den sich ihm entgegenstellenden spanischen Truppen vernichtend geschlagen, doch der Sieg der Revolution war unaufhaltsam. Der wahrscheinlich bekannteste Freiheitsheld Südamerikas im neunzehnten Jahrhundert, der große Libertador Simon Bolivar, der 1813 zum Diktator Venezuelas ernannt worden war und, ebenso geschlagen wie Miranda, zunächst sein Heil in der Flucht suchen mußte, kehrte 1817 an der Spitze einer schlagkräftigen Armee aus seinem haitianischen

Exil zurück und siegte 1820 über die immer stärker zurückweichenden Spanier. Ein Jahr später proklamierte er die Republik Großkolumbien und wurde zu ihrem ersten Präsidenten gewählt. Nach einem langen und überaus beschwerlichen Marsch über die Anden schlug er die Spanier auch in Ecuador, und das Vizekönigreich Neu-Granada hatte endgültig aufgehört zu existieren. 1830 (dem Todesjahr Bolivars) schließlich zerfiel Großkolumbien in die Republiken Ecuador, Venezuela und die Vereinigten Staaten von Neu-Granada, aus denen 1861 das heutige Kolumbien wurde.
Aus dem seit 1776 bestehenden Vizekönigreich La Plata wurde 1811 Paraguay und fünf Jahre danach die Vereinigten Staaten am Rio de la Plata, das spätere Argentinien.
Das zweitälteste Königreich der Spanier in der neuen Welt, Peru, seit 1542 fest in spanischer Hand, und wohl für immer untrennbar mit einem der klangvollsten Namen der Conquista verbunden, nämlich dem des Marqués Francisco Pizarro, des großen »Apu Machu«, wie ihn die Indianer nannten, des Bezwingers des Inkaherrschers Atahualpa, wurde 1821 unabhängig. Die kriegerischen Auseinandersetzungen mit der Krone begannen 1814; nach anfänglichen schweren Niederlagen der patriotischen Streitkräfte in Chile siegte der spätere Protektor Perus, Bolivars Freund und Gesinnungsgenosse San Martin 1824 in den Schlachten von Junin und Ayacucho über die königstreuen Truppen und zerbrach damit endgültig den letzten Rest des spanischen Widerstandes in Südamerika.
1825 erklärte sich Südperu zur eigenständigen Republik Bolivien, die späte Rache und der Fluch des Inkagottes Viracocha hatte die Spanier, nach rund 280 Jahren der Herrschaft, ereilt.
Konzentrieren wir uns aber nun auf das älteste »Juwel« der Krone Spaniens in der Neuen Welt, auf das seit 1535 bestehende Vizekönigreich Neu-Spanien, auf das Land der Azteken, das heutige Mexiko, das während des gesamten 19. Jahrhunderts nur mit einem ständig brodelnden Hexenkessel der Gewalt, des Terrors und des Todes zu vergleichen war, ein Land der Sagen, Mythen und Legenden, dessen brutale Eroberung die spanische Herrschaft in Zentralamerika begründete.
Im 12. Jahrhundert begann der ungeahnte Aufstieg eines kriegerischen Barbarenstammes, der, aus dem Norden kommend, in das

Gebiet des heutigen Mexikos vorgestoßen war und das von Naturkatastrophen und mörderischen Seuchen heimgesuchte, auch damals bereits unruhige und instabile Land relativ schnell in seine Gewalt brachte. Dieses Eroberervolk nannte sich Azteca und behauptete, auf Geheiß seines Hauptgottes Huitzilopochtli zu handeln. In seinem heiligen Auftrag gründeten die Azteken in der zweiten Hälfte des 14. Jahrhunderts – wahrscheinlich um 1375 – auf einer sumpfreichen Seeinsel eine Stadt, die für immer mit ihrem Schicksal verbunden bleiben sollte: Tenochtitlan.

Tenochtitlan wurde bald zur beherrschenden Metropole unter den zahlreichen aztekisch dominierten Stadtstaaten. Ähnlich dem der Inkas in Peru entwickelte sich das Aztekenreich in kurzer Zeit zur mächtigen und blühenden Hochkultur; ganze Völkerschaften erzitterten vor den Azteken, ihren grausamen Opferritualen, den zahlreichen Menschenopfern, und wiegten sich durch überhohe Tributabgaben in oftmals gefährlich trügerischer Sicherheit. Dieses unbezwingbar scheinende Großreich wurde durch die kompromißlose Entschlossenheit eines einzigen Mannes zerstört. Im Jahre 1519 landete der Conquistador Hernando Cortez mit nur 400 Mann an den Gestaden Mexikos, und in nur zwei Jahren sollte es den spanischen Eindringlingen gelingen, die blühende Kultur des riesigen aztekischen Kaiserreiches zu vernichten. Der unmittelbare Gegenspieler von Hernando Cortez, Kaiser Montezuma (oder richtiger Moctezuma) litt, wie Maximilian I. fast dreieinhalb Jahrhunderte später, unter Unentschlossenheit und eklatanter Entscheidungsschwäche. Vor allem aber profitierte Cortez von den Mythen und Legenden des abergläubischen Volkes, das er zu erobern trachtete, eines Volkes, das an die Wiederkehr eines strahlenden Gottes glaubte, welcher einst über Mexiko geherrscht und ein wahrhaft paradiesisches Friedensreich geschaffen hatte. Dieser Legende zufolge gab es in jenem Goldenen Zeitalter weder Hunger noch Leid, Kriege oder Naturkatastrophen, in dem frühen zentralamerikanischen Schangri-La herrschte grenzenloser Wohlstand, die Menschen lebten in einem kaum faßbaren Glückszustand und liebten ihren gütigen Gott über alle Maßen. In ihren Herzen gab es keinen Platz für Neid und Haß.

Das Paradies des ewigen Friedens war dem Untergang geweiht, als ein anderer, noch mächtigerer Gott, ein zürnender und grausamer Gott, ins Land kam und den vielgeliebten Herrscher zur Flucht zwang. In der Überlieferung aber lebte der nach Osten davonsegelnde Gott weiter, im Volke erinnerte man sich von Generation zu Generation an ihn und seine Wohltaten.

Vergeblich hoffte man auf seine Wiederkehr. In den Herzen der Menschen entstand die Vorstellung, daß es sich bei der geflüchteten Gottheit um einen großen weißhäutigen, blondbärtigen Mann mit blauen Augen gehandelt habe, und diese seit Jahrhunderten mündlich tradierte Vorstellung der Azteken erleichterte die schwierige Eroberungsmission von Hernando Cortez ungemein. Denn selbst der Aztekenkaiser Montezuma glaubte anfänglich sogar, in dem spanischen Eroberer den entrückten Gott Quetzalcóatl zu erkennen.

Hernando Cortez zeigte wenig Verständnis für die Mythengläubigkeit seines zaudernden und zweifelnden kaiserlichen Gegenübers und ging mit äußerster Brutalität gegen seinen Widersacher vor, der bald wie ein von einer Schlange paralysiertes Kaninchen hilflos in der immer enger werdenden Schlinge des Conquistadors zappelte. Als sich die Azteken 1521 gegen die schwerbewaffneten, jedoch zahlenmäßig schwachen europäischen Eindringlinge erhoben, welche in der Zwischenzeit einen ungeheuren Zulauf innerhalb der stets von den Azteken unterdrückten indianischen Hilfstruppen verzeichnet hatten, war es zu spät.

Cortez belagerte und vernichtete die Metropole Tenochtitlan; Raub, Mord und Plünderungen ungeahnten Ausmaßes überzogen das sterbende, in sich zusammenkrachende Kaiserreich Montezumas. Der britische Romancier Sir Henry Rider Haggard[2], der gegen Ende des 19. Jahrhunderts zu einem der meistgelesenen Schriftsteller in der gesamten englischsprachigen Welt avancierte, schildert den Untergang des Aztekenreiches in seinem im deutschen Sprachraum kaum bekannten Buch *Montezuma's Daughter* auf meisterhafte Weise. Er beschreibt den Verzweiflungskampf des allerletzten Aztekenherrschers Guatemoc, des Neffen Montezumas, äußerst anschaulich und mit historischer Genauigkeit. Seine Schilderung des Unterganges der Metropole Tenochtitlan verdient eine auszugsweise Wiedergabe:

Wie soll ich all die schrecklichen Ereignisse beschreiben, die sich Tag für Tag in der verlorenen Stadt zutrugen? Innerhalb kurzer Zeit gab es keinerlei Nahrung mehr und die Männer – und schlimmer noch – die Frauen und Kinder in zartestem Alter mußten verwestes Fleisch essen, das von jedem Schwein angeekelt zurückgewiesen worden wäre, nur um das Ersterben der Körperkräfte ein wenig hinauszuzögern. Gräser, Borkenrinden, Insekten, Schnecken und Larven zählten zu den ausgemachtesten Delikatessen, brackiges Flußwasser mußte notgedrungen zum Löschen des Durstes herhalten, während man sich ebenso an den den Göttern dargebrachten Gefangenen schadlos hielt und ihre Leichen verspeiste. Nun begann das große Sterben, sie starben zu Hunderten und zu Tausenden. Sie starben so schnell, daß es unmöglich war, all die Toten zu begraben. Sie blieben einfach an jenen Orten liegen, an denen sie verschieden, bis ihre verwesten Körper eine furchtbare Pest verbreiteten, ein schreckliches schwarzes Fieber, das erneut Tausende hinwegraffte, welche wiederum zum auslösenden Herd der grauenhaften Pestilenz wurden. Auf jeden durch die Spanier und ihre Verbündeten Getöteten kamen zwei durch Hunger und Pest verstorbene Bewohner... auf diese Art starben nicht weniger als 70 000 Menschen an einem einzigen Tag, dem vorletzten Tag der Belagerung.[3]

Hernando Cortez hatte seinem Herrn, dem spanischen Herrscher, ein gewaltiges Kolonialreich erobert, das drei Jahrhunderte lang, von Vizekönigen regiert, den Reichtum des Mutterlandes vergrößern sollte. Die Bodenschätze des nunmehrigen Neu-Spanien wurden bedenkenlos ausgebeutet, und vor allem die riesigen Silbervorkommen des Landes trugen dazu bei, das einstige Aztekenreich zur prosperierenden Kolonie Spaniens zu machen. Im Vizekönigtum Neu-Spanien gebärdeten sich die Conquistadorenerben als unbändig-stolze Herrenrasse, welche ihre ehemaligen Verbündeten im Kampf gegen die Azteken, die Indianer, nicht nur völlig entmachteten, sondern bewußt unterjochten und nahezu aller Rechte beraubten. Den neuen bronzehäutigen Untertanen der Krone wurde bis ins neunzehnte Jahrhundert hinein die Rolle von nützlichen »Arbeitsheloten« zugewiesen, die Repräsentanten der spanischen Adelsoligarchie beherrschten das Land mit eiserner Hand – tatkräftigst unterstützt vom Klerus und des sich schnell etablierenden Beamtenapparates.

Die weiße Herrschaftsschicht machte allerdings kaum mehr als ein Prozent des Gesamtbevölkerungsanteiles aus. Rücksichtslos vereinnahmte Spanien das große und mit so vielen Bodenschätzen gesegnete Land; der Reichtum in der Neuen Welt wurde auch dringend benötigt, um Spaniens kostspielige europäische Kriegsabenteuer zu finanzieren. Das weiße Bürgertum Neu-Spaniens erlaubte den sogenannten Criollos oder Naturaes, den vorwiegend in Mexiko geborenen Conquistadorennachkommen, an der Macht teilzuhaben – wenn auch in bescheidenem Maße.

Der Bevölkerungsanteil der Kreolen machte Anfang des 19. Jahrhunderts zwischen zehn und fünfzehn Prozent aus. Die überwiegende Mehrheit des Volkes, bestehend aus Mischlingen aller Art, Mestizen und Mulatten, reinrassigen Indianern und Negern, blieb von der Macht ausgespart; die Repräsentanten des farbigen Proletariats standen immer im Schatten der mächtigen Blancos, der straff feudalistisch durchorganisierten weißen Herrschaftsschicht. Der stärkste Eckpfeiler dieses rigiden Gesellschaftssystems war zweifelsohne die katholische Kirche, welche im Laufe der Jahrhunderte nicht nur zwei Drittel des Gesamtgrundbesitzes Mexikos einheimste, sondern auch das absolute Bildungsmonopol für sich beanspruchte und das Bankwesen des Landes kontrollierte. Die »Apostel der Christenheit«, die im Gefolge der Eroberer angetreten waren, die Heilsbotschaft des wahren Glaubens zu verkünden und das abscheulich-heidnische Brauchtum, das sogar vor Menschenopfern nicht zurückschreckte, ein für alle Mal zu beseitigen, missionierten mit mörderisch-fanatischem Eifer. Die Inquisition wütete in den Kolonien der Neuen Welt fast noch ärger als im spanischen Mutterland; es war daher nur allzu verständlich, daß sich der Haß der Massen, der Armen und Geknechteten, vor allem gegen den übermächtigen Klerus richtete, der die einheimischen Untertanen der Krone bewußt auf einem äußerst niedrigen Bildungsniveau hielt und Neu-Spanien zu einer allen aufklärerischen Tendenzen feindlich gegenüberstehenden Insel der Ausbeutung und der Gewaltherrschaft machte.

Das gewaltige Vizekönigtum reichte in seiner Ost-West-Ausdehnung vom Atlantik bis zum Stillen Ozean und war auf Grund seiner üppigen Vegetation und seiner zahlreichen Bodenschätze, welche neben dem schon erwähnten riesigen Silberarsenal auch Goldvorkommen, Kohle und Eisen inkludierten, tatsächlich ein von der Natur besonders reich gesegnetes Land. Halb so groß wie Europa, gab es in diesem Land nahezu alle Klimazonen. Ausgehend vom Hochland des Landesinneren, dessen Zentrum die auf den Trümmern der zerstörten Aztekenmetropole Tenochtitlan erbaute Hauptstadt Mexiko bildete, stieß man auf verschiedenartigste Landschaften und Klimate, den heißen Süden mit seiner üppig wild-wuchernden Tropenvegetation, gemäßigte Zonen, in denen Getreide- und Ackerbau florierte, aber man gelangte auch zu den steilen Abhängen und Abgründen der fast kahlen hohen Berge und den schneebedeckten Gipfeln der Kordilleren, welche das mexikanische Hochland begrenzten. Hinzu kamen die trocken-heißen malerischen Küstenlandschaften, die das Mexiko unserer Tage zum Mekka für zahlungskräftige Touristen vorwiegend amerikanischer Provenienz machten.
Die hohen, reichen, geistlichen Würdenträger, die das ausgebeutete Land in mächtiger Allianz mit den adelsstolzen Blancos beherrschten und nicht zögerten, es immer mehr in den Ruin zu treiben, hatten kein Gespür für den seit Jahrhunderten gewachsenen Haß der unterdrückten, unterprivilegierten Schichten der Bevölkerung, der sich früher oder später gewaltsam entladen mußte. Es bedurfte nur eines Anstoßes, eines zündenden Funkens, um das sorgsam konstruierte Kolonialgebäude Neu-Spaniens unaufhaltsam zum Einsturz zu bringen. Dieser auslösende Impuls war die Französische Revolution, und selbst der eisenharte Würgegriff der Inquisition, der das durch die Fremdherrschaft der Spanier derart dezimierte Land, das zu Beginn des 19. Jahrhunderts nur mehr etwa sechs Millionen Bewohner zählte, in geistiger Hinsicht Jahrhunderte lang hermetisch abgeriegelt hatte, vermochte die Nachricht von diesem Elementarereignis nicht zu unterdrücken. Das Beispiel der dreizehn Kolonien Nordamerikas, die sich in ihrem Unabhängigkeitskampf wider Erwarten gegen die überlegene britische Kriegsmaschinerie behauptet hatten und sich erfolgreich vom Mutterland Großbri-

tannien loslösen konnten, mußte zwangsläufig Auswirkungen auf die angespannte Lage in Mexiko haben.

Als wesentlicher Faktor kam die erhebliche Schwächung Spaniens während der napoleonischen Eroberungskriege hinzu. Der korsische Abenteurer, der die Dynastie der Bourbonen in Spanien scheinbar mühelos hinwegfegte und ganz Europa erzittern ließ, hatte auch im fernen Mexiko seine Bewunderer. Die Rufe nach Freiheit und Unabhängigkeit wurden immer lauter, zumal die so lange niedergehaltenen Massen zunehmend stärker erkannten, daß das Land, das sie seit den Zeiten der Conquista unterjochte, selbst im Umbruch und in seinen Grundfesten erschüttert war.

Am 16. September 1810 kam es zum Aufstand. Ein Vertreter des mit der Sache der Entrechteten und Geknechteten stark sympathisierenden niederen Klerus, der Dorfpriester Miguel Hidalgo, stellte sich an die Spitze der Indianer und entzündete die Fackel der offenen Rebellion. Im Zeichen des Muttergottesbildes der wundertätigen Madonna von Guadaloupe mobilisierte er die Massen und verkündete den Tag des »neuen Heils«. In einer feurigen Haßtirade gegen die spanischen Beherrscher des Landes stellte er seinen Gefolgsleuten die alles entscheidende Frage: »Meine Kinder... wollt ihr die Mühe auf euch nehmen, das Land wieder in Besitz zu nehmen, das die verhaßten Spanier euren Vorfahren vor 300 Jahren gestohlen haben?«[4] An der Spitze eines zwischen 60 000 und 80 000 Mann umfassenden Indianerheeres marschierte der streitbare Gottesmann auf die Hauptstadt Mexiko zu. Doch die nur unzulänglich bewaffneten und mangelhaft ausgebildeten Truppen des Befreiers wurden von der regulären Armee, die ihnen der Vizekönig sofort entgegenwarf, vernichtend geschlagen. Miguel Hidalgo selbst geriet in Gefangenschaft und wurde exekutiert; der Aufstand der Entrechteten hatte ein schnelles und blutiges Ende gefunden.

Dennoch begann sich das Ende der spanischen Kolonialherrschaft in Mexiko immer deutlicher abzuzeichnen. Ein Mitstreiter Hidalgos, der Dorfpfarrer José Maria Morelos, folgte seinem Beispiel und mobilisierte ein neues Befreiungsheer, dem es allerdings nicht besser erging als der indianischen Streitmacht seines Vorgängers. 1815 scheiterte auch Morelos Rebellionsversuch, und er wurde ebenso wie Hidalgo gefangen und standrechtlich erschossen.

Fünf Jahre später sah sich die herrschende Schicht Neu-Spaniens mit der wenig erfreulichen Aussicht konfrontiert, eine ganze Reihe ihrer so lange und so sorgsam gehüteten Privilegien zu verlieren, als Spaniens Herrscher Ferdinand VII., in heftige innenpolitische Turbulenzen geraten, sich genötigt sah, die relativ liberale Verfassung von 1812 anzuerkennen, welche unter anderem auch die Gleichheit aller Rassen postulierte. Selbstverständlich hätte diese Verfassung auch in den Kolonien der Neuen Welt und damit im Vizekönigreich Neu-Spanien ihre Anwendung finden sollen. Adel, Kirche und Militär, die staatstragenden Schichten Neu-Spaniens widersetzten sich – den Verlust ihrer Privilegien befürchtend – der Einführung dieser Verfassung und gaben dadurch den Startschuß für eine »konservative Revolution«.

General Don Augustin de Iturbide, der Oberbefehlshaber der spanischen Südarmee in Mexiko, machte sich zum Kopf der »Los-von-Madrid-Bewegung«. Der fähige Offizier hatte die Zeichen der Zeit erkannt, der Haß auf Spanien und seine Kolonialpolitik war zu einem elementaren Volksaufstand geworden, der sich auf die Dauer auch mit äußerster Härte und rohester Gewalt nicht mehr niederknüppeln lassen würde. Iturbide wechselte also die Seite und besetzte, nicht ohne sich zuvor der Rückendeckung der Kirche versichert zu haben, das Land. Die Spanier leisteten nur noch geringen Widerstand; es gelang dem Rebellengeneral, sie ohne große Verluste zu vertreiben. Am 24. Februar 1821 proklamierte er die Unabhängigkeit Mexikos, das Vizekönigreich Neu-Spanien war von der Landkarte verschwunden. Um die Unantastbarkeit der frisch erworbenen Unabhängigkeit zu garantieren, entwarf Don Augustin den Plan, eine eigenständige mexikanische Monarchie zu installieren. Ursprünglich dachte Iturbide sogar daran, einem spanischen Prinzen die Krone Mexikos anzubieten. Der spanische Hof reagierte natürlich – wie zu erwarten – ablehnend auf ein solches Angebot, und nachdem Iturbides Delegationen bei mehreren europäischen Fürstenhäusern vergeblich mit der Krone Mexikos »hausiert« hatten – unter anderen hatte der fähigste Diplomat Mexikos, Don José Maria Gutierrez de Estrada, der eine der verhängnisvollsten Rollen im europäischen Kaiserdrama Maximilians spielen sollte, auch dem österreichischen Erzherzog Karl, dem schlachterprobten Bruder von

Kaiser Franz I. und strahlenden Sieger von Aspern, ein derartiges Angebot unterbreitet – schwang sich der General selbst zum Kaiser auf und ernannte sich 1822 kurzerhand zu Augustin I. von Mexiko. Erstaunlicherweise war die neu ins Leben gerufene Monarchie bei Mexikos Nachbarn anfänglich äußerst populär. So beschlossen die Vereinigten Provinzen Zentralamerikas, sich dem neuen Kaiserreich anzuschließen. Das Reich von Kaiser Augustin I. umfaßte also auch die heutigen Länder Guatemala, Nicaragua, El Salvador, Honduras und Costa Rica und war durch diesen beträchtlichen Gebietszuwachs zu einer Großmacht im südamerikanischen Raum geworden.
Mexiko war nun der viertgrößte Staat der Erde, doch dieses Großreich zerbrach bereits nach zehn Monaten. Ein Mann, der die Geschichte Mexikos über Jahrzehnte hinweg bestimmen sollte, der durchtriebene, kompromißlose Sohn eines reichen Plantagenbesitzers, General Antonio Lopéz de Santa Ana, rebellierte zusammen mit einer Anzahl republikanisch gesinnter Militärs, setzte Augustin I. ab und zwang ihn zur Flucht. Ein Rückkehrversuch des entthronten Kaisers erwies sich als verhängnisvoll, Santa Ana machte kurzen Prozeß mit Augustin de Iturbide und stellte ihn an die Wand. 1823 proklamierte sich Mexiko unter der Federführung General Victorias zur Republik, und die Vereinigten Provinzen Zentralamerikas lösten sich wieder von ihm. Bald darauf wurde Santa Ana zum Präsidenten gewählt, ein Amt, das der verschlagene, rücksichtslose und machthungrige Mann sechsmal innehaben sollte.
Die neue Republik Mexiko hatte von Anfang an mit größten innenpolitischen Schwierigkeiten zu kämpfen. Streit, Parteienhader, Intrigen und Anarchie prägten das Gefüge des Staates, dessen Unabhängigkeit die Spanier erst 1839, also sechzehn Jahre nach der Ausrufung der Republik, völlig anerkannten. Alle Versuche Spaniens, die ehemalige Kolonie wieder in seinen Macht- und Einflußbereich zurückzubringen, scheiterten allerdings. General Santa Ana, der in der Maske eines demokratisch gewählten Präsidenten – in Wahrheit aber mit allen Vollmachten eines Diktators – regierte, war, wie schon erwähnt, der beständigste aller Präsidenten des krisengeschüttelten Landes, das von einem permanenten Regierungswechsel gekennzeichnet war (55–58 Regierungen in den 40 Jahren von 1821–1861).

Erfolgreich vereitelte Santa Ana alle Interventionsversuche Spaniens. Innenpolitisch sollte sich bald zeigen, daß der Freiheitsgedanke, der einst die erzürnten Massen geeint hatte, auch nur auf dem Papier seine Gültigkeit hatte und die so hart erworbene Freiheit nach der geglückten Revolution neuerlich mit Füßen getreten wurde. Der Zorn der neuen Machthaber richtete sich zuerst gegen alle im Mutterland Spanien geborenen Bewohner Mexikos. Rücksichtslos verfügte Santa Ana deren Ausweisung, offiziell um eventuellen spanischen Interventionsgelüsten entgegenzuwirken und sie zu erschweren, in Wirklichkeit aber, um sein eigenes Machtpotential zu festigen. Nun stellten die Kreolen die staatstragende Schicht dar, welche den zahlenmäßig weit überlegenen Indianern und Mestizen keinerlei politische Gewalt zubilligte. Konservative und liberale Kräfte zerfleischten sich in wilden Auseinandersetzungen, während die liberal gesinnten Föderalisten für ein locker organisiertes Staatsgefüge plädierten, pochten die Konservativen, unterstützt von der hohen Geistlichkeit und den mächtigen Militärs, auf ein straff geführtes zentralistisches Regierungsmodell. Innerhalb der Konservativen nahmen die Monarchisten eine verschwindend geringe Minderheit ein. Der Hauptrepräsentant einer monarchistischen Restauration war der bereits angesprochene, im Jahre 1800 geborene Berufsdiplomat Don José Maria Gutierrez de Estrada, ein großer Bewunderer des Klerus, ein pragmatisch denkender kompromißloser Mann, der keine ihm widersprechende Meinung duldete. Von streng jesuitischer Erziehung geprägt, sah dieser Mann einzig und allein in der Wiederherstellung der Monarchie eine Chance, das Chaos der herrschenden Zustände zu beseitigen.

Erzürnt über die anarchistischen Verhältnisse in seiner Heimat, veröffentlichte er 1840 eine Streitschrift, in welcher er an das mexikanische Volk appellierte, neuerlich eine Monarchie ins Leben zu rufen, und malte weitsichtig das Schreckgespenst einer drohenden Amerikanisierung Mexikos an die Wand. Ohne Monarchie, so lautete die Argumentation Gutierrez de Estradas, würde über kurz oder lang das Sternenbanner der nordamerikanischen Union die mexikanische Nationalflagge ersetzen.

Diese Streitschrift stieß auf äußerst heftigen Widerstand, und die Drohungen gegen den überzeugten Erzmonarchisten häuften sich

derart, daß sich der Kreolensohn gezwungen sah, seine Heimat zu verlassen und ins Exil nach Europa zu gehen. Doch auch dort sollte er unverbrüchlich an seiner Monarchiethese festhalten und maßgeblich an der Berufung von Erzherzog Ferdinand Max zum Kaiser Mexikos beteiligt sein.
Die Warnungen des Diplomaten in bezug auf die Expansionsgelüste des im Norden lauernden »amerikanischen Adlers« waren mehr als berechtigt, zumal Amerika die zunehmende Wehrlosigkeit seines kraftlosen Nachbarn immer stärker erkannte und für seine Zwecke auszunützen begann. Die zu Mexiko gehörende, aber fast ausschließlich von Amerikanern bewohnte Provinz Texas bot den Vereinigten Staaten Nordamerikas auch bald den willkommenen Anlaß zu einem Eroberungskrieg, der 1848 mit der Eroberung der Hauptstadt Mexiko durch die Amerikaner endete.
Der Mann, der sich den Amerikanern entgegenstellte, war einmal mehr General Santa Ana. Auf amerikanischer Seite wurde die Befreiung von Texas schamlos zu einem Heldenepos umfunktioniert und Santa Ana zum grausamen Monster hochstilisiert, das nicht zögerte, die tapferen Verteidiger der Missionsstation von Alamo mit überlegenen Kräften zu belagern und gnadenlos niederzumetzeln, ohne Gefangene zu machen. Die Schlacht um Alamo, in der etwa 200 Amerikaner unter der Führung ihrer Offiziere Colonel William Barret Travis, Colonel James »Jim« Bowie und Colonel David »Davey« Crockett, eingeschlossen in einer halbverfallenen Missionsstation den sie belagernden 5000 Mann starken Streitkräften unter General Santa Ana trotzen und schließlich bis auf den letzten Mann aufgerieben wurden, wurde im Bewußtsein der Amerikaner geradezu mythisch verklärt.
Der Sieg des texanischen Generals Sam Houston, dessen Entsatzarmee die unglücklichen Helden von Alamo nicht rechtzeitig erreichte und befreien konnte, über Santa Anas Truppen und die völlige Demütigung Mexikos in diesem als Freiheitskampf getarnten Eroberungskrieg pries man als nationale Großtat, und Houston selbst wurde zum Nationalheld.
Im amerikanisch-mexikanischen Krieg von 1846–1848 warf die amerikanische Union ihr gieriges Auge jedoch nicht nur auf Texas, sondern auch auf das zu Mexiko gehörende Territorium von Kali-

fornien. Der Sieg der amerikanischen Invasionstruppen war vollständig, und Santa Ana, der »Schlächter von Alamo«, der nicht gezögert hatte, vor den Toren der belagerten Missionsstation für alle hörbar die »Todesmelodie« des Degüello spielen zu lassen, um allen Eingeschlossenen klarzumachen, daß es keine Gnade und keine Gefangenen geben würde, erlitt die wohl schmählichste Niederlage seines Lebens.

Der Landverlust, den die mexikanische Republik im 1848 geschlossenen Frieden von Guadaloupe-Hidalgo hinnehmen mußte, war unvorstellbar groß und umfaßte alle Gebiete nördlich des Grenzflusses Rio Grande del Norte, die späteren Staaten Neu-Mexiko, Arizona, Colorado, Nevada, Utah, Kalifornien und natürlich das bereits 1845 in die Union aufgenommene Texas kamen zu Amerika. Mexiko mußte mehr als ein Drittel seines gesamten Landbesitzes an Nordamerika abtreten. Die USA hatten eindeutig demonstriert, daß es ihnen darum ging, zur Hegemonialmacht in ganz Amerika aufzusteigen.

Santa Ana bezahlte seine schreckliche Niederlage mit Verbannung, doch der listenreiche, unverwüstliche Haudegen, der die innenpolitischen Verhältnisse seines Landes und die von Parteiengezänk und Machtrivalitäten geprägte Regierungsstruktur seiner Heimat wohl am besten von allen kannte, brauchte nicht allzu lange in seinem Exilwinkel zu schmollen. Die innere Zerrissenheit Mexikos, der hoffnungslos chaotische Zustand in der verstümmelten Restrepublik, veranlaßte die maßgeblichen Politiker im Jahre 1853 neuerlich an den General heranzutreten und ihn zur Rückkehr zu bewegen. Im Februar desselben Jahres hieß der Präsident Mexikos abermals Santa Ana.

Um die Mitte des 19. Jahrhunderts befand sich Mexiko also in einer äußerst verfahrenen Lage; innenpolitisch gespalten und nur durch einen erneut rigoros durchgreifenden und mit diktatorischen Vollmachten agierenden Präsidenten zusammengehalten, sah sich das Land der steten Bedrohung durch einen neuerlichen Paukenschlag des im Norden lauernden »Riesen« ausgesetzt, und drohte, verarmt und ausgeblutet, völlig zum Spielball der Mächtigen zu werden, denn nun begannen sich auch die europäischen Großmächte in zunehmendem Maße für das an Bodenschätzen so reiche Land zu interessieren. Da erinnerte sich der mit dem Rücken zur Wand stehende Präsident Santa Ana an den ins italienische Exil gejagten Monarchisten Don José Maria Gutierrez de Estrada und beauftragte ihn offiziell, im Namen seiner Regierung Kontakt mit Europas Dynastien aufzunehmen und seine Idee der Reinstallierung einer stabilen Monarchie unter einem europäischen Herrschergeschlecht entstammenden Fürsten in Mexiko zu forcieren. Der brodelnde Hexenkessel von Montezumas entehrtem Erbe kochte weiter, nun aber sollte sich bald ein europäischer Herrscher, dessen Stern in jener Zeit seinem Zenit zustrebte – Napoleon III., der krankhaft ehrgeizige Neffe des großen Korsen –, unter seine Giftmischer mengen, und ihn durch die Inszenierung eines makaberen Kaiserdramas vollends zum Überlaufen bringen.

Der schlaue Santa Ana dachte jedoch nicht im mindesten daran, die Macht aus der Hand zu geben. Der neue König oder Kaiser Mexikos sollte seinen Intentionen gemäß nur als Absicherung nach außen dienen, in Wahrheit würde er ein Puppenkaiser sein, der nur nominell über Mexiko herrschte, denn die tatsächliche Autorität würde weiterhin in den Händen Santa Anas liegen, als übermächtige eminence grise gedachte er den Fürsten, der die Krone Mexikos akzeptieren würde, nach Belieben zu dirigieren, um weiterhin alle staatsentscheidenden Fäden ziehen zu können.

Der nun im Auftrag von Präsident Santa Ana agierende Gutierrez de Estrada, der niemals aufgehört hatte, an das Gelingen seines Lebenswerkes, der Wiedererrichtung einer funktionierenden Monarchie in seiner Heimat Mexiko, zu glauben, trat sogleich in Aktion und schmiedete in seinem römischen Exil neue Pläne, um sein Ziel zu erreichen. Estrada fand in der Person des mexikanischen Gesandtschaftssekretärs am spanischen Hof, des Lebemannes und Frauenhelden Don José Manuel Hidalgo, einen begeisterten Adlatus. Der einflußreiche, noch junge mexikanische Diplomaten-Don Juan, auf Grund seiner Attraktivität und seines Wortwitzes gerngesehener Gast der spanischen Hocharistokratie und selbst ein glühender Verfechter des Monarchiegedankens, und der im angenehmen Ambiente des Palazzo Mariscotti in Rom residierende Exdiplomat Gutierrez de Estrada bildeten ein nicht zu unterschätzendes Gespann.

Allerdings währte die sechste und letzte Präsidentschaft ihres Auftraggebers Antonio Lopéz de Santa Ana nur zwei Jahre. 1855 wurde das vom Klerus getragene Regime des diktatorisch regierenden Generals gestürzt und damit auch seinen überseeischen »Agenten« Estrada und Hidalgo jegliche Legitimation entzogen, sich weiterhin auf »Herrschersuche« zu begeben. Neuerlich kam es zum bitteren Machtkampf zwischen Konservativen und Konstitutionellen, den Repräsentanten des Adels, der Kirche und der Großgrundbesitzer auf der einen und den fortschrittsgläubigen Liberalen auf der anderen Seite.
Aus diesen Auseinandersetzungen gingen die Liberalen vorerst siegreich hervor, und nun erhob sich der Stern ihres fähigsten, energischsten und wohl auch härtesten Führers, des 1806 geborenen Indianers Benito Juárez.[5] Juárez, der die Position eines Präsidenten des Obersten Gerichtshofes bekleidet hatte, entwarf ein auf nordamerikanischer Vorlage beruhendes Verfassungsmodell, welches 1857 in Kraft trat. Ein Jahr später war er Präsident von Mexiko.
Seine so fortschrittlich konzipierte Verfassung, die freie Meinungsäußerung garantierte und den bisher davon ausgeschlossenen Mestizen und Indianern volle Bürgerrechte zusicherte, kam jedoch kaum zur Anwendung. Denn Juárez war nicht unangefochten zum Präsidenten aufgestiegen; die konservative Partei hatte in der Person des jungen General Miguel Miramón einen eigenen Gegenkandidaten aufgestellt. Eine militärische Auseinandersetzung und ein Staat, in dem es zeitweilig zwei Präsidenten gab, waren die Folge. Erst 1861 endete dieser militärische Zwist mit dem Einzug Benito Juárez in die Hauptstadt Mexiko. Der Indianer war siegreich geblieben. Regierungsfeindliche konservative Guerillakämpfer verschanzten sich noch eine Weile in den Gebirgsdistrikten der Felsenprovinz Querétaro, während sich der Gegenpräsident Miguel Miramón nach Havanna absetzte und von dort nach Frankreich floh.
Benito Juárez, der voller Stolz darauf pochte, in direkter Linie von den Azteken abzustammen, war nun der unumschränkte Beherrscher des Landes und ging sogleich daran, den Adel und Klerus, aber auch die einflußreichen Militärs zu entmachten. In einem Säkularisierungsprozeß ohnegleichen verstaatlichte der Sohn bettelarmer Eltern, der bis zu seinem zwölften Lebensjahr Analphabet gewesen

war und es nur der Gnade und dem Wohlwollen eines reichen Kaufmannes zu verdanken gehabt hatte, in die Schule gehen und später studieren zu dürfen, den gesamten riesigen Kirchenbesitz und schaffte sämtliche Klerikal- und Militärprivilegien ab, um schließlich die endgültige Trennung zwischen Staat und Kirche zu vollziehen.

Der hochintelligente »waschechte Azteke«, wie er sich selbst zu bezeichnen pflegte, war zweifelsohne – zumindest in der Theorie – ein fortschrittlich denkender Mensch, aber auch ein hartherziger, grausamer und rachsüchtiger Mann, der eine einmal erlittene Schmach niemals vergessen oder gar verzeihen konnte. Benito Juárez war von kleinem untersetztem Wuchs, auf seinen stämmigen Schultern ruhte ein übermäßig breiter Kopf mit strähnigem, an manchen Stellen bereits ins Graue übergehenden schwarzem Haar; sein interessantestes Gesichtsmerkmal waren, neben einer blutroten, verunstaltenden Narbe, die sich von der Stirn bis zum Kinn zog, sicher seine starren, eiskalt wirkenden Augen.

Der von den USA unterstützte Juárez glaubte fest an seine Berufung, und bei allem zweifelsohne zu konstatierendem Egoismus, bei aller Rücksichtslosigkeit und allen unbestrittenen Charaktermängeln, ist ihm eine gewisse Selbstlosigkeit und eine Art von unbeirrbarem patriotischen Idealismus nicht abzusprechen. Es wäre daher unfair, diesen Mann ausschließlich als hinterlistigen, nur auf den eigenen Vorteil bedachten gottlosen Kaisermörder abzustempeln, wie dies etwa Erik Kühnelt-Leddihn wiederholt tat.[6]

Juárez führte nach der Nationalisierung und Konfiszierung der Kirchengüter auch die Religionsfreiheit in Mexiko ein, ein bislang undenkbares Sakrileg, das das Blut der entmachteten klerikalen Kräfte zum Kochen brachte. Die Kirche beeilte sich zurückzuschlagen, aber sie tat es nicht unbedingt mit sehr edlen Mitteln: jedem, der den Eid auf die neue Verfassung geschworen hatte, wurde ganz einfach die Absolution verweigert. In diesem Zusammenhang ist es interessant festzustellen, daß der Vatikan diese Vorgehensweise scheinbar für geeignet und vertretbar hielt und ihr seine Zustimmung nicht versagte.

Präsident Juárez mußte sich nicht nur gegen den Widerstand des Klerus behaupten, sondern sah sich auch vor die schier unlösbare

Aufgabe gestellt, den auf den wirtschaftlichen Bankrott zusteuernden Staat zu sanieren. Die Staatskasse Mexikos war so gut wie leer, und der mit enormen Geldschwierigkeiten kämpfende Juárez griff zu der Verzweiflungsmaßnahme, Mexikos Zölle an zahlungskräftige ausländische Gläubiger zu verpfänden. Den Präsidenten plagte auch das »Erbe« seines geschlagenen Widersachers Miramón, dessen Regierung ohne Zögern gewaltige Anleihen im Ausland getätigt hatte. Miguel Miramón hatte seine beträchtlichen Schulden natürlich nicht bezahlen können, und Juárez weigerte sich aus durchaus nachvollziehbaren Gründen, für die Verpflichtungen des nach Frankreich geflüchteten ehemaligen Gegenpräsidenten aufzukommen.

Am folgenschwersten für die spätere Entwicklung war der Anleihevertrag, den die Regierung Miramón 1859 mit dem renommierten Schweizer Bankhaus Jecker & Co abgeschlossen hatte. Das grundsolide und als instinktsicher geltende Bankhaus Jecker hatte den gewünschten Kredit nur zu gerne vergeben, da die Konditionen geradezu fabelhaft waren. Jecker stellte 3,75 Millionen Franken an Bargeld zur Verfügung und erhielt dafür Staatspapiere Mexikos im reellen Nennwert von 75 Millionen Franken. Juárez lehnte auch für diese Schuld jegliche Verantwortung ab und verweigerte die Bezahlung. Der willensstarke Indianer beschloß, dem geldgierigen Ausland einen Denkzettel zu verpassen, und erließ ein Dekret, in welchem alle bisherigen Abmachungen und finanziellen Transaktionen mit ausländischen Mächten für null und nichtig erklärt wurden. Den drohenden Staatsbankrott vor Augen, ging er sogar noch weiter und setzte die Zinszahlungen für ausländische Anleihen aller Art für zwei Jahre aus, weigerte sich also, auch für die von allen Vorgängern seiner Regierung aufgenommenen Anleihen irgendwelche Zinszahlungen zu entrichten.

Doch mit diesem abenteuerlich-gewagten Schritt hatte Juárez den Bogen eindeutig überspannt und seine Rechnung ohne die europäischen Großmächte gemacht. In einer Zeit, die faktisch vom Hochkapitalismus geprägt und dominiert war, stellte Mexikos Weigerung, seinen Finanzverpflichtungen nachzukommen, einen unerhörten Affront dar, den die betroffenen Großmächte – allen voran Frankreich, Spanien und England – nicht ungesühnt lassen konnten. Die

drei Hauptgläubigerstaaten beschlossen daher, gemeinsam militärisch in Mexiko zu intervenieren, und schifften ihre Truppen nach Vera Cruz ein.
Diesmal erzitterte Mexiko nicht vor einem neuerlichen Paukenschlag des großen Bruders im Norden, sondern sah sich im eigenen Land von europäischen Großmächten angegriffen und in seiner Existenz bedroht. Die USA blieben neutral. Der Grund dafür, daß sie nicht gemäß der Monroe-Doktrin von 1823, die jede Einmischung europäischer Mächte in Amerika untersagte, Mexiko zu Hilfe eilten, lag einerseits in der alten Feindschaft und außerdem – und dies war die entscheidende Komponente – waren sie vollauf damit beschäftigt, ihre eigenen Probleme zu lösen, denn auch in Nordamerika tobte damals ein fürchterlicher Krieg, der Sezessionskrieg, in dem die Vereinigten Staaten mehr Menschen verlieren sollten als in beiden Weltkriegen des 20. Jahrhunderts.
Schon nach kurzer Zeit zerstritten sich die drei Interventionsmächte, und nach einigen Monaten verließen England und Spanien den Kriegsschauplatz, um sich gesondert mit Juárez zu einigen. Einzig und allein Frankreich blieb hart und setzte den Krieg fort.

2. *Napoleon III. und seine politischen Ambitionen*

Der Mann, der seit dem 2. Dezember 1852 auf Frankreichs Kaiserthron saß und als Imperator »durch die Gnade Gottes und den Willen der Nation« herrschte, wurde am 20. April 1808 in der Rue Cerutti in Paris geboren.

Sein Vater war Napoleons Bruder Louis, ein in sich gekehrter, im Grund seines Herzens friedfertiger Charakter, der nur sehr widerwillig die Mutter des späteren Schöpfers des zweiten französischen Kaiserreiches, Hortense Beauharnais, geheiratet hatte. Hortense, die schöne, willensstarke Tochter von Napoleons erster Frau Josephine, bewunderte ihren Stiefvater zwar abgöttisch, mußte aber bald zur Kenntnis nehmen, daß der Korse sie nur als willfähriges Mittel zum Zweck benutzte, um seine interfamiliäre Heiratspolitik in die gewünschten Bahnen zu lenken. Die am 4. Jänner 1802 geschlossene Ehe zwischen Hortense Beauharnais und Louis, dem späteren König von Holland, war alles andere als eine Liebesheirat gewesen, obwohl der kaiserliche Sohn diesen Umstand in seinen Memoiren geschickt zu kaschieren wußte und vom Gegenteil sprach.

In Wahrheit waren beide vehement gegen die Verbindung aufgetreten. Hortense liebte Napoleons fähigen Flügeladjutanten Duroc – den der Korse nach Bekanntwerden der Affäre versetzte und damit außer Reichweite für Hortense brachte –, und Louis hatte aus seiner Liebe zu Emilie Beauharnais, der Schwester Hortenses, nie einen Hehl gemacht. Die vom Bruder beziehungsweise Stiefvater angeordnete Ehe war daher von allem Anfang an zum Scheitern verurteilt und als Katastrophe zu betrachten. Daran änderten auch die drei Söhne, die diesem Bund entsprossen, nichts. Zu einer – wenn auch nur kurzen – Versöhnung zwischen den beiden Gatten, die sich

nach Möglichkeit aus dem Weg gingen, kam es, als der älteste Sohn Charles am 5. Mai 1807 an Diphtherie starb. Das Resultat dieser Versöhnung war die Geburt des dritten und bekanntesten Sohnes des Ehepaares ein Jahr später. Doch schon lange vor der Geburt des dritten Kindes war Hortense die große Liebe ihres Lebens begegnet, der schneidige Lebemann und Frauenliebling Graf Flahaut de la Billarderie, dessen Herkunft ein geheimnisvoller Schleier umgab. Der fabelhaft aussehende Gesellschaftslöwe, mit dem sich die Königin von Holland, welche nach der Geburt von Louis Napoleon zwei Jahre lang ohne ihren Gatten in Paris blieb, in eine leidenschaftliche Romanze stürzte, war aller Wahrscheinlichkeit nach ein unehelicher Sohn des großen Talleyrand. Später angestellte Spekulationen, Flahaut sei der Vater von Napoleon III. gewesen, erwiesen sich jedoch als haltlos. Die Liebesbeziehung sollte aber zu einem späteren Zeitpunkt nochmals mit unverminderter Heftigkeit aufflammen und diesmal nicht ohne Folgen bleiben. Dies geschah allerdings, als sich Hortense und Louis Napoleon bereits völlig entzweit hatten.
Louis Napoleon entfremdete sich nicht nur seiner Gattin, sondern entzweite sich auch mit seinem Bruder, dem Kaiser der Franzosen. Als nämlich der König der Holländer einen Separatfrieden seines Landes mit den Engländern ernsthaft ins Auge zu fassen begann, griff der große Korse kaltlächelnd durch, desavouierte seinen Bruder und annektierte kurzerhand den Vasallenstaat Frankreichs, die zum Königreich umfunktionierten ehemaligen Batavischen Republiken, worauf Louis Napoleon wutentbrannt seinen Königstitel ablegte und sich fortan Graf von Saint-Leu nannte. Napoleon I. schäumte vor Wut, doch der introvertiert wirkende Ex-König von Holland, den Johann Wolfgang von Goethe als den »sanftmütigsten und friedfertigsten« Charakter bezeichnete, reagierte gelassen und verzichtete auf die ihm von Napoleon zugestandene Leibrente in der Höhe von zwei Millionen Francs. Auch sein Bruch mit Hortense war jetzt endgültig. Hortense sah nun den Grafen Flahaut immer häufiger und ungenierter, und am 28. Oktober 1811 brachte die Exkönigin ein Kind zur Welt, das auf den Namen Charles Auguste Joseph Louis getauft wurde, den späteren Herzog von Morny.
Dieser Sohn von Hortense Beauharnais und Graf Flahaut de la Billarderie sollte im zweiten Kaiserreich zu hohem Rang und Anse-

hen gelangen und eine überaus verhängnisvolle Rolle bei der Planung und Inszenierung des mexikanischen Abenteuers spielen.
Nach der erzwungenen Abdankung Napoleons am 6. April 1814 und der Exilierung des korsischen »Weltveränderers« nach Elba entwickelte Hortense Beauharnais eine merkwürdig anmutende Sympathie für die herrschende Bourbonendynastie, welche aber schnell wieder verflog, als es ihrem Stiefvater gelang, die Insel Elba zu verlassen, während in Wien der Kongreß zur Wiederherstellung der vornapoleonischen Verhältnisse tagte und »tanzte«. Der Löwe hatte seine Fesseln abgestreift und war von seiner Kerkerinsel entwichen, 136 Tage lang sollte er die Welt neuerlich in Atem halten, 136 Tage lang versetzte er Europas Dynastien abermals in Furcht und Schrekken.
Nachdem der Kaiser Hortense zunächst bitterste Vorwürfe bezüglich ihres Seitenwechsels gemacht hatte, verzieh er ihr und erlaubte ihr, ihm während seines allerletzten kurzen Herrschaftsintermezzos den Haushalt zu führen. Erneut zog er die Tochter seiner ersten Frau in seinen Bann und machte sie zur glühenden Verehrerin. Natürlich verfehlte der Korse seine Wirkung auch nicht auf seinen Neffen, der im Alter von sieben Jahren zum ersten Mal vor seinen Onkel hintreten durfte. Ein Leben lang sollte der unreife Knabe diese »Audienz« beim großen Oheim nicht vergessen. Louis durfte auf den Knien des Schlachtenkaisers, der die Welt erzittern ließ, schaukeln und äußerte besorgt die Befürchtung, die »bösen Feinde« könnten seinen geliebten heldenhaften Onkel töten. Gerührt tätschelte Napoleon dem Kind den Kopf und erklärte einem seiner Generäle, daß es vielleicht dieser Knabe wäre, der alle Hoffnungen seines Geschlechts verkörpere – eine Prophezeiung, welche 37 Jahre später in Erfüllung gehen sollte.
Der Bourbonenkönig Ludwig XVIII. war in der Zwischenzeit nach Gent geflohen, um dort die weitere Entwicklung abzuwarten, während der Korse, den Elan und rauschenden Enthusiasmus seiner in Scharen wieder zu ihm übergehenden Truppen ausnutzend, in Belgien mit seiner allerletzten, aus nur 120 000 Mann bestehenden Armee seinen Feldzug gegen die Streitkräfte der Belle Alliance eröffnete und die preußische Gegenarmee unter Blücher bei Ligny in die Flucht schlug. Die preußischen Truppen, die ein letztes Mal

den furchtbaren Prankenhieb des entfesselten Löwen zu spüren bekommen hatten, waren zwar geschlagen, aber nicht vernichtet worden und zogen sich nach Brüssel zurück.
Am 18. Juni 1815 stellte sich der Kaiser bei Waterloo der Armee des Herzogs von Wellington und mußte die schlimmste und entscheidenste Niederlage seines Lebens hinnehmen, als das so dringend erwartete Entsatzheer unter Marschall Grouchy nicht rechtzeitig auftauchte und statt dessen die wieder erstarkte Streitmacht Blüchers den Franzosen in die Flanke fiel. Mit der Niederlage von Waterloo war der napoleonische Spuk endgültig vorbei, niemals mehr würde der legendäre Feldherr den aus Tausenden von Soldatenkehlen über das Schlachtfeld hinwegbrausenden Jubelruf »Vive l'Empereur!« vernehmen. In dieser »Weltminute von Waterloo«, wie Stefan Zweig schreibt, entschied sich das Schicksal Napoleons und Europas.
Von der englischen Propaganda zum blutgierigen Monster hochstilisiert, traf der Korse am 17. Oktober 1815 auf der Atlantikinsel St. Helena ein, wo er sechs Jahre später in Longwood House sterben sollte. Die junge Engländerin Betsy Balcombe, die ihm in seinen letzten Lebensjahren zur Kameradin und Gesprächspartnerin werden sollte, beschreibt den Eindruck, den sie als 14 Jahre altes Mädchen von Napoleon vermittelt bekommen hatte:

Zuallererst stellte ich mir unter Napoleon ein gewaltiges Scheusal oder einen Riesen vor mit einem großen, flammenden Auge mitten auf der Stirn und einem Maul voller langer, hervortretender Zähne, mit denen er ungezogene kleine Mädchen, besonders die, die ihre Schularbeiten nicht gemacht hatten, zerriß und dann verschlang.[1]

Als der Onkel in St. Helena seine Seele aushauchte, war Louis Napoleon 13 Jahre alt. Nachdem der Bourbonenkönig die überzeugte Bonapartistin Hortense Beauharnais und ihren Sohn Louis aus Frankreich verbannt hatte – der älteste Sohn Napoleon war per Gerichtsbeschluß dem Vater zugesprochen worden –, fanden Mutter und Sohn Zuflucht auf Schloß Arenenberg im schweizerischen Thurgau. Dort erhielt der Dreizehnjährige auch die niederschmetternde Nachricht vom Tod seines Oheims. Der Prinz, der in Augsburg das Gymnasium absolvierte, trug seit seiner ersten Begegnung mit dem Kaiser das Bildnis des großen Napoleon fest im Herzen. Über dem Bett des Knaben, über den George Sand gesagt hatte, es »sei unmöglich, ihn nicht zu lieben«, hing ein wie ein Schrein verehrtes Gemälde des Verstorbenen, der Mythos Napoleon hatte sich tief in die kindliche Seele des Heranwachsenden gegraben und sollte sie nie mehr loslassen.

Ab 1822 besuchte Louis die Artillerieschule von Thun und begeisterte sich vor allem für sportliche Aktivitäten aller Art; er wurde ein ausgezeichneter Reiter, guter Schwimmer und leidlicher Fechter. Obwohl er nicht gerade als gutaussehend zu bezeichnen war, einen fahlen Teint, gelbliche Haut und eine weit vorstehende Nase aufwies, gelang es dem Charmeur, der schon sehr früh seine Begeisterung für das schwache Geschlecht entdeckte, relativ leicht, Frauenherzen zu erobern. Doch bei allem latenten Übermut und aller Leichtlebigkeit, die ihn in jener Zeit auszeichneten, behielt er stets sein großes politisches Ziel im Auge, seinem Vorbild Napoleon I. nachzueifern, so als ob er gespürt hätte, daß auf seinen Schultern die Hoffnungen der Napoleoniden lasteten. In Wien lebte zwar noch – gewissermaßen im Würgegriff der Reaktion, repräsentiert durch Kanzler Metternich – Napoleon II., »L'Aiglon«, der junge Aar, Napoleons Sohn. Der Sohn des Korsen und der Habsburgerin Marie Luise war am Hofe seines Großvaters, des österreichischen Kaisers, aufgewachsen, doch der verhinderte Infant, der geborene König von Rom, diente lediglich als kleiner Oberstleutnant in einem österreichischen Infanterieregiment und war zudem bereits von jener Krankheit, die ihm den Tod bringen sollte, der Tuberkulose, schwer gezeichnet. Der unglückliche Herzog von Reichstadt, wie man ihn in Wien nannte, war – trotz vieler Befreiungspläne überzeugter Bonapartisten – niemals als echte Gefahr für die etablierten Dynastien angesehen worden. Er saß im kaiserlichen Wien allzu sicher und allzu weit vom Schuß, um eine Bedrohung des Bourbonenthrones darstellen zu können.

Anders stand es um seinen Cousin Louis Napoleon, der im Jahre 1829 ernsthafte Bereitschaft bekundete, am Russisch-Türkischen Krieg teilzunehmen, um seinem stolzen Namen Ehre zu machen und aller Welt zu demonstrieren, welches Blut in seinen Adern floß.

Natürlich verbot Vater Louis ein derartiges Engagement seines Sohnes. Doch die Abenteuerlust des Prinzen ließ sich nicht so leicht stillen. In Rom etwa brüskierte der ausgezeichnete Reiter, der dort auch mit seinem älteren Bruder zusammengetroffen war, die Behörden des Kirchenstaates, indem er mit der Trikolore in der Hand durch die Straßen der ehrwürdigen Stadt ritt.

Während in Frankreich Charles X. zum Abdanken gezwungen worden war und »Bürgerkönig« Louis Philippe aus dem Hause Orléans im Zuge der Julirevolution von 1830 sein Erbe übernommen hatte, verließen die Gebrüder Napoleon auf Geheiß der päpstlichen Polizei Rom und schlossen sich dem Geheimbund der Carbonari an, dessen Ziel ein von jeder Fremdherrschaft befreites republikanisches Italien war. Sowohl Napoleon als auch Louis leisteten den Carbonari-Eid. Als die Pariser Julirevolution ihre Schatten auch auf den Kirchenstaat warf, kam es zur offenen Rebellion, an der sich die Napoleonbrüder lebhaft beteiligten. Auf Grund ihres berühmten Namens avancierten sie schnell zu Anführern in der Revolutionsarmee, Napoleon lieferte den päpstlichen Truppen an der Spitze von 200 Mann ein erfolgreiches Gefecht, während Louis die Festung Civita Castellana belagerte. An der Seite des Carbonari-Generals Sercognani rückten die Brüder – die als eigentliches Haupt der Verschwörung galten – bis nach Rieti vor. Dann aber griffen österreichische Truppen ein und erstickten den Aufstand in relativ kurzer Zeit. Die Revolutionstruppen mußten zurückweichen, und beide Brüder erkrankten an einer Masernepidemie, die den älteren, Napoleon, das Leben kostete. Louis gelang, ebenfalls schwer angegriffen von der Krankheit, mit Hilfe seiner Mutter Hortense, die Flucht. Beide gingen vorerst nach Frankreich, wo ihnen der Bürgerkönig trotz unverhohlener Sympathie für Hortense den Aufenthalt nicht gestatten konnte. Nach kurzem Aufenthalt in London kehrten Mutter und Sohn im Oktober 1831 wieder nach Schloß Arenenberg in die Schweiz zurück. Dort erfuhr Louis Napoleon ein Jahr später vom Tod des Infanten. Der Herzog von Reichstadt, den der Korse einst als seinen Erben ausgerufen hatte und der kurz vor seinem Tod das folgende vernichtende Fazit aus seinem Leben gezogen hatte: »Zwischen meiner Wiege und meiner Bahre liegt eine einzige große Null!«[2], war am 22. Juli 1832 im Alter von nur 21 Jahren an

Schwindsucht verschieden. Wenige Wochen vorher hatte ihm Louis einen Brief geschrieben, in welchem er den Vetter, den er nie gesehen hatte, der aber gleich ihm den »stolzesten Namen Europas« trug, seiner Zuneigung versicherte und ihm die besten Genesungswünsche übermittelte:

Mein lieber Vetter! Wir sind seit einiger Zeit über Ihre Krankheit sehr beunruhigt. Die Ungewißheit, in der mich die indirekten Berichte lassen, versetzt mich in größte Angst. Wenn Sie die Gefühle der Anhänglichkeit kennten, die wir Ihnen entgegenbringen, wenn Sie wüßten, wie weit unsere Ergebenheit für Sie zu gehen vermag, könnten Sie unseren Schmerz verstehen, keine persönlichen Beziehungen mit demjenigen zu haben, den als Verwandten zu lieben und als Sohn des Kaisers Napoleon zu ehren wir aufgezogen wurden. Auch wenn die Anwesenheit des Neffen Ihres Vaters, die Pflege eines Freundes, der den gleichen Namen trägt wie Sie, Sie erfreuen und Ihren Schmerz lindern könnte, dann wären alle meine Wünsche erfüllt, demjenigen nützlich zu sein, der Gegenstand meiner ganzen Zuneigung ist... Leben Sie wohl, mein lieber Vetter, und glauben Sie immer an die aufrichtige Freundschaft Ihres ergebenen Vetters Louis Napoleon Bonaparte.[3]

Nach dem Tod des jungen Adlers ruhten also die Hoffnungen aller Bonapartisten auf dem ehrgeizigen Louis Napoleon, der nun der einzige Prätendent war. Er sollte diese Hoffnungen nicht enttäuschen, wenn er auch noch 20 Jahre warten mußte, bis sich sein Traum erfüllte und seine große Stunde schlug.
In der Abgeschiedenheit des Schweizer Schlosses von Arenenberg knüpfte der Thronprätendent immer engere Kontakte zu Bonapartisten und auch zu französischen Republikanern. Arenenberg wurde zum Hort für Verschwörer aller Art, glühende Napoleonverehrer und zwielichtige Elemente gaben sich die Hand und versprachen, die Sache Louis Napoleons in Frankreich vorantreiben zu wollen. Der bekannteste Anhänger, der damals den Weg zum Prinzen fand, war der große Revolutionsheld General Lafayette, der ihn offen encouragierte, auf den Zauber und Glanz seines Namens zu setzen und

nach Paris zu reisen, um die Regierung zu stürzen. Obwohl Louis vor Ungeduld brannte, »endlich sein Recht einzufordern«, zögerte er noch. Phasen der Euphorie wechselten sich mit tiefen Depressionen ab. Der Prinz schien manchmal selbst an seiner Berufung zu zweifeln, wie aus dem folgenden Brief, den er am 27. August 1835 verfaßte und dessen depressiver Grundcharakter unleugbar ist, eindeutig hervorgeht.

Mein Leben ist bis jetzt durch tiefe Traurigkeit und unterdrückte Wünsche bezeichnet. Das Blut Napoleons empört sich in meinen Adern, daß es nicht für den Nationalruhm fließen kann. Bis jetzt bietet mein Leben noch nichts Merkwürdigeres weiter als meine Geburt. Die Sonne des Ruhmes hat über meiner Wiege gestrahlt. Ach, leider ist dies alles! Wer aber kann sich beklagen, wenn der Kaiser selbst so viel gelitten? Das Vertrauen auf das Schicksal ist meine einzige Hoffnung, der Degen des Kaisers meine einzige Stütze und ein schöner Tod für Frankreich mein Ehrgeiz ...[4]

Ein Jahr später wagte er das unmöglich Scheinende und inszenierte am 18. Oktober einen Putsch in Straßburg, der jedoch kläglich scheiterte. Der königliche Hof in Paris reagierte zwar besorgt und mit Bestürzung auf den gescheiterten Umsturzversuch, doch Bürgerkönig Louis (Egalité) Philippe gönnte dem »Revoluzzer mit dem gefährlichen Namen« nicht den Triumph eines die Gemüter der Massen aufheizenden Schauprozesses und begnadigte Bonaparte unter der Bedingung, daß er Europa verlasse und sich ins amerikanische Exil begebe. Die Entfernung des unbequemen Prätendenten war dem König sogar den Griff in seine Privatschatulle wert. Ohne Zögern finanzierte er die Zwangsemigration aus eigenen Mitteln und stellte für diesen »edlen Zweck« 16 000 Francs zur Verfügung. Die Demütigung war perfekt. Louis Napoleon mußte sein Ehrenwort geben, das amerikanische Exil mindestens zehn Jahre lang nicht zu verlassen. Als der niedergeschlagene Mann, dessen Ambitionen sich in Luft aufgelöst hatten, auf der Polizeipräfektur seinen Abtransport erwartete, wurde er, ohne es zu bemerken, durch ein Guckloch von einem damals 14 Jahre alten Mädchen beobachtet, das ihn häßlich und abstoßend empfand. Dennoch erwachte in der Seele der Kindfrau Eugenie von Montijo eine gewisse Begeisterung für den Verschwörer mit dem klingenden Namen, der vergeblich versucht hatte, aus dem übergroßen Schatten seines Oheims herauszutreten. Natürlich aber konnte das spanische Mädchen nicht ahnen, daß der kleine Mann in dem schäbig und zerknittert wirkenden Anzug so viele Jahre später zu seinem Schicksal werden sollte.

In den Vereinigten Staaten, wo er sich eine Weile dem zahlungskräftigen und sensationslüsternen Publikum gegen Geld und freie Unterkunft zur Schau stellen mußte und einmal sogar als Gegner eines Schnelläufers im Zirkus Furore machte, erfaßte ihn eine sein ganzes Leben anhaltende tiefe Abneigung gegen die Amerikaner. Er erkannte, daß das gewaltige Land einmal zu einer nicht zu unterschätzenden Bedrohung für Europa werden konnte, und es war diese Ansicht, die seine Handlungen in der mexikanischen Angelegenheit diktieren würde. Als seine Mutter Hortense im Herbst 1837 im Sterben lag, gab es für ihn kein Halten mehr, und er schiffte sich, den Verbannungsbefehl völlig ignorierend, nach Europa ein. Mit Hilfe eines falschen Passes gelangte er von London aus nach Arenenberg und konnte seine geliebte Mutter noch vor ihrem Tod am 5. Oktober in die Arme schließen. Von der Schweiz aus führte sein Weg neuerlich ins Londoner Exil. Obwohl er sich auch dort in Schulden stürzen mußte, um seinen aufwendigen Lebensstil zu finanzieren, verkehrte er in den Kreisen der Hocharistokratie und fand viele Freunde innerhalb der Welt der Künstler und Schriftsteller. Er traf nicht nur mit Charles Dickens, dem wohl populärsten Dichter Englands, zusammen, sondern auch mit William M. Thackeray. Den großen »Dandylord«, Sir Edward Bulwer-Lytton, den Autor des Klassikers *Die letzten Tage von Pompeji* begeisterte er derart, daß er ihn für einen »bemerkenswerten und weitsichtigen« Mann hielt. Der »Ränkeschmied aus Berufung« plante bald einen neuerlichen Umsturz. London, die Hauptstadt des britischen Weltreiches, erschien ihm als geradezu idealer Verschwörungshort, doch auch das neue Unternehmen scheiterte kläglich. Anstatt Frankreich im Sturm zu erobern, wie er es sich ausgemalt hatte, inszenierte er einen der allermerkwürdigsten Putschversuche der Weltgeschichte, der den Operettenputsch von Straßburg in seiner Tragikomik noch übertraf. Kurz nach seiner am 6. August 1840

erfolgten Landung in Boulogne, von wo aus er diesmal zuzuschlagen gedachte, wurden Napoleon und die fünf Mann, die ihn an Stelle der versprochenen 300 »aufrechten Verschwörer« erwarteten, von der Nationalgarde gestellt.
Bonaparte versuchte sich schwimmend aufs offene Meer hinaus zu retten und ertrank beinahe. Das noble Unternehmen, das zu einer Farce ausgeartet war, welche »die Komödie überstieg«, wie das *Journal des Débats* schrieb, fand auch in der renommierten *London Times* seinen Niederschlag, wo diese Karikatur eines Putsches wie folgt kommentiert wurde: »Louis Napoleon ist in einer traurigen Lage. Dieser arme Teufel hat versäumt, sich zu ertränken, und die Kugeln haben ihn aus der Nähe verfehlt. Hätte ihn eine getroffen, so wäre dies das schönste Ende für einen solchen Einfaltspinsel gewesen.«[5]
Mit dieser haarsträubenden Aktion hatte der »Komödiant und Einfaltspinsel« nicht nur den Namen Bonaparte entehrt, sondern scheinbar auch sein Leben verwirkt. Doch der König wollte offenbar den napoleonischen Mythos nicht dadurch vergrößern, daß er einen Märtyrer schuf; man verurteilte Louis Napoleon daher zu lebenslanger Festungshaft auf Schloß Ham in der Nähe von St. Quentin, das, von Sümpfen und Morasten umgeben, als ausbruchssicher galt. Die Zeit seiner Gefangenschaft in Ham sollte sechs Jahre währen. Die Haftbedingungen waren derart angenehm, daß Napoleon später von seiner »Universitätszeit« in Ham sprechen sollte.
Man gestattete ihm nicht nur, Besucher zu empfangen und über Dienerschaft zu verfügen, sondern auch eine Geliebte, die sich in der Gestalt der willigen Weberstochter Eleonore Vergeot fand, welche ihm im Laufe der Jahre zwei Kinder gebar. Begreiflicherweise erfaßten ihn auch in Ham Zweifel an seiner Mission, die sich unter anderem dadurch äußerten, daß er über ein unrealistisches Angebot, Präsident des sternenfernen südamerikanischen Landes Ecuador zu werden, nachdachte.
Nach sechs Jahren Haft gelang ihm jedoch, als Maurer verkleidet, die von seinem Arzt und einem Diener arrangierte Flucht nach Brüssel. Von dort aus ging er ein drittes Mal ins Exil nach London. Aus seinen katastrophalen Fehlschlägen der Vergangenheit hatte er mittlerweile eines gelernt, nämlich daß es besser war, vorerst auf die

Waffen der Diplomatie zu setzen, seine Stunde zu erwarten und keine gefährlichen und im Grunde aussichtslosen Abenteuer dieser Art mehr zu starten. Als jedoch am 28. Februar 1858 wieder eine Revolution in Wien losbrach, und sowohl die Republikaner unter der Führung des Dichters Alphonse de Lamartine als auch die von Louis Blanc dominierten Sozialisten, vehement für die Abdankung des Königs plädierten, der, isoliert und vom Gros seiner Truppen im Stich gelassen, bald darauf das Land verließ, erkannte der Exilant, daß nun die Zeit zum Handeln gekommen war.
Sogleich eilte er nach Paris, um sich als »verbannter Franzose unter die Fahne der Republik zu stellen«. Man legte ihm jedoch nahe, Frankreich wieder zu verlassen und, den folgsamen und aufrechten Republikaner spielend, gehorchte Louis Napoleon widerspruchslos – allerdings nicht, ohne sich zuvor der Hilfe des steinreichen Bankiers Fould zu versichern, an den sich auch andere Mitglieder des Bonaparte-Clans, plötzlich Morgenluft witternd, wandten. Der Bankier unterstützte mit seinem beträchtlichen Kapital den Propagandafeldzug der Bonapartisten für die unmittelbar ins Haus stehenden Wahlen in die Nationalversammlung. Unter den bonapartistischen Kandidaten befanden sich sein Onkel Jerôme, dessen »Plon-Plon« genannter Sohn Napoleon und Graf Walewski, das Kind der Liebe zwischen Napoleon I. und der faszinierend-schönen polnischen Gräfin Maria Walewska, und natürlich Louis Napoleon selbst. Ohne Mühe errang er ein Mandat, verzichtete aber scheinheilig darauf, da er – wie in einem publizierten Brief an Lamartine angedeutet – »vorläufig in freiwilliger Verbannung besser zum Nutzen der Republik arbeiten konnte«. Der Neffe des Korsen wußte, daß die Zeit diesmal nur für ihn arbeiten konnte. Geduldig bewahrte er im Londoner Exil Ruhe. Im Juli 1848 kam es in Paris zu blutigsten Unruhen und grausamen Straßenschlachten zwischen bewaffneten Arbeiterverbänden und den im Auftrag der Nationalversammlung handelnden regulären Truppen unter General Cavaignac, welche 5000 Tote und doppelt soviel Verwundete forderten. Zwei Monate später fanden Nachwahlen zur Deputiertenkammer statt, in deren Verlauf sich herausstellen sollte, daß Foulds Werbefeldzug ein voller Erfolg gewesen war – Louis Napoleon wurde in fünf Departements gewählt. Nun war die Zeit des Exils vorbei, an der Seite von

Miss Howard, einer ihn tatkräftig (und vor allem finanzkräftig!) unterstützenden Engländerin kehrte er in sein Heimatland zurück und bemühte sich sehr, den aufrechten republikanischen Bürger zu spielen, der nach langen Jahren der Verbannung dem Ruf des Vaterlandes gefolgt war.

Seine überaus bescheiden wirkenden Auftritte in der Nationalversammlung hatten zur Folge, daß man den Prinzen nicht ernst nahm, für ein »durchaus mittelmäßiges Genie« hielt, dessen angekündigte Präsidentschaftskandidatur nur mit einer Niederlage enden konnte. Einzig und allein Victor Hugo, der geniale Autor von *Notre Dame de Paris*, zeigte sich scharfsichtig und erhob warnend seine Stimme, welche allerdings auf kein Gehör stieß. Hugo hatte erkannt, daß hier nicht der zweimal erbärmlich gescheiterte Putschist kandidierte, sondern eine dem »Geist von Austerlitz« verhaftete Idee.

Der Dichter sollte nur allzu recht behalten. Der Ausgang der Wahl, die Louis Napoleon klar für sich entschied, zeigte, daß der Name Napoleon noch immer von einer Aura der Romantik umweht zu sein schien und im Volke nachklang, wenn auch die Wirksamkeit des Werbefeldzuges der Bonapartisten einen nicht zu unterschätzenden Beitrag zum Erfolg Louis geleistet hatte. Im Dezember 1840 saß der mittlerweile 40 Jahre alte Bonaparte jedenfalls im Elysée-Palast. Frankreich hatte den Neffen des Korsen zu seinem Präsidenten erwählt. Victor Hugo beschrieb die Erscheinung des ehrgeizigen Mannes, der so lange auf seine Chance gewartet hatte und dessen Aufstieg nun unaufhaltsam war:

> *Er hatte ein blasses Gesicht, dessen knochige und eingefallene Partien unter der Wirkung der Lampenschirme noch mehr hervortraten, eine starke und lange Nase, einen Schnurr- und Knebelbart, gekräuselte Haarlocken auf einer schmalen Stirn, kleine und trübe Augen, eine zaghafte und unruhige Haltung, keine Spur von Ähnlichkeit mit dem Kaiser – das war der Bürger Charles Louis Napoleon Bonaparte.*[6]

Nachdem er halbwegs Ordnung in die wirren inneren Verhältnisse Frankreichs gebracht hatte, griff der Präsident, der bestrebt war, Frankreichs außenpolitische Hegemonie wiederherzustellen, in Ita-

lien ein, kam dem am 24. Oktober 1848 aus dem Vatikan geflüchteten Papst zu Hilfe und bekämpfte die römische Republik, welche an die Stelle des Kirchenstaates getreten war. Nach anfänglichen Niederlagen siegten die Franzosen und zwangen die um Garibaldi versammelten Truppen der Republik von Rom am 22. Juni 1849, die Ewige Stadt zu räumen. Napoleon hatte seinen ersten großen außenpolitischen Erfolg erzielt, den »Wunsch der katholischen Christenheit« erfüllt und die weltliche Herrschaft des Papstes wiederhergestellt.
Sein nächstes innenpolitisches Ziel war die kontinuierliche Entmachtung der Nationalversammlung, immer deutlicher begann er, einen diktatorischen Kurs zu steuern, und am 2. Dezember 1852 gelang ihm sein erster und wichtigster Staatsstreich, der die Schmach von Straßburg und die schreckliche Demütigung von Boulogne vergessen ließ. Zusammen mit seinem inzwischen zum Innenminister avancierten Halbbruder, dem Herzog von Morny, erließ er eine Proklamation, die unter anderem die Auflösung der Nationalversammlung und den Aufruf zur Volksabstimmung zum Inhalt hatte. Obwohl Napoleon ausdrücklich verlangt hatte, daß der Staatsstreich unblutig vonstatten gehen müsse, regte sich Widerstand – vor allem in den Vorstädten von Paris. Dieser Gedenktag der Schlacht von Austerlitz sollte zum Schreckenstag werden, als der Aufruhr auch das Stadtzentrum erreichte und die treu zu Napoleon stehende Soldateska äußerst blutig durchgriff, nachdem der Noch-Präsident widerwillig den Einsatzbefehl unterzeichnet hatte. Die Zahl der Toten ließ sich nicht genau eruieren, man sprach von 1000 bis 1300 Opfern, unter denen sich auch viele Unschuldige befanden, die einfach zur falschen Zeit am falschen Ort gewesen waren.
Victor Hugo, der bald darauf das Land verlassen sollte, erlebte, ohnmächtig vor Wut und fassungslos über die Grausamkeiten der regulären Truppen, das Wüten der napoleontreuen Soldaten aus erster Hand, und sollte den »Schlächter von Paris« zeit seines Lebens mit abgrundtiefem Haß verfolgen. Louis Napoleon hatte einen sehr hohen Preis bezahlen müssen; die Gedanken an das Gemetzel vom 2. Dezember 1852 sollten sich unauslöschlich in sein Gedächtnis graben – aber er hatte endlich den Traum seines Lebens wahrgemacht. Er saß in den Tuilerien, Frankreich hatte wieder einen Kaiser, und der Imperator hieß erneut Napoleon.

In seinem letzten Jahr als Prinzpräsident von Frankreich begann der auf die Kaiserwürde zusteuernde Louis Napoleon nach einer zukünftigen Gemahlin Ausschau zu halten. Seine Wahl sollte auf eine bemerkenswert schöne Frau aus dem angesehenen, aber nicht sehr reichen spanischen Adelsgeschlecht der Grafen von Teba und Montijo fallen – auf die am 5. Mai 1826 geborene und im Pariser Sacré Coeur erzogene Eugenie de Montijo, welche ihn als 14 Jahre altes Mädchen in der Stunde seiner bittersten Erniedrigung zum ersten Mal gesehen hatte. Eugenies Vater, der stolze Grande von Teba und Montijo, war ein einäugiger Haudegen gewesen, der als Bonapartist der ersten Stunde freiwillig unter der Fahne des Korsen gekämpft hatte und in seiner eleganten Malaga-Villa keinen Zweifel daran ließ, daß hier das Andenken Napoleons geehrt wurde.
So wuchs das Mädchen unter der Obhut eines Vaters auf, der Napoleon I. fast wie einen Gott verehrte und seine Begeisterung für den Korsen an seine Tochter weitergab. Obwohl sie den gescheiterten Verschwörer zehn Jahre früher als abstoßend und häßlich empfunden hatte, ließ sich die nun zu vollkommener Schönheit erblühte Frau, deren übergroße blaue Augen ausgezeichnet mit ihrem rotblonden Haar harmonierten, die feurige Spanierin, deren Anmut die zahlreichen von ihr angefertigten Gemälde kaum gerecht wurden, sehr schnell vom unbestreitbaren Charme des einstigen Putschisten, der sich anschickte, zu einem der mächtigsten Männer Europas aufzusteigen, bezaubern.
Der Weltmann Louis Napoleon, der zahllose Frauen beglückt hatte, was – wie wir andeuteten – nicht immer folgenlos blieb, dachte anfänglich vielleicht nur daran, die vielbewunderte Spanierin seiner langen Eroberungsliste beizufügen, verliebte sich aber später wirklich ernsthaft in die adelsstolze Frau, sodaß man durchaus von einer Liebesheirat sprechen konnte, als er sie am 29. Jänner 1853 in einer originalgetreuen Kopie der Hochzeit von Napoleon I. zur Frau nahm.
Die Behauptung der britischen Maximilian-Biographin Joan Haslip, diese Heirat sei nichts anderes als »die Trotzhandlung eines Parvenüs, der sich von den europäischen Höfen abgewiesen fühlte«[7] gewesen, kann daher nicht akzeptiert werden, obwohl sich Napoleon III. tatsächlich – aus Gründen des Staatsinteresses, wie er später

behaupten sollte – um eine Prinzessin aus altehrwürdigem Hause bemüht hatte, ehe er Eugenie de Montijo, die ihm eindeutig klargemacht hatte, daß sie nicht daran denke, die Rolle einer Geliebten oder »Nebenfrau« zu spielen, ehelichte. Niemand geringerer als Kaiser Franz Joseph von Österreich hatte die mögliche Verbindung Louis Napoleons mit der dem Schutz des Hauses Habsburg unterstellten Schwedenprinzessin von Wasa erfolgreich torpediert. Dennoch beweist Napoleons Entschlossenheit, Eugenie gegen den Willen seiner gesamten Verwandtschaft und trotz der unverhohlenen Antipathie, welche ihr die allerersten Schichten Frankreichs entgegenbrachten, zur Kaiserin zu machen, daß der neue Empereur die stolze spanische Gräfin, die sich niemals mit dem Part einer zweiten Pompadour abgefunden hätte, aufrichtig liebte.
Der Kaiser festigte seine Macht neuerlich durch die Teilnahme an einem Krieg, obwohl er versprochen hatte, daß das Kaiserreich stellvertretend für den Frieden stünde. Der Krimkrieg, in dessen Verlauf englische und französische Truppen an der Seite des türkischen Sultans gegen die Armee des russischen Zaren Nikolaus kämpften – Österreich hatte sich auf Grund seiner bewaffneten Neutralität in diesem 1853 beginnenden und fast drei Jahre währenden Konflikt seine Stellung beim Zaren verscherzt, der ihm bei der Niederschlagung der ungarischen Revolte von 1848/49 so hilfreich zur Seite gestanden war; nur durch das Eingreifen der russischen Interventionstruppen konnte damals die Herrschaft der Österreicher über die Ungarn aufrecht erhalten bleiben, und durch diese tödliche Brüskierung des »russischen Bären« sollte sich die Donaumonarchie einen mächtigen Feind schaffen, der auf eine Chance zur Revanche lauerte –, endete mit der Einnahme von Sewastopol durch die siegreichen Streitkräfte der Allianz und dem Pariser Friedenskongreß von 1856.
Das internationale Prestige des Franzosenkaisers war durch die erfolgreiche Teilnahme an diesem Krieg erneut gesteigert worden. Das Glück des kaiserlichen Parvenüs, wie ihn etwa der Wiener Hof immer noch nannte, schien vollkommen, als Eugenie am 16. März dieses Jahres das »Kind Frankreichs«, den »Prinz Lulu« genannten Thronfolger, der nach dem Sturz seines Vaters und einem Exildasein in England einen sinnlosen Tod im fernen Afrika sterben sollte,

in einem Krieg, der in der Weltgeschichte kaum als Fußnote figuriert,[8] zur Welt brachte. Im selben Jahr besuchte Erzherzog Ferdinand Maximilian im Auftrag seines Bruders Franz Joseph den Hof des bonapartistischen Emporkömmlings und traf im Schloß von St. Cloud auf das französische Kaiserpaar. Der schönen Kaiserin fiel es nicht schwer, den jungen, damals 24 Jahre alten Habsburger für sich zu begeistern, und obwohl sich Ferdinand Max über die »Parvenüetikette« an diesem Hof mokierte, verließ er ihn nicht, ohne für Napoleon III. eine gewisse Bewunderung zu empfinden. Der Habsburger, der nicht ahnen konnte, daß er hier dem »Schmied« seines tragischen Schicksals begegnet war, hinterließ uns seinen ersten Eindruck vom Kaiser der Franzosen:

...Da steht... zwischen einem Atrium von Säulen, zwischen faltenreichen, purpurnen Vorhängen, zwischen zwei riesigen Leibgardisten, umgeben von den Großen seiner Krone, Frankreichs Geschick, Europas Lenker, der Mann der Zeit, Ludwig Napoleon Bonaparte, als Gewählter der Nation Napoleon III., Kaiser der Franzosen... Wie ist nun der erste Eindruck, wie das Bild vom großen Manne, das zuerst durch Aug und Ohr in meine Seele fällt?... Es ward mir flau und unheimlich: Da steht es oben auf dem Stufenberge ausgesetzt, das kleine breitschultrige Männchen mit den kurzen Beinen und dem ungeheuren Kopf, da nickt es verlegen herunter mit dem matten, unstet suchenden Blick, da schiebt es und zieht es entgegen in den goldenen Epauletten, in dem glänzenden Firlefanz mit Spaniens diamantenem Hammel auf der Brust, die O-Beine in den maßlos weiten, fahlroten, gegen unten enger zulaufenden Soldatenhosen. Da schüttelt es zitternd mit der breiten, haarigen, plumpen Hand des Gastes Rechte, da stammelt es einen Schwall unverständlicher Worte. Seltsamer Gegensatz!... Nichts Kaiserliches ist in dieser ersten Erscheinung. Und doch, was für Eigenschaften muß dieser Mann haben, daß er trotz seinem unglücklichen Äußeren, trotz dem gemein-französischen Typus im täglichen Umgange so bezaubert, so überzeugt, daß man, ich scheue mich nicht, es zu sagen, als sein Freund und Verehrer von ihm scheidet! Hat er doch Augenblicke des Enthusiasmus, der Aufregung, da selbst

sein Äußeres ungemein gewinnt, da das matte Auge sich netzt und Funken sprüht, da die vorgebeugte, schlanke Gestalt sich ermannt und ein geistreich bezauberndes Lächeln halb schalkhaft und halb schlau, halb gutmütig und zustimmend um die feinen Mundwinkel spielt. Sein Äußeres und Inneres trägt das Gepräge der Vielseitigkeit, das seinen Charakter zum herrschenden machte; in ihm rollt das heiße Blut Frankreichs und Italiens, gekühlt und gemäßigt durch holländische Zutat und deutsche und englische Erziehung. Seine scharfen Züge, die große Adlernase sind italienisch, auch der große Kopf und der mitunter blitzschnelle, schiefe Blick, der feine Mund und das listige Lächeln. Die kurzen Füße sind französisch, das fahle Blau des Auges, die mattgelbe, ja farblose Haut, der plumpe Oberkörper, die breite Hand sind holländisch, der oft gemütliche Ausdruck, das biedere freundliche Wesen ist deutsch, das in Ruhe gemessene, kalt mutige, verschlossene Wesen ist englische Erziehung. Im täglichen Umgange hat er von jeder dieser Nationen das Angenehme, den leichten, neckischen Witz des Franzosen, des Welschen Feinheit und fesselnden Hang zum Abenteuerlichen, ja Abergläubischen, des Deutschen warme Innigkeit und Anerkennung für offenes, gerades Wesen, des Engländers Freimut und Komfort in der Lebensart ...[9]

Dieses zuerst wenig schmeichelhafte, dann aber in einer erstaunlichen Wendung in geradezu enthusiastische Bewunderung übergehende Portrait des Franzosenkaisers nahm der junge, leicht entflammbare Habsburgsproß mit nach Hause. Der träumerisch veranlagte Erzherzog, der seine oftmals geäußerten schriftstellerischen Ambitionen auch in die obige Schilderung Napoleons III. einfließen ließ, der sich als phantasievoll-melancholischer Kunst- und Literaturliebhaber mit einem Faible für liberalistische und aufklärerische Tendenzen in gravierendem Maße von seinem Bruder, dem Kaiser, der für Träumereien, »Wolkenkraxeleien«, wie er sagte, die auch seine Gemahlin Sisi auszeichneten, überhaupt kein Verständnis aufbrachte, unterschied, das Dasein eines apanagierten Prinzen als »erbärmlich« empfand und mit großer Vorliebe Aphorismen aller Art zu Papier brachte, die nicht immer auf ausgesprochene Weit-

sicht hindeuteten, sollte die »zittrig-plumpe« Hand des »Männleins mit den kurzen Beinen« schon sehr bald kräftig zu spüren bekommen. Kaiser Franz Joseph begegnete seinem französischen »Thronkollegen« immer noch mit zurückhaltender Ablehnung, während Ferdinand Maximilian sich sehr stark für den Mann in den Tuilerien zu begeistern begann. Mit großer Bewunderung blickte der Phantast Ferdinand Max, wie ihn seine Tante, Königin Elisabeth von Preußen, bezeichnete, zum modern-aufgeklärten »zeitgemäßen« Herrscher von Frankreich auf, der seine Kaiserkrone durch Plebiszit und nicht wie Franz Joseph durch das Vorrecht der Geburt errungen hatte. Daß die Wirklichkeit anders ausgesehen hatte, als sie der plötzlich so frankophile Erzherzog, der Napoleon noch vor kurzem als »ekelhaften Parvenü« betrachtet hatte, in seiner glühenden Begeisterung für Bonaparte, welche die Ausmaße eines Kultes angenommen hatte, wie er selbst zugab, nachempfand, haben wir gezeigt.
Die politischen Ambitionen des Korsenneffen war keineswegs vorüber, seine unstillbare Prestigesucht verlangte nach weiterer, größerer Glorie, die er unter anderem in seinen überseeischen Unternehmungen in Algerien und Ägypten, in Marokko, Indochina, Persien, China und sogar den fernen Pazifischen Inseln zu erringen suchte. Aber auch in Europa gedachte der ehrgeizige Herrscher, der seine Ränke nun auf dem Kaiserthron schmiedete, das Konzert der Mächtigen zu dirigieren. Diese gesteigerte Prestigesucht sollte vor allem Österreich-Ungarn auszubaden haben, als sich Napoleon III. zum Protektor der italienischen Einigungsbewegung aufschwang und im für die Donaumonarchie so verlustreichen Oberitalienischen Krieg zum Angstgegner der Österreicher wurde.
Italien sollte auch für Erzherzog Ferdinand Max, mit dessen Karriere und Leben wir uns nun eingehender beschäftigen müssen, von doppelter Bedeutung sein: dort verbrachte er als Vizekönig von Lombardo-Venetien eine kurze, aber folgenschwere Zeit, die ihn zum Gegner der Wiener Zentralregierung und, nach dem Verlust des Krieges von 1859, zum verbitterten Privatmann ohne eigentliche Aufgabe machte, der in seinem Triester »Traumschloß« Miramar nur allzu leicht den Einflüsterungen der Befürworter seiner Kandidatur auf den mexikanischen Kaiserthron erlag; zum zweiten

lebte in Rom, in seiner Prunkvilla residierend, immer noch der altgedienteste »Herrschersucher« Europas, Don José Maria Gutierrez de Estrada, und streckte über seine Schwiegermutter, die im Hofstaat des Vizekönigs von Lombardo-Venetien an prominenter Stelle figurierte, seine Fühler nach dem enttäuschten, seines Amtes beraubten Habsburgprinzen aus, während in Frankreich der zweite »Bannerträger der mexikanischen Monarchie«, der galante Don José Manuel Hidalgo, immer stärkeren Einfluß auf die Kaiserin Eugénie, die er schon aus seiner Diplomatenzeit am spanischen Hof kannte, gewann.

3. Erzherzog Ferdinand Max und sein Kaisertraum

Intellektuell war der zweitgeborene Ferdinand Maximilian, der am 6. Juli 1832 als Sohn von Erzherzog Franz Karl und der ihn (und in letzter Instanz auch den Wiener Hof) dominierenden Sophie von Bayern in Schönbrunn das Licht der Welt erblickte, seinem kaiserlichen Bruder sicherlich weit überlegen. Auf Grund seiner Verschiedenheit sollte er allerdings ein Leben lang mit dem sich bis in unsere Tage hartnäckig haltenden Gerücht zu kämpfen haben, daß der Grund für sein Anderssein, für sein Abweichen von der typisch habsburgischen Wesensart, darin zu suchen war, daß nicht Franz Karl sein Vater war, sondern der junge Aar, der Herzog von Reichstadt, zu dem sich die unglücklich verheiratete Bayernprinzessin Sophie unweigerlich stark hingezogen fühlte. Noch im April 1864, kurz vor seiner Abreise nach Mexiko, nahm Ferdinand Max in einem Gespräch mit seinem Leibarzt Dr. Jilek auf dieses Gerücht Bezug und sprach vom »Caesarenblut in seinen Adern«, vom ihn bedrängenden »Welteroberer« in seinem Inneren. Wörtlich sagte er Dr. Jilek: »Solange ich lebe, hat man sich die Münder heiß geredet, daß ich nicht der Sohn meines Vaters sei, sondern der Sohn des Herzogs von Reichstadt, Doktor. Das heißt mit anderen Worten: Ich bin ein Enkel – wenngleich ein illegitimer – des großen Napoleon«.[1]

Bei dieser »Eröffnung« war zweifelsohne wieder einmal die Phantasie mit dem Erzherzog durchgegangen, denn es kann kein Zweifel darüber bestehen, daß der gebürtige König von Rom, Franz Carl Joseph Napoleon, der »deliciöse Herzog von Reichstadt«, wie ihn die Wiener zu bezeichnen pflegten, nicht der Vater des letzten mexikanischen Kaisers gewesen war. Dennoch wurde dieses Gerücht immer wieder kolportiert, auch Joan Haslip schloß seine Echtheit nicht völlig aus, obwohl sie im Einleitungskapitel ihres Maximilian-Buches selbst zugibt, daß es keinerlei dokumentarischen Beleg dafür gibt, daß die »Liebe« zwischen Reichstadt und Erzherzogin Sophie, der willensstarken Wittelsbacherin, über das Stadium einer platonischen Schwärmerei hinausging.

Allerdings bietet die Britin in ihrer dem romanhaften Charakter ihres Buches entsprechenden Art einige Indizien auf, die die Interpretation einer möglichen Vaterschaft Reichstadts durchaus zulassen. So erwähnt sie einen Brief, den der todkranke Sohn Napoleons I. nur einen Tag nach der Geburt von Ferdinand Max, als Sophie, offensichtlich schwer an den Folgen der Geburt leidend, ebenso krank ans Bett gefesselt war, an seine Mutter geschrieben haben soll, und in welchem sich der folgende eigentlich nur eine Deutung zulassende Satz befunden haben soll: »Sie muß am Leben bleiben um des Kindes willen, das sie an ihrer Brust hält!«[2] Es gibt allerdings keinerlei Beleg für dieses umstrittene geheimnisvolle Schreiben, das dieser Autorin scheinbar genügte, um die oft kolportierte Reichstadt-These in ihre Betrachtungen miteinzubeziehen.

Als weiteres Indiz führt die Engländerin die ihr seltsam erscheinende Tatsache an, daß eine »so zärtliche Mutter« wie Sophie sich bereit erklärte, »dem kranken Reichstadt den Raum unmittelbar nach dem Kinderzimmer« zu überlassen, »zumal sie sich über den Ernst seines Leidens keiner Täuschung hingab.«[3] Auch die folgenden Sätze Haslips »Man sah Reichstadt zum letzten Mal lächeln, als er von der Geburt Ferdinand Maximilians erfuhr. Der Wille zum Leben, der ihm bis dahin die Kraft zum Kampf gegen die Krankheit gegeben, hatte ihn schließlich verlassen.«[4], lassen bestenfalls den Schluß zu, daß die Biographin, die zwar sechzig Seiten später von einem »offensichtlichen Habsburger« spricht und Ferdinand Maximilians »schwach ausgebildetes Kinn« und seine »schwere Unterlippe« beschreibt, der Reichstadt-These ambivalent, wenn nicht zustimmend gegenüber steht.

Gerd Holler, der Biograph des Herzogs von Reichstadt, hat jedoch in seinem ausgezeichnet recherchierten, 1987 erschienenen Buch *Napoleons Sohn*[5] darauf hingewiesen, daß das »gesamte Liebesleben« des jungen Aar nur in der überaus kreativen Phantasie seiner Kompatrioten existiert zu haben schien. Aller Wahrscheinlichkeit nach

entspricht die von Holler erwähnte folgende Mitteilung, die der dahinsiechende todgeweihte Sohn Napoleons seinem engsten Freund und Vertrauten, dem Diplomat Prokesch von Osten, am 18. Oktober 1831 machte, der Wahrheit: »Ich habe noch kein Weib berührt!«[6] Die von Joan Haslip angesprochene »Habsburgerlippe« des Erzherzogs konnte im unwahrscheinlichen Falle einer Vaterschaft Reichstadts natürlich auch von seiner »Großmutter« Marie Louise herrühren, sodaß dieses für die Habsburger so archetypische Körpermerkmal auch nicht alle Zweifel ausräumt. Trotzdem läßt sich mit an Sicherheit grenzender Wahrscheinlichkeit sagen, daß Reichstadt, dem man interessanterweise trotz seines frühen Todes und seiner schweren Krankheit ein äußerst reges Sexualleben andichtete – so soll er unter anderen auch die weltberühmte Tänzerin Fanny Elßner erobert haben, eine zwar Dichter inspirierende aber ansonsten völlig haltlose Behauptung – und die unglücklich verheiratete krankhaft ehrgeizige Erzherzogin Sophie niemals ihre »Liebe« körperlich zum Ausdruck brachten.
Geradezu lächerlich wirkt Joan Haslips Feststellung, Kaiser Franz hätte seinen Enkel Reichstadt gerne auf dem Thron gesehen. Der Kaiser, der zwar um die Schwächen seines zu Unrecht als schwachsinnig abgekanzelten epileptischen Sohnes Ferdinand, der seine Nachfolge antreten sollte, wußte, war sich wohl aber auch sicher, daß Kanzler Metternich, der Erzfeind Napoleons, der in dem kranken Korsensprößling stets eine latente Gefahr erblickte, einer Krönung Reichstadts nur über seine Leiche zugestimmt hätte.
Tatsache bleibt, daß es sich bei Franz Joseph und Ferdinand Max um zwei sehr ungleiche Brüder handelte, Erzherzog Ferdinand Max schien überhaupt aus der Art zu schlagen und wies auch mit seinen beiden anderen Brüdern Karl Ludwig und Ludwig Viktor kaum Gemeinsamkeiten auf. Ferdinand Max war ein ausgezeichneter Schüler, während Franz Joseph bestenfalls als durchschnittlich zu bezeichnen war, Franz Joseph war ein nüchterner Realist, Ferdinand Max eher ein Romantiker und sich metaphysischen Spekulationen hingebender Phantast, der sich etwa vom Ballonfliegen ungemein fasziniert zeigte. Einer seiner vielen, im Grunde völlig unrealistischen Träume war es, seine mexikanischen Untertanen durch einen Aufstieg im Ballon zu begeistern. Daß seine »Wolkenkraxelei«

durchaus einen wörtlichen Bezug hatte, bewies er mit einer Äußerung aus dem Jahr 1854: »Ich erwarte mir noch Außerordentliches vom Fliegen und wird einmal die Luftballonhypothese zur Wirklichkeit, so werde ich mich aufs Fliegen verlegen und darin den größten konzentrierten Genuß finden.«[7] Sein Tatendrang war also ungemein groß, er neigte zur Leidenschaftlichkeit und Impulsivität – im krassen Gegensatz zu seinem stets auf Würde und Majestät bedachten älteren Bruder.

Seit frühester Jugend zeigte sich Ferdinand Maximilian von Italien und vor allem vom Meer fasziniert. Das Meer, das für ihn Unendlichkeit und Ferne, Frieden und Aufruhr, Ruhe und Sturm symbolisierte, zog ihn unweigerlich an. Es war daher nicht allzu unverständlich, daß er sich als Marineoffizier ausbilden ließ. Er war es leid, im kaiserlichen Wien, trotz des ausgesprochen hohen Popularitätsgrades, den er beim Volk genoß und der die Eifersucht von Franz Joseph hervorrief, stets im Schatten des Erstgeborenen stehen zu müssen. Mit Freuden akzeptierte er dann auch seine 1854 erfolgende Bestellung zum Oberkommandanten der k. und k. Kriegsmarine. Hatte er sich als Kind noch relativ gut mit Franz Joseph verstanden, so zeichnete sich nach dessen Thronbesteigung und »Erstarrung zur Majestät« eine deutliche Entfremdung zwischen den ungleichen Brüdern ab. Seine Berufung nach Triest bot daher auch einen ausgezeichneten Vorwand, sein »unerträgliches Schattendasein« in Wien zu beenden und erstmals seine beachtlichen Fähigkeiten unter Beweis zu stellen, indem er das erklärte »Stiefkind aller Waffengattungen«, die veraltete und im Grunde unbedeutende österreichische Marine, zu neuem Ansehen führte.

Der junge Ferdinand Maximilian, der nicht gezögert hatte, die Vorgangsweise Österreichs in der »peinlichen Ungarnfrage« lautstark zu kritisieren und Männer wie den Fürsten Felix Schwarzenberg, der den nur mit Hilfe russischer Interventionstruppen errungenen Sieg über die Ungarn im Zuge der Revolution von 1848/49 durch »ein bißchen aufhängen« auszukosten gedachte und dem Terrorregime des Oberbefehlshabers der österreichischen Truppen in Ungarn, des schießwütigen General Haynaus, durch makabere Äußerungen dieser Art Legitimation verlieh, nicht ausstehen konnte, der untätig in der Kaiserstadt herumsitzende, ewig nörgelnde, jedoch

sehr beliebte Erzherzog Ferdinand Maximilian war nach Franz Josephs Meinung in Triest, wo er 1850 eintraf, weitaus besser aufgehoben. Auf Anraten seiner Mutter Sophie brach er aber zu einer Griechenlandreise auf, ehe er, zunächst als einfacher Leutnant, seinen Dienst in der Marine antrat. Diese Reise ins »antike Hellas« trug alle Züge einer Byron'schen Grand Tour. Begleitet von seinem etwas lustlosen Bruder Karl Ludwig begeisterte er sich über die Sehenswürdigkeiten Athens, bewunderte Griechenlands wittelsbachische Königin Amalie, welche zwölf Jahre später, zusammen mit ihrem Mann, einem Vetter Maximilians, mit Schimpf und Schande aus dem Lande gejagt werden sollte, und stürzte sich, stets von einem übersteigerten Hang zur Exotik geprägt, in das bunte Treiben des wohl bescheidenen »Nachtlebens« der türkischen Stadt Smyrna, wo er vermeinte, den unverfälschten »Hauch des Orients« einzuatmen. Wieder in Triest, freundete er sich mit einem fähigen, intelligenten und zuverlässigen jungen Fähnrich an – Wilhelm von Tegetthoff, dem späteren »Sieger von Lissa«.
Er beschloß alles in seiner Macht Stehende zu tun, um das Ansehen der in vielen Augen sträflich vernachlässigten kaiserlichen Marine zu heben. Doch der Kaiser zeigte zunächst nur sehr wenig Verständnis für die »Marineambitionen« und Reformvorschläge seines Bruders; eine Reorganisierung seiner Flotte war damals seine geringste Sorge, er mußte sich vielmehr mit den aggressiven Plänen des aufstrebenden Preußen herumschlagen, das immer vehementer die Führungsrolle im Deutschen Bund einforderte, und blickte sorgenvoll nach Osten, wo sich die schließlich zum Krim-Krieg führende Auseinandersetzung zwischen Rußland und der Türkei anbahnte.
1851 trat der »Stolz der Marine«, die »Novara«, eine lange Karibikreise an, doch der plötzlich an Typhus erkrankte Erzherzog Ferdinand Max konnte die von ihm angeregte Forschungsreise in die Neue Welt nicht mitmachen. Erst neun Jahre später sollte er seine erste Amerikareise unternehmen und sich vor allem von Brasilien begeistert zeigen. Nach seiner Genesung, welche mehrere Monate in Anspruch nahm, brach er auf der mittlerweile zurückgekehrten »Novara« zu einer Mittelmeerfahrt auf und besuchte Neapel, Livorno, Valencia, Cadiz und Granada. In Granada zeigte sich der schwärmerisch veranlagte junge Mann vor allem von den Grabstät-

ten der spanischen Habsburger überaus beeindruckt. An den Prunkgrabmälern Ferdinands und Isabellas betend, spürte er den »Hauch der Jahrhunderte« und den Glanz vergangener Größe. Seine romantische Seele erbebte, als er sich vergegenwärtigte, daß er den großen Toten durch seine Herkunft näher stand als die damals herrschende Königsfamilie Spaniens. Er erboste sich darüber, daß man der hehren Toten viel zu wenig gedenke, und sprach von verwandtschaftlicher Verbundenheit, welche sogar durch das Verstreichen von Jahrhunderten nicht beeinträchtigt worden sei. Als er die altehrwürdigen Kroninsignien berührte, bedauerte er zum ersten Mal aufrichtig, nicht zum Herrscher geboren worden zu sein. Seine Schilderung des gewaltigen Eindrucks, den die Grabmäler hinterließen, verrät bereits die »Kronensehnsucht« des tatendurstigen jungen Träumers, die im Laufe der Jahre immer unstillbarer werden sollte.

Stolz, lüstern und doch wehmütig griff ich nach dem goldenen Reif und dem einst so mächtigen Schwerte. Ein schöner glänzender Traum wäre es für den Neffen der spanischen Habsburger dieses zu schwingen, um den Reif zu erringen.[8]

In Portugal traf der in seinen kühnen Träumen dem Vorbild des unehelichen Sohnes von Karl V., Don Juan d'Austria, des ruhmreichen Siegers von Lepanto nacheifernde »Neffe der spanischen Habsburger« auf die große Liebe seines Lebens, Maria Amalia von Braganza, die ihm als »Märchenprinzessin« erschien. Es war offenbar Liebe auf den ersten Blick, und obwohl er nur zwei Wochen in Portugals Hauptstadt Lissabon verweilte, bezauberte die außergewöhnlich hübsche, allerdings überblaß wirkende Königstochter den fast 20 Jahre alten Habsburger derart, daß er in einer seiner romantischen Veranlagung so sehr zusagenden Vollmondnacht, in einem blumenübersäten, malerisch am Tejo gelegenen tropischen Garten nicht nur seine Liebe gestand, sondern auch um die Hand der Prinzessin bat. Maria Amalia erhörte ihn mit Freuden und auch der Königshof von Portugal war offenbar begeistert von der Vorstellung, einen Habsburgprinzen als neues Familienmitglied zu bekommen. Maximilian mußte allerdings zuerst die Zustimmung seines kaiserlichen Bruders in Wien einholen, der anfänglich nicht gerade begeistert

reagierte und die Braganza-Prinzessin als keine ausgesprochen »gute und würdige« Partie für einen Habsburger bezeichnete, ein Mitglied des vornehmsten Herrscherhauses Europas. Franz Joseph ließ sich aber von seiner Mutter Sophie, welcher der Heirat positiv gegenüberstand, umstimmen und erteilte sein placet. Nach Ablauf eines Jahres sollte die Verlobung offiziell bekanntgegeben werden, doch das Schicksal meinte es nicht gut mit den jungen Liebenden. Maria Amalia von Braganza, das von Ferdinand Maximilian mit glühenden Liebesbriefen überhäufte Kind des Exkaisers von Brasilien und der Wittelsbacherin Amalie von Leuchtenberg starb nur ein Jahr später an galoppierender Schwindsucht – auf Madeira, jener Insel, auf der sie vergeblich gesund zu werden gehofft hatte.
Ferdinand Maximilian war untröstlich. Noch in seiner Todesstunde in Querétaro gedachte er der unglücklichen Prinzessin, die als »reiner, vollkommener Engel« schon im Alter von 21 Jahren ihre Seele an den Schöpfer zurückgeben mußte. Dieser furchtbare Tag lag in weiter unausdenklicher Ferne, als der Zweiundzwanzigjährige 1854, immer noch sichtlich unter dem tragischen Verlust des geliebten Mädchens leidend, zum »Chef« der kaiserlichen Flotte avancierte. Ein Jahr zuvor hatte ihn Franz Joseph mit einer offiziellen – wenn auch zweitrangigen – diplomatischen Mission betraut, er sollte im türkisch dominierten Albanien untersuchen, ob dort tatsächlich katholische Priester mißhandelt und gefoltert würden, wie behauptet wurde. Es war klar, daß solch unbedeutende Aufgaben einen Mann vom Tatendurst Erzherzog Ferdinand Maximilians nicht befriedigen konnten, der sich nun voll und ganz auf sein Lieblingsprojekt konzentrierte, die faktisch nutzlose k. und k. Flotte nach dem von ihm bewunderten englischen Muster zur schlagkräftigen Marine umzuorganisieren. Ferdinand Max bekleidete nun den Rang eines Konteradmirals, litt aber auch in Triest an Langeweile – trotz seines lebhaften Engagements für die Flotte. Da er über unbegrenzte Geldmittel verfügen konnte – was ihn dazu veranlaßte, unbegrenzte Schulden zu machen und ständig über seine Verhältnisse zu leben und eine Naivität in Finanzangelegenheiten an den Tag zu legen, die ihn nie mehr verlassen und sich auch in Mexiko verhängnisvoll auswirken sollte –, stürzte er sich in die seichten Vergnügungen der Adriastadt und frequentierte mit derselben Häufigkeit, mit der es

auch seine ihm unterstellten Offizierskollegen taten, die Nobelbordelle und Tanzpaläste.
Diese Tatsache verschwieg der überzeugte Monarchist Conte Corti in seiner ausgezeichneten Maximilian-Biographie natürlich dezent, wie er überhaupt alle das Ansehen des Hauses Habsburg schmälernden Gerüchte und Theorien (und gelegentlich auch Fakten) mit bewundernswerter Gelassenheit ignorierte. Unbestreitbar bleibt, daß Ferdinand Maximilian die österreichisch-ungarische Marine in nur fünf Jahren entscheidend reformierte und das so lange schmählich vernachlässigte »Stiefkind der Nation« zur gut funktionierenden Flotte machte, deren absoluter Glanzpunkt das mit 91 Kanonen bestückte Kriegsschiff »Radetzky« war, das 1856, im selben Jahr als der Erzherzog Napoleon III. und Eugénie seinen Antrittsbesuch in den Tuilerien abstattete, vom Stapel lief. Maximilian war auch der Erbauer eines Marinemuseums, eines hydrographischen Instituts und eines neuen Arsenals samt Werft in Pola.
Der in Marinekreisen ungemein beliebte kaiserliche Konteradmiral hatte also bereits einige Erfolge aufzuweisen, als er das französische Kaiserpaar verließ und am Hofe des damals 66 Jahre alten Belgierkönigs Leopold, dessen Heiratspolitik legendär war, seine spätere Gemahlin Charlotte kennenlernte.
Leopold I., der König der Belgier, war nicht nur »über seinen Neffen Albert von Sachsen-Coburg-Gotha ein enger Verwandter des englischen Königshauses und überdies ein Vertrauter der Königin Victoria«[9], wie Brigitte Hamann schreibt, sondern schlicht und einfach der Onkel der britischen Queen.
Der ehemalige Gemahl der Tochter des englischen Königs Georg IV., der Prinzessin Charlotte of Wales, welcher als ausländischer apanagierter Prinz 50000 Pfund per annum erhielt, was das englische Parlament verständlicherweise nicht gerade in helle Begeisterungsstürme versetzte, ehe er 1830 den neu geschaffenen belgischen Thron »adoptierte«, hatte seinen Einfluß und sein internationales Prestige mit jedem Jahr seiner Regierungszeit steigern können.
Der »Meisterkuppler im Königswams«, Leopold I. der Belgier, der seinem Volk gegenüber als treusorgender Familienvater und fast biedermannhafter mustergültiger Ehemann auftrat, sich aber in Wirklichkeit eine Anzahl von diskret verschwiegenen Mätressen

hielt und in punkto Frauen scheinbar den »Rubenstyp« bevorzugte[10], achtete zwar seine kränkelnde Ehefrau, die im Volk außerordentlich verehrte »gute kleine Königin«, hielt ihr aber nicht die Treue.

Maria Louise von Orléans, die als »große Dulderin« galt, nahm auch die Amouren ihres Ehemanns voller Demut hin und konzentrierte sich ganz auf die Erziehung ihrer Kinder, wobei sie die Tochter Charlotte besonders bevorzugte. Die Königin der Belgier starb bereits 1850, als Charlotte erst zehn Jahre alt war. Die 1840 geborene Prinzessin Charlotte wurde nun zum erklärten Liebling von Vater Leopold, der sich mit seinen beiden Söhnen Leopold, dem Thronfolger, und Philippe, dem Grafen von Flandern, niemals richtig verstehen konnte.

Charlotte war sechzehn, als sie auf den großgewachsenen blonden, acht Jahre älteren Habsburger Ferdinand Max traf und verliebte sich sofort in ihn. Auch der Erzherzog fand Gefallen an dem hübschen Mädchen mit braunen Augen und brünettem Haar, obwohl er immer noch das Bildnis von Amalia von Braganza im Herzen trug. Leopold, der in Geldangelegenheiten äußerst penible schlaue alte Monarch, der als großer Geizhals galt und ein geborener Zyniker war, dachte natürlich sofort an die Vorteile, die seiner Tochter durch eine Verbindung mit dem Bruder des Kaisers von Österreich erwachsen würden. Er war stets ein meisterhafter Ehestifter gewesen und zögerte nicht, dem Habsburger seine Tochter »schmackhaft« zu machen, indem er ihm erklärte, er sei überzeugt, daß Charlotte zur »schönsten Prinzessin Europas« erblühen würde. Für den König der Belgier war Erzherzog Ferdinand Max ein äußerst willkommener Schwiegersohn, und er ließ sich auch von seiner Nichte Queen Victoria, die vom schottischen Königsschloß Balmoral aus verlautbaren ließ, daß der Habsburger kein geeigneter Heiratskandidat für Charlotte wäre, nicht beeinflussen. Die Queen favorisierte einen anderen Bewerber, König Pedro von Portugal – für den sich Charlotte, nachdem sie Ferdinand Max kennengelernt hatte, allerdings nicht mehr erwärmen konnte –, und schrieb ihrem Onkel:

> *Ihr Brief gibt mir die Hoffnung, daß Charlotte sich noch nicht endgültig entschlossen hat, da wir beide* (gemeint sind die Köni-

gin und ihr Gemahl Albert; Anmerkung des Verfassers) *so tief überzeugt sind, daß Pedro jedem anderen jungen Prinzen unendlich überlegen ist... und überdies ist die Position grenzenlos vorzuziehen. Die österreichische Gesellschaft ist skandallüstern, liederlich und wertlos, und die Besitzungen in Italien sehr unsicher. Pedro ist äußerst begabt, er liebt die Musik, das Zeichnen, Sprachen, Naturgeschichte und Literatur, und in allem würde Charlotte zu ihm passen, und sie wäre ein wahrer Segen für sein Land...*[11]

Doch weder Charlotte noch ihr Vater Leopold hörten auf die Königin von England. König Pedro V. von Portugal war aus dem Rennen, als der gutaussehende Ferdinand Max, der Charlotte für ein Mädchen hielt, mit dem man nur ernste Gespräche führen konnte, an den Brüsseler Hof kam. Was man dort von den Portugiesen hielt, geht übrigens auch aus den Äußerungen der Erzieherin Charlottes hervor, die dieses Volk wenig schmeichelhaft mit Orang-Utans verglich.[12]
Die willensstarke Charlotte von Belgien und der romantische Habsburger Ferdinand Max, der noch etwas zögerte und sich in Triest in die Planungsarbeiten für sein an der istrischen Küste gelegenes »Traumschloß« stürzte, ehe er, nach einem drängenden Brief Leopolds, in welchem der Monarch der Belgier versicherte, es stünden keinerlei politische Ambitionen seinerseits hinter einem möglichen Ehebund zwischen seiner Tochter und Ferdinand Max – was eine offenkundige Lüge war, da Leopold die Verbindung eindeutig politisch sah und sich mit einem dem österreichischen Herrscherhaus entstammenden Schwiegersohn einen mächtigen Bundesgenossen im Falle einer Auseinandersetzung mit dem expansionssüchtigen Frankreich »einhandeln« wollte –, im Dezember 1856 zur offiziellen Verlobung neuerlich nach Belgien fuhr. Das junge Mädchen Charlotte, das seinen noblen und stattlichen Bräutigam voller Stolz der Brüssler Gesellschaft präsentierte, schien ihren »tugendhaften Max«, der »geistig und moralisch« all ihren hochgestochenen Vorstellungen entsprach, wohl in einem etwas zu naiven Licht zu sehen. Sie erkannte nicht, daß der unstete Charakter Maximilians in ihrer Verbindung – genau wie ihr Vater Leopold I. – wahrscheinlich zuallererst eine dynastische Zweckehe erblickte.

Der charmante Erzherzog, der genau wußte, daß sein Bruder Franz Joseph die belgische Allianz nur deshalb guthieß, weil er sich dadurch eine Verbesserung der internationalen Beziehungen zwischen Österreich und England erhoffte, feilschte regelrecht mit dem »alten Knauser« Leopold, um Charlotte (und sich selbst) eine standesgemäße Mitgift zu verschaffen. Als es ihm gelang, diesen Kampf um die finanzielle Sicherstellung seiner Ehe zu gewinnen und seinem Schwiegervater Charlottes mütterliches Erbe, eine vom belgischen Parlament gewährte Dotation in der Höhe von 10 000 Gulden, eine jährliche Zusatzzahlung von 20 000 Gulden, aber auch eine besonders wertvolle Schmuck- und Silbersammlung »abzutrotzen«, verbuchte er dies als großen Erfolg und zeigte sich sehr erfreut darüber, den geizigen Leopold an seiner empfindlichsten Stelle, nämlich seinem Geldbeutel, getroffen zu haben.

Das überharte Feilschen des Flottenadmirals, das damals zwar zu den üblichen Gepflogenheiten einer Fürstenhochzeit gehörte und sicherlich auch darin begründet war, daß der Bau von Miramar Maximilians Reserven gewaltig erschöpft hatte – in seinem Baueifer keine Grenzen kennend, hatte der Erzherzog darauf bestanden, Granit aus Tirol anfordern zu lassen – spricht nicht unbedingt für die These, daß Max Charlotte ebenso sehr liebte wie dies umgekehrt der Fall war. Um seinen coburgischen Ehrgeiz zu befriedigen, verlangte der Belgierkönig von Franz Joseph, seinem zukünftigen Schwiegersohn eine seiner hohen Geburt gerecht werdende angemessene Stellung zu verschaffen. Daraufhin entschloß sich Franz Joseph, seinen Bruder zum Generalgouverneur Lombardo-Venetiens, zum Governatore Generale del Regno Lombardo Veneto, zu machen, und verhalf ihm damit zur Position eines De-facto-Vizekönigs in diesem Königreich. Der hochtrabende Titel verschwieg allerdings die Tatsache, daß der Kaiser dem Erzherzog kaum mehr als Repräsentationspflichten zubilligte. Ferdinand Maximilians Ernennung erfolgte in der letzten Märzwoche des Jahres 1857; am 19. April traf er in Mailand ein, um sein neues Amt, in dem er sich zu profilieren gedachte und seine liberalen Ideen durchzusetzen hoffte, anzutreten.

Der immer lauter werdende Ruf nach einem geeinten freien Italien, nach der endgültigen Loslösung von Österreich und der Befreiung

vom Habsburger Joch sollte jedoch seine Aufgabe nicht nur erschweren, sondern unmöglich machen. Der gärende Zustand in den oberitalienischen Provinzen Österreich-Ungarns konnte auch durch die wohlmeinenden, im Zeichen der Versöhnung erlassenen Verordnungen, welche gleich nach Maximilians Amtsantritt erfolgten, nicht entschärft oder besänftigt werden.
Im Juni 1857 stattete der neue Generalgouverneur Papst Pius IX. einen Besuch ab. Der Pontifex Maximus verlieh dem Vizekönig von Lombardo-Venetien den Piusorden und hinterließ beim Erzherzog den Eindruck eines lustigen und souverän agierenden Kirchenoberhauptes. In einem für den Wiener Hof bestimmten Bericht zog er folgendes Resümee aus seiner Stippvisite beim Papst:

> *Auf das Hochamt folgte eine Unterredung mit dem Heiligen Vater, bis um ein Uhr das Erscheinen von vier Kardinälen fröhliche Konversation in Gang brachte. Mit diesen nahm ich sodann teil am Diner des Papstes, einem von Monsignori Kammerdienern servierten schauerlichen Pfarreressen, das jedoch erheiternd ward durch die schnackige Laune der wohlgenährten Väter der Kirche; die Herablassung des Papstes ging so weit, daß er mir selbst Gefrorenes und Kaffee servierte. Nach dem Diner und einem sehr heiteren, belebenden Gespräch nahm ich Abschied unter Fußkuß und Genuflexionen, nachdem ich die Zeit von sieben Uhr früh bis vier Uhr nachmittags ununterbrochen en pleine parade mit Ordensband und Kollane zugebracht hatte, und bestieg halbtot meinen Wagen, um die Weiterreise anzutreten. Im allgemeinen hatte ich allen Grund, mit der Aufnahme, die ich beim Papste fand, sehr zufrieden zu sein.*[13]

Vor seiner Eheschließung am 29. Juli 1857 mußte der Habsburger noch einen weiteren wichtigen Besuch absolvieren. Auf Wunsch und Vermittlung des Königs der Belgier fand er sich in England ein, um vor den gestrengen Augen der Queen Victoria zu bestehen, deren Meinung von den österreichischen Erzherzögen sich mit dem von ihr öfters geäußerten Wort »Tunichtgute« umschreiben läßt. Der Glanz des altehrwürdigen englischen Hofes begeisterte ihn derart, daß er in für ihn so typisch leicht zu beeinflussender Art die vorher geschätzte französische Hofatmosphäre zur »Höflichkeitsfirnis« degradierte, den englischen Hofhaltungsritus dagegen aber als imponierend, beeindruckend und von traditioneller jahrhundertelanger Größe geprägt empfand. Überraschend schnell gelang es ihm, das Wohlwollen der kritischen Queen zu erringen, die den vermeintlichen »österreichischen Tunichtgut« vorbehaltslos ins Herz schloß und in einem Brief an ihren Onkel eine erstaunliche Kehrtwendung vollzog und Maximilian als geradezu idealen Ehemann für Charlotte schilderte:

Ich kann Ihnen nicht sagen, wie sehr der Erzherzog uns gefällt. Er ist charmant, so klug, natürlich, freundlich und liebenswürdig, so englisch in seinen Gefühlen und Vorlieben und so sehr um das beste Einvernehmen zwischen England und Österreich besorgt. Er sieht gut aus, ausgenommen Mund und Kinn, aber ich finde, das macht nicht das Geringste aus, da er so überaus freundlich, klug und angenehm ist. Ich beglückwünsche Sie wirklich, liebster Onkel, einen solchen Ehemann für die liebe Charlotte bekommen zu haben, und ich bin überzeugt, daß er ihrer ganz würdig ist. Er kann und wird sehr viel für Italien tun.[14]

Zu der in Brüssel über die Bühne gehenden Vermählung fand sich dann auch – auf ausdrücklichen Wunsch der Queen – der englische Prinzgemahl Albert ein, um zu demonstrieren, wie wohlwollend Großbritannien diesem Bund gegenüberstand. Charlottes Briefe aus den ersten Tagen und Wochen ihrer Ehe strafen alle Impotenzgerüchte Lügen, die sich später um den Kaiser von Mexiko rankten. Sie bezeichnete ihn als »vollkommen in jeder Hinsicht«. Erst viel später, als die Differenzen zwischen den Eheleuten immer größer wurden, sollte Charlotte von seinem »Versagen als Ehemann« sprechen, was aber auch nicht nur ausschließlich von der sexuellen Warte aus betrachtet werden sollte.

Über Wien fuhr das frischvermählte Paar nach Triest. In der Kaiserstadt, wo »der majestätischste Hof Europas« zu Ehren der jungen belgischen Prinzessin seine »archaische Pracht« entfaltete, wie Joan Haslip schreibt, behandelte Kaiserin Elisabeth die Coburgerin mit herablassender Überheblichkeit, während Franz Joseph seinem Bru-

der bewußt aus dem Weg zu gehen schien und ihn – bei aller in der Öffentlichkeit zur Schau gestellten brüderlichen Verbundenheit – einmal mehr seine untergeordnete Position fühlen ließ.
In Triest, das die flandrische Prinzessin sofort ins Herz schloß, bereitete man dem Paar allerdings einen überwältigenden Empfang, der den Snobismus des Wiener Hofes vergessen ließ, und Venedig schlug die niemals über die Grenzen Belgiens hinausgekommene Charlotte völlig in den Bann. Sie sprach von der »verführerisch-lockenden Faszination« der Lagunenstadt, deren unbeschreiblicher Zauber ihre »Seele versklave«. In ihrem jugendlichen Enthusiasmus verstanden Charlotte und Maximilian, als sie im August feierlich in Mailand Einzug hielten, nicht, daß sie – trotz aller offenkundigen Sympathiekundgebungen und all der Ovationen, die ihnen bald zuteil wurden – auf verlorenem Posten standen. Doch schon ein Jahr später trat bei Maximilian, der sich mit der Wiener Zentralregierung offen zerstritt und deren »drakonische Maßnahmen« unverständlich fand, eine völlige Desillusionierung ein. Sein schwankender, wankelmütiger Charakter offenbarte sich in allen seinen Äußerungen über die »oberitalienische Herrschaft«. Voller Optimismus war er angetreten, um dem Wiener Hof auf eindrucksvolle Weise zu demonstrieren, wie man ein Volk mit Milde, Güte und Liberalität für sich gewinnen konnte und selbst als »Ausländer« für seine Zwecke einspannte, doch schon nach kurzer Zeit mußte er offen das Scheitern seines Experimentes bekennen. Niemals würde es ihm gelingen, ein zweiter Eugène de Beauharnais zu werden, den Napoleon I. einst als Vizekönig Italiens eingesetzt hatte, und dessen grandezza und Freigebigkeit die Mailänder bewunderten. Das Ende von Lombardo-Venetien begann sich bereits abzuzeichnen, als Maximilian seiner geliebten Mutter den folgenden Brief schrieb, aus dem blanke Verbitterung spricht:

Wären nicht die religiösen Pflichten, ich wäre schon längst ferne von diesem Land der Qual, wo man die Demütigung doppelt fühlt, eine that- und gedankenlose Regierung, die der Verstand vergebens zu vertheidigen sucht, repräsentieren zu müssen. Mit einem Gefühl tiefer Scham bin ich neulich nach Mailand hineingefahren, doppelt gedrückt und gedemüthigt durch die freundli-

che wohlwollende Art, mit der man uns beide persönlich, so zu sagen als respectable Privatpersonen, empfangen hat. Diese desavouierende Privatfreundlichkeit zeigt mir am besten die Lage der Dinge, zeigt meine Ohnmacht, zeigt aber auch, wie unverantwortlich die Regierung mit dem guten Willen der Masse umgeht.[15]

Daß diese einstmals reichste Provinz der Donaumonarchie dem Untergang geweiht war, wurde dem sich redlich bemühenden Ferdinand Max, der im krassen Gegensatz zu den Direktiven der Wiener Zentralregierung die Rückkehr politisch Verfolgter forcierte, die Machenschaften der dem Wiener Hof unterstellten Geheimpolizei verdammte, Unterstützungsfonds für Katastrophenopfer und Arme ins Leben rief – welche er aus seiner Privatschatulle bezahlte –, wissenschaftliche Kongresse veranstaltete, und sich bemühte, Intellektuelle, Dichter und Maler an seinen Monzer Hof zu ziehen (welche jedoch weitgehend ausblieben), und vor allem seiner von wittelsbachischer Seite geerbten Bauleidenschaft frönte, die Renovierung des venezianischen Markusdoms in die Wege leitete und die Ambrosianische Bibliothek Monzas restaurieren ließ, immer klarer, und, um das Schicksal seiner Gattin besorgt, schickte er Charlotte Ende 1858 vorübergehend zurück an den Brüssler Hof. Seiner Mutter gestand er ein, in einem »kompletten Chaos« zu leben, der Statthalter einer von ihm abgelehnten Regierung zu sein, deren klägliches Scheitern nur eine Frage der Zeit sein konnte. Aus all seinen Briefen jener Zeit spricht zornige Resignation und Frustration, doch nur der Mutter in Schönbrunn schien er tatsächlich Einblick in seine aufgewühlte Gemütslage geben zu wollen, als er schrieb:

Ich sitze hier festgebannt und einsam wie ein Eremit im weiten Palaste von Mailand… Ich bin der verlachte Prophet, der nun Stück für Stück das auskosten muß, was er Wort für Wort den tauben Ohren vorausgesagt hat, und auf den man nun, um die Ursachen vergessen zu machen, lostrommeln möchte, als sei er es, der durch falsche Milde oder zuckersüße Güte das Unheil heraufbeschworen hat. Trotz erwartetem Spott und aller Ver-

leumdung harre ich ruhig auf meinem Posten aus. In der Gefahr kehre ich nicht um. Zwei Gründe halten mich zurück. Die Pflicht, in schweren Augenblicken den mir anvertrauten Posten nicht zu verlassen und die durch Angst und Nervosität hervorgerufenen Übergriffe so viel als möglich zurückzuhalten. Was ich tun werde, wenn gute und ungefährliche Zeiten wiederkommen, das steht bei mir; wo es brennt, da helfe ich bis zum letzten Augenblick, und sollte ich mitten in den Flammen stehen; wo es gilt, den Karren der Mittelmäßigkeit mit fortzuwälzen, da spanne man andere Gäule ein.[16]

Enttäuscht und verbittert, sah er seine mühevolle Aufbauarbeit, die sogar sein ärgster politischer Gegner Graf Camillo Cavour, der eingestand, daß Ferdinand Max die Lombardei zur blühenden Provinz gemacht hatte und sein Reformwerk durchzugreifen begann, honorierte, vom uneinsichtigen blinden Wiener Hof, der seinen Traum einer autonomen Regierung bedenkenlos vernichtet hatte, absichtlich torpediert. Maximilian sah zwar die Katastrophe eines drohenden Krieges voraus, konnte aber keinen Einfluß auf den Verlauf der Dinge nehmen, die sich bereits am Anfang des Jahres 1858 enorm verschlechtert hatten, als es am 14. Januar vor der Pariser Oper zu einem Attentat gekommen war. Kurz vor Beginn der Abendvorstellung und dem Eintreffen des Kaiserpaares detonierten in der Rue le Pelletier drei Bomben. An die 150 Menschen wurden getötet oder verletzt, doch der Mann, dem der Anschlag gegolten hatte, Napoleon III., stieg wie durch ein Wunder unverletzt zusammen mit seiner Gattin Eugénie aus dem von Splittern durchsiebten kaiserlichen Gefährt, unter welchem eine der Bomben hochgegangen war. Dieses Attentat sollte für Lombardo-Venetien weitreichende Folgen haben. Denn als Täter verhaftete man den italienischen Grafen Felice Orsini, dessen Prozeß und Verurteilung um die Welt ging. Der brillante Jules Favres, ein einstiger Gegner Napoleons, übernahm die Verteidigung des aussichtslosen Falles, konnte das Todesurteil aber natürlich nicht abwenden.

Obwohl Conte Orsini in einem Brief, den er kurz vor seinem Tod an den Kaiser richtete, seine Verzweiflungstat als fatale »aberration de l'ésprit«, also als Folge einer Geistesverwirrung bezeichnete, blieb er bis zuletzt seiner Sache der Einigung und Unabhängigkeit Italiens treu, auf die er durch sein Attentat das Augenmerk der Welt hatte lenken wollen, und starb mit den Worten »Es lebe Italien! Es lebe Frankreich!« auf den Lippen. Das Attentat und vor allem der Prozeß hatten die europäische Öffentlichkeit quasi gewaltsam mit der Frage der italienischen Einheit konfrontiert, und, so grotesk es klingen mag, Napoleon III. endgültig in die Arme des Risorgimentos getrieben. Diese italienische Einigungsbewegung wurde vor allem durch einen besonders ambitionierten willensstarken Politiker vorangetrieben, dem Ministerpräsidenten von Piemont-Sardinien, Graf Camillo Cavour.

Cavour verfolgte nicht mehr das Ziel und die Idee einer Republikenföderation, wie es der einstige Carbonari Louis Napoleon getan hatte, sondern ihm schwebte eine konstitutionelle Gesamtitalien umfassende Monarchie unter der Führung seines Souveräns Viktor Emanuel II. von Piemont-Sardinien vor. Indem sich Louis Napoleon nun auf die Seite Cavours schlug – im Juli 1858 fanden in Plombières erste Geheimgespräche zwischen den beiden statt –, vollzog er nicht nur das politische Testament eines Mannes, den er aufs Schafott gebracht hatte, sondern versetzte auch dem Königreich Lombardo-Venetien den Todesstoß.

Ferdinand Maximilian, der am 12. September 1858 dem Kaiser seine Demission angeboten hatte, welche Franz Joseph mit dem Hinweis auf die Treue, die der Erzherzog seinem Vaterland schulde, abgewiesen hatte, versuchte in einer allerletzten Anstrengung zu retten, was noch zu retten war, die Ablösung des ihm unfähig erscheinenden brutalen Feldzeugmeisters Gyulai, des Chefs der Geheimpolizei Lombardo-Venetiens, zu erwirken. Für den Fall einer möglichen Erhebung wollte der Erzherzog die alleinige Befehlsgewalt und Verantwortung für sich beanspruchen. Diesem Ansuchen Maximilians wurde natürlich nicht stattgegeben. In Wien hegte man sogar den vollkommen unbegründeten Verdacht, Maximilian würde mit der Opposition liebäugeln.

Als man am Wiener Hof von der Verlobung Clothildes, der Tochter Viktor Emanuels, mit dem Vetter des »Friedenskaisers« Napoleon III. erfuhr, erkannte man auch in der Kaiserstadt immer deutlicher,

daß ein bewaffneter Konflikt ins Haus stand, und setzte keine allzu großen Hoffnungen auf einen eilends für März angesetzten Kongreß. Während dieser Kongreß tagte, kehrte Charlotte zu ihrem Mann zurück. Für seine Teilnahme am Kongreß forderte Österreich hartnäckig die sofortige Abrüstung Piemont-Sardiniens, das bereits im Jänner mobilisiert hatte. Die herausfordernde Haltung Piemonts, das Österreichs Forderung als unannehmbar zurückwies, provozierte ein verhängnisvolles Ultimatum Franz Josephs, in welchem das Königreich von Piemont-Sardinien unmißverständlich aufgefordert wurde, binnen drei Tagen Demobilisierungsmaßnahmen einzuleiten, da ansonsten der casus belli gegeben wäre.
Dieses Ultimatum bedeutete faktisch den Krieg, denn, wie erwartet, ging Piemont nicht darauf ein. (Man beachte die Analogie zum Ersten Weltkrieg, welcher auch mit einem Ultimatum Österreichs, nämlich an Serbien, begann.) Bereits am 25. April traf die Armee Napoleons in Piemont ein, um auf der Seite seines Bündnispartners in den Krieg einzutreten. Die Stunde der nationalen Einigung Italiens hatte geschlagen. Napoleon III., der selbst den Oberbefehl des 150000 Mann umfassenden französischen Heeres übernommen hatte, erklärte seinem Volk pathetisch, warum er zu den Waffen geeilt war:

> *Frankreich zieht das Schwert, nicht um zu erobern und zu herrschen, sondern um zu befreien und um Italien sich selbst zu geben... Es ist durch Österreichs Schuld dahin gekommen, daß Österreich entweder bis zu den Alpen herrschen oder Italien bis zur Adria frei werden muß.*[17]

Am 19. April hatte Franz Joseph Ferdinand Maximilian offiziell seines Amtes enthoben und ihn durch seinen Intimfeind Gyulai ersetzt. Zwei Tage später begann der Krieg, der für Österreich mit einer blamablen Niederlage endete. In der ersten großen Schlacht des Krieges, welche bei Magenta, nur 15 Kilometer von Mailand entfernt, stattfand, erwies sich die österreichische Führung als unfähig und unentschlossen. Der französische Oberbefehlshaber François Canrobert bediente sich einer Finte und täuschte Feldzeugmeister Gyulai durch ein geschicktes Umgehungsmanöver, worauf der

von Maximilian so gehaßte Geheimpolizeichef unbegründet in Panik geriet und den Rückzug auf das Festungsviereck von Verona befahl, dem Feind praktisch die gesamte Lombardei in die Hände spielend.
Als der in Venedig die Verteidigung des Hafens organisierende Maximilian von der schrecklichen Schlappe Gyulais erfuhr, bekam er einen Tobsuchtsanfall und schrie, daß man den unfähigen und feigen Gyulai eigentlich unverzüglich erschießen müßte. Maximilian selbst saß eingeschlossen in der Lagunenstadt, da französische Kriegsschiffe, nur wenige Tage nach der Schlacht von Magenta, erfolgreich einen Blockadering um Venedig gelegt hatten. Am 8. Juni zogen Napoleon III. und Viktor Emanuel II. als strahlende Sieger in Mailand ein. Sich an sein großes Vorbild, seinen Oheim, den Schlachtenkaiser, erinnernd, hinterließ Louis Napoleon eine Proklamation an seine tapferen Soldaten, der eine weitere an das italienische Volk folgte, die sich so anhörte:

> *Die Vorsehung gewährt bisweilen den Völkern wie den Einzelnen ihre Gunst, indem sie ihnen Gelegenheit gibt, mit einem Schlag zur Größe zu gelangen… Euer sehnsüchtiger Wunsch nach Unabhängigkeit, so oft ausgesprochen, so oft unterdrückt, wird erfüllt werden, wenn Ihr Euch dessen würdig erweist. Vereinigt Euch also in dem Bestreben, Euer Land zu befreien; organisiert Euch militärisch, eilt unter die Fahne des Königs Viktor Emanuel, glühend vom heiligen Feuer der Vaterlandsliebe, seid heute nur Soldaten, um morgen die freien Bürger eines großen Landes zu sein.*[18]

Habsburgs bereits schwer angeschlagener Stolz sollte in der kriegsentscheidenden Schlacht von Solferino, welches südlich des Gardasees lag, eine vollkommene Demütigung erfahren. Kaiser Franz Joseph hatte mittlerweile den unfähigen Gyulai seines Amtes enthoben und selbst den Oberbefehl über die österreichische Armee übernommen. Trotz seiner unbestrittenen persönlichen Tapferkeit war er seinen französischen Gegenspielern, dem General Canrobert und dem alten Haudegen mit dem klingenden Namen General Marie Edme MacMahon, die in Wahrheit die französischen Truppen diri-

gierten – Napoleon III. wirkte im Schlachtengetümmel verwirrt, unsicher und fehl am Platze, er erteilte auch keinen einzigen entscheidenden Befehl –, nicht gewachsen. Als die Franzosen die linke Flanke der österreichischen Armee gefährlich aufzureißen begannen, ordnete auch Franz Joseph – zu einem Zeitpunkt, da das Ende der Schlacht durchaus noch nicht feststand und das Kriegsglück noch keinen der beiden Kontrahenten maßgeblich begünstigte – einen überhasteten, zur panikartigen Flucht ausartenden Rückzug an. Die Schlacht von Solferino – und damit der Krieg – war verloren.
Das sinnlose Gemetzel, das Wehklagen der Verwundeten, das Verzweiflungsgeschrei der Verstümmelten, der Anblick der zahllosen Toten empörte nicht nur alle drei an diesem Krieg teilnehmenden Monarchen, sondern auch einen jungen Schweizer, der als Unbeteiligter durch das blutüberströmte Schlachtfeld von Solferino schritt und, mit allen Facetten des menschlichen Elends und Leides konfrontiert, eine Idee gebar, die ihren Siegeszug um die Welt antreten und ihm den Nobelpreis einbringen sollte. Der einzige Lichtblick dieses unseligen Krieges bestand wohl darin, Henry Dunant zur Gründung des Roten Kreuzes inspiriert zu haben.
Im siegreichen französischen Heer befand sich auch ein Mann, der Maximilian in Mexiko oftmals an den Rand der Verzweiflung bringen sollte: General François Bazaine, der später als Oberbefehlshaber der französischen Interventionsarmee fungierte, und, den Direktiven seines Herrschers Napoleon bedingungslos Folge leistend, zum erbitterten Gegner Maximilians wurde. Solferino, das im Buch der französischen Heeres- und Kriegsgeschichte als glänzender Sieg figuriert, hatte den geschlagenen Österreichern über 2000 Tote und an die 10 000 zum Teil schwer Verwundete eingebracht, aber auch im siegreichen Heer der Franzosen waren die Verluste groß und schlugen mit 1600 Gefallenen und 8500 Verwundeten zu Buche. Einen Tag nach der Katastrophe schrieb Ferdinand Max seiner Frau einen Brief, in dem er seine grenzenlose Enttäuschung schilderte, die das trostlose Bild eines ungeordneten panikhaften Rückzuges ausgelöst hatte. In diesem wie auch einem wenig später geschriebenen Brief klang auch eine harte Kritik an Franz Joseph durch, der nicht verhindert hatte, daß der Rückzug derart kopflos vonstatten gegangen war, und sich zudem nur auf inkompetente Generäle

gestützt hatte. Die Lage der Österreicher schien verzweifelt; krampfhaft bemühte sich der Kaiser, seine Truppen hinter dem Etschfluß zu reorganisieren, und forderte wütend Verstärkung an, wohl damit rechnend, daß die seine geschlagene Armee verfolgenden Franzosen nun auf das veronesische Festungsviereck zumarschieren würden, um ihn und seine demoralisierten, ausgebluteten Truppen noch weiter zurückzudrängen und die Niederlage perfekt zu machen. Niemand, am allerwenigsten der Vater der italienischen Einigung, Camillo Cavour, rechnete mit dem Waffenstillstandsangebot, das Napoleon III. Franz Joseph bereits am 8. Juli unterbreitete. Der Grund für dieses unerwartete Einlenken des Franzosenkaisers war jedoch nicht in seinem Gallenleiden, seiner zunehmenden Kriegsmüdigkeit und seiner Sehnsucht nach den warmen und freundlichen Gefilden seines bevorzugten Meerbades Biarritz zu suchen, wie der wutentbrannte Cavour zynisch vermeinte, sondern vielmehr in seiner begründeten Furcht vor einem militärischen Eingreifen Preußens, das bereits die Mobilmachung von 300 000 Mann beschlossen hatte, und damit eindeutig seine Bereitschaft bekundete, den Österreichern zu Hilfe eilen zu wollen.

Als die beiden Kaiser, der Sieger und der Besiegte, am 11. Juli in Villafranca aufeinandertrafen, einigten sie sich überraschend schnell. Franz Joseph erklärte sich bereit, die Lombardei an Frankreich abzutreten und Napoleon III. verzichtete abmachungsgemäß zugunsten Piemont-Sardiniens auf das Königreich. Nur in der Frage Venetiens gab es ernsthafte Differenzen, in die – freilich ohne es zu ahnen – auch Maximilian involviert war. Napoleon, der keinerlei Ansprüche auf Venetien erhob, unterbreitete seinem geschlagenen Gegner nämlich den Vorschlag, Venetien zu einem unabhängigen Staat unter der Herrschaft von Erzherzog Ferdinand Maximilian zu machen. Doch hier blieb der Kaiser von Österreich hart. Seine Antwort ließ klar erkennen, daß er in dieser Frage unnachgiebig und zu keinem Kompromiß bereit war und sich einfach weigerte, den in vieler Hinsicht überlegenen Bruder zu einem souveränen Fürsten zu machen: »Ich behalte Venetien und es ist nötig, daß der Großherzog von Toskana und der Herzog von Modena wieder in ihre Staaten zurückgeführt werden. Wenn diese Bedingungen Euer Majestät nicht genehm sind, werden wir den Krieg wieder aufnehmen!«[19]

Unnachgiebig beharrte Franz Joseph auf seinem Standpunkt, daß die Verwaltung österreichischer Provinzen eine innerösterreichische Angelegenheit wäre. Die Tatsache, daß der Kaiser sich so sehr für seinen toskanischen Cousin und seinen Vetter auf dem Thron Modenas exponierte, ihn aber neuerlich desavouierte, erklärt die immer stärker werdende Abneigung, die Maximilian nun für seinen Bruder zu empfinden begann.

Nach Abschluß der für alle Beteiligten so überraschend erfolgten Friedensgespräche ließ sich Napoleon III. in Frankreich feiern und erläuterte, abermals pathetisch auf das Wohl des Vaterlandes hinweisend, das seine Motive diktiert hatte, seine Vorgangsweise:

> *Wenn ich die Feindseligkeiten einstellte, so geschah dies nicht, weil ich müde war oder die edle Sache, in deren Dienst ich mich gestellt hatte, im Stich ließ, sondern darum, weil alles in meinem Herzen eine Stimme übertönte, die mir vom Wohle Frankreichs sprach... Für die Unabhängigkeit Italiens habe ich gegen den Willen Europas den Krieg unternommen. Als die Möglichkeit einer Gefahr für mein Vaterland auftauchte, schloß ich Frieden.*[20]

Maximilian aber war nichts geblieben, Lombardo-Venetien gab es nicht mehr. In einem Brief an seinen Schwiegervater beklagte er das traurige Absinken »unserer schönen und ehemals kräftigen Monarchie« und kritisierte abermals das »rätselhafte Vorgehen« und die »Ungeschicklichkeit« des Wiener Hofes und meinte damit natürlich nur seinen Bruder, für den er kaum noch irgendwelche Sympathien aufzubringen in der Lage war. Ihm blieb nur noch Miramar, sein Traumschloß am Meer, das mittlerweile fast fertiggestellt worden war. Auf diesem die Adria überblickenden Felsenschloß in der Nähe von Triest suchte er Ruhe und Vergessen, und Miramar wäre wohl auch sein geliebtes Refugium geblieben, hätte ihn nicht 1861 erstmals der verhängnisvolle Ruf ereilt, die vakante mexikanische Kaiserkrone anzunehmen, und sein Schicksal besiegelt.

Die Bauarbeiten zu dem mit ungeheurem Aufwand errichteten Schloß aus weißem Kalkstein hatten schon 1854 begonnen. Tiroler Granit bildete die Terrasse des Prachtbaues, welche einen überwältigenden Blick auf das Meer freigab, und der nun beschäftigungslose

Erzherzog flüchtete zunehmend in seine ureigene Traumwelt; in seinen Orangen-, Magnolien- und Oleanderhainen lustwandelnd, sich an seinen tropischen Vögeln und den seltenen Pflanzen seiner Gewächshäuser erfreuend oder in seinem Arbeitszimmer – einer originalgetreuen Kopie der Admiralskabine auf der »Novara« – metaphysischen Spekulationen nachgehend, fand sich Maximilian anfänglich viel besser in der Rolle eines Privatmannes zurecht, welcher nur noch nominell als Flottenchef fungierte, als die ambitionierte Charlotte, die ihren Max immer noch für einen geborenen Herrscher hielt. Joan Haslip hat uns den Eindruck vermittelt, den Maximilians »Eigenbau« Miramar auf den heutigen Besucher hinterläßt:

... Die weißen Kalksteintürme von Miramar, die Granitterrassen und Marmortreppen, die zu einer von ägyptischen Sphinxen bewachten Anlegestelle führen, entsprechen nicht unseren heutigen ästhetischen Maßstäben. Aber die Lage ist noch immer einzigartig. Erbaut auf einem Felsenvorsprung über der Adria, bewahrt Miramar noch heute seinen romantischen Zauber, und aus aller Welt besuchen jährlich Tausende von Touristen das Schloß, wo die Triester liebevoll das Andenken an den habsburgischen Prinzen pflegen. Maximilians Denkmal beherrscht den Park. Man sieht noch die Nachbildung seiner Kajüte auf der Fregatte »Novara«; in seiner Bibliothek stehen, seinen Geschmack spiegelnd, flottengeschichtliche Werke aus England und Handbücher der Gartenbaukunst neben seltenen Ausgaben von Büchern über die Vogel- und Tierwelt der Anden und des Amazonas, Bände romantischer Lyrik in einem Halbdutzend Sprachen neben Froissarts »Chroniken« und Plutarchs »Heldenleben«. Hier in Miramar befindet sich Charlottes Schreibtisch, der einst Marie Antoinette gehört hatte, man sieht den traurigen, leeren Prunksaal, wo der junge Erzherzog nach einer trügerischen Kaiserkrone griff ...[21]

So fasziniert Max ursprünglich auch von Miramar gewesen war, verlangte es seine unstete Seele jedoch schon bald nach neuer Bautätigkeit, die er auf der Ragusa (Dubrovnik) gegenüber liegenden Insel

Lacroma zu entfalten gedachte. Hier hatte er eine halbverfallene Klosterruine entdeckt, umgeben, oder besser, umwuchert von Myrten- und Oleandergewächsen, welche er zu seinem zweiten Refugium umbauen ließ, nachdem Charlotte dem immer noch schwer verschuldeten Ehemann das romantische Inselchen, von Conte Corti als »poetischer, gottbegnadeter Flecken« bezeichnet, als Zeichen ihrer immerwährenden Liebe gekauft hatte.
Wie stand es um die Liebe des noch kinderlosen Ehepaares? Vieles spricht dafür, daß bereits damals eine deutliche Abkühlung der Gefühle stattgefunden hat, die Maximilian seiner sich in Italien großartig bewährenden jungen Frau anfänglich entgegengebracht hatte. Der unbeständige, frustrierte Mann bewunderte zwar immer noch die Intelligenz und Tapferkeit seiner Gemahlin, ihr unerschrockenes Auftreten im Angesicht einer Gefahr und ihre entschlossene Art, begann jedoch immer stärker, in ihr nur die Kameradin und allzu seriöse Gesprächspartnerin zu sehen, deren frauliche Reize ihm bald weitgehend gleichgültig waren. Einsam und verloren wanderte er am Meer entlang und oft starrte er mit ausdruckslosem Gesicht in die Fluten der tiefblauen Adria, Don Quichotte gleich einen unmöglichen Traum träumend, den Traum von der ihm versagten Krone. Er kam sich nutzlos und hintergangen vor; nicht einmal die Nachricht, daß Franz Joseph bei seiner Rückkehr nach Wien öffentlich ausgezischt worden war, während er selbst im Volke nach wie vor ungebrochen populär blieb, konnte ihn aus seinen lethargischen Stimmungen reißen.
Er beschloß deshalb, dem nahenden Winter zu entfliehen und sich wenigstens einen Traum seiner Jugendzeit zu erfüllen. Es dürstete ihn danach, endlich die Neue Welt mit eigenen Augen zu sehen, seinem eintönigen Dasein für eine Weile zu entfliehen und die Demütigungen der Vergangenheit durch eine große Reise zu vergessen. So brach er im Dezember 1859 zur ersten Amerikareise auf, die je ein österreichischer Erzherzog machte. Als Ziel wählte er Brasilien, wo er auf den Spuren seiner großen Ahnen zu wandeln gedachte. Er wollte Kaiser Pedro II. einen offiziellen Besuch abstatten und verließ Triest zusammen mit Charlotte an Bord der »Elisabeth«, welche von seinem langjährigen und treuen Freund Wilhelm von Tegetthoff als Flaggkapitän kommandiert wurde. Charlotte, die

ihren Mann natürlich in die Neue Welt begleiten wollte, litt furchtbar unter der Seekrankheit. Doch Max zeigte kaum Verständnis für die ständigen Klagen seiner Frau und benutzte ihre Beschwerden und ihr Unwohlsein als willkommenen Vorwand, den »Pflichten des Ehebettes« zu entfliehen. Er schlief von nun an allein, in einer eigenen Kabine. Die wachsende Entfremdung der Ehegatten hatte einen ersten Höhepunkt erreicht. Als das Schiff auf dem Weg zu den Kapverdischen Inseln in einen schweren Sturm geriet, der zwei Tage lang mit unverminderter Heftigkeit wütete, beschloß Charlotte, auf die Überquerung des Ozeans zu verzichten, und ließ sich auf die Insel Madeira zurückbringen, wo die »Elisabeth« vorher Station gemacht hatte. Madeira war für Max mit unangenehmen Erinnerungen verbunden, denn hier war seine große Liebe Maria Amalia von Braganza gestorben. Als er beim Aufenthalt auf der »Blumeninsel« wehmütig an ihr Grab gepilgert war, mußte er wohl in seinem Inneren einen Vergleich zwischen den beiden Frauen, die sein Leben bestimmten, der Toten und der Lebenden, angestellt haben, welcher nicht zu Charlottes Gunsten ausfiel. Charlotte blieb jedenfalls auf der »Sterbeinsel« der Braganza-Prinzessin, während der »Strohwitwer« Ferdinand Max, kaum einen Gedanken an seine zurückgebliebene, neunzehn Jahre alte Frau verschwendend, den Äquator überquerte und seinem Tagebuch folgende Gedanken anvertraute:

> *Solche unschuldigen Triumphe* (Maximilian betrachtete die Überquerung des Äquators offenbar als persönlichen Triumph; Anmerkung des Verfassers) *fügen sich besser in mein Trachten und Streben als was mir die Heimat Prunkhaftes bieten kann; ich war der erste meines Stammes, der bis in die Tropen wanderte, und zwar mit dem Gefühle, daß ich noch nicht am Ziele sei.*[22]

Mit jedem vergehenden Tag hob sich die Stimmung des Erzherzogs. Je näher die »Elisabeth« der brasilianischen Küste kam, die ihm dann wie die »Pforte zum Paradies« erschien, um so heftiger erinnerte er sich an die Macht und Stärke des überseeischen Großreiches seiner ruhmreichen spanischen Ahnen. Wie schon in Granada, im Angesicht der Grabmähler der hehren Toten, sah er sich in der Rolle eines legitimen Nachfahren Isabellas und Ferdinands:

Ein Märchen scheint es mir, daß ich der erste Blutserbe Ferdinands und Isabellas bin, dem es von Kindheit an eine Lebensaufgabe war einen Continent zu betreten, der für die Geschichte der Menschheit eine so riesenhafte Bedeutung erlangt hat.[23]

In Bahia strömten, wie sich aus seinem Tagebuch entnehmen läßt, die fremdartigen Eindrücke der Neuen Welt mit der Gewalt eines Sturzbaches auf ihn ein; eine vollkommen neue unbekannte Welt von faszinierender exotischer Vielfalt erschloß sich ihm »in reichster Fülle«, wie er schrieb. Maximilian saugte alle auf ihn einstürmenden Eindrücke mit dem wilden Enthusiasmus eines romantischen Manikers ein, dem nach Abklingen der depressiven Phase plötzlich alles in den leuchtendsten Farben erscheint; der Mann, der sich nur einen Monat früher als hoffnungsloser Versager gesehen hatte, als von der schrecklichen Last der Vergangenheit fast erdrückter zweiter Diokletian, der es vorzog, der gemeinen Heuchelei und Falschheit der Welt in die »Diogenestonne der Philosophie« zu entfliehen, war nun wieder zum lebenslustigen Forschungsreisenden und Naturbewunderer geworden, zum »eternal boy«[24] und begeisterungsfähigen unverbesserlichen Romantiker, welcher erneut seinen schriftstellerischen Ambitionen erlag. Dies tritt in seiner äußerst lyrischen Schilderung der ersten Eindrücke von diesem gewaltigen Land Brasilien, das seine Größe und Bedeutung nur der überreichen Gnade und Weisheit seiner spanischen Vorfahren zu verdanken hatte, wie ihr größter Bewunderer Maximilian vermeinte, klar zutage.

Mein Geist und meine Stimme waren geschärft, um mit jener höheren Tätigkeit des Glückes alles Neue, Wunderbare aufzunehmen, was ich bis jetzt nur aus Buch und Phantasie kannte. Mein Herz schlug in der Bangigkeit und dem süßen Zweifel, ob die Uebertragung in die Wirklichkeit dem in mir getragenen Ideale entsprechen, oder dasselbe gar übertreffen würde. Für einen Naturfreund und leidenschaftlichen Reisenden wie ich, ist es ein unvergeßliches Moment in jene Welt zu treten, wo das Erlernte zum Erlebten wird, wo die mühseligen und beschränkten Sammlungen unseres kalten Europas in Fleisch und Blut vor und um uns stehen und unsere engen Glashäuser mit ihren Pigmäen-Exemplaren sich zu Wäldern und riesigen Formen ausdehnen; wo die Geschöpfe, die wir nur verkümmert aus den zoologischen Gärten oder ausgestopft aus Sammlungen kennen, uns in frischer, freier Wirklichkeit, in der Farbenpracht des fröhlichen Daseins umgeben; wo das Buch Leben, der Traum Wirklichkeit gewinnt.[25]

Begeistert durchforschte Maximilian das riesige Land; er lernte das Leben auf den Fazendas kennen und besuchte eine enorm große Zuckerplantage. Anläßlich des Besuches dieser Plantage schlich sich zum ersten Mal ein kakophonischer Mißklang in seine von romantischem Überschwang gekennzeichneten Tagebucheintragungen. Mit der in Brasilien fest verwurzelten Praxis und Tradition der Sklaverei unmittelbar konfrontiert, konnte Maximilian nur grenzenlose Abscheu für die »entmenschten« Sklavenhalter empfinden, jene reichen Plutokraten, für die es anscheinend eine Selbstverständlichkeit war, ihre schwarzen Sklaven, welche Maximilian als »durch Gottes Gesetz frei geborene Menschen und Christen« bezeichnete, beinah täglich auspeitschen zu lassen, und mit den ihnen hilflos ausgelieferten Negerfrauen endlos Kinder zeugten, um ihr eigenes Fleisch und Blut sodann auf den Sklavenmärkten »verschachern« zu lassen.
Noch schlimmer verfuhr der Erzherzog mit den Vertretern der Kirche, die diese bedauernswerten und menschenunwürdigen Zustände nicht nur zuließen, sondern offenbar auch noch förderten und begünstigten. Er nahm an einer zur Messe umfunktionierten Fiesta teil, die er abstoßend und ekelerregend fand und als »schwarzen Hexensabbath« bezeichnete. Der streng religiös erzogene erzkatholische Habsburger konnte keinerlei Verständnis für die Verquikkung heidnischer Riten mit der katholischen Liturgie aufbringen, ohne die der südamerikanische Klerus nicht auszukommen schien. Dennoch faszinierte ihn Brasilien ungemein, trotz Sklavenmärkten und schwarzer Messen spürte er den Duft der Freiheit, den die Neue Welt in so reichem Maße verströmte, begeisterte er sich auf einer Urwaldfarm für Indianerüberfälle (und hielt seine Eindrücke so fesselnd fest, daß die gedruckte Ausgabe seiner Reiseerlebnisse so-

gar Karl May inspirierte, wie Brigitte Hamann zu berichten weiß[26]), bestand er darauf, die Geheimnisse des Matto Grosso zu erkunden und unternahm, offenbar von übergroßem Tatendrang erfüllt, von einer Kaffeeplantage aus eine Erkundungsexpedition in den Urwald. Seinen Gastgebern allerdings erschien der habsburgische Urwaldbezwinger jedoch etwas lächerlich, als er, mit einem Schmetterlingsnetz »bewaffnet« und einen für ein derartiges Unternehmen vollkommen ungeeigneten weißen Merinoanzug und einen unmöglichen riesengroßen Schlapphut tragend, begleitet von einer Dienerentourage in den Busch vorrückte. Maximilian, der darauf bestanden hatte, eine »Abenteuernacht« im Freien zu verbringen, wurde bald eines Besseren belehrt, denn die unbarmherzigen Moskitos und Stechmücken nahmen keine Rücksicht auf den so seltsam herausgeputzten österreichischen Eindringling, und der von unzähligen unangenehm schmerzenden Einstichen übersäte Erzherzog begann, das Unternehmen »Wildnisnacht« bald zu bedauern. Kaiser Pedro, auf den Maximilian in dessen Sommervilla in Petropolis (jener Vorstadt Rio de Janeiros, in der sich Stefan Zweig 80 Jahre später das Leben nehmen sollte) traf, erschien ihm als langweiliger Bücherwurm, und seine Gemahlin fand er gar abstoßend häßlich. Daß er auch die beiden noch sehr jungen Töchter für das Abbild ihrer Mutter hielt, hinderte ihn nicht daran, einen absurden, geradezu phantastischen Plan zu entwerfen, der darauf hinauslief, daß sein jüngster Bruder Ludwig Viktor, dessen homosexuelle Neigungen ein sorgsam gehütetes Familiengeheimnis waren, die vierzehn Jahre alte Isabella, die Tochter des brasilianischen Kaiserpaares heiraten sollte, um damit Habsburgs Anwaltschaft auf die Schätze der Neuen Welt zu bekunden. Dieser groteske Plan wurde vom Wiener Hof natürlich nur mit einem müden Lächeln quittiert, man sah darin lediglich einen der vielen spontan-verrückten Einfälle Maximilians, während der potentielle Bräutigam, der träge und unambitionierte Ludwig Viktor selbst, nicht im entferntesten daran dachte, sein behagliches Dasein und bequemes Leben in der Kaiserstadt mit einer »Dschungelexistenz« im fernen Brasilien, noch dazu an der Seite einer unattraktiven jungen Frau, welche seine homoerotischen Proklivitäten kaum toleriert hätte, zu vertauschen.

Den Träumer Maximilian aber ließ der Gedanke an eine habsburgische Präsenz in der Neuen Welt nicht mehr los. Unglücklicherweise für ihn sollte dieser Traum in nur vier Jahren zur tödlichen Wirklichkeit werden. Anfang Mai 1860 traf der sich immer noch an die unendliche Weite Brasiliens zurücksehnende Erzherzog wieder in Triest ein. Nach der Ansicht einiger Autoren hatte Ferdinand Maximilian die ungeheure Freiheit Brasiliens offenbar zu sehr genossen. Die von Joan Haslip als haltlose Verleumdung abgetane These, Maximilian habe sich bei seinem Aufenthalt in Bahia von einer allzu willigen »Tochter der Nacht« eine Trippererkrankung geholt (interessanterweise traut die Britin Kaiser Franz Joseph viel eher den Umgang mit Dirnen zu als Maximilian[27]), findet sich vor allem in dem 1976 in Stuttgart erschienenen Buch *Die Kaiserin.*[28] Sein tschechischer Autor zögert nicht, diese These als Wahrheit zu verkaufen. Auch Gerd Holler scheint felsenfest von der Richtigkeit des Gerüchts überzeugt zu sein und schrieb mir dazu: »In Bahia hatte sich Max eine Gonorrhoe geholt und steckte damit Charlotte bei seiner Heimkehr an. Diese Schande verzieh sie ihm ihr Leben lang nicht. Wahrscheinlich hatte sie diese Krankheit unfruchtbar gemacht – damals eine häufig gesehene Komplikation bei der weiblichen Gonorrhoe.«[29]

Es ist unbestritten, daß der ungestüme, in Bahia von neuen »Lebenssäften« durchflutete Ferdinand Max inkognito durch den »Red Light District« der Hafenstadt streifte. Daß er dabei den Reizen einer blutjungen glutäugigen, exotisch wirkenden »Schönen der Nacht« erlag, ist sogar sehr wahrscheinlich. Allerdings lassen sich Eskapaden dieser Art kaum verifizieren. Maximilians (zugegebenermaßen vielleicht absichtlich geschönte) Tagebuchaufzeichnungen geben keinerlei Aufschluß über irgendwelche »heiße Liebesnächte«. Merkwürdig erscheint zudem, warum es möglich war – falls die Gonorrhoe-These stimmt und Max tatsächlich seine Ehefrau infizierte –, die Erkrankung des Erzherzogs so erfolgreich geheimzuhalten, warum sich keiner der sicherlich zu Rate gezogenen Ärzte bei irgendeinem Anlaß »verplapperte« oder Geheimaufzeichnungen über diese nicht unbedingt rühmliche »Entgleisung« des Erzherzogs und ihre schrecklichen Folgeerscheinungen anlegte, oder warum Charlotte, die Maximilian die »Ansteckung« ein Leben lang nicht verzeihen konnte, wie Holler schreibt, nicht ihren Vater Leopold ins Vertrauen zog und über die furchtbare Sachlage in Kenntnis setzte.

Charlotte, die sich so sehr nach einem Kind und Erben für Max sehnte, hätte wohl kaum so unermüdlich und unverbrüchlich an seiner Seite ausgeharrt, ihn immer wieder angetrieben und bestärkt, die mexikanische Kaiserkrone zu akzeptieren, wenn er ihr tatsächlich ein derartiges »Verbrechen« angetan hätte.

Auch die These, daß sich Charlotte bereit erklärte, eine nach außen hin intakte Scheinehe zu führen und dem Mann, dem sie ihre Unfruchtbarkeit verdankte, zwar nicht zu verzeihen, ihn aber immerhin weiter in ihrer Nähe zu tolerieren, verliert deutlich an Gewicht, wenn man sich die vielen Briefe der Belgierin vergegenwärtigt, in denen sie Max – lange nach seiner Rückkehr aus Brasilien – als »idealen Gatten« und »ihr Glück« bezeichnet und von ihrem »wunderbaren« Mann spricht. Wäre sie in der Lage gewesen, ihren beträchtlichen Stolz derart zu vergewaltigen und ihre wilde Wut zu unterdrücken, daß sie (zumindest gelegentlich) weiterhin Tisch und Bett mit dem gehaßten Mann teilte und die Schandtat des »Zerstörers ihres Mutterglückes« niemals preisgab? Veranlaßte sie, die krankhaft Ehrgeizige, die Hoffnung auf eine Kaiserkrone zum Schweigen? Und warum äußerte sie sogar noch in Mexiko die Hoffnung, vielleicht selbst ein Kind bekommen zu können, wenn sie doch genau wußte, daß dies ein Ding der Unmöglichkeit war? War sie eine derart geübte Schauspielerin, der die Macht alles bedeutete und sogar die schlimmste Demütigung ertragen ließ? Warum reagierte sie so empört, als sich Maximilian entschloß, den Iturbide-Enkel zu adoptieren, wo sie doch wissen hätte müssen, daß diese Adoption die einzige Möglichkeit darstellte, den Fortbestand der Dynastie zu garantieren?

Wir stehen dieser und anderen wagemutigen Thesen, welche wir zu gegebener Zeit unter die Lupe nehmen werden, sehr skeptisch gegenüber, vor allem deshalb, weil wir – im Gegensatz zu anderen Autoren – keinen Beweis auftreiben konnten, der uns stichhaltig genug erschien, diese Theorie in ernsthafte Erwägung zu ziehen.

In Miramar führten Maximilian und Charlotte ein recht »geruhsames Leben«, wie Charlotte ihrer ehemaligen Erzieherin schrieb, und pendelten zwischen ihrem »Stadtschloß« (Miramar) und ihrem »Landsitz« (Lacroma) hin und her. In ihren Schreiben an die mütterliche Freundin und Vertraute Gräfin d'Hulst, die ihr, als sie noch die Position einer Erzieherin bekleidete, empfahl, auf den portugiesischen Bewerber Pedro zu verzichten und statt dessen Maximilian zu heiraten, sprach die Belgierin immer noch von ihrem »brillanten« und liebevollen Ehemann Max, was nicht darauf hindeutet, daß das Verhältnis gespannt war oder die Ehe gar das Stadium der totalen Zerrüttung (wie es bei einer Gonorrhoe-Infektion wohl der Fall gewesen wäre) erreicht hatte. Daß sie immer noch daran glaubte, ihr »genialer Max« werde Gelegenheit dazu erhalten, »seinen Mann zu stellen« und seine Herrscherqualitäten unter Beweis zu stellen, geht eindeutig aus einem dieser Briefe an die ehemalige Erzieherin hervor. Charlotte schrieb:

> *Selbst wenn das Leben, das wir gegenwärtig führen, nicht so ist, wie ich es mir vorgestellt habe, so kann ich Ihnen doch versichern, daß ich zuweilen Gott dafür danke, denn so, wie die Dinge jetzt stehen, ist es besser, abseits der Welt zu leben, da ja jeder, der weniger besitzt, weniger zu verlieren hat. Ich weiß nicht, was die Zukunft bringen wird, aber sollte die Situation wieder normal werden, dann glaube ich – und ich lasse mich dabei nicht vom Ehrgeiz blenden –, wird der Tag kommen, an dem der Erzherzog wieder eine führende Rolle in den Geschicken der Welt spielt, denn er ist zum HERRSCHEN (Hervorhebung durch den Autor) geschaffen, begnadet mit allen Eigenschaften, die Menschen glücklich zu machen. Es scheint mir unmöglich, daß all diese Gaben vergeudet sein sollen, nachdem sie sich in weniger als drei Jahren so glänzend bewährten.*[30]

Nach einem sehr deprimierenden Kurzbesuch in Wien, das schwer an den Folgeerscheinungen des verlorenen Krieges zu leiden hatte und dem Erzherzog einmal mehr als »freud- und herzlos« erschien, begann sich Maximilian ernsthafte Sorgen um seine Zukunft zu machen. Er sah die Monarchie, deren Finanzminister sich nach Aufdeckung eines Skandals umgebracht hatte, in den wirtschaftlichen Ruin driften. Auch politisch sah die Lage nicht sehr rosig aus; in Ungarn gärte es erneut gefährlich, was den Erzherzog besonders schmerzte, da er den überwiegenden Teil seines Privatvermögens in diesem Land investiert hatte. Der folgende Klagebrief an seinen

Schwiegervater Leopold zeigt deutlich, daß der Erzherzog nicht nur wieder eine depressive Phase durchmachte, sondern auch der Monarchie keine allzu großen Überlebenschancen mehr gab.

> *Die Zustände unseres armen Landes fand ich, wie erwartet, wirr und dunkel. Die Fäulnis einerseits, die Gärung andrerseits treten immer stärker und beängstigender hervor. Es herrscht wie zu Zeiten Ludwigs XVI. Rat und Tatlosigkeit; man begreift die Situation nicht und will sie nicht begreifen: von allen Seiten wird gedrängt, gestürmt, und im Gegensatz hierzu schließen sich Augen und Ohren immer mehr... Vielleicht sehe ich zu schwarz, aber ich treffe in meinem Privatleben alle Vorbereitungen zu einer Krise.*[31]

Trotz dieses unerfreulichen Lageberichtes führten Charlotte und Maximilian in Miramar ein großes Haus, gaben Einladungen und Gesellschaften, als säßen sie noch immer im Regierungspalast von Monza. Dem Haushalt des erzherzoglichen Privatiers stand, wie schon in Mailand, die alte Gräfin Maria Ignatia von Lützow vor, deren in Rom lebender Schwiegersohn, der mexikanische Monarchist Gutierrez de Estrada, durch einen Brief seiner Schwiegermutter in den Anfangsmonaten des Jahres 1861 auf den untätig in Miramar herumsitzenden Ferdinand Maximilian aufmerksam gemacht wurde. Endlich schien der in Saus und Braus lebende Exdiplomat einen geeigneten Kandidaten für die Kaiserkrone seines Heimatlandes Mexiko gefunden zu haben. Maximilian erfüllte alle Voraussetzungen auf das beste: er entstammte dem ältesten und vornehmsten Herrschergeschlecht Europas, war jung und unzufrieden, ambitioniert und hispanophil, kurzum das ideale »Opfer« für die Machenschaften Estradas, der bald darauf in Aktion treten und dabei seinen mächtigsten Verbündeten in der Person des Kaisers von Frankreich finden sollte.

4. Der lange Weg nach Mexiko

Don José Manuel Hidalgo, von seinem viel älteren Gesinnungsgenossen Gutierrez de Estrada als der »von der hohen Diplomatie bisher unentdeckte Kanal, durch den die Mexikaner mit der Kaiserin Eugénie verkehren«[1] bezeichnet, war in der Zwischenzeit nicht untätig gewesen. Nach einem sorgfältig arrangierten »Zufallstreffen« mit Kaiserin Eugénie im Meerbad von Biarritz – wo sich die Kaiserin an den eleganten Mann mit den exzellenten Manieren, der schon in ihrer spanischen Heimat die Salons der »fashionable society« dominiert hatte, erinnerte und ihn zu einem Ausflug einlud – war der Frauenliebling erstaunlich schnell in den inneren Kreis der Kaiserin vorgedrungen. Wahrscheinlich genoß es die in ihrer Ehe bitter enttäuschte Kaiserin – nach der Geburt des Kronprinzen »Lulu« war es zu einer beträchtlichen Entfremdung zwischen Napoleon und Eugénie gekommen, der aus gesundheitlichen Gründen nahegelegt worden war, auf weitere Kinder zu verzichten, einer Entfremdung, die mit der stürmischen Affäre, welche Louis Napoleon mit Gräfin Virginia Castiglione, der Gesandten Piemont-Sardiniens am französischen Hof, unterhielt, einen Höhepunkt erreichte –, sich mit dem attraktiven Mann in ihrer Muttersprache unterhalten zu können. Hidalgo begann natürlich, seine Popularität bei Eugénie auszunutzen, und setzte ihr bald den »mexikanischen Floh« ins Ohr. Geschickt wußte er die Kaiserin für die Idee der Restauration einer Monarchie in Mexiko zu begeistern. Die betrogene Ehefrau, die sich trotz ihrer außergewöhnlichen Schönheit sagen lassen mußte, sie sei nicht in der Lage, ihren leidenschaftlichen, aber wesentlich älteren Gemahl zu halten und zornempört zur Kenntnis nehmen mußte, daß offenbar ganz Frankreich über die außerehelichen Aktivitäten des Kaisers informiert war, fand durch Hidalgo ein neues Betätigungsfeld, nämlich die Außenpolitik, für die sie sich nun immer stärker zu interessieren begann. Die Kaiserin, die, wie ihr Mann, in den Vereinigten Staaten von Nordamerika eine latente Bedrohung Europas sah, war bald Feuer und Flamme für die Sache Mexikos, womit Hidalgo, auf ihre Vorliebe für die »lateinische Rasse« spekulierend, auch gerechnet hatte. Der Mexikaner appellierte vor allem auch an das religiöse Sendungsbewußtsein der überzeugten Katholikin Eugénie und zögerte nicht, den gehaßten Juárez als wahren »Antichristen« zu brandmarken, dessen Säkularisierungsmaßnahmen vom Teufel selbst diktiert wurden. Unerwartet fand der am Hofe wie auf den herbstlichen Jagdgesellschaften in Compiègne heimisch gewordene Hidalgo in der Person des Herzogs von Morny einen mächtigen Verbündeten. Napoleons Halbbruder Charles Auguste de Morny war ein Lebemann, für den stets nur das Allerbeste gut genug zu sein schien. Als pathologischer Spieler hatte der Herzog mit enormen Geldschwierigkeiten zu kämpfen, selbst der Kredit, den ihm seine Verwandtschaft mit dem Kaiser unzweifelhaft verschaffte, reichte niemals aus, seinen extravaganten Lebensstil zu finanzieren. Deshalb betätigte sich Napoleons Halbbruder auch als heilloser Spekulant und benutzte nahezu jede Gelegenheit, an Geld herankommen zu können. Er verkehrte mit Kredithaien und dubiosen Finanzexperten und stand faktisch vor dem Bankrott, als sich der verzweifelte Jecker, jener Schweizer Bankier, dessen Bankhaus durch Juárez Weigerung, die von Miramón aufgenommene Anleihe zurückzuzahlen, vor dem Ruin stand, an ihn wandte und ihm im Austausch für seine politische Schützenhilfe 30 Prozent seiner vorläufig noch wertlosen mexikanischen Staatsanleihepapiere bot.

Dieser Vorschlag gefiel dem Spieler Morny. Er intervenierte bei seinem Halbbruder Napoleon zugunsten des Schweizers, der den Bankier bald darauf in einem undurchsichtigen Schnellverfahren zum französischen Staatsbürger machte. Nun waren die Forderungen Jeckers auch die Forderungen Frankreichs, und das mexikanische Engagement der Grande Nation hatte eine zusätzliche Legitimierung erfahren. Der Herzog von Morny, dem es einzig und allein um seinen finanziellen Vorteil ging, glaubte zwar nicht daran, daß eine Monarchie im praktisch unregierbaren Mexiko eine echte Chance besaß, versicherte aber dennoch auch Hidalgo seiner Unterstützung. Wenn eine durch Frankreichs Hilfe ins Leben gerufene Monarchie nur so

lange Bestand hatte, um ihm die so dringend benötigten Geldmittel zu verschaffen, hatte der Herzog sein Ziel erreicht.
Einer der Protegés des Herzogs, Dubois de Saligny, saß zudem als Botschafter Frankreichs in Mexiko an Ort und Stelle, und Hidalgo konnte daher dem Nestor der monarchistischen Bewegung Mexikos, Gutierrez de Estrada, stolz nach Rom vermelden, daß ihm nicht nur die Kaiserin (und gelegentlich auch der Kaiser) das Ohr lieh, sondern er auch noch zwei andere mächtige einflußreiche Befürworter ihrer gemeinsamen Sache gefunden hatte. In seinem Brief, der Estradas Palazzo Mariscotti in Rom im Mai 1861 erreichte, ging der Mexikaner auch detailliert auf das potentielle Kaiserpaar Mexikos, Maximilian und Charlotte, ein:

> *... Wie lang und beschwerlich und mit wieviel Hindernissen verstellt war bisher unser Weg. Wieviel vergebliches Antichambrieren an den Höfen Europas, wieviel Absagen und wieviel persönliche Opfer liegen hinter uns. Jetzt scheint alles ein Ende zu haben. Vielleicht hat Gott Eurer verehrten Schwiegermama, der Gräfin Lützow, die Hand geführt, als sie Euch den Vorschlag machte, Miramar in Erwägung zu ziehen ... Wenn sie schreibt – und als Vorsteherin des Erzherzoglichen Haushalts verfügt sie zweifellos über intime Kenntnisse – daß sich der Erzherzog nach den persönlichen und politischen Schicksalsschlägen, vor allem nach dem Verlust des Gouverneurstitels, jetzt in einer weltflüchtigen Verdrossenheit in Miramar einzurichten versucht, so sehe ich darin, ganz wie die Gräfin, eine Verpflichtung, ihn aus dieser Stimmung herauszureißen. Hierin alles andere als säumig, bin ich sofort bei Hofe vorstellig geworden, um Euer Angebot vorzutragen. Ihr kennt die prekäre Lage, in der sich die französische Politik befindet. Seiner Majestät bourgeoise Gläubiger haben ihm den Staatsstreich von anno 51 bekanntlich nicht verziehen. Kein Wunder also, daß Napoleon ihnen entgegenkommen muß, wo er kann. Seine Vorliebe für den mittelamerikanischen Kontinent mit seinen noch unerschlossenen Märkten findet darin wenigstens teilweise eine überzeugende Erklärung. Aber auch seine Angst, sich deswegen in Abenteuer stürzen zu müssen, die ihn teuer zu stehen kommen könnten ... In meinen Gesprächen mit*

Seiner Majestät klang immer wieder durch, mit wieviel Schwierigkeiten er zu rechnen habe, wenn eine französische Aktion in Mexiko zur finanziellen Belastung des Staatshaushaltes führte ... Bei einem Scheitern des Unternehmens wären die Konsequenzen unausdenkbar... Dennoch hat sich etwas völlig verändert. Wenn ich vorher in der unglücklichen Lage war, Kronprätendenten ohne Präferenzen anbieten zu müssen, zweite Garnitur sozusagen, Männer ohne Format und Erfahrung, so ergibt sich jetzt eine andere Ausgangslage. Napoleon kennt Maximilian viel zu gut – schließlich ist er anno 56 hier in Paris mit ihm zusammengetroffen – um ihn als einen der gewöhnlichen politischen Windbeutel abstempeln zu können. Genau das dürfte die letzten Vorbehalte gegen unseren Kandidaten ausräumen. Zumal wir mit Maximilian noch einen zweiten Pfand in die Hand bekämen: Seine Ehefrau Charlotte, deren politisch kluger wie auf Machtzuwachs hin taktierender Vater den Gedanken einer Kaiserinnenkrone für seine Tochter mit allen Mitteln unterstützen würde. Dieser Leopold, König des kleinen Belgien, wäre das dritte Zugpferd vor unserem Wagen. (Hidalgo vergaß hier offenbar, daß auch Leopold, als er noch Gemahl der Prinzessin von Wales gewesen war, die mexikanische Krone abgelehnt hatte; umso unerklärlicher erscheint es, daß er Maximilian dann zur Annahme des mexikanischen Thrones riet – hierin sollte sich der Mexikaner nicht getäuscht haben; Anmerkung des Verfassers) *Vorausgesetzt, daß sich die Dinge gut anlassen, könnte daraus eine prächtige Troika werden, wenn Ihr das Bild erlaubt. Aber noch ist alles Vision, ohne belebende Kraft, die unser Werk in Bewegung setzen könnte... Das immer vor Augen, bitte ich Euch, lieber Freund, den Kontakt zu Eurer Schwiegermama, der Gräfin Lützow, nicht nur unverzüglich wieder aufzunehmen, sondern ihn auch besonders eng zu gestalten. Ich selber will hier, unter Einschaltung Almontes, der als akkreditierter Botschafter unseres Landes den Unternehmungen einen offiziösen Anstrich verleihen könnte, Fühlung aufnehmen mit dem österreichischen Botschafter Metternich, um den Wiener Hof vorzubereiten. Aber von dorther sind Widerstände ohnehin nicht zu befürchten. Kaiser Franz Joseph dürfte kaum Interesse daran haben, seinen*

Bruder zu halten... Fehlt uns nur, um fürs erste zufrieden sein zu können, eine frische Brise von jenseits des Atlantiks. Hoffen wir, lieber Freund, auf eine Dummheit, die Juárez begeht, eine jener forschen Unüberlegtheiten, die kleine Geister im Überschwang des Erfolges vorzuweisen pflegen...[2]

Der in diesem Schreiben erwähnte »Botschafter« Juan Almonte war angeblich der Sohn des mexikanischen Freiheitshelden José Maria Morelos, jenes exekutierten Dorfpfarrers, der tapfer sein Leben für die Unabhängigkeit Mexikos gegeben hatte. General Almonte, der an der Seite von Generalissimus Lopéz de Santa (damals noch als Oberst) gegen die Vereinigten Staaten gekämpft hatte und als treuer Parteigänger des Diktators galt, war ein rücksichtsloser Intrigant, der seinen Nachnamen, wie kolportiert, der Tatsache verdankte, daß ihn sein Vater, der wehrhafte Priester und Revolutionsheld, eine der großen Leitfiguren des mexikanischen Unabhängigkeitskampfes, in seiner Jugend in den Bergen versteckte, um ihn so vor dem Zugriff der regierungstreuen Truppen zu bewahren. Almonte stand voll und ganz hinter der Linie seines Freundes Santa Ana, der lediglich einen Marionettenkaiser ins Land holen wollte, um sein eigenes Machtpotential abzusichern. Maximilian sollte mit diesem herrschsüchtigen Mann, der selbst einmal daran gedacht hatte, sich zum Präsidenten aufzuschwingen und sich natürlich auch keinen starken und unabhängigen Kaiser wünschte, nur Unglück haben. Unklar erscheint, warum Hidalgo Juan Almonte in seinem Brief an de Estrada als »akkredidierten Botschafter« bezeichnet, denn der angebliche Priestersohn stand natürlich nicht in den Diensten der Regierung Juárez und konnte daher bestenfalls als Ex-Botschafter von Santa Anas Gnaden angesprochen werden, der in Frankreich, genau wie Hidalgo selbst, lediglich die Rolle eines Exilanten spielte. Die Exilmonarchisten, wie auch die Interventionsmächte – allen voran Frankreich –, spekulierten klarerweise damit, daß die Vereinigten Staaten »zwangsneutral« bleiben würden, da ihnen der wild wütende Sezessionskrieg keinerlei Handlungsspielraum ließ und gewissermaßen die Hände an den Rücken gefesselt hatte. Von dieser Warte aus betrachtet, stand die politische Lage günstiger denn je, um in Mexiko einen »monarchistischen Coup« zu landen.

Der österreichische Botschafter in Paris, Fürst Richard Metternich, der Sohn des großen Staatenlenkers und »Kutscher Europas«, stand der Frage einer Inthronisierung Maximilians in Mexiko von allem Anfang an äußerst skeptisch gegenüber. Er hielt diese Idee zunächst für einen absurden Gedankenblitz der Kaiserin Eugénie, wurde aber eines Besseren belehrt, als sich der ehemalige Außenminister Frankreichs, Graf Walewski, brieflich an ihn wandte. Der uneheliche Sohn des Korsen konnte diesen »streng vertraulichen Brief«, wie der Fürst sofort erkannte, nur mit Wissen Napoleon III. geschrieben haben, denn aus dem Schreiben ging hervor, daß Frankreich, in seinem Bestreben, die politische Lage Mexikos endgültig zu stabilisieren, zu den Befürwortern einer reinstallierten Monarchie in diesem Land gehörte und eine Thronkandidatur Maximilians in jedem Fall »moralisch« unterstützen würde. Richard Metternich informierte daraufhin den österreichischen Außenminister Johann Bernhard Graf von Rechberg-Rothenlöwe, und dieser setzte den Kaiser in Kenntnis des Walewski-Briefes. Franz Joseph haßte zwar den Emporkömmling Napoleon III., der ihm die Lombardei »abgeluchst« hatte, verwarf den kühnen Plan aber nicht sofort, wie man annehmen könnte, sondern schickte seinen Außenminister nach Miramar, um Ferdinand Maximilian die Angelegenheit vorzutragen. Immer wieder hatten den Kaiser Meldungen von der »Aufsässigkeit« seines Bruders erreicht, Nachrichten, die eindeutig den Schluß zuließen, daß der »Schloßherr« von Miramar nach wie vor »intrigierte« und seiner Regierung unmißverständlich Inkompetenz vorwarf, und er sah daher in diesem Angebot Frankreichs vielleicht eine Chance, gewissermaßen zwei Fliegen mit einer Klappe zu erschlagen. Indem er das gewagte Projekt unterstützte, oder es zumindest nicht a priori ablehnte, würde es ihm nicht nur gelingen, den grenzenlosen Ehrgeiz seines zur Untätigkeit verdammten Bruders zu befriedigen, sondern er konnte sich den »Störenfried« unter Umständen für immer vom Hals schaffen.
Maximilian kannte den Plan, mit dem ihn Graf Rechberg vertraut machte, natürlich schon. Die interfamiliäre Leitung Rom (Gutierrez de Estrada) und Miramar (Gräfin Lützow) schien bestens funktioniert zu haben. Wieder einmal befand sich der Erzherzog in einem Zustand innerer Aufgewühltheit und Zerrissenheit. Der so lange

geträumte Traum einer Krone und imperialer Herrlichkeit schien in greifbare Nähe gerückt zu sein, doch seine hamleteske Unentschlossenheit riß ihn abermals hin und her. Einerseits liebte er Miramar von ganzem Herzen, seine Orangen- und Magnolienhaine, das Rauschen der Brandung, die Märcheninsel Lacroma, auf der anderen Seite fand er die Neue Welt und die Aussicht, endlich in die Fußstapfen seiner vergötterten spanischen Vorfahren Ferdinand und Isabella treten zu können, unglaublich verlockend. Es ist anzunehmen, daß nun Charlotte energisch auf den Plan trat und ihren zaudernden Ehemann unnachgiebig vorantrieb. Wie aus einem ihrer Briefe hervorgeht, hatte sie es gründlich satt, bis an ihr Lebensende müßig »von einem Felsen ins Meer zu starren«. Für Charlotte gab es daher kein Zögern, sie drängte sofort darauf, das Angebot ernsthaft ins Kalkül zu ziehen. Doch Maximilian war nicht so schnell zu überzeugen. Wohl um seine aufkeimenden Zweifel zu zerstören und um der Nachwelt seine damalige Einstellung zu hinterlassen, verfaßte er ein Promemoria, eine Denkschrift, aus der hervorging, daß er bereit war, den Glanz des Hauses Habsburg durch die eventuelle Annahme einer fremden Krone zu erneuern.

Man wird mich stets in allen Gelegenheiten des Lebens bereit finden, für Österreich und die Machtstellung meines Hauses jedes, wenn auch noch so schwere Opfer zu bringen. Im vorliegenden Fall wäre es ein doppeltes, sowohl für mich als für meine Frau, denn es hieße sich von Europa und seinen Verhältnissen für immer loszureißen. Die Vorteile für Österreich, für den neu zu belebenden Ruhm meines Hauses verkenne ich keineswegs, es ist eine nützliche und seit Jahrhunderten von allen Dynastien geübte Gepflogenheit, nachgeborene apanagierte Prinzen auf vorgeschobene Posten zu stellen und sie in Verwendung zu bringen, wo sie in politischer und diplomatischer Beziehung zum Mutterland nützlich sein können. Unser Haus ist durch das Andrängen der jetzigen Zeitumstände in seinem ehemaligen Glanze verdunkelt; während die Coburg Thron um Thron erringen und ihre zunehmende Macht über den Erdball ausbreiten, hat unsere Familie gerade in den allerletzten Zeiten in Modena und Toskana zwei Souvernitäten verloren. [Trotz Franz Josephs harter Haltung bei den Friedensgesprächen von Villafranca; Anmerkung des Verfassers][3]

Von Charlotte immer härter bedrängt, schickte Maximilian seinen Privatsekretär Sebastian Schertzenlechner, ein durch und durch unsympathisches Individuum, das in Schönbrunn die Position eines Kammerdieners bekleidet hatte und an dem der Erzherzog aus unerklärlichen Gründen Gefallen gefunden und ihn daher zum Privatsekretär ernannt hatte, nach Paris, um dort in einem persönlichen Gespräch mit den führenden Exilmexikanern die Lage genauestens zu sondieren. Schertzenlechner, ein unverbesserlicher Weiberheld und heuchlerischer Schmeichler, der Maximilian einerseits allzu unterwürfig begegnete, andrerseits aber auch nicht zögerte, dem Erzherzog in geschmackloser Art die diversen »Objekte« seiner Begierde vorzuführen, war auf Grund seiner fehlenden Bildung und der Tatsache, daß er Mexiko wahrscheinlich nicht einmal geographisch richtig einordnen konnte, der denkbar ungeeignetste Mann für eine derart heikle Mission. Leider besaß Maximilian offenbar ein besonderes Talent, sich mit unzuverlässigen und falschen Vertrauten zu umgeben; einzig und allein Wilhelm von Tegetthoff sticht aus der Masse seiner sogenannten Vertrauensleute positiv hervor. Der eitle und intrigante Schertzenlechner fand zwar José Gutierrez de Estrada, der ihm in Paris versicherte, er sei der alleinige Kopf und Motor der monarchistischen Bewegung Mexikos, unsympathisch (was auf Gegenseitigkeit beruhte) – offenbar war es zwischen den maßgeblichen Führern der Bewegung Hidalgo, Gutierrez und Almonte, bereits zu Kompetenzstreitereien und Eifersüchteleien gekommen – und lehnte das »Phrasengedresche«, für das der Mexikaner bekannt war, ab, vermittelte aber seinem Herrn, im steten Bemühen, ihm gefällig zu sein, ein vollkommen anderes, völlig falsches Bild des Exdiplomaten. Maximilian gegenüber bezeichnete der Privatsekretär Estrada als »von glühender Vaterlandsliebe erfüllt«, als einen Mann, dessen Ansichten nobel, edel und auch erfolgversprechend wären.

Es ist erstaunlich, daß Ferdinand Max so viel Wert auf das Urteil des ehemaligen Dieners legte, daß er ihn auch noch in den Vatikan beordnete, um dort in seinem Auftrag den Rat des Papstes zu erbitten. Kardinalstaatssekretär Giacomo Antonelli, der seine Abneigung für Schertzenlechner nur schwer verbergen konnte, gab dem Sekretär eine völlig neutral klingende Auskunft, aus der nicht zu entnehmen war, ob der Heilige Stuhl eine Inthronisierung Maximilians eindeutig befürwortete oder nicht. Schertzenlechner riet Maximilian zur Annahme der Krone, nicht zuletzt deshalb, weil er sich in dem fernen Land eine weitere entscheidende Verbesserung seiner Position erhoffte. Ein anderer Befürworter der Angelegenheit war der auch zu Maximilians Intimkreis gehörende Graf Carl de Bombelles, der der Vorstellung eines aristokratischen Bonvivants sehr nahe kam und Maximilian öfters zu außerehelichen erotischen Abenteuern encouragierte. De Bombelles war ein geborener Verschwender und Hasardeur, der das Abenteuer liebte und suchte, so sich ihm die Gelegenheit dazu bot. Doch den entscheidenden und letztlich ausschlaggebenden Einfluß auf Maximilian übte zweifelsohne Charlotte aus, die sich bereits als Kaiserin sah.

Don José Gutierrez de Estrada aber bombardierte den Erzherzog förmlich mit überlangen Schmeichelbriefen und fand sich zu Weihnachten 1861 in Miramar ein, um den Habsburger endgültig zu überzeugen. Maximilian ärgerte sich zwar über den redefreudigen und ihn bedrängenden Mexikaner, dessen äußeres Erscheinungsbild einen durchaus angenehmen Eindruck hinterließ – Estrada war sehr groß, befand sich trotz seiner Jahre in ausgezeichneter physischer Konstitution und wirkte mit seinen graumelierten, streng nach hinten gekämmten Haaren und seiner kerzengeraden Haltung wie ein spanischer Grande –, ließ sich aber dennoch von seinem ungeheuren Eifer beeindrucken. Besonders die Phrase, daß die Habsburger »stets die stolzesten Verteidiger der Ehre der Allerheiligsten Mutter Kirche« gewesen waren, gefiel dem Erzherzog. Der vornehm wirkende alte Mexikaner redete sich bald in Rage, verdammte den gottlosen Ketzer Benito Juárez, der es gewagt hatte, die verbrieften und heiligen Rechte der Kirche in den Staub zu treten, und versicherte Maximilian, daß die Aussichten, einen erfolgreichen Restaurationsversuch zu starten, niemals günstiger waren als zum gegenwärtigen Zeitpunkt. Theatralisch sprach Estrada vom dringend benötigten Kampf zwischen Gut und Böse und vermittelte Maximilian das folgende völlig falsche Bild von der mehr als instabilen Lage in seiner Heimat, deren Boden er seit 20 Jahren nicht mehr betreten hatte:

> *...Aber sowahr es den Glauben an das Gute gibt, Kaiserliche Hoheit, der Kampf gegen das Unrecht ist noch nicht zu Ende. In den Sierras warten unsere Leute auf das Zeichen zum Angriff, gute Leute: Marquez, Mejia, viele Priester befinden sich unter ihnen, die ihre Kelche und Monstranzen hergegeben haben, um Waffen kaufen zu können. Ihr Leben und das Tausend anderer hängt davon ab, ob es gelingt, Kaiserliche Hoheit für die Übernahme der Krone in meiner Heimat zu erwärmen.*[4]

Die theatralische Vorstellung des Mexikaners hatte ihren Eindruck auf den »cunctator« Maximilian nicht verfehlt. Estrada hatte an seine Religiosität, seinen Idealismus und letztlich auch an seinen Ehrgeiz appelliert. In Paris hingegen war im selben Jahr ein Warner eingetroffen, dem man jedoch bewußt kein Gehör schenkte: Expräsident General Miguel Miramón. Die Clique der Exilmexikaner um Hidalgo stöhnte entsetzt auf, als der schneidige junge schlachterprobte General öffentlich erklärte, es gäbe überhaupt keine monarchistisch gesinnte Partei in Mexiko. Diese Meldung, welche alle die langjährigen Bemühungen Estradas und seiner Freunde so kurz vor dem Erfolg ihrer Mission zunichte gemacht hätte, durfte nicht ernstgenommen werden, vor allem nicht von den maßgeblichen Stellen. Hidalgo ging deshalb zur Gegenoffensive über und verleumdete den geflohenen Miramón derart, daß sich die Kaiserin und der Hof weigerten, ihn zu empfangen. Da aber die Presse Miramóns Meinung lautstark hinausposaunte, mußte auch Maximilian von den berechtigten Bedenken jenes Generals erfahren haben, der sechs Jahre später zusammen mit ihm vor dem Exekutionspeloton von Querétaro stehen würde. Doch damals war es wohl bereits zu spät, die Lawine war ins Rollen geraten und schickte sich an, mit donnernder Urkraft zu Tal zu stürzen. Maximilian und Charlotte hatten sich mittlerweile schon innerlich entschieden, das Angebot anzunehmen und in Montezumas Fußstapfen zu treten, und ignorierten beharrlich alle gegenteiligen Meinungen und warnenden Stimmen. José Manuel Hidalgo konnte nicht nur Miramóns Ansehen erfolgreich untergraben, sondern auch auf einen Brief seines ehemaligen Präsidenten Antonio Lopéz de Santa Ana verweisen, der sich aus seinem Exil auf der Karibikinsel St. Thomas zu Wort meldete, der gerechten Sache der Monarchie seine Dienste anbot und hochtrabend erklärte, daß in Mexiko nicht nur eine Partei, sondern die überwiegende Mehrheit des Volkes die Wiederkehr eines stabilen Kaiserreiches herbeisehne. Diese Aussage entbehrte natürlich jeder Grundlage. Der verschlagene alte Meister des Pronunciamento Santa Ana startete hier lediglich einen Versuchsballon, der ihm – falls er sein Ziel erreichte – vielleicht ermöglichen würde, in seiner Heimat neuerlich zu Rang und Ansehen, ja womöglich sogar in den Präsidentenpalast zu gelangen. Hidalgo allerdings schilderte den Generalissimus und blutrünstigen Exdiktator als großen Menschenkenner und politisch weitsichtigen klugen Beobachter, auf dessen Urteil Verlaß war. In Miramar aber erlag der über die wahren in Mexiko herrschenden Verhältnisse völlig unorientierte Erzherzog Ferdinand Maximilian immer stärker den schmeichlerischen Einflüsterungen der Kreise um Estrada, Hidalgo und Almonte, der seinem zukünftigen Kaiser bald die Aufwartung machen sollte. Erneut entfloh der Habsburger in eine hermetisch abgeriegelte Traumwelt kommenden Herrscherglanzes, eine Scheinwelt, welche allen Warnern, wie etwa dem Fürsten Richard Metternich, der besorgt die bange Frage äußerte, wie viele »Kanonenschüsse wohl nötig wären, um in Mexiko einen Kaiser einzusetzen«, den Zutritt verweigerte. Wenden wir uns aber nun dem mexikanischen Kriegsschauplatz zu, wo die Sache der drei alliierten Mächte, die sich ohnehin bald zerstritten, in der ersten Hälfte des Jahres 1862 alles andere als rosig aussah, wie einem Brief zu entnehmen ist, den Jean Pierre Marat, ein Kaporal im französischen Expeditionskorps, an den Napoleongegner und Abgeordneten der Deputiertenkammer Jules Favre, den erfolglosen Verteidiger des Attentäters Orsini, schrieb.

Nach der langweiligen Überfahrt wurden wir belohnt mit der Öde eines Strandes, der nichts anzubieten hatte außer Sanddünen und Zwergpalmen. Und die Ansammlung von Flachbauten, die so ramponiert aussahen, als würden sie ständig hin und her geschubst, stellte man uns vor als das verheißene Paradies:

Veracruz. Ich konnte es kaum glauben. Der Hafen: Nur eine offene, unsichere Reede. Überall Dreck und der faulige Geruch brackigen Wassers. Über dem Fort San Juan d'Ulua wehte schon die spanische Flagge, während sich in den Dünen die Zelte des spanischen Expeditionskorps reihten. Es beanspruchte schon Heimatrecht, als wir Rothosen zusammen mit den Engländern eintrafen. Immerhin waren die Briten klüger als wir. Der große Haufen blieb auf den Schiffen. Wir aber marschierten mitten hinein in die Fieberhölle. Viele von uns, immer noch seekrank, erwischte es gleich in den ersten Tagen. Wir wußten gar nicht, wie. Die Männer wurden gelb, sie klagten über Schmerzen am ganzen Körper. Und dann folgte das Erbrechen, das eklige, unentwegte Erbrechen. »Vomito negro«, erklärten uns die Spanier – das schwarze Kotzen. Am Ende verfielen die Männer in ein Zucken. Mit dem zehnten Tag waren sie tot. Und das alles, nachdem wir die zweite Enttäuschung hatten schlucken müssen. Wir waren davon ausgegangen – schließlich hatte uns Vizeadmiral Jurien de la Gravière versprochen – von Landsleuten empfangen zu werden, zu deren Rettung wir schließlich hier waren. Nichts! Es regte sich buchstäblich nichts. Die Straßen, die Plätze, die Zollstationen: Leer, bis auf die Ratten. Die Bewohner von Veracruz: Ausgewandert, schien es. Wir durchstreiften eine Geisterstadt. Ich mit meiner Gruppe stieß nur auf eine alte Frau, die uns auf den Knien bat, nicht bei ihr unterkommen zu wollen. »Por favor, Señor Soldado«, flehte sie, »wir werden alle sterben, wenn sie nicht weitergehen« ... Am nächsten Tag begriffen wir: Handfest und ins Auge springend, was sie gemeint hatte. Ein Posten stand schon daneben, Bajonett aufgepflanzt, aber sie hatten ihn noch nicht abgeschnitten. Er baumelte noch so, wie sie ihn wohl des Nachts aufgehängt hatten: Der etwas füllige Mulatte mit der roten Bauchbinde und den radgroßen Sporen. Auf der Brust ein Pappschild: Traidor – Verräter ... Als wir die Tierra caliente – die heiße Zone – schließlich verließen und ins Hochland aufstiegen, in diese imposante Landschaft voller Täler und Schluchten, stießen wir überall auf Widerstand. Die Attacken waren immer nur kurz geführt. Obwohl in der Überzahl, hatten wir Mühe, uns zu erwehren. Der Durst setzte uns zu, weil die

Quellen vergiftet worden waren, und die Moral sank auf den Tiefpunkt... In Orizaba mit seinen tropischen Gärten und dem Klima eines ewigen Frühlings biwakieren wir nur deshalb, weil eine weitere Konferenz angesetzt worden ist. Was verhandelt werden soll, entzieht sich natürlich meiner Kenntnis. Daß aber Spannungen aufgetaucht sind zwischen uns und den Briten und den Spaniern, spüren wir alle. Sollte es zu keiner Einigung kommen, dann wird uns Juárez Stück für Stück verspeisen...[5]

Der in diesem Brief angesprochene Vizeadmiral Jurien de la Gravière, der also vor Ort schon zu Beginn der Expedition mit ungeahnten Schwierigkeiten konfrontiert wurde, befand sich in einer äußerst unangenehmen Lage, da seine Direktiven aus Paris sich gegenseitig zu widersprechen schienen. Von seinen unmittelbaren Vorgesetzten im Marineministerium lediglich dazu beauftragt, in Abstimmung mit dem englischen und spanischen Kontingent die wichtigsten Seehäfen Mexikos einzunehmen, mußten ihm die weit über diesen Einsatzbefehl hinausgehenden Weisungen des Außenamtes unverständlich erscheinen. Denn der Vizeadmiral sollte, den Intentionen des Außenministeriums gemäß, die Regierung Juárez so unter Druck setzen, daß sie alle von den drei intervenierenden Seemächten gestellten Forderungen vorbehaltlos akzeptierte und erfüllte. Falls sich Mexiko aber weigern sollte, mußte Jurien laut Außenamt die okkupierten Hafenstützpunkte verlassen, ins Landesinnere vordringen und Mexiko-Stadt in einem kühnen Handstreich erobern. Das Dilemma des Seeoffiziers wurde durch Geheiminstruktionen Napoleons III. vervollständigt, welche darauf hinausliefen, daß der Admiral in der eroberten Hauptstadt Kontakt zu den führenden Vertretern der konservativen Partei, welche in Louis Napoleons katastrophaler Fehleinschätzung der Lage eine reine Monarchistenpartei war, aufnehmen sollte, um eine sogenannte Notablenversammlung ins Leben zu rufen. Alle Bundesländer Mexikos sollten diese Versammlung durch die Entsendung eines Vertreters bereichern. Die auf diese Weise versammelte Crème de la Crème Mexikos sollte sodann, unter Frankreichs freundlicher Anleitung, den Habsburger Ferdinand Maximilian zum neuen Kaiser wählen.
Der fähige Marineoffizier erkannte sofort, daß diese Instruktionen

nicht nur das Prinzip der Nichteinmischung in innermexikanische Angelegenheiten, welches vor allem Großbritannien zur unabdingbaren Voraussetzung seines militärischen Engagements am Golf von Mexiko gemacht hatte, verletzte und eigentlich das genaue Gegenteil, nämlich eine Eroberung Mexikos durch die Allianzmächte, zum Inhalt hatten, sondern auch – zumindest zum gegenwärtigen Zeitpunkt und in Betracht der geringen Truppenstärke der alliierten Interventionsarmee – vollkommen undurchführbar waren. Zudem erschwerte Botschafter Graf Dubois de Saligny, der – wahrscheinlich im Auftrag seines Gönners, des Herzogs von Morny, handelnd – eine äußerst aggressive Haltung an den Tag legte, die Lage zusätzlich, indem er alle Verhandlungsversuche zu torpedieren versuchte und kein Hehl daraus machte, als siegreicher Eroberer in Mexiko-Stadt einziehen zu wollen.

Englands Interessen hingegen waren einzig und allein darauf ausgerichtet, seinen finanziellen Forderungen entsprechenden Nachdruck zu verleihen. Der Oberbefehlshaber des spanischen Expeditionskorps General Juan Prim, der sich eine kurze Zeit lang als zweiter Cortez fühlte und sogar von einer Wiedergeburt des spanischen Vizekönigtums unter seiner Herrschaft träumte, erkannte jedoch schon nach wenigen Wochen, daß sich dieser kühne Plan niemals realisieren lassen würde. Es war klar, daß Spanien die mexikanische Trumpfkarte nie mehr ausspielen können würde, denn dazu war der Haß der Mexikaner auf ihre einstigen Kolonialherren einfach zu groß. Als dann auch noch publik wurde, daß Frankreich bestrebt war, Montezumas Kaisertum neu erstehen zu lassen und bereits einen passenden Kandidaten in petto hatte, erschien General Prim die spanische Teilnahme an dieser wahrscheinlich zum Eroberungskrieg ausartenden Intervention zunehmend sinnloser. Die Briten unter Admiral Dunlop hielten sich bewußt zurück, tendierten aber dazu, sich mit Prim gegen Jurien und de Saligny zu verbünden und den Absichten der Franzosen entgegenzuarbeiten.

Benito Juárez, der durch Spione über die wachsende Uneinigkeit im alliierten Interventionsheer erfahren hatte, ging, innerlich zweifelsohne frohlockend, in Abwartestellung und bewahrte Ruhe und Übersicht. Die Alliierten hatten ihn inzwischen wissen lassen, daß sie nicht in feindlicher Absicht ins Land der Azteken gekommen waren, sondern dem Krisenstaat lediglich beim Wiederaufbau behilflich sein wollten, was natürlich, vor allem angesichts der klar deklarierten Eroberungsgelüste Frankreichs, eine bodenlose Lüge war. Der Präsident reagierte gelassen und antwortete höflich aber bestimmt, daß Mexiko keinerlei ausländische Hilfe zur Lösung seiner innenpolitischen Probleme benötigte. Dennoch sei er bereit, so der Präsident weiter, über die Forderungen der Alliierten nachzudenken und – im Sinne einer friedlichen Konfliktlösung – gewisse Konzessionen zu machen. Dieser den Briten und Spaniern durchaus vernünftig erscheinende Vorschlag wurde von Graf Dubois de Saligny sofort verworfen. Gewissermaßen im Gegenzug legte der Botschafter eine Schadensersatzforderung in der geradezu utopischen Höhe von 60 Millionen Francs vor und beharrte außerdem auf der Zahlung jener 75 Millionen Francs, die dem »französischen« Bankhaus Jecker zustanden. Saligny, der verlängerte Arm des Herzogs von Morny in Mexiko, leistete ganze Arbeit. Sowohl Briten als auch Spanier überwarfen sich auf Grund dieser unrealistischen Forderungen offen mit den Franzosen, behielten aber ihre Kontingente vorerst noch im Land.

Die zahllosen Ausfälle, die vor allem die Franzosen durch den vomito negro und das mörderische Klima der tierra caliento zu verzeichnen hatten, verlangten eine sofortige Verlegung der Truppen ins gesündere Bergluftklima des Landesinneren. Groteskerweise sah sich die Interventionsarmee nun gezwungen, am 9. Februar 1862 in einem kleinen Dorf namens La Soledad, das nicht allzu weit von Veracruz entfernt lag, Verhandlungen mit Vertretern der Regierung Juárez aufzunehmen und diese zu bitten, ihnen geeignete Transportmittel zur Verfügung zu stellen, da offenbar keine Vorsorge getroffen worden war, um den Abtransport der Truppen selbst bewerkstelligen zu können. Die Vorstellung, daß der Feind ihn ersuchte, ihm beim Transport seiner Truppen in das Innere des Landes behilflich zu sein, wo er ihn dann wahrscheinlich angreifen würde, muß den kleinen gerissenen Indio-Anwalt Benito Juárez ungemein belustigt haben.

Die Abgesandten Juárez' erreichten immerhin einen Waffenstillstand, der zwei Monate andauern sollte. Danach sollten in Orizaba, einer kleinen Bergstadt am Fuße des gleichnamigen Vulkans, wo die

Truppen inzwischen Station bezogen, die eigentlichen konkreten Verhandlungen aufgenommen werden. Juárez spielte bewußt auf Zeit und spekulierte damit, daß die Zwistigkeiten der Allianztruppen früher oder später ein unerträgliches Ausmaß annehmen würden und den Zerfall der Koalition zur Folge haben würden. Der Indianer sollte recht behalten. Die Stimmung in der Vulkanstadt, in der sich die Alliierten immer argwöhnischer belauerten, erreichte ihren negativen Höhepunkt, als im März des Jahres 1862 der französische General Lorencez mit einer Verstärkung von 2000 Mann in Orizaba eintraf. General Prim, dessen an sich gutes Verhältnis zu den Briten dadurch getrübt worden war, daß diese gegen seinen Willen die Deportation Miguel Miramóns verfügten, ehe er noch einen Fuß auf Vera Cruz setzen konnte – der Prim nicht unsympathische Expräsident wurde einfach auf ein britisches Kriegsschiff verfrachtet und nach Cuba abgeschoben – riß die Geduld, als im Gefolge von Lorencez auch Juan Almonte in der Stadt des ewigen Frühlings erschien und sich sogleich wie ein mit allen Vollmachten ausgestatteter Vizekönig zu gebärden begann. Lachend erklärte Almonte dem Spanier, er sei in seine Heimat zurückgekehrt, um als »inoffizieller Sonderbotschafter« Louis Napoleons alle Vorbereitungen für die Installierung einer Monarchie zu treffen.

Auch der britische Admiral Dunlop teilte die Empörung des Spaniers, und der flamboyante Almonte wäre um ein Haar an Juárez ausgeliefert worden, der, unmittelbar nachdem er vom Eintreffen Juan Almontes erfahren hatte, an die Führungsspitze der Allianztruppen appellierte, den »Hochverräter« seiner Gewalt zu überantworten. Nur das energische Eingreifen Salignys verhinderte Almontes sowohl von den Spaniern wie auch von den Briten befürwortete Auslieferung. Bei der am 9. April stattfindenden großen Lagebesprechung bezog General Juan Prim eine eindeutige Haltung, warf – mit Rückendeckung von Admiral Dunlop – den Franzosen Wortbruch vor und bezeichnete die Idee einer Inthronisierung Ferdinand Maximilians als wahnwitziges Hirngespinst. Darauf kam es zu einem überaus erregten Wortwechsel, in dessen Verlauf Graf Dubois de Saligny den spanischen General bezichtigte, in seiner Conquistadoreneuphorie selbst Hoffnungen auf die Kaiserkrone gehegt zu haben. Der stolze Spanier nahm die Beleidigung mit hoch-

rotem Kopf zur Kenntnis und konnte nur mit sehr großer Mühe davon abgehalten werden, den Diplomaten zum Duell auf Leben und Tod herauszufordern.
Die Koalition war damit endgültig geplatzt. England und Spanien verließen erzürnt den Kriegsschauplatz, und Juan Prim ließ es sich nicht nehmen, noch von Mexiko aus einen unmißverständlichen Warnungsbrief an Napoleon III. zu schreiben. Nochmals erklärte der Spanier dezidiert, daß die Erfolgsaussichten einer monarchistischen Restauration in Mexiko gleich Null seien. Prim wurde verlacht, und Napoleon erteilte seiner Überseearmee, die damals aus nur 6000 Mann bestand, vom Cäsarenwahn gepackt, den Befehl, das Riesenland in kürzester Zeit zu unterwerfen. Louis Napoleon war nun völlig der »mexikanischen Chimäre« verfallen, wie Fürst Metternich das Unternehmen bezeichnete, und schrieb Ferdinand Maximilian einen glühenden Brief, dessen pathetischer Ton Maximilian abermals ein unrichtiges Bild des großen Abenteuers vermittelte. Das sinnlose Unternehmen als »gewaltig und edel« glorifizierend, schrieb der Kaiser der Franzosen:

> *Niemals wird in meinen Augen ein Werk in seinen Ergebnissen großartiger sein. Es handelt sich darum, einen Kontinent der Anarchie und dem Elend zu entreißen, ganz Amerika das Beispiel einer guten Regierung zu geben, endlich die Fahne der Monarchie angesichts gefährlicher Utopien und blutiger Wirren zu entheben, gestützt auf eine weise gehandhabte Freiheit und aufrichtige Liebe zum Fortschritt. Ich werde zu gegebener Zeit alles, was von mir abhängt, tun, um die Verwirklichung der Ideen Eurer kaiserlichen Hoheit zu erleichtern. Ich glaube nicht, daß es in Mexiko ernsten Widerstand geben wird.*[6]

Der immer stärker in Zugzwang geratende Maximilian empfing nun einen weiteren einflußreichen mexikanischen Exilanten, nämlich Erzbischof Pelagio Antonio de Labastida, einen Mann, der beim zukünftigen Kaiser vorfühlen wollte, und sofort die Frage des säkularisierten Kirchenbesitzes aufwarf. Der Erzbischof, der selbst einer der größten Grundbesitzer des Landes gewesen war und sich natürlich sehr interessiert zeigte, seine riesige Hazienda zurückzuerhalten, war ein undurchsichtiger Mann, der vorerst noch nicht an die Wiedererrichtung der Monarchie glauben konnte, aber dennoch für den Fall der Fälle Vorbeugungsmaßnahmen treffen wollte. Die in Miramar eintreffenden Warnungen häuften sich. Unter anderen mahnte der österreichische Gesandte in Washington zur Vorsicht und verwies auf die unmißverständliche Note, die Präsident Abraham Lincoln, der aus dem mörderischen Sezessionskrieg als Sieger hervorgehen sollte, bereits im März 1862 an die Kommandanten der drei Interventionsmächte ergehen ließ. Darin hieß es:

Eine fremdstämmige Monarchie, in Anwesenheit europäischer See- und Landstreitkräfte auf mexikanischem Boden errichtet, wäre ein Affront gegen die republikanische Regierungsform, die auf dem amerikanischen Kontinent am weitesten verbreitet ist, und würde nicht das Ende, sondern den Beginn der Revolution in Mexiko bedeuten. Die Sympathien der Vereinigten Staaten wären auf Seiten ihrer Schwesterrepublik, denn die Befreiung des Kontinents von der europäischen Beherrschung war ein Hauptmerkmal der amerikanischen Geschichte in den letzten hundert Jahren.[7]

Kaiserin Eugénie hingegen versicherte Charlotte, daß das Land bald pazifiert sein würde und es nur einen großen Vorteil darstellen konnte, wenn Frankreich den Kampf für die gerechte Sache nun allein weiterführte.

Der General Lorencez hält sich schon für den Herrn des Landes. Generäle und Städte erklären täglich ihre Anhängerschaft, das Land ist müde der Zwietracht und träumt nur von einer stetigen Regierung, die ihm die Fähigkeit gibt, sich zu entwickeln, weshalb es seine ganze Hoffnung auf die Monarchie setzt. Wir stehen nun – Gott sei Dank – ohne Alliierte da. Eine sehr bezeichnende Tatsache ist es, daß, solange wir zu dreien vorgegangen sind, nicht ein einziger Mexikaner für uns war, aber seit unsere Aktion von diesen Fesseln befreit ist, fühlt sich das Land genügend sicher, um seine Wünsche zu äußern. Alle Leute gruppieren sich um Almonte. Unglücklicherweise sind am Anfang viele Fehler gemacht worden, aber ich habe niemals am Erfolg des Unternehmens gezweifelt.[8]

Daß der enthusiastische Bericht der Kaiserin jeder soliden Basis entbehrte, sollte nur allzu bald offenbar werden. Der strahlende Held Lorencez, der nach Ansicht Eugénies scheinbar mühelos vorrückte, bekam bei der Belagerung der von den Juaristas gehaltenen Festungsstadt Puebla einen ersten Vorgeschmack dessen, wozu die uneinigen und zerstrittenen, insgeheim nach einer Monarchie dürstenden Mexikaner in der Lage waren. Den für die Franzosen so unglücklichen blutigen Verlauf dieser Kampagne entnehmen wir wieder einem Brief Kaporal Marats:

Nach unserer Stationierung in Orizaba – fast möchte ich sagen – unserer Flucht dorthin, ging es weiter in Richtung Puebla. Selbst der Dümmste hatte begriffen, daß es eine freche Lüge gewesen war, zu behaupten, wir sollten bedrohte Landsleute auffangen und schützen. Briten und Spanier waren ja inzwischen abgezogen, und wir hatten Verstärkung durch General Lorencez erhalten. Welchen Sinn machte es da, wenn nicht den von uns vermuteten, weiter ins Landesinnere zu marschieren. Zumal bald auch dieser Exilmexikaner Almonte, ein von sich eingenommenes Großmaul, herausposaunte, er sei von Seiner Majestät dem französischen Kaiser beauftragt, Vorbereitungen für die Inthronisation eines europäischen Herrschers zu treffen. Das alles in der Annahme wohl, im Lande mit offenen Armen empfangen zu werden. Anders kann ich es mir nicht erklären, daß man unsere Armee auf zwei Regimenter zusammenstutzte. Und so kam es, wie es kommen mußte. Puebla war uns als kirchentreu und durch und durch monarchistisch-konservativ geschildert worden. Eine Stadt, in der es keine Straße ohne Kirche, ohne Kloster gäbe. Trotz Nachschubschwierigkeiten – aufgrund der gebirgigen Zugänge – erreichten wir Puebla bei guter Laune, rekognizierten und erlebten eine böse Überraschung. Man hatte uns darauf vorbereitet, über einen Blütenteppich in die Stadt einzumarschieren. Jetzt traf uns die Wahrheit umso härter: Ganz Puebla bestand aus einer waffenstarrenden Phalanx kampfbereiter

Männer. An ihrer Entschlossenheit gab es keinen Zweifel. Aber auch nicht an der Bereitschaft eines französischen Generals, jede Herausforderung freudig anzunehmen. Und so begann Lorencez Puebla zu stürmen, frank und frei, wie es eben die Art eines französischen Generals ist. Nun liegt die Stadt unglücklicherweise auf einem Hügel. Unsere Helden von Sewastopol und Solferino gaben ihr Letztes, trotz des mörderischen Feuers aus Tausenden von Gewehren ... Keine fünf Minuten dauerte es, und meine Leute waren zusammengeschossen. Dabei hatten wir nicht einmal die Hälfte des Hügels hinter uns. Von oben sprühte es uns glühendheiß entgegen. Unsere Offiziere versuchten alles, um uns vorwärts zu reißen, brüllten, drohten, bis auch ihr Mut nicht mehr glaubhaft klang und sie sich uns anschlossen, den Hügel herunter, laufend, stürzend, keinen Halt mehr findend. Konsequent wäre nur gewesen, das bis an die Küste fortzusetzen, um in Veracruz die Schiffe zu besteigen. Aber wir kehrten nur nach Orizaba zurück, wo wir jetzt unsere Wunden belecken. Wenn ich bedenke, daß dies der Einstand war, mit dem das Land seine Bereitschaft signalisierte, jede Fremdherrschaft zu bekämpfen, dann tut mir nur der leid, der sie aufrichten will. Diese Leute hier ... sind willens, die Republik zu verteidigen. Davon hat mich Puebla überzeugt ...[9]

Nach der gewaltigen Schlappe von Puebla konnte also keine Rede von einer schnellen Eroberung von Mexiko-Stadt sein. Im französischen Parlament hielt Jules Favre eine wahre Brandrede gegen das wahnwitzige und unselige Unternehmen in Mexiko und verdammte es in Grund und Boden. Schützenhilfe erhielt der napoleonfeindliche Abgeordnete der Deputiertenkammer dabei von Victor Hugo, der seine Stimme aus seinem Brüssler Exil erhob, sich offen auf die Seite der bedrängten Mexikaner stellte, und einen Aufruf an die mexikanische Nation richtete, der folgenden Wortlaut hatte: »Ihr habt recht, wenn Ihr fühlt, daß ich auf Eurer Seite stehe. Es ist nicht Frankreich, das gegen Euch Krieg führt, es ist bloß das Kaiserreich!«[10]

Louis Napoleon aber sah nun die Nationalehre Frankreichs gefährdet und schloß daher einen von manchen Stellen geforderten Rückzug vollkommen aus. Frankreich, so argumentierte der Kaiser, erwartete und brauchte einen Sieg. Die Kriegsbemühungen der Grande Nation mußten daher intensiviert und der Krieg mit viel härteren Mitteln fortgeführt werden. Im Juli 1862 wurden daraufhin zwei weitere Divisionen unter dem neuen Oberkommandanten General Louis Elie Frédérick Forey nach Mexiko entsandt (Admiral Jurien war in Ungnade gefallen und wurde seines Postens enthoben). Eine der zwei neuen Divisionen kommandierte General François Achille Bazaine, dem wir schon im oberitalienischen Krieg begegneten.

Erstaunlich ist, daß auch Kaiser Franz Joseph zu Beginn des Jahres 1862 nicht an einem endgültigen Sieg der Franzosen und einem Erfolg des Unternehmens zu zweifeln schien. Obwohl er seinem Bruder anläßlich eines Zusammentreffens in Venedig einschärfte, den »Thron Montezumas« nur dann zu besteigen, wenn er sich auf die schriftliche Garantie aller drei Seemächte stützen könnte, hörte er dem bereits hoffnungslos in das Unternehmen verrannten Erzherzog Max aufmerksam zu, als dieser die in der augenblicklichen Lage vollkommen sinnlose Frage seines zukünftigen Hofstaates aufwarf, und machte sogar Verbesserungsvorschläge. Am allerlächerlichsten aber erscheint die Tatsache, daß die beiden Habsburgbrüder offenbar angestrengt darüber nachdachten, welchen Titel man wohl Generalissimus Santa Ana zum Dank für sein Bekenntnis zur Monarchie verleihen sollte. Maximilian plädierte für den Titel eines Grafen von Vera Cruz, während Franz Joseph den eines Herzogs von Tampico favorisierte. Ließ sich auch Franz Joseph von den trügerischen Erfolgsmeldungen täuschen, oder war der nüchterne Pragmatiker derart darauf erpicht, seinen zum politischen Risiko gewordenen Bruder loszuwerden, daß er die unbegründete Euphorie Ferdinand Maximilians nicht nur begrüßte, sondern bewußt encouragierte?

Vieles spricht für letzteres. Jedenfalls schienen die ungleichen Brüder auf einmal wieder glänzend miteinander zu harmonisieren. Der Kaiser erklärte sich bereit, ein österreichisches Kriegsschiff zur Verfügung zu stellen, das »Montezuma«, wie Max von seinem jüngsten Bruder Ludwig Viktor genannt wurde, und seine Entourage über den Ozean in die Neue Welt, seiner Verheißung entgegen tragen würde, und gab Maximilian zudem die Erlaubnis, ein sogenanntes österreichisches Freiwilligenhilfskorps aufzustellen. Dieses sich aus österreichisch-ungarischen Offizieren und Mannschaften zusammensetzende Freiwilligenkorps sollte Maximilian direkt unterstellt sein und quasi als Prätorianergarde, als seine persönliche Eliteeinheit fungieren. Sorgfältig vermied es der Kaiser aber, darauf hinzuweisen, daß die Annahme der mexikanischen Krone den Verzicht des Erbfolgerechts in Österreich bedingte. Diese heikle Frage sollte erst zwei Jahre später aufs Tapet kommen und Maximilian fast dazu bewegen, dem mexikanischen Thron im letzten Moment, gewissermaßen in vorletzter Sekunde, doch noch zu entsagen.

Aber in der Mitte des Jahres 1862 war Maximilian bereits so sehr von der Kaiserkrone besessen, daß er begann, die Mitglieder seiner Regentschaft zu nominieren – zu einem Zeitpunkt, da sein Reich immer noch nicht viel mehr als eine vage Idee war. Nach der verheerenden Niederlage von Puebla war zwar eine leichte Ernüchterung zu konstatieren, doch im Juli atmeten sowohl Napoleon III. als auch Maximilian hörbar auf, als publik wurde, daß die Truppen der Konföderation unter ihrem General Robert E. Lee, dem wohl fähigsten Feldherren, den der Süden aufbieten konnte, den Lincoln'schen Unionsstreitkräften eine schwere Niederlage zugefügt hatten. Beide – Napoleon wie auch Maximilian – hofften auf einen Sieg des Südens und wollten dem Konföderiertenstaat internationale Anerkennung verschaffen. Der Bericht eines belgischen Diplomaten namens Kint von Roodenbeck, der die innenpolitischen Verhältnisse Mexikos offenbar nicht richtig einschätzte und dem mittlerweile ganz auf das Mexiko-Abenteuer eingeschworenen belgischen Königshof nur vermeldete, was er am liebsten hörte, trug zu einer beträchtlichen Stimmungsanhebung des Habsburgers bei, dessen Euphorie bald wieder kaum eine Grenze kannte.

Dennoch plante er den, wie er glaubte, ihm treu ergebenen Schertzenlechner auf eine Erkundungsmission nach Mexiko zu entsenden, um eine exakte Lagebeschreibung zu bekommen. Es gelang Charlotte aber, ihn von diesem Vorhaben abzubringen. Da ihr die ermutigende Schilderung ihres Landsmannes Roodenbeck offenbar nicht unparteiisch genug war, wandte sie sich über ihren Vater an einen anerkannten Mexikospezialisten, den ehemaligen Auslandskorre-

spondenten der renommierten *London Times*, Bourdillon. Bourdillon kannte Mexiko aus erster Hand und war von Juárez ausgewiesen worden, da der Journalist dem Präsidenten zu große Sympathien für die Sache der Konservativen an den Tag gelegt hatte. Bourdillon, der nicht viel mehr als ein Abenteurer mit bewegter Vergangenheit war und sich in seiner Rolle als großer Mexikoexperte sehr gut gefiel, schwärmte zwar von den überreichen Schätzen des Landes und wies im besonderen auf die Bodenschätze des noch faktisch unerschlossenen riesengroßen nördlichen Bundesstaates Sonora hin, äußerte sich aber auch äußerst abfällig über den Charakter des mexikanischen Volkes. Maximilian und Charlotte staunten nicht schlecht, als sie durch den Zeitungsmann erfuhren, daß es sich bei ihren Untertanen in der Mehrzahl um »korruptes Diebsgesindel« handelte und die von ihnen so bewunderte indianische Urbevölkerung hauptsächlich aus »strohdummen analphabetischen Kretins« bestünde, denen es völlig egal war, wer sie beherrschte, ob es die Juáristas, die Franzosen oder »der Teufel selbst« war. Maximilian schien nur den ersten Teil der Ausführungen des Journalisten gehört zu haben und sah sich wohl schon als Beherrscher eines vor Silber- und Goldbergwerken strotzenden Landes, das unter seiner weisen Anleitung mühelos zum reichsten Staat der Erde aufsteigen konnte. Sein übertriebenes »wishful thinking« ließ augenscheinlich kein klares Urteil mehr zu.
In Mexiko wurde indes weiter gestorben. Obwohl der neue Oberbefehlshaber der französischen Expeditionsarmee, General Forey, seinen Nachschub sorgfältig organisierte und nur langsam vorrückte, raubten ihm zwei gesichtslose übermächtige Feinde, das Gelbfieber und die Malaria, seine Männer. Die tropenuntauglichen französischen Soldaten starben buchstäblich wie die Fliegen und wurden auf einem Friedhof beerdigt, dem man mit gallisch-schwarzem Humor den Namen Le Jardin d'Acclimatation gab. Aber am 19. März 1863 standen die Franzosen, nachdem sie sich drei Monate lang von der kombinierten Auswirkung des vomito negro, der Malaria und des Gelbfiebers erholt hatten, vor den Toren der Stadt Puebla. Nach zweimonatiger Belagerung gelang es Foreys rechter Hand, General François-Achille Bazaine, schließlich die Stadt einzunehmen, die sich mit dem Mut der Verzweiflung verteidigt hatte. Die nur unzulänglich bewaffneten Mexikaner hatten den waffentechnisch weit

überlegenen Franzosen mit ihren veralteten Geschützen und Gewehren überaus tapfer und heldenhaft getrotzt. Dennoch ritt Bazaine im Triumphzug durch die besiegte Stadt und nahm 12 000 Mexikaner gefangen, unter ihnen auch die drei fähigsten Generäle von Benito Juárez, Gonzales Ortega, Mariano Escobedo und Porfirio Díaz, denen allerdings später im Alleingang die Flucht gelang. Mit der Eroberung von Puebla schien das Schicksal des Aztekennachfahren auf dem Präsidentenstuhl besiegelt zu sein. Als Bazaine und Forey im Juni ihren Einzug in Mexiko-Stadt hielten, schien der kleine Indio am Ende seiner Weisheit angelangt zu sein. Wer aber damit gerechnet hatte, daß der Präsident nun endgültig die Flinte ins Korn werfen würde, sah seine Hoffnungen sehr schnell enttäuscht. Juárez dachte nicht daran, sich geschlagen zu geben und verlegte seinen Regierungssitz in den entlegenen Norden des Landes, in eine Kleinstadt namens San Luis Potosî. Nun blieb ihm nur noch der Guerillakrieg, den er mit allen Mitteln zu forcieren gedachte.
Als Napoleon III. erfuhr, daß man seinen siegreichen Feldherren in der Hauptstadt mit einem wahren Blumenmeer begegnet war und ihre Ankunft gefeiert hatte, glaubte er allen Ernstes an seine Befreiungsmission, ohne sich die Frage zu stellen, ob nicht blanke Furcht und Kriegsmüdigkeit die Handlungsweise der Zivilbevölkerung von Mexiko-Stadt diktiert hatte. Nach der Siegesnachricht brach er in Freudentränen aus und instruierte seine Generäle dahingehend, sofort eine Notablenversammlung einzuberufen. Diese Aufgabe übernahm aber Botschafter Dubois de Saligny, der eine 35 Mann umfassende Regierungsjunta bestellte, deren Aufgabe es war, die Abgeordneten für die Notablenversammlung zu nominieren. Am 10. Juli 1863 konstituierte sich die aus 215 Mitgliedern bestehende Notablenversammlung – offiziell hieß es, daß die Versammlung Mitglieder aus allen Bundesstaaten Mexikos inkludierte, in Wirklichkeit handelte es sich jedoch nur um eilends in der Hauptstadt zusammengetrommelte Vertreter der konservativen Partei – und beschloß, die Republik abzuschaffen, eine Monarchie auszurufen und Ferdinand Maximilian von Habsburg die Kaiserkrone anzubieten.
Bereits am 12. Juni waren der die »Gesamtnation repräsentierende Regentschaftsrat« und die Notablenversammlung schriftlich an Ma-

ximilian herangetreten und hatten ihn offiziell gebeten, die Krone Mexikos anzunehmen. Ganz Mexiko schien für die Monarchie zu optieren. Diesen Eindruck mußte zumindest Ferdinand Maximilian gewinnen. In Wahrheit war Mexiko keineswegs pazifiziert, wie man ihm immer wieder suggerierte, denn die Franzosen beherrschten effektiv nur einen winzigen Teil des gewaltigen Landes, in dem allerdings überall monarchistische Kundgebungen stattfanden, selbst in den allerkleinsten Weilern und Marktflecken, die, wie der englische Gesandte in Mexiko, Sir Charles Wyke, zynisch zu berichten wußte, »lediglich von zwei Indianern und einem Affen« bevölkert wurden. Der überwiegende Teil Mexikos aber sah noch immer in Benito Juárez den Präsidenten des Landes, dessen Regierung von San Luis Potosî aus alle Patrioten zur Fortsetzung des Kampfes gegen die landräuberischen Invasoren und ihre hochverräterischen Verbündeten aufrief. Doch die Repräsentanten der von den Franzosen eingesetzten Nationalversammlung und des Regentschaftsrates, dessen Vorsitz Juan Almonte, der sich den hochtrabenden Phantasietitel eines interemistischen Oberhauptes der Nation zugelegt hatte, führte – in Allianz mit dem mittlerweile angereisten, zum Bischof von Mexiko ernannten Pelagio Antonio de Labastida –, waren offenbar der Ansicht, der indianische Anwalt sei endgültig aufs politische Abstellgleis geschoben worden, und beauftragten eine Deputation unter dem Nestor der Monarchiebewegung Gutierrez de Estrada, nach Miramar zu reisen, um Maximilian ihre auffordernde Einladung, die Krone Mexikos zu akzeptieren, persönlich zu überbringen. Als Napoleon III. davon Kenntnis erhielt, sandte er sofort ein Telegramm folgenden Wortlauts an Maximilian:

> *Im Begriffe, Eurer kaiserlichen Hoheit zu schreiben, erhalte ich die Nachricht von Ihrer Proklamierung zum Kaiser in der Stadt Mexiko. Ich bin glücklich über dieses erste Resultat und hoffe, daß bald ganz Mexiko dem Beispiel der Hauptstadt folgen und Euer kaiserliche Hoheit rufen wird, um es zur Blüte zu führen . . .*[11]

Als Ferdinand Maximilian Franz Joseph über die neue so positiv scheinende Entwicklung informierte, ließ ihn der Kaiser zur Berichterstattung nach Wien kommen und legte eine wesentlich skeptischere Haltung an den Tag als noch vor einem Jahr in Venedig. Immer wieder stellte er seinem Bruder eine Frage, welche ihm von elementarer Wichtigkeit schien: warum war England bisher »lethargisch« geblieben, warum exponierte sich der Inselstaat in keiner Weise, um das Projekt voranzutreiben und zu unterstützen? Dann gab er Maximilian zu verstehen, daß die wohl kaum die mexikanische Gesamtnation repräsentierende Deputation, die mittlerweile auf dem Weg nach Europa war, derzeit weder einen offiziellen Status noch die Anerkennung der kaiserlichen Regierung genoß und daher nur mit einem Privatempfang rechnen konnte. Damit, daß von Spanien nichts mehr zu erwarten war, schien sich der Kaiser von Österreich abgefunden zu haben. England und Frankreich aber müßten eine Unterstützungsgarantie abgeben, drängte Franz Joseph in seinen Bruder, ansonsten wäre es unverantwortlich, sich in ein derartiges Abenteuer zu stürzen; zudem würde es Habsburgs Ehre nicht dulden und verkraften, wenn der Bruder des Kaisers lediglich ein Monarch von Frankreichs Gnaden wäre, eine kraftlose Puppe am Strang des Emporkömmlings Napoleon III. Wie schon in Venedig erwähnte der Chef des Hauses Habsburg nichts von einer Verzichtserklärung auf das Erbfolgerecht in Österreich. Dieses »Zuckerl« sollte er sich abermals für einen späteren Zeitpunkt aufbewahren. Der doch etwas ins Schwanken geratene Maximilian dachte nun an einen Vertrag, in welchem sich England und Frankreich verpflichten sollten, das neu erstandene Kaisertum von Mexiko 20 Jahre lang gegen jeden Feind von außen zu verteidigen. Wie unrealistisch diese Vorstellung war, stellte der österreichische Botschafter am Hofe von St. James schon sehr bald klar. Whitehall verspürte keinerlei Neigung, Garantien für ein unsicheres Überseeabenteuer zu bieten, und spielte den Ball wieder Frankreich zu. Aber auch Napoleon III. wußte der Frage der unumgänglich notwendigen Garantien geschickt auszuweichen, als er dem Erzherzog schrieb:

Wenn das Land einmal physisch und moralisch befriedet ist, wird die Regierung Eurer kaiserlichen Hoheit von jedermann anerkannt werden ... Die Vereinigten Staaten wissen sehr gut, daß das neue Etablissement in Mexiko das neue Werk Frankreichs ist und daß sie es nicht angreifen können, ohne uns sofort zu Feinden zu machen.[12]

Inzwischen war die von Juan Almonte geführte Abordnung der Notablenversammlung in Paris eingetroffen, wo sie durch ihren Präsidenten de Estrada und Hidalgo verstärkt worden war. Hatte man die Deputation in Frankreich aus verständlichen Gründen in allen Ehren empfangen, so mußten die Mexikaner, als sie auf ihrem Weg nach Miramar in der Kaiserstadt Zwischenstation machten, bald feststellen, daß die Atmosphäre in Wien eher eisig war. Natürlich empfing sie der Hof nicht, und der Presse schien es ein ausgesprochenes Vergnügen zu bereiten, sich über dieses »Exotendeputationskorps« lustig zu machen. So entstand der Eindruck, daß man diese Abgeordneten aus dem fernen Mexiko am eleganten Wiener Kaiserhof nicht einmal als Türsteher zugelassen hätte und niemand schien ernsthaft daran glauben zu wollen, daß der in Wien so beliebte Erzherzog das Angebot dieser »lächerlichen Mexikaner« akzeptieren könnte. Die gesamte Presse Österreich-Ungarns stand dem zweifelhaften Abenteuer ablehnend gegenüber und legte Ferdinand Maximilian nahe, auf »Montezumas Krone« zu verzichten. Auch die Humoristen stimmten in diesen Kanon der Ablehnung mit ein und zeigten sich sogar besonders weitsichtig. So schrieb eine der beliebtesten und bekanntesten humoristischen Zeitschriften Wiens, *Der g'rade Michel*, am 15. August 1863, daß das mexikanische Volk gar nicht in der Lage sei, irgendwelche Kronen anzubieten, und verurteilte die französische Intervention in Mexiko mit scharfen Worten:

Mit Gewalt, ohne einen Schein von Recht, sind die Franzosen in Mexiko eingedrungen, ohne einen Schein von Recht berufen sie die klerikale Partei zur Herrschaft, und diese Partei ist es nun, die die Verfassung des Landes umändert und einen Kaiserthron schafft. Napoleon ist es, der die Krone von Mexiko verschenkt, und die mexikanische Notablen-Versammlung ist nur mit ein Werkzeug des jetzt in Mexiko allmächtigen Napoleonischen Willens ... Wie kann es reizen, in ein Land einzuziehen, das einem französischen General gehorcht, einen Thron zu besteigen, der sich auf französische Bajonette stützt, mit einer Partei zu regieren, welche die im Lande verhaßteste ist?! Wie kann ein Prinz, selbst vom besten Willen beseelt, unter solchen Vorbedingungen sich die Liebe der Unterthanen erringen?![13]

Falls Maximilian vor dem Eintreffen der Delegation in Miramar wieder einmal unsicher geworden war, so war es abermals Charlotte, die ihn anspornte und an seiner verwundbarsten Stelle traf, indem sie an sein historisches Sendungsbewußtsein appellierte und ihm erklärte, er besäße durch seine Herkunft, als in direkter Linie von Karl V. abstammender Fürst quasi einen historischen Erbanspruch auf Mexiko, das ja »Teil des dynastischen Besitzes des Hauses Habsburg« wäre. Daß die Belgierin ihre von krankhaftem Ehrgeiz getriebene Entscheidung bereits gefällt hatte und nicht mehr zu einem Umdenken in dieser Frage bereit war, geht eindeutig aus einem Brief an ihre Großmutter hervor, welche auch vor dem Unternehmen gewarnt hatte:

Ich bin die letzte, die sich einen Thron wünschte ... aber es ist ein großer Unterschied, ob man einen sucht oder ob man gewaltige Verantwortung auf sich nimmt, einen abzulehnen, namentlich wenn man spürt, man hat die Gabe und die Möglichkeit, eine Aufgabe zu vollbringen, die sich wirklich lohnt. Damit würde man gegen sein Gewissen handeln und seine Pflicht gegenüber Gott versäumen. Denn wenn man fühlt, man ist zum Herrschen aufgerufen, wird es zu einer Berufung wie jede andere religiöse Berufung ... Angenommen sogar, wir sollten scheitern, so ist Max doch noch immer der Zweite in der österreichischen Thronfolge. Trotz aller gegenteiligen Gerüchte hat er kein Jota von seinen Erbrechten aufgegeben ... (Hier sollte sich Charlotte allerdings bitter täuschen, denn Kaiser Franz Joseph würde seinen Bruder anläßlich eines Miramar-Besuches zwingen, auf alle Erbrechtsansprüche zu verzichten, wie wir noch erfahren werden, was das mexikanische Projekt beinahe zum Scheitern gebracht hätte; Anmerkung des Verfassers) ... *So wie die österreichische Verfassung aussieht, hätte er noch neunzig Jahre leben können, ohne etwas Besseres zu tun zu haben, als nur wieder ein neues*

Haus zu bauen, abermals einen Park zu entwerfen und hin und wieder eine große Reise zu unternehmen. Da dies so ist, kann es Sie überraschen, wenn ein junger und tatenlustiger Mann von einunddreißig Jahren sich verlockt fühlt, eine Aufgabe zu übernehmen, die so gewaltige Möglichkeiten bietet? Was mich betrifft, so gestehe ich, daß ich, ohne zuviel auf das Äußere der Macht zu geben, bis jetzt zuwenig vom Leben gehabt habe, um mich nicht nach etwas außerhalb meines häuslichen Kreises zu sehnen, das ich lieben kann, das mir ein Ziel gibt. Viele klagen mich an, ich sei ehrgeizig, aber sie beurteilen die anderen nach ihren eigenen Maßstäben ... Ich wünsche nicht mehr, als etwas Gutes in der Welt zu leisten, und ich brauche einen weiteren Horizont, als ich ihn derzeit habe.[14]

Während der König der Belgier, zunehmend kränkelnd, vergeblich in London bei seiner Nichte Victoria intervenierte, um dem wagemutigen Überseeunternehmen seines Schwiegersohns wenigstens die moralische Unterstützung der Queen zu garantieren, zeigte sich die Regierung Ihrer Majestät weiterhin kompromißlos. Premierminister Lord Henry John Temple Palmerston, von der Queen und ihrem Gemahl stets abschätzig als »unser Pilgerstein« bezeichnet,[15] blieb hart und bekräftigte, daß England in jedem Fall neutral bleiben würde und gänzlich auf den zweifelhaften Ruhm verzichte, bei der Installierung einer Monarchie in Mexiko seine Hand im Spiel zu haben. In Downing Street 10 konnte König Leopold also auf keine Sympathien hoffen, denn das Kabinett Palmerston hatte ihm eindeutig zu verstehen gegeben, daß es Frankreichs »Kaisereuphorie« nicht nur nicht teilte, sondern dem Projekt auch nur sehr geringe Erfolgschancen gab.

Die Aufnahme in Miramar verlief für die mexikanische Delegation ziemlich enttäuschend. In Wien hatte man die Männer, die in der Mehrzahl um die halbe Welt gereist waren, um ihrem zukünftigen Kaiser zu huldigen, ausgelacht und verspottet, und auch in Triest erwartete sie weder Fürstenprunk noch Zeremonienglanz, sondern lediglich ein bescheiden und schlicht wirkender Privatempfang, ganz wie es Kaiser Franz Joseph angeordnet hatte. In seiner sorgsam verfaßten Ansprache an die Deputation bekundete Maximilian zwar, daß er gerne bereit wäre, dem Aufruf der mexikanischen Nation Folge zu leisten, wies aber auch auf gewisse unerläßliche Garantien hin, die diesem Schritt vorausgehen müßten. Die Mexikaner zogen also keineswegs unverrichteter Dinge aus Miramar ab. Dennoch stand den meisten von ihnen die Enttäuschung darüber, daß der junge Erzherzog, in welchem sie schon ihren Emperador erblickten, die Krone Mexikos nicht sofort und vorbehaltlos akzeptierte, nur allzu deutlich ins Gesicht geschrieben.

Wieder einmal durchforschte Maximilian das »weite Land seiner Janusseele«, erwog nochmals alle Argumente, ehe er sich Ende 1863 endgültig entschloß, das Angebot des mexikanischen Volkes anzunehmen – auch für den Fall, daß die so dringend benötigte Garantie Englands tatsächlich ausbleiben sollte. In einer Denkschrift vom 20. November begründete er seine Entscheidung:

Meine Individualität, wie sie mir Gott und die Natur gegeben, wie sie die Erziehung meiner Eltern und die Wechselfälle des Lebens ausgebildet haben, kann ich nicht ändern, auch ist eine solche Änderung von keinem Ehrenmanne festen Charakters zu fordern; man kann Fehler Gott zuliebe ablegen, aber das eigene, klar ausgeprägte »Ich« wandelt niemand. Diese meine Individualität, dieses selbsteigene Etwas, entspricht nun nicht den Ansichten meines älteren Bruders, dies hat er mich bei jeder Gelegenheit auf unzweideutigste, schonungsloseste, ja oft kränkendste Weise fühlen lassen. Mein Freimut, mein burschikoses offenes Wesen genieren, meine liberalen Ansichten schockieren ihn; meine ungebundene Zunge fürchtet, mein aufbrausendes Temperament erschreckt ihn, meine auf Reisen gesammelten Weltanschauungen erregen seine Eifersucht. Er ist der Herr, ihm ist die Macht, die mein strenges Rechtsgefühl jederzeit anerkennt; was bleibt mir also unter solchen Verhältnissen vom Standpunkte der Klugheit und des religiösen Gefühls übrig, als auszuweichen, ohne Kränkung und Ostentation mich zurückzuziehen. Dies habe ich seit dem unglücklichen Jahre 1859 redlich im friedlichen Miramar und im stillen Lacroma getan. Ich habe mich stets effaciert und hätte nur gewünscht, daß man auch mich immer in Frieden gelassen und meine Handlungsweise geehrt hätte. Nun tritt plötzlich der mexikanische Kronantrag an mich heran und mit ihm eine Gelegenheit, auf ehrenhafte und gesetzliche Weise die schweren Bande einer tatenlosen Existenz, eines vergessenen Vegetierens auf immer zu lösen. Wer hätte da in meiner Lage, mit dem Herzen auf dem rechten Fleck und in der Vollkraft des Mannesalters, an seiner Seite eine strebsame und tugendreiche Gattin, wer hätte da, sage ich, nicht mit beiden Händen zugegriffen![16]

Auch Napoleon III. war sich bereits absolut sicher, daß der Erzherzog das mexikanische Angebot annehmen würde. Dies geht aus einer Thronrede hervor, die er am 5. November 1863 hielt und in der er eindeutig auf die zu erwartende Thronbesteigung Maximilians in Mexiko Bezug nahm. Wie stand die Lage unterdessen im Land der Azteken selbst? General Bazaine schien von Erfolg zu Erfolg zu eilen, in einem wahren Blitzfeldzug eroberte er Stadt um Stadt und weite Gebiete nördlich von Mexiko-Stadt. Die altehrwürdigen spanischen Kolonialstädte Guanajuato, Querétaro, Morelia und Guadalajara waren scheinbar mühelos in die Hand der Franzosen gefallen, und die vorwiegend von indianischen Mayanachfahren bewohnte Halbinsel Yucatan hatte in Eigeninitiative für das Kaiserreich votiert, wie Bazaine stolz nach Paris weitermeldete. Haufenweise trafen in der Seine-Stadt Treueerklärungen für das Kaiserreich ein, zusammen mit der beruhigenden Nachricht, daß sich 80 Prozent der Bevölkerung Mexikos für die Wiedererrichtung der Monarchie aussprachen. Die Realität sah anders aus, denn die Guerillaarmee von Benito Juárez, der gezwungen worden war, sein Hauptquartier nach Monterey zu verlegen, war intakt und kämpfte weiter, obwohl es auch im republikanisch gesinnten Lager zu Unstimmigkeiten gekommen war. Aus diesem internen Machtkampf gingen Juárez und sein bester Mann, der in unverbrüchlicher Treue an ihm festhaltende General Porfirio Díaz, der in der südmexikanischen Stadt Oajaca auf eine Chance zum Gegenschlag lauerte, als klare Sieger hervor. In den nicht von Frankreich beherrschten Gebieten des Landes blieb die Bevölkerung eindeutig pro-juáristisch gestimmt, und auch zwischen den Franzosen und ihren mexikanischen Verbündeten waren ernste Probleme aufgetaucht. Der Bischof von Mexiko, Pelagio Antonio de Labastida, und Bazaine hatten sich offen zerstritten, worauf der General den Kirchenfürsten kurzerhand aus dem Regentschaftsrat hinauskatapultierte.

Der machthungrige Bischof war nicht gewillt, den »Rausschmiß« ohne weiteres tatenlos hinzunehmen, und drohte damit, alle Franzosen zu exkommunizieren. Außerdem würde er den sonntäglichen Kirchenbesuch der Soldaten unmöglich machen, indem er die Kirchen einfach schloß, wetterte der Bischof. Doch General Bazaine war nicht der Mann, der sich von solchen »Klerikaldrohungen« einschüchtern ließ. Kaltlächelnd ließ er dem erzürnten Labastida mitteilen, er würde die verschlossenen Kirchentüren notfalls mit Waffengewalt öffnen, um seinen hart kämpfenden Männern die Möglichkeit zur Kommunion zu geben. Zähneknirschend gab der Erzbischof nach, erklärte dem General aber, daß die Franzosen fortan nicht mehr auf die Unterstützung der Kirche rechnen könnten. Wie hoffnungslos verfahren die Lage im Grunde genommen war, zeigt auch der Bericht, den Jean Marat seinem Freund Jules Favre im September 1863 aus Querétaro übermittelte:

> *... Bazaines Kampagne schlägt zu Buche. Wir erobern Provinz um Provinz, Stadt um Stadt. Juárez mußte nach Monterey ausweichen. Und das Ganze haben wir mit knapp dreißigtausend Soldaten und eintausendachthundert Mann mexikanischer Hilfstruppe zustande gebracht. Ein Grund gewiß, um zu staunen, wenn die Absicht nicht so verwerflich und letztlich das Ergebnis so absurd wäre. Das Absurde besteht darin, daß wir nämlich, genau genommen, nur ein reisendes Wahllokal sind. Wir bringen unsere Zeit damit zu, die Bevölkerung der eroberten Orte zusammenzutreiben, um ihr das Votum für den Habsburger* abzupressen (Hervorhebung durch den Verfasser). *Natürlich heißt das bei uns nicht so. Die Leute entscheiden sich – wie sollte es auch anders sein – freiwillig für die Monarchie. Haben wir den Vorgang erst einmal unter Dach und Fach gebracht, packen wir die Wahlurne wieder ein und verabschieden uns mit einem donnernden: Viva el Emperador. Tags darauf übernehmen wieder die Juaristen den Ort. Dieser Art durchqueren wir Mexiko ... Es ist ein niederträchtiges Spiel, in das wir uns haben einwickeln*

lassen. Uns will hier keiner. Und den Habsburger auch nicht. Die Konservativen in diesem Land sind versponnene Romantiker oder ausgekochte Hunde. In jedem Fall wird es der Habsburger schwer haben, sich zu behaupten. Wie zwei mal zwei vier ist, so weiß hier jedes Kind, daß der Habsburger sich niemals wird halten können ohne Frankreichs Unterstützung. Wenn er das nicht einsieht, ist er ein Wirrkopf. Außerdem hat dieses Land keinen Centavo mehr. Dafür legen die Desertionen unserer mexikanischen Freunde beredtes Zeugnis ab. Und Frankreich wird auch bald seinen letzten Sou umdrehen müssen, falls es noch lange in diesem Land bleibt . . .[17]

1863 war für Ferdinand Maximilian in vieler Hinsicht ein Jahr der Überraschungen, denn es schien zu beweisen, daß der Bruder des Kaisers von Österreich eine Art »Geheimtip« für vakante Throne geworden war. Der Mann, der in seinem Inneren längst beschlossen hatte, in Montezumas Fußstapfen zu treten, staunte nicht schlecht, als ihm in der ersten Hälfte des Jahres gleich zwei Kronen hintereinander angeboten wurden. Der britische Premier Lord Palmerston war auf die Idee gekommen, Ferdinand Maximilian den plötzlich frei gewordenen Thron Griechenlands anzubieten – wohl in der Annahme, daß ein solches Angebot den »thronlüsternen« Habsburger mehr reizen würde, als das unsichere Abenteuer in Mexiko. Doch der Erzherzog hielt dieses Angebot für geradezu skandalös, vor allem in Anbetracht der Tatsache, daß man seinen Vetter Otto und seine Frau Amalia, welche er auf seiner Griechenlandreise kennen und schätzen gelernt hatte, wie Bettler davongejagt hatte und dem entthronten König von Griechenland Otto I. nicht einmal gestattet hatte, seine Abdankung auszusprechen. Ein Schiff der Royal Navy hatte das Königspaar sang- und klanglos außer Landes geschafft und nun besaßen die perfiden Briten die Unverfrorenheit und ungeheure »Geschmacklosigkeit«, wie Maximilian dachte, ihm diesen Unglücksthron anzubieten. Seine Entrüstung war dadurch nicht gemildert worden, daß man vorher schon an andere »verfügbare« Prinzen herangetreten war, und Maximilian also nicht unbedingt die erste Wahl gewesen war. Nach außen hin wahrte er zwar die Form und ließ der Regierung Ihrer Majestät für das freundliche Angebot danken, lehnte aber sofort ab. Wie er in Wahrheit über das Ansinnen und den offenbar mit Mexikos Krone konkurrierenden griechischen Thron dachte, der laut Königin Victoria »unvergleichlich bedeutungsvoller« war als der mexikanische, ging aus einem Brief an den österreichischen Außenminister hervor. Graf Rechberg-Rothenlöwen mußte zur Kenntnis nehmen, daß Maximilian in diesem Epistolat ein geradezu vernichtendes Urteil sowohl über das Angebot als auch das griechische Volk fällte:

Auch wenn diese durch den Tod oder die Entsagung des Königs Otto rechtmäßig erledigt wäre... wäre ich wahrlich der letzte, der eine bei einem halben Dutzend Fürstlichkeiten erfolglos kolportierte Krone anzunehmen geneigt sein könnte. Übrigens kenne ich das moderne Hellas und die Fäulnis der dortigen Zustände... zu wohl, um mir nicht längst klargemacht zu haben, daß dieses hinterlistige verkommene Volk eine haltbare Grundlage für ein selbständiges Reich nicht zu bieten vermag...[18]

Nicht ganz so ablehnend stand der Erzherzog einer Thronkandidatur in Polen gegenüber, das in den ersten Monaten des Jahres 1863 auf eine Revolution zutaumelte und vergeblich versuchte, sich aus den Klauen des »russischen Bären« zu befreien. Der Gedanke, als König eines unabhängigen Polens in der Pose eines Befreiers in Warschau einzuziehen, gefiel seiner romantischen Seele sehr gut, obwohl er seinem Tagebuch, schamlos übertreibend, anvertraute, daß er die »ständigen Thronangebote« lästig fand: »Die Leute lassen einen nicht mehr in Ruhe, und machen einen geradezu lächerlich. Figaro qui, Figaro la; jeden Tag eine neue Krone!«[19] Das Zarenreich erstickte den Aufstand in Polen aber mit ungeheurer Härte in Blut und Tränen, und die »polnische Versuchung« war schnell vorüber. Doch selbst die »Freiheitskrone« Polens konnte schwerlich mit Montezumas Kaiserthron konkurrieren, für den sich Maximilian ohnehin längst entschieden hatte.

Inzwischen waren General Forey und Botschafter Saligny aus Mexiko abberufen worden, und der Mann, der Napoleons rechter Arm in Übersee war, hieß François Achille Bazaine. Bazaine beherrschte den Großteil des kurz vor der Befriedung stehenden Landes. In diesem Glauben befand sich zumindest der Habsburger. In welcher Lage sich das Land tatsächlich befand, haben wir ausführen können. Obwohl Frankreichs Opposition immer wieder betonte, daß die öffentliche Meinung längst umgeschlagen hätte und in dem Überseeunternehmen eine über kurz oder lang zum Scheitern verdammte Aktion erblicke, lud Napoleon III. Maximilian und Charlotte im März 1864 nach Paris ein und empfing die beiden bereits mit allen kaiserlichen Ehren.

Über den Tuilerien flatterte die mexikanische Fahne im Wind, ganz Paris war angetreten, um die Gäste aus Miramar wie ein auf Staatsbesuch weilendes Herrscherpaar einer souveränen Nation zu empfangen. Alle Persönlichkeiten von Rang und Namen nahmen an den prunkvoll arrangierten Galaempfängen, Soireen und Bällen teil, nahezu das gesamte diplomatische Corps stand Spalier, Paris feierte einen Kaiser und eine Kaiserin, welche de facto immer noch »nur« Erzherzog und Erzherzogin von Österreich waren. Einzig und allein der amerikanische Geschäftsträger glänzte auf allen Empfängen durch Abwesenheit, wahrscheinlich um zu demonstrieren, daß Washington in Mexiko weiterhin eine Republik sah und den rechtmäßig gewählten Präsidenten Benito Juárez nach wie vor als einzig legales Staatsoberhaupt betrachtete. Charlotte und Eugénie verstanden sich glänzend, und Louis Napoleons Gemahlin vergaß nicht, immer wieder darauf hinzuweisen, daß sie die Hauptverantwortung für das Zustandekommen des mexikanischen Kaiserreiches trug. Euphorisch erwähnte sie einem Gast gegenüber, daß kein Zweifel daran bestehen könnte, daß sich Maximilian zu einem der »mächtigsten Herrscher der Erde« entwickeln würde.

Der von den gewaltigen Ovationen sicherlich beeindruckte Maximilian erwies sich in den Vertragsverhandlungen, die zum Schutz und zur Absicherung seines Reiches dienen sollten, weder als übervorsichtiger, auf größtmögliche Garantien bestehender, harter Verhandlungspartner noch als gewiefter Finanzexperte. Der von Napoleon und Maximilian unterzeichnete Vertrag wies zwar ein Geheimkodizill, eine geheime Zusatzklausel auf, welche besagte, daß »die Hilfe Frankreichs dem neuen Reiche niemals fehlen würde«, egal welche politischen Umwälzungen sich in Europa ereignen würden, doch diese Klausel war wohl kaum die von Maximilian er-

wünschte Zusicherung, Frankreich würde das mexikanische Kaiserreich 20 Jahre lang gegen alle Feinde von außen verteidigen. Diese vage Formulierung war interpretierbar und konnte sicher nicht als »unerläßliche Sicherheitsgarantie« verstanden werden. Im Gegenzug mußte sich Maximilian verpflichten, alle bisherigen Verfügungen des französischen Oberkommandierenden Bazaine anzuerkennen und zu ratifizieren. Weiters besagte das Vertragswerk, daß die Truppenstationierung des französischen Expeditionskorps im Laufe von drei Jahren, im Zeitraum von 1864–1867 also, kontinuierlich von den derzeit 38 000 Mann auf 20 000 Mann abgebaut werden sollte. Die 8000 Mann starken Truppen der Fremdenlegion allerdings sollten Maximilian, gewissermaßen als Eliteeinsatzeinheiten für den äußersten Notfall, bis 1873 zur Verfügung stehen.
Die finanziellen Konditionen des Vertrages waren von Frankreichs Finanzminister Achille Fould ausgearbeitet worden – jenem Bankier, der einst den Propagandafeldzug der Bonapartisten so erfolgreich unterstützt und Louis Napoleon zu seinem ersten überwältigenden Wahlsieg verholfen hatte. Jeder Finanzfachmann hätte diese Bedingungen sofort als unannehmbar zurückgewiesen. Maximilian aber träumte den Kaisertraum und hatte zudem nie allzuviel von Geldangelegenheiten verstanden, da er stets nach der Maxime handelte, daß das (meistens nicht vorhandene) Geld zum Ausgeben da war. Er unterschrieb also bedenkenlos Forderungen, welche faktisch den völligen finanziellen Ruin des mexikanischen Kaiserreiches bedeuteten – eines Reiches, über das er noch nicht einmal herrschte! Das bankrotte, vom endlosen Bürgerkrieg ausgeblutete Land bekam eine Schuldenlast in der astronomischen Höhe von 260 Millionen Francs aufgebürdet, um damit die angefallenen Kosten und Ausgaben für den Einsatz des Expeditionskorps zu begleichen. Diese Rekordsumme diente jedoch nur dazu, den Truppenunterhalt bis zum 1. Juli 1864 abzudecken. Nach Ablauf dieses Datums war die mexikanische Regierung verpflichtet, 1000 Francs per annum für jeden einzelnen im Land stationierten französischen Soldaten zu bezahlen. Hinzu kamen die Einforderungen der leidigen Jecker-Anleihe und Entschädigungszahlungen für die Angehörigen jener französischen Soldaten, welche im Krieg gefallen waren. Diese ungeheuren Forderungen sollten durch die Neuauflage einer mexikanischen

Staatsanleihe in der Höhe von 210 Millionen Francs erleichtert werden, wobei man ein Viertel dieser Summe gleich einbehalten wollte, um durch diesen Schritt die erste Ratenzahlung zu gewährleisten. Maximilian hatte, indem er seine Unterschrift unter den Vertrag setzte, unbewußt die Bankrotterklärung des mexikanischen Staates unterzeichnet, ehe er auch nur einen Fuß auf mexikanisches Staatsgebiet gesetzt hatte.
Aus Mexiko vermeldete General Bazaine einmal mehr, daß das Land unmittelbar vor seiner Befriedung stünde und beim Eintreffen Seiner Majestät Kaiser Maximilians gänzlich pazifiziert sein würde. Maximilian und Charlotte hatten kaum Zeit, der seit Monaten untätig in Paris herumsitzenden mexikanischen Delegation eine Audienz zu gewähren, denn auf sie wartete bereits die Jacht des Kaisers, welche den Namen seiner Mutter Hortense trug, um die beiden in Frankreich so gefeierten Thronanwärter nach England zu bringen. Dort wollte sich Maximilian persönlich um die Abgabe einer Garantieerklärung der ersten Seemacht der Welt bemühen, was freilich vergebliche Liebesmüh war, denn die britische Regierung ließ sich nicht erweichen. Maximilian und Charlotte mußten lediglich mit den guten Wünschen der Queen Vorlieb nehmen. Da dem Erzherzog nun klar war, daß der Eckpfeiler, auf dem sein Kaiserreich ruhen würde, einzig und allein in Frankreich zu sehen war, schrieb er Napoleon III. noch aus London einen überschwenglichen Dankesbrief. Die Antwort des Empereur fiel geradezu freundschaftlich herzlich aus:

Ich bitte Sie, stets auf meine Freundschaft zu zählen, und zu glauben, daß ich die edlen Gefühle, die Euer kaiserliche Hoheit bewegen, den Thron Mexikos anzunehmen, nach ihrem vollen Wert einschätze. Ein Volk zu regenerieren und ein Kaiserreich auf Prinzipien zu gründen, die Vernunft und Moral gutheißen, ist eine schöne Aufgabe, die würdig ist, edlen Ehrgeiz zu reizen. Sie können sicher sein, daß Ihnen meine Unterstützung bei der Erfüllung der Aufgabe, die Sie mit so viel Mut auf sich nehmen, nicht fehlen wird.[20]

Nach Beendigung der erfolglosen Mission in Großbritannien begaben sich Maximilian und Charlotte in die Kaiserstadt Wien, wo man sie auch bereits als Herrscherpaar empfing. Der altehrwürdige Wiener Hof entfaltete all seinen habsburgischen Zeremonienglanz, um den zukünftigen Kaiser von Mexiko und seine Gemahlin würdig willkommen zu heißen.
Hocharistokratie und höchste kirchliche Würdenträger waren versammelt, und auch die Botschafter der wichtigsten ausländischen Mächte waren dabei, als Kaiser Franz Joseph das künftige mexikanische Herrscherpaar offiziell begrüßte, sie bewunderten vor allem Charlotte, die eine wahrhaft kaiserliche Erscheinung bot, eine prachtvolle diamant- und smaragdbesetzte Tiara trug und sich bemühte, selbst die unvergleichlich schönere Kaiserin Elisabeth auszustechen, deren Animosität immer noch spürbar war. Das offizielle Staatsbankett, mit dem der Wiener Hof die erlauchten Gäste feierte, wurde zu einem rauschenden Fest, eine wahre »Glückwunschflut« ergoß sich auf das (noch) erzherzogliche Paar. Aus Prag allerdings traf eine telegraphische Warnung ein. Der zu Unrecht als schwachsinnig bezeichnete Epileptiker Exkaiser Ferdinand, der seinem Patensohn Maximilian oftmals dessen beträchtliche Schulden bezahlt hatte, bat den Erzherzog fast flehentlich, der Krone doch noch zu entsagen. Aber natürlich war das »Prager Telegramm« nicht dazu in der Lage, die Feierlichkeit zu trüben. Während scheinbar ganz Wien in einem Begeisterungstaumel lag, bastelte man hinter den Kulissen an einer »Bombe«, welche am nächsten Morgen hochging.
Im Auftrag von Kaiser Franz Joseph legte Außenminister Graf Rechberg-Rothenlöwen Maximilian den sogenannten Familienpakt, ein Schriftstück, das einer Verzichtserklärung auf sämtliche Erbansprüche gleichkam, zur Unterschrift vor. Maximilian war entsetzt, er hatte zwar schon vor seiner Parisreise ein ebenfalls von Rechberg überbrachtes Memorandum, das sich mit historischen Anlaßfällen, die einen solchen Verzicht nahelegten, befaßte, flüchtig überflogen, aber dennoch niemals damit gerechnet, daß sein Bruder tatsächlich zu diesem drastischen Mittel greifen würde. Wieder einmal hatte er seinen Bruder, den Kaiser, der ihm wiederholt erklärt hatte, er sähe sich außerstande, ihm irgendwelche Garantien auf den Weg nach Mexiko mitzugeben, vollkommen falsch eingeschätzt. Seine Empö-

rung war daher verwunderlich, denn er konnte kaum etwas anderes von seinem Bruder erwarten, der öffentlich erklärte, es sei ihm unmöglich, »... eine Garantie zu übernehmen und Meinem Staate aufzuerlegen, welche, bei dem Umstande als Österreich keine hinreichenden Hilfsmittel zu transatlantischen Unternehmungen zu Gebote stehen, vorkommenden Falles nicht mit dem durch die Würde und Machtstellung Österreichs unbedingt gebotenen Nachdrucke zur Geltung gebracht werden könnte.«[21] Trotzdem schien für den Erzherzog eine Welt zusammenzubrechen, er stand an zweiter Stelle der österreich-ungarischen Erbfolge (hinter dem am 21. August 1858 geborenen Kronprinzen Rudolf), und er war nicht bereit, auf dieses legitime Recht zu verzichten, was demonstriert, daß er trotz aller Euphorie ein Scheitern des mexikanischen Experiments für möglich hielt und sich die »österreichische Hintertür« auf jeden Fall offen halten wollte. Tobend erklärte er dem Außenminister, daß er sich außerstande sähe, über ein solch infames Dokument auch nur nachzudenken, geschweige denn es mit seiner Unterschrift zu legalisieren.

Franz Joseph, der einer heftigen Auseinandersetzung mit seinem aufbrausenden Bruder wohl aus dem Weg gehen wollte, bequemte sich dazu, Maximilian einen Brief zu schreiben, der besagte, daß er der Thronannahme seine Zustimmung versagen würde, falls sich der Erzherzog nicht bereit erklärte, den Familienpakt vorbehaltlos zu unterzeichnen. Franz Josephs im offiziellen Hofjargon gehaltenes Schreiben las sich weiter: »... Sollten Euer Liebden sich hiezu nicht entschließen können und es daher vorziehen, die angebotene mexikanische Krone auszuschlagen, so würde Ich es auf Mich nehmen, die Ablehnung dem Ausland und namentlich dem französischen Kaiserhofe gegenüber zu vertreten.«[22] Außer sich vor Wut verließ Maximilian zusammen mit seiner Gattin den Wiener Hof und kehrte nach Miramar zurück. Der mexikanische Traum schien ausgeträumt, vorbei und zerplatzt wie ein Luftballon. Seine Stellung in Österreich-Ungarn war dem Erzherzog offenbar wichtiger als die Kaiserkrone Mexikos.

Die Lage war zum Zerreißen gespannt, und ein öffentlicher Skandal stand ins Haus, als Maximilian dem nach Miramar entsandten Erzherzog Leopold, der ihn im Auftrag des Kaisers zur »verhängnisvollen Unterschriftsleistung« zwingen sollte, ziemlich unverblümt erklärte, er werde nicht nur der seit langem ungeduldig wartenden mexikanischen Deputation die wahren Hintergründe seiner erzwungenen Absage mitteilen, sondern auch seine Heiligkeit den Papst über die skandalösen Zustände informieren. Als Franz Joseph davon erfuhr, reagierte er begreiflicherweise zornig und empört auf diesen »Erpressungsversuch« seines »unverantwortlichen« Bruders, der offenbar nicht zögerte, die »schmutzige Familienwäsche« vor den Augen der Welt zu waschen, und nahm bei einer Verzweiflungsmaßnahme Zuflucht: er erbat die Schützenhilfe des verhaßten Emporkömmlings Louis Napoleon, der ihn bei Solferino gedemütigt hatte. Fassungslos empfing dieser am 27. März 1864 ein Telegramm seines Botschafters in Wien, das ihn nicht nur über die unerfreuliche Sachlage in Kenntnis setzte, sondern ihm regelrecht den Schlaf raubte. Doch nicht nur der Kaiser Frankreichs, sondern vor allem seine Gemahlin Eugénie, die Max und Charlotte so wohlwollend gegenüber stand, bekam es nun mit der Angst zu tun. Mitten in der Nacht schrieb sie Österreichs Botschafter in Paris, Fürst Richard Metternich, einen sofort zu überbringenden aufgebrachten und von blankem Zorn diktierten Brief, der folgenden Wortlaut hatte:

Mein lieber Fürst, ich erhalte soeben Hidalgos Antwort. Der Erzherzog ist entschlossen, Dienstag der mexikanischen Deputation zu danken und sodann nach Rom abzureisen, um Österreich unter Verzicht auf seine Träume zu verlassen. Ich spreche Ihnen nicht von dem schauderhaften Skandal, den dies für das Haus Österreich ergeben wird, aber uns gegenüber müssen Sie zugestehen, daß es keine Entschuldigung gibt, welche immer die Hindernisse seien, die sich von da und dort ergeben. Tatsache ist, daß Sie Zeit hatten, alles zu erwägen und gut zu überdenken, und man kommt dann nicht im Augenblick, wo die Anleihe abgeschlossen ist und die Abmachungen unterschrieben sind, mit einer Familiensache ohne Wichtigkeit im Verhältnis zu der Verwirrung, in die Sie alle Welt stürzen. Legen Sie uns Ihr Ultimatum vor, die Sache ist sehr ernst. Wollen Sie Ihre Regierung noch heute abend verständigen. Glauben Sie an meine wohlbegründete schlechte Laune – Eugénie.[23]

Am nächsten Tag handelte der Kaiser, der sich nach der Unterzeichnung des »Garantievertrages« und Aufnahme der Staatsanleihe die »Schande« eines Thronverzichts Maximilians kaum leisten konnte, und sandte ein Telegramm folgenden Inhalts nach Miramar: »Ich bin bestürzt über die Nachricht, die uns zugekommen ist. Eure kaiserliche Hoheit sind mit Ihrer Ehre mir, Mexiko und den Zeichnern der Anleihe gegenüber verpflichtet. Die Familienzerwürfnisse können Eure kaiserliche Hoheit nicht hindern, anderswo höhere Aufgaben zu erfüllen. Denken Sie doch an Ihren eigenen Ruhm. Eine Absage erscheint mir heute unmöglich. Napoleon.«[24] In einem persönlichen, von einem Flügeladjutanten beförderten Brief an Maximilian sprach Napoleon III. von »Wortbruch« und »Blamage« und wurde viel deutlicher und drängender:

Ich schreibe an Eure kaiserliche Hoheit unter dem Einfluß der lebhaften Erregung, die die gestern abend von Wien und Triest eingelaufene Nachricht in mir hervorgerufen hat. Es ist nicht meine Sache, die Familienfragen zu erörtern, die zwischen Ihnen und Ihrem erhabenen Bruder verhandelt werden, aber ich muß Ihnen vor Augen stellen, wie ernst sich die gegenwärtige Lage für Sie, ebenso wie für mich, darstellt. Durch den Vertrag, den wir abgeschlossen haben und der uns gegenseitig verpflichtet, durch die Mexiko gegebenen Versprechen und die mit den Unterzeichnern der Anleihe getroffenen Vereinbarungen haben Eure kaiserliche Hoheit Pflichten übernommen, die einfach zu verleugnen Sie nicht mehr freie Hand haben. Was würden Sie tatsächlich von mir denken, wollte ich, wenn Euer kaiserliche Hoheit schon in Mexiko sind, auf einmal sagen, daß ich die Bedingungen nicht mehr erfüllen kann, die ich mit meiner Unterschrift bekräftigt habe? (Genau dieser tragische Fall sollte nur drei Jahre später eintreten; Anmerkung des Verfassers). *Nein, es ist unmöglich, daß Sie darauf verzichten, nach Mexiko zu gehen, und daß Sie vor der Welt sagen, daß Familieninteressen Sie zwingen, alle Hoffnungen, die Frankreich auf Sie gesetzt haben, zu enttäuschen. Im Interesse Ihrer Familie und in ihrem eigenen müssen sich die Dinge regeln lassen, denn es handelt sich um die Ehre des Hauses Habsburg. Ich bitte um Verzeihung für diese ein wenig strenge Sprache, aber die Umstände sind zu ernst, als daß ich Ihnen nicht die ganze Wahrheit sagen sollte.*[25]

Für Napoleon III. gab es einfach kein Zurück mehr. Obwohl er noch vor drei Wochen dem Herzog Ernst von Coburg in privatem Kreis erklärt hatte, daß er die mexikanische Angelegenheit für eine »äußerst ungute Sache« halte und an Maximilians Stelle kaum daran denken würde, diesen unsicheren Thron zu besteigen, verlangten es nun sein persönliches Prestige und Frankreichs Staatsinteresse, die Sache bis zum bitteren Ende durchzufechten. Maximilian, an seinem verwundbarsten Punkt, der Ehre, getroffen, zeigte »Erweichungserscheinungen« und beschloß, seinen vorgefaßten Schritt, endgültig auf das mexikanische Angebot zu verzichten, nochmals zu überdenken. In einem letzten verzweifelten Versuch, das Gesicht zu wahren, teilte er seinem Bruder mit, er würde den Verlust der Erbansprüche eventuell in Betracht ziehen, falls sich der Kaiser im Gegenzug zur Unterzeichnung eines Geheimabkommens bereit fände, das nur als Rückversicherung im Falle eines Scheiterns in der Neuen Welt zu verstehen war und sich so las:

Seine Majestät der Kaiser versprechen aus brüderlicher Liebe, falls der Erzherzog Ferdinand Max entweder freiwillig dem Throne von Mexiko entsagen oder desselben verlustig werden sollte, auf dessen dann gewollte Bitte den heute unterzeichneten Vertrag außer Kraft treten zu lassen und den Erzherzog in seine dermaligen Rechte wieder einzusetzen. Ebenso sichern Seine Majestät der Witwe des Erzherzogs und dessen Kindern (auch diese Formulierung spricht nicht für die Wahrheit des »Ansteckungsgerüchts«, da Maximilian offenbar immer noch damit rechnete, Kinder – und damit Erben – bekommen zu können; Anmerkung des Verfassers) *für den Fall, daß selbe die Stellung in Mexiko aufgeben müßten, die Einsetzung in alle den österreichischen Erzherzogen zustehenden Rechte zu.*[26]

Doch auch dieser fast flehentliche Appell des Erzherzogs verhallte im Grunde ungehört, wenngleich Franz Joseph dahingehend einlenkte, daß er sich bemühen würde, im Falle eines Thronverlustes

seines Bruders alle Schritte zu unternehmen, ihm eine angemessene Stellung in Österreich zu verschaffen, eine Stellung allerdings, welche mit den Interessen des Kaiserreiches in Vereinbarung zu bringen war. Diese vage Formulierung war Maximilian zu wenig, und er dachte wieder daran, »Montezumas Thron« endgültig zu entsagen. Nun trat die resolute Charlotte, der die enorme Nervenanspannung, unter der ihr feinfühliger Gemahl litt, nicht entgangen war, in Aktion und fuhr nach Wien, um den Kaiser in einem persönlichen Gespräch umzustimmen. Doch Franz Joseph war nicht dazu zu bewegen, seine Meinung zu ändern oder auch nur einen Zoll zu wanken, und teilte Charlotte lediglich lakonisch mit, daß er als »Ausdruck seiner brüderlichen Liebe« willens sei, persönlich nach Miramar zu kommen, um die leidige Angelegenheit des »Aztekenthrones« endgültig unter Dach und Fach zu bringen.
In Miramar durchwanderte Maximilian einsam den herrlichen Schloßpark und beklagte einmal mehr die »Falschheit der Welt«, einer Welt, die dem zur Depression neigenden romantischen Träumer neuerlich rabenschwarz erschien. Dennoch rang sich der »Hamletenkel« schweren Herzens zu einem Entschluß durch, der hauptsächlich von seinem übersteigerten Ehrbewußtsein diktiert worden war, und schrieb Napoleon, daß er nicht der Mann sei, der ein einmal gegebenes Wort breche; er sei bereit, jedes erdenkliche Opfer, das ihm seine Ehre erlaube, zu bringen. Zur selben Zeit erklärte er seinem Leibarzt Dr. Jilek, der ihn beschwor, das »unglücksselige« Angebot der Mexikaner auszuschlagen, daß er auf jeden Fall nach Mexiko gehen würde, da dieses Land, »einen Versuch wert« sei, obwohl die Wahrscheinlichkeit eines eventuellen Scheiterns groß genug wäre. Am 9. April traf Kaiser Franz Joseph mit übergroßem Gefolge, das drei Minister, sieben Erzherzöge, darunter auch die jüngeren Brüder Karl Ludwig und »Luziwuzi«, wie man Ludwig Viktor im Familienjargon nannte, die Kanzler Ungarns, Kroatiens und Siebenbürgens, einen Generalstabschef und einen Militärgouverneur inkludierte, in Miramar ein. Die Brüder verhandelten den ganzen Vormittag lang in einer feindseligen und ungemütlichen Atmosphäre, welche mehrere Male von Schreiduellen erfüllt war, bis der krank und deprimiert wirkende Ferdinand Maximilian gegen halb zwölf Uhr nachgab und den Familienpakt, zu dessen Unterzeichnung er sich erpreßt fühlte, unterschrieb.

Die Würfel waren endgültig gefallen, nun befand sich Maximilian völlig in der Hand des »Kretins in den Tuilerien«, wie er Louis Napoleon vor langer Zeit einmal bezeichnet hatte. Bereits um 14 Uhr verließ der Kaiser das Schloß am Meer und trat die Heimreise nach Wien an. Als er in den Zug einstieg, wurde der harte Mann von einem unerklärlichen Reuegefühl übermannt, drehte sich um und umarmte seinen Bruder liebevoll. Als er ihn an sich drückte, sagte er mit gebrochener, fast weinerlicher Stimme: »Max!« Auch Ferdinand Maximilian standen die Tränen in den Augen, als er dem davonfahrenden Bruder zuwinkte, so als ob er geahnt hätte, daß er seinen gestrengen Bruder, mit dem ihn eine merkwürdige Haßliebe verband, niemals mehr wiedersehen würde und seine Reise nach Mexiko eine Fahrt in den Tod werden sollte. Am Tag darauf empfing Maximilian in der Galauniform eines Flottenadmirals die wiederum von Don José Gutierrez de Estrada geführte mexikanische Delegation und verlas mit bewegter Stimme, in sorgsam und lang eingeübtem Spanisch, eine Begeisterung und Jubelrufe auslösende Ansprache:

Ich kann mich dank dem Ausspruch der Notablen von Mexiko nun mit Berechtigung als den Erwählten des mexikanischen Volkes betrachten. So ist die erste Bedingung erfüllt. Auch die Bürgschaften, von denen ich zur Zeit der ersten Anwesenheit der Deputation gesprochen, sind dank der Großmut des Kaisers der Franzosen nunmehr gegeben. Darum darf ich nun die Krone annehmen und werde mich bestreben, sie in unermüdlicher Arbeit für die Freiheit, die Ordnung, die Größe und Unabhängigkeit Mexikos zu tragen.[27]

Die Mexikaner, die so lange in angespannter Atmosphäre auf die Annahme ihres Thronangebotes gewartet hatten, ließen ihr Kaiserpaar hochleben, und Maximilian legte einen feierlichen Schwur ab: »Ich schwöre bei Gott und den heiligen Evangelien, daß ich durch alle mir zu Gebote stehenden Mittel das Wohlergehen und das Gedeihen der Nation zu befördern, die Unabhängigkeit derselben zu verteidigen und die Unverletzbarkeit ihres Gebietes zu wahren bestrebt sein werde!«[28] Einundzwanzig Salutschüsse donnerten von den in der Bucht vor Anker liegenden Schiffen, der österreichischen »Novara« und ihrem Begleitschiff, der »Bellona«, und der französischen »Themis«, welche ebenfalls in der Grignano-Bucht eingetroffen war, herüber, die mexikanische Kaiserfahne wurde aufgezogen, und ungeheurer Jubel brauste auf – das zweite mexikanische Kaiserreich war aus der Taufe gehoben worden.

Glückwunschtelegramme aus der ganzen Welt trafen in Miramar ein, aber Maximilian, der furchtbar unter der Nervenanspannung der letzten Wochen gelitten hatte, war so müde, ausgelaugt und geistig erschöpft, daß er die für den 11. April geplante Abreise nach Mexiko aus gesundheitlichen Gründen verschieben mußte. Aggressiv und gereizt, zog er sich drei Tage lang in seinen bevorzugten Gartenpavillon zurück und duldete nur Leibarzt Dr. Jilek und einen Kammerdiener in seiner Nähe. Am 11. April kam es beim gemeinsamen Frühstück zu einem Eklat. Als Charlotte mit freudestrahlendem Gesicht ein Glückwunschtelegramm Napoleons vorlesen wollte, erlitt Maximilian einen ungewöhnlich heftigen Wutanfall, donnerte Messer und Gabel auf den Tisch und brüllte seine Gattin an, daß er jetzt nichts mehr von Mexiko hören wolle, worauf diese wortlos den Raum verließ. Maximilian war tieftraurig; Miramar im Stich zu lassen, fiel ihm wesentlich härter als er gedacht hatte. Er nahm auf seine Weise Abschied von seinem »Märchenschloß«, durchwanderte ein letztes Mal die so liebgewonnenen Oleanderhaine, schritt zum Meer hinunter und betrachtete liebevoll-verschämt die unzähligen Bücher seiner Bibliothek. Er fühlte sich einsam und verlassen und wußte, daß ein Teil seines feinfühligen und romantischen Herzens für immer in Miramar zurückbleiben würde.

Am Tag der Abreise, dem 14. April 1864, »taute« der Kaiser von Mexiko wieder auf. Eine riesige Menschenmenge stand vor dem Schloß und säumte die Straße nach Triest. Ein letztes Mal feierte Triest den beliebten Maximilian, dem der Abschied sichtlich schwer fiel. Er hatte Tränen in den Augen, als die Marinekapelle die eilends in Paris komponierte mexikanische Kaiserhymne spielte, und bestieg schnell die kleine Barkasse, die ihn und sein Gefolge an Bord der »Novara« brachte. Während Maximilian bleich und unsicher wirkte, bewahrte Charlotte die stoische Ruhe einer geübten Herr-

scherin und nahm die vielen Ovationen huldvoll entgegen. Nur manchmal huschte ein zufriedenes Lächeln über ihr Gesicht, denn sie war nun die Emperatriz Carlota von Mexiko – für die 24 Jahre alte ehemalige flandrische Prinzessin war der Traum ihres Lebens in Erfüllung gegangen. Sie war Kaiserin.
Ein Mitglied der kaiserlichen Entourage hinterließ uns seinen Eindruck von der Abreise des Kaiserpaares:

> *...Das Gefolge bestieg nun die Boote. Draußen auf See begann ein erhabenes Schauspiel. Als die Barkasse die Hälfte der Strecke zwischen Hafen und »Novara« zurückgelegt hatte, eröffneten plötzlich die Geschütze aller Triestiner Befestigungen, die Maximilian als Marineoberbefehlshaber ausgebaut hatte, das Feuer. Aus Hunderten von Geschützmündungen puffte es rauchig in den stillen Tag hinaus, in unaufhörlichen Serien, während die Barkasse, gemessen und ohne Hast, auf die »Novara« zulief. Die Kriegsschiffe, die vor Triest auf Reede lagen, schlossen sich mit ihren Kanonen an. Fischerboote lösten sich von den Ankerplätzen und segelten zu dem Konvoi von Schiffen hinüber, die die »Novara« über viele Seemeilen hinweg begleiten wollten. Wir mußten mit der Hand unsere Augen abdecken, wenn wir dem Geschehen folgen wollten. Denn ein gleißender Korridor hatte sich an der Balustrade und am Ufersaum gebildet, die letzten Dunstschleier vertreibend. Und während der Park ein letztes Mal für Maximilian zu leuchten begann, kehrte die »Novara« ihren Bug gegen das offene Meer, um den Kaiser von Mexiko unter dem Grollen von Kanonen an ein fremdes Gestade zu tragen.*[29]

5. *Maximilian auf Montezumas Thron*

Die Reise des Kaiserpaares in die Neue Welt hatte folgende Stationen: Triest-Civitavecchia (Rom) – Gibraltar – Madeira – Martinique – Jamaica – Vera Cruz. Am 18. April 1864 erreichte die »Novara« Civitavecchia. Auch hier schossen die im Hafen vor Anker liegenden Schiffe Salut, um den hohen Gast, der gekommen war, um von der Hafenstadt aus nach Rom weiterzureisen und Pius IX., dem Heiligen Vater und (Noch-)Beherrscher des Kirchenstaates, seine Aufwartung zu machen und den Segen des Pontifex Maximus für alle zukünftigen großen Aufgaben, deren Bewältigung »Titanenkraft« verlangte, zu erflehen. In Rom erwartete den Kaiser von Mexiko ein triumphaler Empfang. Kardinalstaatssekretär Giacomo Antonelli selbst holte das Kaiserpaar vom Bahnhof ab, der Papst hielt ein feierliches Hochamt in der prächtigen Sixtinischen Kapelle und spendete dem Kaiser und der Kaiserin eigenhändig das Sakrament der heiligen Kommunion; in der in der Via dei Cesari gelegenen Prunkvilla von Gutierrez de Estrada fand ein Galaempfang mit 350 geladenen Gästen statt – die Ewige Stadt zeigte sich von ihrer besten und glanzvollsten Seite. Der überwältigende Empfang war allerdings mehr oder weniger von Napoleon III. angeordnet worden, dessen Truppen dem immer stärkere Zerfallserscheinungen aufweisenden Kirchenstaat vorerst noch die Unabhängigkeit garantierten. Pius IX. bemühte sich daher sehr, seinen französischen Schirmherrn nicht zu enttäuschen, wenngleich er in kirchlichen Belangen selbstverständlich einen eigenen Kurs steuerte und nur in der auf den Kaiser zugeschnittenen Predigt auf das Hauptproblem zwischen dem Vatikan und dem neuen mexikanischen Kaiserreich, nämlich auf die Frage des von Juárez säkularisierten Kirchenbesitzes, einging, indem er Mexikos Kaiser nahelegte, daß die verbrieften Rechte der Mutter Kirche größer als die seines Volkes wären. Ansonsten aber hüllte

sich Pius IX., was die heikle »Kirchenfrage« Mexikos betraf, in merkwürdiges Schweigen.
Beim Galabankett im Palazzo Mariscotti wunderte sich Maximilian zwar über die Zurückhaltung des Papstes, ging aber nicht näher darauf ein, sondern erbat sich lediglich die Entsendung eines »tüchtigen vernunftbegabten« Nuntius, mit dem man dann an Ort und Stelle, »alles Weitere zur Zufriedenheit aller Beteiligten« regeln und lösen würde. Der Pontifex nickte bejahend, betrachtete das leidige Thema im Moment für erledigt und wandte sich mit wahrhaft papalistischer Nonchalance neuerlich dem reichlich gedeckten Tisch zu. Kaiser Franz Josephs Befürchtung, sein impulsiver und sich ungerecht behandelt fühlender Bruder würde die Gelegenheit benutzen, um das Oberhaupt der Katholischen Kirche über die wahren Hintergründe, die zur Unterzeichnung des Familienpaktes geführt hatten, zu unterrichten und damit das Ansehen Österreich-Ungarns in den Staub zerren, erwies sich als unbegründet.
Trotz aller Jubler gab es auch in der Ewigen Stadt kritische Stimmen. So grassierte innerhalb der Bevölkerung Roms ungeniert ein Spottvers, der offen von einem Danaergeschenk Napoleons III. sprach, von einer »Traumkrone« und einem »gallischen Schaumbecher«, und Maximilian unmißverständlich aufforderte, nach Triest und Miramar zurückzukehren.[1] Charlotte aber sah nur den Zeremonienglanz, die überwältigende kirchliche Prachtentfaltung und ihren »vergötterten« Max, der ein beeindruckendes Beispiel der »Selbstaufopferung und Selbstverleugnung« bot, wie sie ihrer Großmutter stolz mitteilte. Was hätte die ehrgeizige Belgierin wohl gedacht, wenn sie den Inhalt des folgenden Schreibens, das John L. Motley, der amerikanische Geschäftsträger in Wien, schon am 17. März über den Ozean gesandt hatte und in welchem er das Untergangsszenario einer kaiserlichen Tragikomödie entwarf, gekannt hätte?

Was sagen Sie zu unserem jungen Freund Maximilian, Montezuma dem ersten? Ich war nie ein großer Bewunderer der viel bewunderten Weisheit Louis Napoleons, aber jetzt sehe ich mich doch genötigt, sie anzuerkennen. Denn die Art, wie er diesen armen jungen Mann hinters Licht geführt hat, ist doch ein höchst geschicktes Taschenspielerstück. Wenn es ihm nun ge-

lingt, den Erzherzog in das Land hinein- und seine Truppen herauszubringen, und die Kosten der Unternehmung bezahlt zu bekommen, so hat er wirklich ein Kunststück vollbracht. Die Priester-Partei, welche erst die Franzosen herbeigerufen hat, klagt diese jetzt wütend an als Räuber, die ärger gehaust hätten, wie Juárez und dessen Anhänger. Der arme Maximilian wird daher bei seiner Ankunft den Fuß gleich in ein Hornissennest setzen. Solch ein Schwarm von schwarzen, giftigen Insekten ist seit den guten alten Tagen der Inquisition nicht wieder erblickt worden. Nach der guten Regel »irritare crabrones« läßt sich Max erst den Segen des Papstes erteilen – ehe er sich auf den Weg macht. Aber wenn die Priester gegen ihn sind, und die Liberalen für die Republik, wer will ihn denn eigentlich zum Kaiser haben? ... Leider wird auch versichert, daß er keinen Heller mehr zu bekommen hat. Louis Napoleon quetscht ihm alles ab, was er noch in Aussicht haben mag ...[2]

Für Maximilian und Charlotte waren die zwei Tage in Rom ein voller Erfolg gewesen. Auch dem unverbesserlichen Hang zur Romantik, der den Habsburger stets ausgezeichnet hatte, war mit einem Mondscheinbesuch des Kolosseums und einer verträumten Kahnfahrt auf dem Mincio Rechnung getragen worden. Die jubelnden italienischen Massen fanden das junge Paar mit allen kaiserlichen Attributen ausgestattet: Max und Charlotte erschienen ihnen gutaussehend, hoheitsvoll und majestätisch. Doch unter den Teilnehmern des Galadiners in Estradas Mariscotti-Palazzo fand sich auch ein etwas kritischerer Beobachter, ein preußischer Geschäftsmann, der seinen Eindruck vom mexikanischen Kaiserpaar wie folgt festhielt:

Der Kaiser ist von schlanker, hübscher Figur, hat aber für seine 32 Jahre schlechte Zähne und wenig Haare, dagegen ziemlich starken blonden Backenbart; die Zähne zeigt er beim Sprechen etwas zu viel; sein Wesen ist echt österreichisch, ungebunden, gemütlich; er spricht sehr laut, wie alle vornehmen Österreicher – die Wiener »Komtessen« schreien bekanntlich, auch wenn sie sich über ganz nebensächliche Dinge unterhalten. (In seiner negativen Einschätzung der Qualitäten österreichischer Komtessen befand sich der Preuße in guter Gesellschaft, hatte doch auch Lord Byron, viele Jahre früher, die österreichischen Gräfinnen als »nach Knoblauch stinkend«[3] abgekanzelt; Anmerkung des Verfassers.) *Die Kaiserin hat alles, was der Gatte blond und blau hat, dunkel; ihre Figur gleichfalls sehr schön. Auf dem schwarzen Haar* (hier verriet der Deutsche offenbar ein Zeichen von Farbenblindheit, denn Charlotte war, wie wir schon erwähnten, eher brünett; Anmerkung des Verfassers) *machte sich eine kleine brillantene Krone sehr hübsch; ihre Bewegungen sehr graziös.*[4]

Im Grunde hatte sich der Habsburger in Rom eigentlich nur feiern lassen und jede unmißverständliche Aussprache mit Papst Pius IX. bewußt zu vermeiden gewußt. Den negativen Beigeschmack der Triumphvisite in Rom lieferte der Nestor der mexikanischen Monarchisten, Gutierrez de Estrada, denn der Phrasenliebhaber, der den plötzlichen Rummel um seine Person und seinen Palazzo sichtlich genoß, weigerte sich, zusammen mit seinem Kaiser in seine Heimat zurückzukehren. Der »Architekt des mexikanischen Kaiserreiches« nahm bei der fadenscheinig-heuchlerischen Aussage Zuflucht, daß er lieber bescheiden im Hintergrund wirken wolle und dem Kaiserreich in Rom viel besser dienen könne als in Mexiko-Stadt oder als Botschafter in irgendeinem anderen Land. Maximilian muß diese Vorgangsweise ebenso verletzt haben wie Hidalgos Absage, in das Land seiner Väter zurückzukehren. Der junge mexikanische »Boulevardier« und Frauenkenner schien sich so sehr an das angenehme Ambiente und das Nachtleben von Paris gewöhnt zu haben, daß der »Ruf des Heimatlandes« nicht laut genug an sein genußsüchtiges Ohr dringen konnte. Die beiden Hauptinitiatoren des mexikanischen Abenteuers zogen es also vor, in der Sicherheit des europäischen Exils zu verharren, während der glühende Idealist und Kaiser Maximilian in sein Verderben fuhr. Diese Tatsache spricht nicht unbedingt dafür, daß die zwei führenden Exilmonarchisten vom Erfolg ihres Kaisers so sehr überzeugt waren, wie sie stets öffentlich vorgegeben hatten.

Als die »Novara« den Felsen von Gibraltar anlief, donnerte ihr ein von der Queen persönlich in Auftrag gegebener Ehrensalut entgegen, dem sich auch die Portugiesen und Spanier angeschlossen hatten. Diese bescheidene Geste der englischen Monarchin Victoria wurde aber von Maximilian kraß überschätzt und als großer Erfolg gefeiert, während Charlotte, in einem unberechtigten Euphorieanfall, sie sogar mit der »Aufnahme offizieller Beziehungen« gleichsetzte. Während der sechswöchigen Überfahrt hielt sich der die See so sehr liebende Kaiser zumeist unter Deck auf und arbeitete fieberhaft an einem überaus komplexen Hofzeremoniell, das er detailgetreu nach dem Muster des von ihm nicht besonders geliebten Wiener Hofes konzipierte. In diesem Hofzeremoniell fanden sich erstaunlich wenig Spuren von Liberalität und Aufklärertum, auf das sich Maximilian stets berufen hatte. Der moderne liberale Herrscher schien bereits auf der Überfahrt nach Mexiko in die Arme der Reaktion zurückzukehren.

Maximilian, der vor dem Verlassen Madeiras mit einer an Bord geschmuggelten anonymen Morddrohung konfrontiert worden war, war voller Energie und Tatendrang, ernannte bald nach dem Auslaufen einen Großkämmerer und einen Zeremonienmeister und stürzte sich mit wahrem Übereifer auf seine Schreibarbeit, aus der ein später in Mexiko gedrucktes Buch mit sage und schreibe 600 Seiten hervorgehen sollte. Er war in seinem Element, ein phantastischer Plan nach dem anderen jagte durch sein Gehirn, und wieder einmal sah er sich in der Rolle eines »Erlösers«, der dem mexikanischen Volk Frieden, Freiheit und Wohlstand bringen würde. Dies geht eindeutig aus seiner ebenfalls auf der »Novara« verfaßten Antrittsrede an das mexikanische Volk hervor, welche zwar vom unbestreitbaren Humanitätsgefühl Maximilians gezeichnet war, aber auch von einer grenzenlosen Naivität und der Unfähigkeit, die verworrene Lage Mexikos richtig einzuschätzen, zeugte:

Mexikaner, Ihr habt mich gewünscht, Eure edle Nation hat mich durch eine spontane Majorität berufen, ihre Geschicke fernerhin zu leiten; ich folge mit freudigem Herzen dieser rührenden Aufforderung. So schwer es mir wird mein Geburtsland [gestrichen ist das ursprüngliche Wort »Vaterland«] und die Meinen für immer zu verlassen, so sehr überzeugte mich die schöne Pflicht, die mir der Allmächtige durch Euch auferlegt hat, seine volle

Kraft, sein ungetheiltes Herz einem Volke zu weihen, welches nach mühevollen Kämpfen, nach schwerem Ringen sich nach Frieden und Wohlfahrt sehnt, welches nach glorreich gesicherter Unabhängigkeit nunmehr die Früchte der Zivilisation und des wahren Fortschrittes ungestört genießen will. Das Vertrauen, welches Euch, welches mich beseelt, wird mit Erfolg gekrönt werden, wenn wir alle einig zusammenstehen in der muthigen Durchführung der großen Grundprinzipien, die die einzig wahre und feste Basis der modernen Staaten bilden:
Unantastbare und unwandelbare Gerechtigkeit, Gleichheit für Alle vor dem Gesetze, gleiche Bahnen und gleiche Ziele für Alle, volle individuelle Freiheit im wahren Sinne, daher unbedingter Schutz der Person und des Eigentums, größtmögliche Entwicklung des nationalen Reichthumes, Hebung der Agricultur und Industrie, Bahnung von Verbindungswesen für einen weitausgreifenden Handel; freies Developpement der Intelligenz und ihrer reichen Mittel![5]

Auf der Überfahrt verfaßte Maximilian, inspiriert von Charlotte, aber auch noch ein anderes, weit verhängnisvolleres Dokument, eine Art »eidesstattlicher Protesterklärung«, welche besagte, daß er sich nur durch blanke Erpressung dazu bereit gefunden hätte, den Familienpakt zu unterschreiben. Dieser von Charlotte entworfene Widerruf des Familienpaktes war an die österreichische Bevölkerung gerichtet, an alle »unter Habsburg-Lothringens Kaiserkrone vereinten Völker«, wie es hieß, »deren Provinziallandtage einzig und allein im Einvernehmen mit uns Änderungen an den Grundgesetzen der Pragmatischen Sanktion hätten vornehmen können«.[6] Dieses aus einer fast kindisch zu nennenden Trotzreaktion heraus verfaßte, den verletzten Stolz des Kaiserpaares widerspiegelnde Protestdokument sollte nach Bekanntwerden zu einer schweren Krise zwischen Österreich und Mexiko führen und das ohnehin mehr als angespannte Verhältnis zwischen Franz Joseph und Maximilian erheblich verschlechtern. Maximilian und Charlotte begannen ihre »Protestnote« mit der lächerlich klingenden Behauptung, Maximilian hätte den Familienpakt unterzeichnet, ohne ihn je zuvor gesehen oder gar studiert zu haben: »Wir erklären unter Eidesschwur, das Dokument niemals gelesen oder ein Vorlesen desselben mit angehört zu haben«, bekräftigten die beiden und behaupteten, nur deshalb unterzeichnet zu haben, weil man »bis zum letzten Augenblick und mit allen möglichen Mitteln den offenkundigen moralischen Druck ausgeübt hat, eine Pression, die erfolgte, indem man die verwickelte Lage, die damals zwischen Frankreich, Österreich und uns herrschte, ausnützte.«[7] Zwei Zeugen unterschrieben das verhängnisvolle »Aufschreidokument« des Kaiserpaares: der zwielichtige Sebastian Schertzenlechner, dessen eigenartige Karriere wir kurz beleuchteten, und Felix Eloin, ein Namurer Bergbauingenieur, der sich der kaiserlichen Entourage auf den ausdrücklichen Wunsch des Königs von Belgien angeschlossen hatte. Eloin, der sich bei Maximilian bald unentbehrlich zu machen wußte und vorerst als »persönlicher Sonderberater« des Kaisers fungierte, hatte das bewegte Leben eines Abenteurers hinter sich. In Australien war er als Goldprospektor tätig gewesen, und auf den Inseln der Südsee hatte er vergeblich versucht, durch gewagte Spekulationen zu einem Vermögen zu kommen. Er war, genau wie Schertzenlechner, krankhaft ehrgeizig, wenngleich er dem ehemaligen Kammerdiener intellektuell natürlich weit überlegen war. Indem er die beiden »Glücksritter« zu Zeugen bestimmte, bewies der Kaiser einmal mehr, daß er einen ausgesprochen schlechten Geschmack in bezug auf die Auswahl seiner Vertrauensleute besaß, obwohl ihm der Bergbauingenieur, im Gegensatz zu Schertzenlechner, sehr treu diente. Maximilian und Charlotte hatten ihrem Stolz Genüge getan und feierlich und im Angesicht Gottes gegen diesen »Usurpationsversuch« des österreichischen Kaisers protestiert. Sie vergaßen dabei aber völlig, daß dieser drastische Schritt Franz Josephs nicht nur voraussehbar, sondern geradezu unvermeidlich gewesen war, und zudem von Außenminister Rechberg, der Maximilian den endgültigen Verzichtsakt auch genauestens erläuterte, bereits vor ihrer Parisreise angekündigt worden war.

Die beiden Zeugen Schertzenlechner und Eloin konnten sich übrigens schon auf dem Schiff nicht ausstehen, und als der Belgier in Mexiko zum Kabinettsvorsteher Maximilians avancierte – eine Position, von der der megalomane Schertzenlechner wahrscheinlich selbst geträumt hatte –, schwor ihm der Exlakai ewige Feindschaft.

Das zweite mexikanische Kaiserreich sollte überhaupt zu einem Dorado für Desperados, gescheiterte Existenzen, Elemente unbestimmten Ursprungs, in Ungnade gefallene oder enterbte Aristokraten, Deserteure und Abenteurer aller Schattierungen werden, sodaß sich Eloin, Schertzenlechner, oder auch der gräfliche Bonvivant Carl de Bombelles, der seinen Freund Maximilian natürlich nach Mexiko begleitete, in guter Gesellschaft befanden.

In Martinique und in Jamaica bot man dem Kaiserpaar jeweils einen würdigen Empfang, doch die Überfahrt nach Vera Cruz, der »reichen Stadt vom Wahren Kreuz«, wie die Conquistadoren die Hafenstadt einst genannt hatten, gestaltete sich sehr problematisch. Mit Urgewalt hereinbrechende, heftig tobende Stürme erschwerten vor allem das Leben der seekranken Kaiserin, deren Kabine mehrere Male hintereinander überflutet wurde. Trotzdem beschwor Charlotte in ihren Briefen an die Heimat die märchenhafte Schönheit der Antilleninseln und verschwieg all ihre Kalamitäten. Ihrer Großmutter zum Beispiel teilte sie mit, daß sie sich in die Tropen verliebt hätte, sich von der wundersamen Welt der Flora und Fauna angezogen fühle und nur noch »von Schmetterlingen und Kolibris« träume. Vera Cruz aber muß selbst Charlotte auf den schmerzlichen Boden der Realität zurückgeschleudert haben, denn die »reiche Stadt vom Wahren Kreuz« bot ein wirklich armseliges Bild. Von Sümpfen umgeben, von Moskitos, Schmeißfliegen und Stechmücken übersät, hatte diese vom Bürgerkrieg verwüstete Hafenstadt, deren legendärer Name die Filmemacher unseres Jahrhunderts wiederholt anzog[8] und deren Kirchen wie Ruinen wirkten – und Bewohner hauptsächlich mit Schmuggeln den bescheidenen Lebensunterhalt verdienten –, scheinbar noch nicht mit der Ankunft des Emerador gerechnet. Weder Bazaine noch das »interimistische Oberhaupt der Nation«, Juan Almonte, standen am Kai, um das Kaiserpaar willkommen zu heißen. Die Stadt, welche geraume Zeit eine juaristische Hochburg gewesen und im wesentlichen republikanisch gesinnt geblieben war, lag nicht im Begeisterungstaumel, und Maximilian konnte keinen triumphalen Einzug registrieren. Vera Cruz schien Siesta zu halten.

Maximilian mußte sich von dem mit einiger Verspätung eingetroffenen Kommandanten des vor der Stadt liegenden französischen

Geschwaders, Admiral Bosse, »in unverschämtem Tone«, wie eine Hofdame fand, sagen lassen, daß der Oberbefehlshaber der französischen Expeditionsarmee, General Bazaine, Wichtigeres zu tun hatte als den Kaiser zu begrüßen, da die Sicherheitsvorkehrungen für die bevorstehende Reise des kaiserlichen Trosses in das Landesinnere koordiniert werden mußten, was offenbar die Anwesenheit des Generals in der Hauptstadt erforderte. Als die Abenddämmerung hereinzubrechen begann, erschien endlich Juan Almonte an Bord der »Novara« und hieß seinen Emperador herzlich willkommen, indem er ihm kräftig die Hand schüttelte. Die österreichischen Mitglieder der kaiserlichen Entourage empfanden diese spontane Geste als Etikettenbruch und empörten sich besonders über Señorita Almonte, welche die Kaiserin stürmisch umarmte. »Carlota«, die nicht so recht wußte, wie sie reagieren sollte, lachte unsicher und sollte sich mit dieser herzlichen Begrüßungsform des sogenannten »Abrazo«, wie die Mexikaner das freundschaftliche Umarmen bezeichneten, nie anfreunden können. Auf das kaiserliche Manifest, das bereits am selben Abend die Häuserwände der Stadt zierte, reagierten die phlegmatischen Bewohner von Vera Cruz so gut wie gar nicht. Allzu oft waren sie mit Rundschreiben dieser Art konfrontiert worden, jeder Herrscher, Präsident oder Diktator, von Augustin de Iturbide bis Benito Juárez, hatte ähnliche Aufrufe ergehen lassen, die ausnahmslos von der bitteren Realität ad absurdum geführt und Lügen gestraft worden waren. Auch für Juan Almonte blieb der Abend nicht ohne Überraschungen, sondern endete vielmehr mit einer kalten Dusche. Maximilian ernannte den ultrareaktionären Konservativen und treuen Parteigänger Santa Anas in Anerkennung seiner Verdienste zum Großmarschall und Minister des kaiserlichen Haushalts, was allerdings eine rein ehrenamtliche Funktion war und dem Priestersohn jegliche politische Gewalt entzog.
Am nächsten Morgen zogen der Emperador und sein Gefolge durch das wie eine menschenleere Geisterstadt wirkende Vera Cruz und bestiegen eine von den Franzosen erbaute Eisenbahn, welche sie nach Mexiko-Stadt bringen sollte. Die lange Reise war nicht ungefährlich, denn es mußte jederzeit mit einem Überfall der Juáristas gerechnet werden, wie man dem verblüfften Kaiser mitteilte, der

schnell zur Kenntnis nehmen mußte, daß keine Rede von einer erfolgreichen und gänzlichen Befriedung des Landes sein konnte. Die Bahnstrecke endete an einem halbverfallenen kleinen Indianerdorf. Der kaiserliche Troß mußte nun auf veraltete, äußerst primitive, von Maultieren gezogene Postkutschen umsteigen. Nur Maximilian und Charlotte waren in der glücklichen Lage, sich auf einen in England angefertigten Kleinreisewagen verlassen zu können. So begann die endlose Fahrt nach Mexiko-Stadt, 400 Kilometer lang sollten Maximilian und Charlotte nun durch das gewaltige Land schaukeln, durch Dschungel- und Wüstengebiete, vorbei an Kokospalmen und Mangobäumen, Bananen- und Kaffeeplantagen passierend, und Berg und Tal hinter sich lassend, ehe sie in der Hauptstadt eintrafen. Die ungewöhnlichen Zustände, unter denen vor allem die Europäer zu leiden hatten, verschlechterten sich auch für Charlotte und Maximilian in drastischer Weise, als ihr englischer Reisewagen ein Rad verlor und man auf eine schlecht gepolsterte einheimische Postkutsche umsteigen mußte, die noch dazu das Emblem der Republik aufwies. Selbst der Wettergott schien die Ankunft des Emperadors nicht sehr zu begrüßen und »beglückte« die Neuankömmlinge mit einem furchtbaren Wolkenbruch, der den frisch ernannten Ministerpräsidenten Mexikos, Joaquin Velasquez de Leon, beinahe das Leben gekostet hätte. Der Sturm warf seine Kutsche um, und der betagte Velasquez mußte sich, durch ein Fenster kriechend, vor Schlimmerem retten. Das noble Unternehmen hatte einen denkbar katastrophalen Anfang genommen. Das gab sogar Charlotte zu, als sie Kaiserin Eugénie schrieb:

Die Straße, die über schlecht bewirtschaftetes Flachland zu den Bergen Chiquihuite führt, ist erbärmlich. Die einzigen zivilisierten Flecke sind die französischen Wachhäuser mit der Feldküche daneben ... Die Mexikaner entschuldigen sich immer wieder für die Straße, und wir versichern ihnen jedesmal, daß es uns nicht das geringste ausmache. In Wahrheit aber war sie über alle Worte gräßlich, und wir brauchten unsere ganze Jugend, unseren ganzen Gleichmut, um ohne einen Krampf oder eine gebrochene Rippe davonzukommen.[9]

Der Belgierin fiel vor allem der Oberbefehlshaber der Kaiserlichen Eskorte, ein schneidiger gutaussehender Capitan namens Miguel Lopéz, positiv auf. Bei diesem großgewachsenen jungen Offizier handelte es sich um den späteren »Judas von Querétaro«, der Maximilian den Juáristas ausliefern sollte und damit die Hauptverantwortung für seine Exekution trug. Als der kaiserliche Konvoi mitten in der Nacht in der Bergstadt Cordoba Einzug hielt, erwartete ihn eine freudige Überraschung. Der Wolkenbruch hatte aufgehört, und Mondschein fiel auf die hell erleuchtete, mit bengalischen Lichtern geschmückte Stadt, die ihren Kaiser geziemend willkommen hieß. Hier schien die Begeisterung der Bewohner unverkennbar und aufrichtig. Mehrere hundert Indianer umlagerten den Troß des Emperador und ließen ihr Kaiserpaar hochleben. Maximilian schloß die Indianer sofort ins Herz, die in dem hochgewachsenen blonden Mann mit dem mächtigen Bart vielleicht auch den reinkarnierten Friedensgott erblickten, auf den sie so viele Jahrhunderte gewartet hatten. In Orizaba, einer Stadt, welche mit ihrer »köstlich-leichten Luft« an »Südtirol erinnerte«, wie Charlotte schrieb, empfing man das Kaiserpaar ebenso herzlich. Im Rathaus huldigte eine Notablendelegation dem Emperador und auch das Gros des kaiserlichen Hofstaates, das es offenbar gerechtfertigt gefunden hatte, auf die beschwerliche und gefahrvolle Reise nach Vera Cruz zu verzichten, stellte sich nun ein. Doch die mehrheitlich der kreolischen Aristokratie angehörenden Palastchargen begeisterten und faszinierten den Habsburger längst nicht so sehr wie die Abordnung eines uralten Indiostammes. Die farbenprächtige Aufmachung der Narvanjali-Indianer, die sich von Montezuma selbst herleiteten, beeindruckte den Emperador ungemein. Dieser alteingesessene Stamm hauste in den Bergen des Landesinneren und hatte eine Delegation unter der Führung seines Oberhäuptlings nach Orizaba entsandt, um den großen weißen Mann, der übers Meer gekommen war, zu begrüßen und ihm zu huldigen. Sah auch der Narvanjali-Häuptling, dessen Ohren große goldene Ringe verzierten und der mit einer Machete im Gürtel vor den Emperador hintrat, den heimgekehrten Gott Quetzalcoatl in Maximilian? Fast wäre man versucht, »ja« zu sagen, angesichts des prächtigen Gastgeschenkes, das der stolze bronzefarbene Aztekennachfahre dem Kaiser überreichte: einen rie-

sigen diamantenbestückten Ring, der einst Montezuma gehört haben sollte. Maximilian strahlte über das ganze Gesicht, seine (nur seiner Meinung nach) wichtigsten Untertanen, die Urbevölkerung des Landes, die Indios schienen ihm aufrichtig zugetan zu sein – er hatte Montezumas Erbe angetreten.
Die Reise in die Hauptstadt schien sich zu einem großen Triumph zu entwickeln. In Puebla, jener Stadt, in welcher die Juáristen den Franzosen so erbitterten und verzweifelten Widerstand geleistet hatten, kannte der wild aufbrausende Jubel keine Grenzen mehr, alle hundert Kirchen der Stadt verkündeten durch langanhaltendes Glockengeläute die Ankunft des Emperador, und aus vielen hundert, ja tausend Kehlen erscholl begeistert der Ruf: »Che viva el emperador!« Am Abend fand ein durch ein gewaltiges Feuerwerk gekrönter Ball statt, und Maximilian und Charlotte schliefen diese Nacht wohl in dem glücklichen Bewußtsein ein, daß sich ihr Einsatz gelohnt hatte und sie bald die Beherrscher eines mächtigen Reiches sein würden, dessen Volk sie vergötterte. Nach zwei Wochen erreichte der kaiserliche Troß die alte 2400 Meter über dem Meeresspiegel liegende Aztekenstadt Cholula. Hier bot sich den staunenden Augen der Europäer ein märchenhafter Ausblick, der den beschwerlichen Aufstieg sofort vergessen ließ: Unter ihnen lag das weite Mexikotal, durchsetzt von kleinen Ortschaften, aus denen lediglich die Kirchtürme emporragten, und zahlreichen im gleißenden Sonnenlicht herrlich aufglitzernden Seen, und im Hintergrund stiegen die mit Schnee und Eis bedeckten Gletscher und Vulkane majestätisch zum Himmel empor. Dieser faszinierend schöne bizarre Anblick ließ Maximilian sogar all den Liebreiz Lacromas und all die Schönheiten Miramars vergessen.
Bewegt nahmen Maximilian und Charlotte in einer kleinen Kapelle, welche um einen uralten Opferstein der Azteken gebaut worden war, die heilige Kommunion ein und erflehten Gottes Beistand für die edle große Aufgabe, die vor ihnen lag. Der Schöpfer schien sie zu erhören, denn der überwältigende Empfang der ihnen in Mexiko-Stadt zuteil wurde, übertraf ihre kühnsten Erwartungen. Die altehrwürdige, auf den Trümmern von Tenochtitlan erbaute Kolonialstadt entfaltete ihren ruhmreichsten Conquistadorenglanz, als Maximilian und Charlotte, die im Marienwallfahrtsort Guadaloupe, von

dem aus einst die gewaltige Welle der Unabhängigkeit über das Land hinweg geflutet war, auch den Segen der Gnadenmutter erbeten hatten, in der prächtigen Staatskarosse durch die überreich bekränzten Straßen fuhren, um schließlich vor dem Kathedralhauptplatz und dem Nationalpalast anzuhalten. Der stattliche, verwegen wirkende Capitan Lopéz ritt an der Spitze der Kaiserlichen Garde, gefolgt von einer Abordnung französischer Fremdenlegionäre und regulären Zuaventruppen; an der Seite der Staatskarosse trabten General François Achille Bazaine und der Stadtkommandant General Baron de Neigre, während das Kaiserpaar – Maximilian in strahlender ordensbehängter mexikanischer Generalsuniform, die Ordenskette vom Goldenen Vlies und das frisch kreierte Großkreuz von Guadaloupe auf der Brust, Charlotte, oder Carlota, wie sie die Mexikaner nannten, in einer kostbaren, aus Brüssler Spitzen ihrer belgischen Heimat angefertigten Mantilla und mit einer Diamantenkrone auf dem hoch erhobenen Haupt – den jubelnden Massen huldvoll zuwinkte. Als der Konvoi das Stadtzentrum erreichte, brach ein wahres Pandemonium los: Hoch- und Vivatrufe wurden von Salutschüssen aus Revolvern und Gewehren unterbrochen, Knallfrösche vervollständigten das Spektakel, die Straßen waren von Blumenkorsos übersät, jedes Haus war festlich geschmückt, an allen Haustoren standen begeisterte wild schreiende Menschen, Hunderte Sombreros wurden in die Luft geworfen, und immer wieder skandierte die johlende Menge: »Viva los emperadores! Viva Meciko!« Montezumas österreichischer Erbe zog in die im Jubeltaumel liegende Hauptstadt seines Reiches, deren Bewohner ihn feierten. Sogar die Franzosen zeigten sich überrascht über diesen gewaltigen Empfang und wunderten sich über die unermüdlichen Freudenskundgebungen der Mexikaner, wie der in Mexiko-Stadt erscheinenden französischen Zeitung *L'Estafette* zu entnehmen war:

All die Vivas schienen aus dem Herzen zu kommen, Ausfluß echter Bewegung über den Anblick dieses jungen Herrscherpaares, das so zuversichtlich auf ihre Liebe vertraute. Am meisten aber rührte, wie jedermann sich bemühte, ihnen einen würdigen Empfang zu bereiten. Selbst in den entlegensten Straßen, weitab vom Zentrum, gab es kaum ein Haus, das nicht irgendeinen

Schmuck angelegt hätte – einen Laubkranz, einen Palmenzweig, oder ein paar bunte Fetzen. Diese schlichten Versuche waren ebenso herzerwärmend wie die üppigen Dekorationen an den großen Palästen.[10]

Der französische Botschafter Marquis de Montholon, der Sohn jenes Grafen Charles Tristan de Montholon, der Napoleon I. ins Exil nach St. Helena begleitet hatte und den Korsen nach der hochinteressanten, aber nicht hundertprozentig beweisbaren Theorie des schwedischen Zahnarztes und Toxikologen Sten Forshufvud mit Arsen vergiftete,[11] die Generäle Bazaine und de Neigre, Juan Almonte, Velasquez de Leon und alle anderen Würdenträger des neuen Kaiserreiches knieten hinter den Emperadores, die in einer Sitznische unmittelbar vor dem vergoldeten Hochaltar der prächtigen Kathedrale Platz genommen hatten und dem Schöpfer von neuem, vor allem auch für diesen großartigen Empfang Dank sagten, während ihre Untertanen, welche das riesengroße Gotteshaus bis zum Bersten gefüllt hatten, begeistert das Domine Salvum Fac Imperatorum anstimmten.
Eine kleine Ernüchterung trat aber noch in derselben Nacht ein, welche für Maximilian und Charlotte sehr kurz gewesen sein muß, denn das Volk umlagerte den Palacio National, in dem das Kaiserpaar Quartier bezogen hatte, und ermunterte seine Herrscher durch lang andauernde »Vivas« immer wieder, sich auf dem Balkon zu zeigen und die lautstarken Ovationen entgegenzunehmen. Der Regierungspalast war spartanisch eingerichtet und hatte ausgesprochenen Festungscharakter, was nicht allzu unverständlich war, wenn man in Betracht zog, daß in den vergangenen 40 Jahren ein Präsident und de facto Diktator nach dem anderen in diesem kasernenartigen zweistöckigen Bau, der die Bezeichnung Palast im eigentlichen Wortsinn gar nicht verdiente, residiert und oftmals um sein Leben gezittert hatte. Der Palacio Nacional erfüllte daher hauptsächlich ein wichtiges Kriterium: er war gut gesichert, dafür hatten die vielen Generäle und auch Maximilians unmittelbarer republikanischer Vorgänger Benito Juárez in weiser Voraussicht und in der steten Erwartung eines blutigen Umsturzes zu sorgen gewußt.
Der Kaiser und die Kaiserin mußten also auf jeglichen Komfort

verzichten. Schlimmer noch war die Tatsache, daß das große Bett, in dem das Kaiserpaar die Nacht verbringen sollte – wie überhaupt das ganze Schlafzimmer –, von ganz anderen »Herrschern« bewohnt zu sein schien, nämlich von offenbar streng republikanisch gesinnten Wanzen- und Laushorden, die sogleich einen gnadenlosen »Angriff« auf die übermüdeten Eindringlinge starteten. Diese »Attacken«, gegen die man im Grunde machtlos war, raubten dem Emperador fast den Verstand, sodaß er, einem oft kolportierten Gerücht zufolge, in den frühen Morgenstunden wutentbrannt das »Schlachtfeld« des kaiserlichen Bettes verließ, und, verzweifelt nach einer insektenfreien Schlafgelegenheit Ausschau haltend, schließlich auf einem großen Billardtisch Zuflucht nahm, während »Carlota« den Anbruch des Tages in einem Ohrensessel erwartete.

Daß das Kaiserpaar vor einer gigantischen Aufgabe stand, läßt sich sogar aus den bewußt optimistisch gehaltenen Schreiben, welche Charlotte an die französischen Majestäten sandte, unschwer herauslesen. So schrieb die Emperatriz Kaiserin Eugénie:

> *In der Hauptstadt Mexiko fühlt man sich fast wie in Europa. Auf eine halbe Stunde entfernt kann man aber in einen Hinterhalt fallen und von Dieben angegriffen werden. Nach allem, was ich gesehen habe, ist eine Monarchie in diesem Lande zu machen und entspricht den allgemeinen Bedürfnissen der Bevölkerung, indes bleibt dies nicht weniger ein gigantischer Versuch, da man mit dem kompletten Chaos zu kämpfen hat ... Die Dinge werden hier gehen, wenn Eure Majestäten uns beistehen, weil sie gehen müssen und wir wollen, daß sie gehen, aber es ist eine ungeheure Arbeit. Wenn ein Land vierzig Jahre seiner Existenz damit verbracht hat, alles zu verstören, kann man das nicht in einem Tage wieder zurechtsetzen ... Wir haben uns diesem Werk in voller Kenntnis der Sache gewidmet ...*[12]

Die Kaiserin teilte offenbar Maximilians Preokkupation für die Ureinwohnerschaft des Landes und bezeichnete die Indianer Mexikos anfänglich als »hochintelligente Wesen«. Aus den folgenden der französischen »Thronkollegin« nahegebrachten Eindrücken geht allerdings eindeutig hervor, daß Charlotte nicht nur das Bildungsniveau der überwiegend analphabetisch gebliebenen Indios kraß überschätzte, sondern auch eine der Hauptsäulen, auf denen das zweite mexikanische Kaiserreich ruhen sollte, nämlich den Klerus, mit kritischen Augen zu betrachten begann:

In diesem Land muß alles noch einmal von vorne begonnen werden. Man findet nichts als Natur, im physischen wie im moralischen Sinne; die Erziehung des Volkes muß bis ins kleinste Detail in Angriff genommen werden. Außerhalb der Städte trifft man keinen einzigen Weißen, aber kaum kommt man in einen wichtigen Ort, dann erscheinen wie von Zauberhand Präfekten in bestickter Uniform und dreifarbener Schärpe, beinah wie in Frankreich, nur daß die Stickerei aus Gold ist. Es ist ein ganz unglaublicher Kontrast zum übrigen Land. Die meisten Indios können lesen und schreiben. Sie sind im höchsten Maße intelligent und wären, wenn die Geistlichen sie entsprechend unterrichteten, ein sehr aufgeklärtes Volk. Aber die Priester lehren nicht einmal den Katechismus in den Schulen ... Die kurzlebigen Regierungen, die in den vergangenen vierzig Jahren aufeinander gefolgt sind, waren nur Minderheitsregime, die wieder ein anderes Minderheitsregime ablöste. Sie waren niemals in der indianischen Bevölkerung verwurzelt, der einzigen, die arbeitet und den Staat am Leben erhält.[13]

Maximilian, der Emperador, verriet in einem Brief, den er seinem Schwiegervater Leopold von Belgien zwei Wochen nach dem triumphalen Einzug in die Hauptstadt schrieb, daß er sein liberal-modernes Regierungswerk nicht beginnen konnte, solange das Riesenland nicht gänzlich pazifiziert sei:

... Wir leben uns mehr und mehr in die hiesigen Verhältnisse hinein; Arbeit ist zwar ungemein viel, aber man tut sie gerne, weil man einen Zweck und dankbares Entgegenkommen sieht. Von konstitutionellen Versuchen darf und kann für den Augenblick noch nicht die Rede sein; die Vollkraft der Autorität muß so lange in den Händen der Regierung bleiben, bis das Land wirklich befriedet ist. Die guten Leute müssen zuerst gehorchen ler-

nen, bevor sie mitreden dürfen. Ich suche, in allem mit Ruhe vorwärts zu gehen und jede Überstürzung zu meiden; denn gerade das Überstürzen war ja der Grundfehler der früheren Regierungen. Kalte, mit großer Höflichkeit und unerschütterlicher Festigkeit gepaarte Ruhe imponiert den Leuten am meisten, und sie wundern sich ungemein, daß Charlotte und ich die Sache so natürlich nehmen, als ob wir schon seit zehn Jahren hier wären.[14]

Maximilian versuchte, von Anfang an als milder Friedenskaiser aller Mexikaner aufzutreten, eine Absicht, die in dem Satz gipfelte: »Ich bin zuerst und vor allem Mexikaner!« Bei aller Bewunderung, die man unwillkürlich für den glühenden Idealisten, der es vorzog, sich betont einheimisch zu geben und Ausritte in mexikanischer Nationaltracht unternahm, empfinden mag, erscheint diese seltsame Metamorphose eines Mannes, der am strahlendsten Hof Europas aufgewachsen war, etwas unerklärlich und sogar gewagt, denn die Mexikaner schienen, dem Temperament ihrer südländischen Rasse entsprechend, eher einen repräsentativen, ordensbehängten und goldbetreßten Emperador, zu dem sie stolz aufschauen konnten, zu erwarten, als einen sich allzu provinziell und einheimisch gebenden Kaiser. Daß sich Charlotte gravierend irrte, als sie dem französischen Herrscherpaar schrieb, das Volk wisse das »einfache Zivil« ihres Gemahls sehr zu schätzen, läßt sich durch einen Bericht des preußischen Geschäftsträgers in Mexiko-Stadt, Baron Anton von Magnus, belegen, der seinem »eisernen Kanzler« Fürst Bismarck mitteilte:

...Die Milde des Kaisers hat die Keckheit seiner Gegner nur gesteigert, die Einfachheit seiner Erscheinung aber hat dem Kaiser statt Anerkennung nur Spott eingetragen. Wenn der Kaiser oder die Kaiserin in schlichter Equipage durch die Stadt fahren, so bleibt das Publikum völlig teilnahmslos, kein Kopf wird entblößt. Und wenn der Kaiser auf dem Lande, um dem Volk zu schmeicheln, in mexikanischem Kostüm auf einem Maulesel reitend oder mit einem Gespann von Maultieren mit klingelbesetzden Geschirren sich zeigt, so nennt ihn das Volk spottweise

»Pulquero«, weil die Verkäufer der »Pulque«, dieses Nationalgetränkes, an den Geschirren ihrer Maultiere Glöckchen zu halten pflegen.[15]

Auch die erst nach einem halben Jahr in Vera Cruz eingetroffenen führenden Offiziere des österreichischen Freiwilligenkorps zeigten sich ungehalten darüber, daß der Kaiser »auf Mexikaner spielte« und sein Österreichertum verleugnete.
Während sich der Kaiser also eifrig bemühte, in die unergründliche Mentalität seiner Landsleute einzudringen und sich dabei vor allem auf die Indios bezog, die ihm aufrichtig zugetan waren, neigte sich bei seinen nördlichen Nachbarn in den Vereinigten Staaten das Kriegsglück eindeutig den Unionstruppen zu, deren fähigster General, der spätere Präsident Ulysses Simpson Grant, von Sieg zu Sieg eilte und seinem Widersacher auf der Seite der Konföderierten, Robert E. Lee, schlaflose Nächte bereitete. Die Kapitulation der Südstaaten schien nur noch eine Frage der Zeit zu sein. Auf das Ende dieses mörderischen Bruderkrieges setzte der sich immer noch wacker behauptende Benito Juárez alle seine Hoffnungen, denn Washington hatte wiederholt verlautbart, daß es auf seiner Seite stand. Sehnsüchtig blickte der Anwalt nach Norden, während sein Erzfeind General Bazaine den Juaristen neuerlich schwerste Schlappen beibrachte. Ein weniger hartnäckiger Mann als der unbeugsame Indio wäre vielleicht unter der Last seiner Aufgabe zerbrochen, denn die Nachrichten vom unaufhaltsamen Vormarsch der Franzosen wurden immer alarmierender. Bald verfügte der Präsident nur noch über einen einzigen regulären Truppenverband, nämlich über die Armee des Porfirio Díaz, der nach wie vor das Geschehen um Oaxaja dominierte, und mußte sich mit merkwürdigen Hilfstruppen begnügen, die oftmals aus waffenstarrenden Bandidos bestanden, die ihren »Colt« gegen Geld vermieteten und keineswegs als überzeugte und aufrechte Republikaner zu bezeichnen waren.
Auch die Verwaltungsarbeit der Franzosen schien durchgreifende Erfolge zu zeitigen, wie Benito Juárez dem eher pessimistisch klingenden Bericht eines seiner ehemaligen Minister wohl entnehmen konnte:

Es ist einfach imponierend, wenn man sieht, was der Feind im letzten Jahr zustandegebracht hat. Wie ist es ihnen nur gelungen, ihre Verbindungslinien einzurichten, Arbeiten auszuführen, die sonst nur in Friedenszeiten auszuführen sind, den Telegraphen zwischen Querétaro und Vera Cruz einsatzfähig zu machen, eine Bahnlinie längs der Küste zu bauen und einen regelmäßigen Postdienst einzurichten? ... Angesichts dieser ungewöhnlichen Fortschritte fürchtet man bisweilen, daß sie schließlich das Unmögliche wahrmachen werden.[16]

General Bazaine, der französische Oberbefehlshaber, der Maximilian das Kaiserreich erkämpft hatte, besaß in Mexiko-Stadt – zumindestens in allen militärischen Belangen – die absolute Machtfülle und hatte auch nicht die geringste Absicht, sich vom Kaiser in seine Kriegsführungstaktik »hineinreden« zu lassen. Dem Emperador oblag lediglich die Zivilverwaltung, aber Bazaine war bemüht, auch darauf ein waches Auge zu werfen, um, den Intentionen seines Herrn Louis Napoleon gemäß, sicherzustellen, daß die Interessen Frankreichs gewahrt blieben. Doch der hoffnungslos »mexikanisierte« Habsburger machte ihm gleich zu Beginn seiner Regentschaft einen gewaltigen Strich durch die Rechnung, als er einen Vertrag sabotierte, dessen Unterzeichnung den scheinbar unermeßlich reichen, unausgebeuteten und kaum erschlossenen Bundesstaat Sonara völlig in die Einflußsphäre Frankreichs gebracht hätte, welches sich dort zur Protektionsmacht aufschwingen wollte. Noch vor dem Eintreffen Maximilians war ein Dokument aufgesetzt und unterschrieben worden, das diese Angelegenheit im Sinne Frankreichs geregelt hatte, und von einem Mitglied des damaligen Regentschaftsrates, welches die Funktion eines interimistischen Außenministers bekleidete, sanktioniert worden. Maximilian erklärte dieses Dokument für ungültig und ernannte – sehr zur Bestürzung aller konservativen Kreise – den erzliberalen Hernando Ramirez zum neuen Außenminister des Kaiserreiches. Ramirez hatte sich wiederholt gegen dieses »schändliche Vertragswerk« ausgesprochen, und Maximilian brüskierte mit seiner Bestellung nicht nur die konservativ-klerikalen Kreise, auf deren Hilfe er angewiesen war und die ihre Hoffnungen auf den Kaiser konzentriert hatten, sondern auch die Franzosen, insbeson-

dere den Botschafter Napoleons, Graf Montholon, der darauf spekuliert hatte, das französische Protektorat Sonora einmal zu leiten.
In seinem Übereifer, das Wohl Mexikos stets im Auge zu behalten, setzte der Kaiser immer stärker auf die Liberalen, die ihn gar nicht im Land hatten haben wollen, und bekräftigte seine Absicht, über all dem unerfreulichen Parteiengezänk stehen zu wollen und vielmehr alle freien Mexikaner zur Mitarbeit an seinem großen segensreichen Aufbauwerk der Zukunft aufzufordern. In seinem Bestreben, alle zerstrittenen Parteien endgültig zu versöhnen, zögerte der Emperador nicht einmal, indirekt auch an Benito Juárez zu appellieren und seine Mithilfe zu erbitten, ein Vorschlag, der dem hart bedrängten Indianer wie eine hochmütig-zynische Überlegenheitsgeste seines kaiserlichen Widersachers erschienen sein muß. Mit allen Mitteln versuchte der Habsburger Mexiko zu einen, erließ eine Generalamnestie für alle Politverbrecher der Vergangenheit, und sprach immer vom Geist der Versöhnung, der in die Herzen aller Mexikaner einziehen müsse.
Die Begeisterung, der Enthusiasmus und Elan des Emperador schien sich auf das Eheleben von Maximilian und Charlotte vorteilhaft auszuwirken, denn es existieren zahlreiche Indizien dafür, daß er die so lang »aufs Eis gelegten« ehelichen Pflichten nach seinem Einzug in Mexiko-Stadt wieder aufnahm. Der begeisternde Empfang durch das mexikanische Volk, die erlittene Schmach der Unterzeichnung des »schamlosen« Familienpaktes, vor allem aber der Reiz der fremdartig bizarr-schönen Welt, die nun ihre Heimat war, all dies schien die Eheleute einander wieder ganz nahegebracht zu haben. Vielleicht erschien Maximilian die einst bewunderte, willensstarke Belgierin unter der heißen Sonne Mexikos auch als Frau wieder begehrenswert. Für diese Thesen sprechen viele Bemerkungen des Kaisers, er würde sich auf »zukünftigen Nachwuchs« freuen, welcher den Fortbestand der Dynastie garantieren würde. Charlotte tat auch alles, um ihrem Gemahl zu gefallen: sie paßte sich seinem spartanischen Lebensstil scheinbar mühelos leicht an, zeigte sich, dem Beispiel Maximilians folgend, gerne in mexikanischer Nationaltracht und begrüßte seine Entscheidung, an der Stelle des marmornen Ehrendenkmales, das man ihr errichten wollte, ein ewiges Mahnmal der Erringung der Unabhängigkeit aufstellen zu lassen.

Wenn das sonnenüberflutete Mexiko auch die schon erkaltet geglaubte Liebe zwischen den kaiserlichen Ehegatten wieder aufflammen ließ, so war es doch ein armes, ausgeblutetes Land, dem es vor allem an den nötigen Finanzreserven mangelte. Das fehlende Geld sollte zu einem der Hauptgründe für das Scheitern aller gewagten Pläne und Projekte des Emperador werden, wie man aus den glasklaren Aufzeichnungen von Wilhelm von Montlong, der einer der Kabinettsoffiziere des Kaisers war, und seine »authentischen Enthüllungen« über die mexikanischen Ereignisse in einem 1868 in Stuttgart erschienenen Buch publizierte[17], ersehen kann:

Die Geschicke eines Volkes in die Hand nehmen, welches durch 40jährigen Bürgerkrieg, der alle Thätigkeit der Staatsmaschine gebrochen, alle Geister verwirrt, jedes Gefühl von Pflicht, Ehre, sozialer Rechtschaffenheit verfälscht hatte, gänzlich demoralisiert war; – das gigantische Werk der sozialen Umschaffung einer Nation unternehmen, bei der eine lange Anarchie alle gesellschaftlichen Bande zerrissen, alle Quellen öffentlichen Wohlstandes zerstört, die aller sicheren Grundlagen beraubte Industrie und Arbeit vernichtet hatte; – ein Volk, bei dem das Banditenwesen zur zweiten Natur geworden, wieder an Ordnung und Arbeit gewöhnen; – die Straßen von Räubern säubern; – der Justiz ihren geheiligten Charakter zurückgeben; – die Geistlichkeit aus ihrer Ignoranz und aus ihrer Frivolität herausreißen; – die Armee und alle großen öffentlichen Ämter, welche in Europa die Arterien allgemeinen Wohlstandes sind, erst neu zu organisieren; – die so lange schon sich gegenseitig würgenden Parteien versöhnen und zum Wohl des Ganzen vereinen; durch Communicationsmittel dem Handel neue Bahnen öffnen; – die Colonisation fördern; – die noch unter der Erde liegenden Reichtümer zu Tage bringen; – die Volksbildung heben – all dies und vieles andere mehr war die Aufgabe des jungen Kaisers.[18]

Wie hätte der so poetisch veranlagte Schwärmer und verhinderte Schriftsteller Maximilian, diese »Herkulesaufgabe« bewältigen können, da ihm jegliche finanzielle Grundlage fehlte? Geld war der wunde Punkt des Kaiserreiches, denn die erdrückende Staatsschuld

Frankreich gegenüber beraubte es nahezu aller Haupteinnahmequellen. Die wichtigsten Finanzeinkünfte Mexikos stellten zweifelsohne die Zölle dar. Vera Cruz, der bedeutendste Zollhafen, wurde aber von den Franzosen verwaltet, die zwar im Auftrag des mexikanischen Staates agierten, die Staatseinkünfte Maximilians jedoch nicht nur sehr schmälerten, sondern ernsthaft gefährdeten, indem sie den Hauptgewinn ihrer Tätigkeit an ihr Heimatland Frankreich abführten. Neben den Einnahmen, welche die Zölle erwirtschafteten, bereicherten vor allem die Hafengebühren den Staatsschatz. Doch die neben Vera Cruz wichtigsten Hafenstädte Tampico und Matamoros, welche die Haupthandelsader zwischen Mexiko und den Vereinigten Staaten von Nordamerika darstellten, wurden immer noch von den Juáristas gehalten. Die finanzielle Lage des mexikanischen Kaiserreiches war daher nur als fatal zu bezeichnen. Allein die Erhaltungskosten für die Truppen des französischen Expeditionskorps betrugen 13 Millionen Francs per annum. Der in Finanzangelegenheiten wie immer hoffnungslos dilettierende Kaiser, der von Napoleon III. wiederholt aufgefordert worden war, sich nicht allzu sehr von mexikanischen Ratgebern beeinflussen zu lassen und so sparsam wie möglich zu agieren, um die katastrophale Finanzlage des Landes vielleicht doch noch sanieren zu können (was auf Grund der astronomischen Forderungen, welche Frankreich an Mexiko stellte, schlicht ein Ding der Unmöglichkeit war), tat das genaue Gegenteil.

Er alterierte sich über den »baufälligen« Zustand seiner Hauptstadt und insbesondere seines Regierungspalastes und flüchtete sich, wie schon in Miramar, seinem wittelsbachischen Erbe einmal mehr Rechnung tragend, in seine Bauleidenschaft. Er begann mit dringend benötigten Restaurationsarbeiten am Palacio Nacional. Seine steigende Bauwut beschränkte sich aber nicht nur auf den 1100 Zimmer aufweisenden Nationalpalast, sondern veranlaßte ihn, nach einem »Lustschloß« etwas außerhalb der Hauptstadt Ausschau zu halten. Er fand es am Westrand von Mexiko-Stadt. Als er erfuhr, daß sein großer aztekischer Vorgänger Montezuma dort einst einen Sommerpalast besessen hatte, machte er sich sofort auf den Weg nach Chapultepec, wie die Indianer diese hügelige Parklandschaft nannten, in der sich ein Vizekönig Spaniens auf den Trümmern der

alten Sommerresidenz Montezumas aus Verteidigungszwecken einmal ein Schloß erbauen lassen hatte, das den selben Namen trug. Chapultepec sollte nun zum »Schönbrunn von Mexiko« werden. Maximilian und Charlotte verliebten sich sofort in diesen romantischen Ort und die alte Wehrfeste, von deren Terrasse aus man das gesamte Mexiko-Tal überblicken konnte. Den Naturliebhaber Maximilian beeindruckte neben der herrlichen, Herz und Auge betörenden Aussicht, die den Blick fast magisch auf die in weiter Ferne thronenden Vulkangletscher Popocatepetl und Itzacchihuatl lenkte, vor allem auch die von wild wuchernder Tropenvegetation gekrönte Parklandschaft, welche das Schloß umgab. Hier, »im Schatten der Zypressen«, gedachte Maximilian sein Glück zu finden. Die Umbauarbeiten an Chapultepec gingen sofort und mit fieberhafter Eile vonstatten. Das reichlich verwahrloste, schon fast ruinenhaft wirkende Schloß, das in Santa Anas Tagen auch einmal als Militärakademie gedient hatte, war schon nach zehn Tagen einzugsbereit. Der Emperador, der die katastrophale Finanzlage seines Landes vollkommen vergessen zu haben schien, hatte nun, gleich Montezuma, einen Sommerpalast, den er als »reizendes Lustschloß auf einem Basaltfelsen« beschrieb, das einen sagenhaft schönen Ausblick bot, mit dem vielleicht nur die Gegend von Sorrento konkurrieren konnte.
Maximilians ungebrochene Bauleidenschaft wurde von der »herzlichen Bevölkerung von Orizaba« bestärkt, welche ihm, wie er seinem Bruder Karl Ludwig schrieb, aus freien Stücken eine zusätzliche Prunkvilla errichtete. Bemüht, seinem Bruder ein möglichst großartiges Bild seiner neuen Heimat und seiner Pflichten und Freuden zu vermitteln, schrieb er ihm fast rührend naiv klingende Briefe, die den Erzherzog in der Wiener Hofburg in Erstaunen versetzt haben müssen. Natürlich wollte er dem jüngeren Bruder beweisen, daß die Entscheidung, nach Mexiko zu gehen, richtig gewesen war, wie es etwa das folgende lange Epistolat eindrucksvoll demonstriert:

Wir sind jetzt immer abwechselnd in der Stadt und auf dem Lande. In Chapultepec sind wir ganz allein und sehr zurückgezogen und leben noch stiller und einfacher als in Miramar. Übrigens geben wir auch in der Stadt sehr selten Diners, speisen fast immer allein und sehen abends nie jemanden, dies fordert Gott sei Dank der ernste Charakter der Mexikaner, eine Eigenschaft, die mir sehr behagt und mir viel Zeit zu wahrer Arbeit läßt. Diese sogenannten europäischen Unterhaltungen, wie Soireen, Theatergeklatsch und so weiter, gräßlichen Angedenkens, kennt man hier gar nicht, und wir werden uns wohl hüten, sie einzuführen. Die einzige Unterhaltung des Mexikaners ist, auf seinem vortrefflichen Pferd in seinem schönen Lande herumzureiten und manchmal die Theater zu besuchen. Bälle sind auch selten, aber dann sehr schön und animiert, und mit wahrer Leidenschaft tanzt die hiesige elegante und sehr reiche Gesellschaft einen reizenden Nationaltanz (die Habanera; Anmerkung des Verfassers)*... Charlotte hat vierzehn unbesoldete Palastdamen, die alle Wochen im Dienst wechseln. Auch besitzen wir einen europäischen Stall für Stadt und Zeremonie und einen echt nationalen für das Land. Es würde Dich amüsieren, uns in unserer mexikanischen Equipage zu sehen, ein federleichter kleiner, offener Wagen, auf dem Bock der berühmte Leibkutscher mit seinem riesigen weißen Hut, dem grünen Samtspenzer und den weiten, weißen Leinwandhosen, um die Schultern den dreifarbigen Poncho. Neben ihm ein kupferfarbener Indianerbub, als Gespann sechs isabellfarbene Maultiere mit Zebrafüßen, zwei an der Deichsel, vier in einer Reihe vorgespannt; ein Vorreiter auf isabellfarbenem Pferde, mit dem reichen silberbesetzten mexikanischen Zaumzeug, und die ganze Equipage im wilden pfeilschnellen Tempo dahinfliegend. Wir finden uns schon beide recht gut in unserer neuen Lage, haben Gottvertrauen und sind sehr zufrieden. Von allen Seiten hilft man uns in rührender Liebe, zurück sehnt sich weder Charlotte noch ich.*[19]

Gelegentlich brandete aber auch ein eindeutig auf die rückständige Alte Welt gemünzter Sarkasmus auf, der das reaktionäre Europa ins Lächerliche zog und das in Wahrheit so chaotische Mexiko auf ein Podest der Fortschrittlichkeit hob: »Überhaupt ist das Land politisch sehr vorgeschritten, viel mehr als viele Länder in Europa, die sich hochweise dünken. Den sogenannten europäischen Zopf mit all seinen Lächerlichkeiten und Traurigkeiten kennt man hier gar

nicht; all das Zugeknöpfte, all der Plunder, an dem man noch in Europa umsonst würgt und noch jahrelang würgen wird, hat man hier schon längst überstanden.«[20]
Der Emperador erging sich in philosophischen Spekulationen und tauchte wieder in das Nirwana einer Scheinwelt ein, welche gewaltig mit der Realität kontrastierte. Daß selbst das von Montezumas tausendjährigen Zypressen umgebene »Feenschloß« Chapultepec einzig und allein in den Augen Maximilians (und vielleicht auch Charlottes) eine gottbegnadete Idylle war, beweist die Lagebeschreibung der Hofdame Paula Gräfin Kollonitz, die das Dasein im Lustschloß als trostlos empfand und die Anlage so beschrieb:

Das Hauptgebäude ist lang und schmal, von unschöner Form und unbequemer Eintheilung; Festungsmauern umgeben es und über eine kleine Stiege, die durch dieselben führt und die so nieder ist, daß kein Europäer von mittlerer Größe ungebückt auf derselben gehen kann, gelangt man auf ein höheres Plateau, dem bereits einige Pflege zugewendet war; ein kleiner Blumengarten war dort entstanden. – Hier, am äußersten Vorsprung des Felsens, steht der Pavilion, welchen das Kaiserpaar bewohnt. – Eine Stufe aus dem Garten hinab führt unmittelbar in das Empfangszimmer der Majestäten, welches auch als Speisezimmer dient und überhaupt, außer den Schlafgemächern, der einzige geschlossene Raum war, welcher die Wohnung des Kaiserpaares bildete. – Die schmale Stiege in den Fortificationen führte tiefer hinab zu den Zimmern, welche unter der kaiserlichen Wohnung liegen und der Kammerfrau und dem Kammerdiener zugewiesen waren; doch mußten diese stets durch den kleinen Garten gehen, um zu den Majestäten zu gelangen, was bei der eben einbrechenden Regenzeit nicht zu den Bequemlichkeiten gehörte. Da das Terrain des Gartens höher als die Lage der Zimmer ist, so strömte der Regen unaufhaltsam durch die Glas- und schwachen Bretterthüren in dieselben; ebenso strich die Luft durch alle Räume, da die Wand, welche der Gartenthüre gegenüberliegt, eigentlich blos aus drei Glasthüren besteht, die auf eine aus großen Steinen erbaute und von Säulen getragene Terasse führt ...[21]

Obwohl Maximilian seinem Schwiegervater gegenüber etwas ungeschminktere Tatsachen verlautbarte, als er von einer »traurigen« Gegenwart, der allerdings eine »ausgezeichnete« Zukunft folgen würde, sprach, sind fast alle anderen Schreiben an die Heimat, die Mexiko während seines ersten Regierungsjahres verließen, von einer bewußten, fast aufdringlich wirkenden Schönfärberei und einer gelegentlich allzu pathetischen Phrasenhaftigkeit durchsetzt. So berichtete er zum Beispiel seinem treuen ehemaligen Leibarzt Dr. Jilek, der ihn inständig und fast auf den Knien liegend gebeten hatte, die unsichere Krone auszuschlagen und nicht nach Mexiko zu gehen:

> *... Doch bereue ich nicht die Gegenwart, sie gehört der That, dem Streben, dem Schaffen. Ist auch die friedliche Wonne des Lebens dahin, so wird einem große Genugthuung in dem Gedanken, daß man der Menschheit dient und daß ich nun auch einige Tropfen Öl in das große Licht der Aufklärung schütten kann; daß es mir gegönnt ist, beizutragen, zu jenem Werke der Vervollkommnung, an der redliche Menschen seit Jahrhunderten, ja Jahrtausenden arbeiten. Habe ich hier nicht mehr die Brise der Adria, den Duft Lacromas, so lebe ich hier in einem freien Lande unter einem freien Volke, in welchem Prinzipien herrschen, die man bei Ihnen daheim nicht einmal in der Nacht träumen darf. Keine Schranken beengen mich mehr und hier darf ich offen sagen, daß ich das Gute will. Ist Mexiko auch in vielem zurück, mangelt ihm materieller Wohlstand und Entwicklung, so sind wir doch in den socialen Fragen, in den wichtigsten meiner Meinung nach, Europa und zumal Österreich weit vor. Hier bei uns herrscht ein gesunder Democratismus ohne kränkliche Phantasterei nach europäischer Art, sondern mit jener Kraft und Überzeugung, wie sie vielleicht einstens bei Ihnen nach 50jährigem schweren Ringen sich entwickeln wird. Die europäischen Urteile über dieses Land sind fast durchgängig falsch, man kann und will die hiesigen Verhältnisse nicht verstehen, man ist zu stolz einzugestehen, daß wir Amerikaner in den Hauptpunkten ein gutes Stück vorwärts sind.*[22]

Die Landidylle von Chapultepec wurde schon bald durch konservativ-klerikale Kreise gestört, die unter der Federführung des Bischofs von Mexiko, Antonio Labastida, immer dringlicher ihre Rechte einforderten und sich mit aller Kraft gegen die neuen, vom Fortschrittsglauben geprägten Ideen stemmten, die der Emperador offen propagierte. Außerdem reagierte auch Maximilians Schatzmeister Jakob von Kuhacsevich, der sich verzweifelt bemühte, jene acht Millionen Francs, die aus der Staatsanleihe abgezweigt worden waren und nun den Privatetat des Kaisers ausmachten, nach Kräften zu verwalten, begreiflicherweise nicht besonders erbaut über den ungeheuren Kostenaufwand, den die »Bauphantasien« seines Herrn verursachten. Kuhacsevich wagte zwar keine offene Kritik an den ambitionierten Bauvorhaben des Kaisers von Mexiko, machte seinen wachsenden Groll aber in einem Schreiben an die österreichische Heimat Luft und beklagte, daß in Chapultepec eine solch wilde Bauwut herrsche, daß einen nur das blanke Grauen erfassen könne.
Der zürnende Schatzmeister stellte allerdings längst keine so große Gefahr für den Emperador dar wie die verstimmte Geistlichkeit, die nicht zögerte, all jenen Bürgern Mexikos, welche guten Glaubens ehemaliges und später enteignetes Kirchenland erworben hatten, die letzte Ölung zu versagen. Der erwartete »vernunftbegabte« Nuntius des Papstes blieb vorerst vor allem deshalb aus, weil Erzbischof Labastida nach Rom meldete, daß Maximilian an ein Konkordat mit dem Heiligen Stuhl denke, demzufolge die mexikanischen Priester fortan vom Staat entlohnt werden sollten, was dem streitbaren Labastida, der einer der mächtigsten Großgrundbesitzer des Landes gewesen war, kaum als passable Entschädigung erschienen sein konnte.
Der sich redlich bemühende Maximilian hatte unzählige Kommissionen eingesetzt: Finanz-, Kultur-, Unterrichts- und Rechtskommissionen. Er mußte aber in zunehmendem Maße feststellen, daß die mexikanischen Kommissionsmitglieder nicht gerade überkompetent waren, und zog es vor, den Regierungsgeschäften und anderen Verpflichtungen nach Chapultepec zu entfliehen. So oft es möglich war, ging er auch Charlottes allwöchentlich abgehaltenen Palastsoireen aus dem Wege. Phasen des übersteigerten Arbeitseifers, in denen er mit übermenschlichem Elan Dekrete verfaßte und

Statuten entwarf, wechselten sich mit Perioden der fluchtartigen Zurückgezogenheit ab, die den Emperador zumeist nach Chapultepec führten. Maximilians Vorsätze waren zweifelsohne rühmlich und ehrenhaft, er wollte seinem Volk ein leuchtendes Beispiel seiner Milde und Toleranz geben, ein unfehlbares Modell des aufgeklärten Herrschertums entwerfen und vergaß dabei, daß er sich nicht in einem europäischen Staat befand, sondern in einem Hexenkessel, auf der Spitze eines Vulkans, der nur vorübergehend seine Tätigkeit eingestellt zu haben schien. Der die Mentalität seiner Untertanen verkennende Emperador Maximilian überschätzte natürlich auch den Bildungsgrad und die Aufnahmebereitschaft seiner neuen Landsleute, welche all seinen Einfällen, Ideen und Plänen mit mehr oder weniger passiver Gleichgültigkeit begegneten. Alle seine hochtrabenden und sicherlich gut gemeinten Erlässe, Manifeste und Dekrete lasen sich zwar ausgezeichnet, hatten aber kaum mehr als papierene Berechtigung, denn sie kamen nie so zur Anwendung, wie es die Intention des Verfassers vorsah. Hinzu kam das scheinbar überall grassierende Kardinalübel der Korruption, welche das Staatsgefüge systematisch unterhöhlte. Die kaiserlichen Manifeste, Dekrete und Statuten wurden von den maßgeblichen Stellen und ausführenden Organen der einzelnen Bundesstaaten entweder überhaupt ignoriert oder kurzerhand nach eigenem Gutdünken ausgelegt; der korrupte mexikanische Verwaltungsapparat ließ sich natürlich in keiner Weise mit der effizienten, bestens durchorganisierten Verwaltungsmaschinerie seiner österreichischen Heimat vergleichen, welche Maximilian unglücklicherweise zu kopieren bestrebt war.

Zunehmend ernüchtert und das Eintreten einer großen Desillusionierungsphase fürchtend, entschloß sich der Emperador, die Regierungsgewalt für eine Weile in die Hände seiner ambitionierten Gemahlin zu legen und brach zu einer Rundreise durch einige Bundesstaaten auf, während »Carlota« als seine Regentin und Stellvertreterin in der Hauptstadt aushielt. Zweifellos genoß die Kaiserin ihre neue Machtposition und zeigte den Ministern des Reiches sehr schnell, daß mit ihr nicht zu spaßen war, aber sie sehnte sich auch sehr nach ihrem Mann, der zwei Monate lang unterwegs sein sollte. Alles spricht dafür, daß Charlotte in Maximilian wieder jenen

»Traumprinzen« sah, in den sie sich, kurz nach seinem Auftauchen am belgischen Königshof, Hals über Kopf verliebt hatte. Ihre Briefe aus jener Zeit sind wahre hagiographische Lobgesänge auf ihren »wunderbaren Max«, dem bereits »das ganze Land vertraute«, den alle Menschen liebten, den seine Untertanen nicht nur »achteten«, sondern »anbeteten«. Diese »Liebesphantasien« der jungen Frau wurden natürlich von der Wirklichkeit unbarmherzig ad absurdum geführt. Persönlich tragisch war für Charlotte auch, daß der Emperador auf dieser Reise mit all ihren die »Sinne betörenden« Eindrükken nur anfänglich an seine tüchtige Gattin dachte, ihren Reiz und ihre Anmut angesichts der vielen glutäugigen Schönheiten, welche immer wieder seinen Weg kreuzten, aber bald vergaß. Sie indes schrieb ihrer Großmutter überschwenglich, daß sogar die Republikaner für Maximilian seien und sich seinem unverwechselbaren Charme nicht entziehen könnten. Sie fühlten sich zwar nicht als »Emperialisti«, seien aber zu überzeugten »Massimilianistas« geworden. Daran war natürlich kein Wort wahr, obwohl der Kaiser auf seiner Reise ins Landesinnere wiederholt feststellen mußte, daß viele Mexikaner offenbar zwei Herzen in ihrer Brust trugen, ihre Gesinnung fast regelmäßig zu wechseln schienen und mühelos und quasi über Nacht vom republikanischen Gedanken zur Monarchie »konvertierten«. Maximilian erkrankte schon bald nach Antreten seiner Inspektionsreise an schwerer Bronchitis und mußte in der kleinen Provinzstadt Irapuato zwangsläufig 14 Tage lang das Bett hüten. Als ihm der ihn versorgende französische Arzt nach zwei Wochen erlaubte, wieder aufzustehen, gab der Emperador seiner in der Hauptstadt den Regierungsgeschäften nachgehenden Gattin eine briefliche Kurzdarstellung seiner Leiden, aus der aber auch innige und aufrichtige Liebe sprach: »Drei Tage konnte ich überhaupt nicht sprechen (die Bronchitis war durch einen schweren Anginaanfall ausgelöst worden; Anmerkung des Verfassers)... das schlimmste aber war, daß ich Dir so fern war, mein Liebling – so ganz verloren und allein. Ich hatte schreckliches Heimweh und sehnte mich danach, wieder bei Dir in Chapultepec zu sein. Die Nächte waren gräßlich, weil ich die ganze Zeit husten mußte und nach Luft rang, kaum atmen konnte und keinen Schlaf fand.«[23]
Der wieder genesene Kaiser bewies im Gegensatz zum ihn beglei-

tenden und ständigen jammernden Sebastian Schertzenlechner, der bei Hofe immer unbeliebter wurde und in Anlehnung an eine Aztekengottheit den wenig schmeichelhaften Beinamen der »große Muh« erhielt, bewundernswerte Hartnäckigkeit und Ausdauer, als er die beschwerliche Reise trotz wiederkehrender Fieberattacken unbeirrt fortsetzte – eine Erkundungsexpedition, die buchstäblich über Stock und Stein führte, Bergabhänge hinauf, über Steilpässe und gefährliche Gebirgsbrücken. Während die Mitglieder seines kleinen Begleittrupps nur sehr schwer mit dem ständig wechselnden Klima und den teilweise beträchtlichen Höhenunterschieden zurecht kamen und den 14 Stunden-Tag auf dem Pferderücken, den der Habsburger ihnen wochenlang auferlegte, kaum verkrafteten, schien der Kaiser von einer inneren Stimme angetrieben zu werden, die ihn alle Strapazen vergessen ließ. Wie immer freute er sich am meisten über die unverfälschten Freudenskundgebungen der Indianer, aber er begann auch die Schönheit der feurigen Señoritas zu bewundern, die ihm entgegenliefen und ihn mit Blumen und Girlanden begrüßten. Schwärmerisch verglich er die schönen Mexikanerinnen mit den noblen Frauen Andalusiens und staunte darüber, daß die im verborgenen Landesinneren blühende »Damenflora« weitaus »rassiger und besser gekleidet« als die Edelfrauen an seinem Hof in Mexiko-Stadt war. Erneut verfiel er in eine seiner Hochphasen und begann alles im rosigsten Licht zu sehen. Er erkannte nicht, daß die ihm vielleicht allzu schnell entgegenfliegenden Herzen der Mexikaner Ausdruck ihres Wankelmutes waren, der sie veranlaßte, ihre Treuepflicht mit chamäleonhafter Geschwindigkeit zu wechseln.

Überall schien man ihn mit weit ausgebreiteten Armen zu empfangen, doch er sah nicht ein, daß die jubelnden Bewohner von Morelia etwa, der Bundeshauptstadt von Michoacan, welche im Ruf stand, ein juáristisches Bollwerk zu sein, schon vielen Herren Loyalität geschworen hatten und die Fähigkeit besaßen, sich stets mit den Siegern zu arrangieren. In der Handelsstadt Leon gab der Juáristengeneral José Lopez Uruga, der sagenhaft reich zu sein schien und wahrhaft königlich auf seiner »Traumhazienda« residierte, eine gewaltige Fiesta zu Ehren des Emperadors. Der Mann, der noch zwei Wochen zuvor im Dienst des Indiopräsidenten gestanden war und

den Franzosen in offener Feldschlacht widerstanden hatte, war nun offenbar ein glühender Erzmonarchist – ein Umstand, der den Kaiser zwar verwunderte, aber nicht unbeeindruckt ließ. Der gravierende turmhohe Unterschied zwischen Provinz- und Stadtleben wurde Maximilian nirgends bewußter als in Guanajuato, der »Stadt der Silberbarone«. Während im Flachland vor der reichen Stadt Bandidos und Desperados ihr Unwesen trieben und Reisende mit großer Regelmäßigkeit ausraubten und ermordeten, gab es in der eleganten, kultiviert wirkenden Stadt, die durchaus in Mittelspanien hätte stehen können, prächtige Kirchen mit goldenen Hochaltären und Onyxfußböden, Prunkpaläste, die genauso gut auf den Prado, nach Rom oder Venedig gepaßt hätten, und überaus saubere Straßen, welche man mit peinlicher Genauigkeit in Ordnung hielt. Fast überall und vor allem in den geschmackvoll eingerichteten Palacios der Silberbarone traf der Kaiser auf unermeßlichen Reichtum, der einen unvorstellbaren Kontrast zu den armseligen Behausungen der die ländlichen Gegenden dominierenden Indianer darstellte.
Immer stärker gewann der Emperador auf dieser Besichtigungstour durch den Mittel- und Nordwesten Mexikos die Erkenntnis, daß sein Kaiserreich ein Land der krassesten Gegensätze war. Die vergangene Macht und verlorene Größe des einstmals unumschränkt herrschenden Klerus offenbarte sich in den vielen Kirchen, Kapellen und Klöstern, die das Land in einer schier endlosen Reihe überzogen. In Querétaro, wo der Kaiser drei Jahre später seinem schrecklichen Ende entgegenharren sollte, gab es zum Beispiel in nahezu jeder Straße ein Gotteshaus. Maximilians Haß auf den Klerus wuchs, als er den Bischof von Querétaro zu sich befahl und mit zorniger Konsternation zur Kenntnis nehmen mußte, daß sich dieser längst verabschiedet hatte und in Mexiko-Stadt weilte. Er hatte seine Schafe bereits vor Monaten im Stich gelassen, da ihm sein Bischofssitz nicht standesgemäß genug war und er es für unvereinbar mit der Würde seines Amtes und seiner Person hielt, in einem verlausten »Wanzenloch« zu hausen.
In den Hügeln über Querétaro besuchte der Kaiser eine vergessene Indianeransiedlung, in die sich seit Jahrzehnten kein Gottesmann mehr verirrt hatte. Ehe er fasziniert und auch etwas schockiert einer Massentaufe zusah, die ein eilends herbeibeordneter Pfarrer mit

einem Wasserschlauch vornahm, war dem Habsburger ein halbverhungertes Indioknäblein präsentiert worden. Man hatte ihm das Kind, dessen Eltern schon vor Jahren in eine reichere Gegend gezogen waren, im wahrsten Sinne des Wortes zum Geschenk gemacht. Fassungslos über das lebende »Geschenk«, das ihn mit übergroßen schwarzen Augen anstarrte, befahl der Kaiser, den kleinen Indio vorerst in einem Nonnenkloster unterzubringen. Er gab den Schwestern eine für das Kind bestimmte größere Geldsumme und trug ihnen auf, den Knaben zu einem späteren Zeitpunkt in die Hauptstadt bringen zu lassen. Der antiklerikal eingestellte Schertzenlechner, der »große Muh«, bestärkte den Kaiser in seiner wachsenden ablehnenden Haltung dem einheimischen Klerus gegenüber. Dies tat übrigens auch Sebastian Schertzenlechners Intimfeind, Kabinettschef Felix Eloin, der sowohl antiklerikal als auch antifranzösisch gesinnt war, eine in Anbetracht der in Mexiko vorherrschenden Verhältnisse katastrophale Kombination.
Maximilian setzte vielleicht allzu sehr auf die Waffe seines persönlichen Charmes und seiner Attraktion, ohne die Motive seiner vielen Bewunderer zu hinterfragen, aber er fand begeisterte Zustimmung, als er am 15. September 1864, dem Jahrestag der mexikanischen Unabhängigkeit, in der Kleinstadt Dolores Hidalgo sein Mexikanertum überzeugend demonstrierte, indem er »Hidalgos Glocke« läutete und den in ganz Mexiko bekannten Ruf von Miguel Hidalgo, des hingerichteten Dorfpfarrers und »Vaters der Unabhängigkeit«, in die Nacht hinausbrüllte: »Mexikaner, es lebe Mexiko!«
Dieser krasse Akt der Solidarisierung mit seinen Untertanen erschien merkwürdig, um nicht zu sagen lächerlich, wenn man in Betracht zog, daß es sich bei dem Mann, der den Freiheitsruf ausstieß, um einen Habsburger und Nachfahren jener Monarchen handelte, die das Land der Azteken jahrhundertelang ausgebeutet und unterdrückt hatten.
Vielleicht war wieder einmal die Phantasie mit dem leicht entflammbaren Emperador durchgegangen, als er den Unabhängigkeitsruf intonierte, der »wie ein Donnerschlag in der Nacht ertönte« und, wie Maximilian ausführte, »die ganze Nation erweckte« und zur »Wiedergeburt der Freiheit« aus dem langen Tiefschlag der Gleichgültigkeit riß. Seine Ansprache an die Bewohner von Dolores

Hidalgo war nicht minder pathetisch: »Brüder kämpften gegen Brüder und Parteilandschaft drohte zu untergraben, was die Helden unseres schönen Vaterlandes geschaffen hatten... Bewahren wir sorgfältig die Unabhängigkeit zugleich mit der Einheit, und die Zukunft ist unser; ein Volk, welches von der Vorsehung beschützt und gesegnet, seine Unabhängigkeit auf der Freiheit und dem Gesetze gründet und einig zusammenhält, ist unbesiegbar und darf sein Haupt mit Stolz erheben«.[24] Die Situation war grotesk: Ein in direkter Linie von den Unterdrückern der Vergangenheit abstammender Kaiser beschwor mit eindringlichen Worten die Errungenschaften der Revolution, brachte bei einem anschließenden Bankett Toast um Toast auf die glorreichen Revolutionshelden aus, und die begeisterten Bewohner von Dolores Hidalgo feierten ihren Emperador, der die Botschaft der Liebe, des Friedens und der Freiheit verkündete, mit rauschenden Ovationen, während das Land unter seiner erdrückenden Staatsschuld zusammenbrach, die gewaltigen Gegensätze zwischen Reich und Arm die politische Lage verschärften und sich die konservativ-klerikalen Kreise immer stärker vom Kaiser distanzierten.

Am 30. Oktober war Maximilian wieder in seiner Hauptstadt, welche ihm neuerlich einen überwältigenden Empfang bereitete. Die die Heimkehr ihres kaiserlichen Gemahls ungeduldig herbeisehnende »Carlota« war ihm entgegengereist und schloß ihren »wunderbaren Max« in Toluca, einer 67 Kilometer außerhalb von Mexiko-Stadt liegenden Kleinstadt, wieder in die Arme. Zusammen mit der Kaiserin fand sich auch der inzwischen auf Grund seiner »überragenden militärischen Erfolge« zum Marschall von Frankreich beförderte General François Achille Bazaine ein und versicherte Maximilian, daß der Vormarsch seiner Truppen unaufhaltsam sei und Benito Juárez gewissermaßen aus »dem letzten Loch« pfeife. In Wahrheit hatte der Marschall, dem es tatsächlich gelungen war, einige weitere Juáristen-Städte zu nehmen, aber auch, den Wünschen seines Empereur Louis Napoleon, der das gesamte Unternehmen zunehmend lästiger und unnötiger fand, Folge leistend, gerade eine Brigade französischer Soldaten nach Hause geschickt – gegen den Willen seines Generals Felix Charles Douay, der sich wohl darüber klar war, daß das Expeditionskorps eher einer Auf-

stockung als einer Dezimierung bedürft hätte, nur um das bisher eroberte Gebiet halten zu können, geschweige denn, das gesamte Riesenland endgültig zu unterwerfen.
Von Bazaines ermutigender Lagebeschreibung hinters Licht geführt, entwarf Maximilian einen äußerst kühnen Plan. In seinem Gehirn reifte der Gedanke heran, die Länder Zentralamerikas zu annektieren und seinem Kaiserreich einzugliedern, das sich dann bis zum Isthmos von Panama erstreckt hätte. Im November dieses Jahres trafen nicht nur der österreichische Gesandte Guido Graf Thun und sein britischer Kollege Sir Peter Campbell-Scarlett, sondern auch der lang erhoffte päpstliche Nuntius, Monsignore Meglia, in Mexiko ein. Der Nuntius, der, folgt man Charlottes Ausführungen, ein Benehmen wie der »leibhaftige Syllabus« an den Tag legte, war allerdings nicht ganz freiwillig ins Land der Azteken gekommen. Denn Maximilian hatte sein Eintreffen dadurch beschleunigt, daß er der Kurie ultimativ erklärte, er würde alle den Klerus betreffenden Fragen in Eigenregie lösen, falls es der Heilige Stuhl weiterhin verabsäumte, einen Abgesandten an seinen Hof zu beordern. Maximilian hatte die Ankunft des Nuntius fast flehentlich herbeigesehnt, wie aus einem Brief, den er Gutierrez de Estrada geschrieben hatte, zu entnehmen war. Dieses Schreiben konnte allerdings wohl keinen Enthusiasmus bei dem ehemaligen Jesuitenschüler Estrada auslösen, denn der Kaiser äußerte harte Kritik an den Zuständen innerhalb des Klerus:

Das Schlimmste, was ich bis jetzt in diesem Lande fand, bilden drei Klassen: die Justizbeamten, die Offiziere der Armee und der größte Teil des Clerus. Alle diese kennen ihre Pflichten nicht und leben einzig und allein des Geldes wegen. Die Richter sind corruptibel. Die Offiziere kennen kein Ehrgefühl und dem Clerus fehlt die christliche Liebe und die Moralität ... Was den Clerus anbelangt, so ist ein gutes Concordat für diesen und ein Nuntius, begabt mit einem guten christlichen Herzen und mit einem eisernen Willen notwendig, um den Clerus zu bessern. Nur auf diese Art wird man den Clerus reorganisieren, wird man ihn katholisch (was er bis jetzt nicht ist) machen können und wird dieser dann die gute Influenz, die er bis jetzt nicht besitzt, erhalten ...[25]

Zusammen mit seinem Beglaubigungsschreiben überbrachte der Monsignore ein beinhartes Begleitschreiben des Papstes, in welchem der Pontifex die sofortige und endgültige Annullierung der juaristischen Reformgesetze forderte (die offiziell immer noch Gültigkeit besaßen), die bedingungslose Rückerstattung aller enteigneten Kirchengüter, die Wiedereinführung aller Klerikalprivilegien, die alleinige Oberhoheit des Klerus über das gesamte Bildungs- und Unterrichtswesen und die unverzügliche Proklamierung des römisch-katholischen Glaubens zur Staatsreligion – und zwar unter Ausschaltung aller anderen Denominationen des Landes. Dieser in einem herrischen Ton gehaltene Brief von Pius IX. traf den Emperador wie ein Schlag mit der Machete. Der zwar erzkatholische, aber auch den Gedanken eines merkwürdig anmutenden Pseudoliberalismus verhaftete Maximilian erwies sich erneut als hoffnungsloser Illusionist, als er allen Ernstes glaubte, der Vatikan würde auf einen Konkordatsvorschlag eingehen, der darauf hinauslief, daß die von Juárez ausgerufene Religionsfreiheit – trotz der Erhebung des Katholizismus zur Staatsreligion, worin der Emperador mit dem Oberhirten der Christenheit konform ging – weiterhin praktiziert und toleriert werden würde, daß die Priester zu vom Staat besoldeten Beamten degradiert werden würden und die Kurie – und dies war wohl der entscheidendste Faktor – auf die Rückerstattung der verstaatlichten Güter verzichtete.

Ein folgenschwerer Konflikt bahnte sich an, doch Charlotte war überzeugt, daß der von ihr für unfehlbar gehaltene Emperador die Lage meistern würde. Als er sich noch auf seiner Rundreise befunden hatte, hatte sie ihm einen Brief folgenden Inhalts geschrieben, aus dem sich ablesen läßt, daß sie die Qualitäten des vergötterten Mannes, der in Wahrheit eher dem Bildnis eines romantischen Träumers als dem des hart durchgreifenden »Heros« und Herrschers entsprach, maßlos überschätzte:

Du bist nicht wie andere Sterbliche, wenn ich über Deine Reise erzählen höre und alles, was Du ertragen mußtest, überkommt mich so sehr die Bewunderung, daß Du mir nicht wie ein Mensch, sondern wie ein Engel erscheinst... Ich bin eifersüchtig auf all das Gute, das Du ohne mich tust, eifersüchtig sogar auf

Deine Gedanken, Deine edlen, genialen und zugleich doch praktischen Eingebungen ...[26]

Für den kompromißlosen Nuntius Monsignore Meglia, der für Maximilians Konkordatswünsche kaum mehr als ein kaltes Lächeln erübrigen konnte und dem Kaiser nach einer ausführlichen Bischofskonferenz, die er bald nach Bekanntwerden der Vorstellungen des Emperador einberief, keck mitteilen ließ, daß das Schreiben des Papstes eine eindeutige Sprache spreche und er im Falle einer Nichterfüllung des päpstlichen Forderungskataloges keinen weiteren Zusatzkommentar abzugeben wünsche, fand die Emperatriz freilich ganz andere Worte, als sie Eugénie voller Zorn schrieb:

Tatsächlich zeugt es gleichsam von einem kranken Hirn (des Nuntius; Anmerkung des Verfassers), *einer Blindheit, einer Halsstarrigkeit, an die nichts heranreicht, zu behaupten und aufrechtzuerhalten, das von Haß gegen die Theokratie durchtränkte Land wünsche, daß man der Geistlichkeit die Güter zurückstelle. Geradeso als käme man mitten im strahlenden Sonnenschein, um uns zu erklären, daß es Nacht sei; aber unglücklicherweise – ich muß diese Demütigung für uns Katholiken dieses Jahrhunderts zugeben – ist der Hof zu Rom aus solchem Holze geschnitzt.*[27]

Während Maximilian und Charlotte also mit dem starrköpfigen Abgesandten des Vatikans, an dem alle Gegenargumente wie an einer Steinmauer abprallten, im »Clinch« lagen, trafen auch die ersten Abordnungen des österreichischen Freiwilligenkorps und des belgischen Kontingents, das Leopold I. dem Mann seiner Tochter großzügig zugestanden hatte, in Vera Cruz ein. Das österreichische Freikorps bestand aus ca. 6000 Mann, deren Dienstzeit in Mexiko bis 1870 dauern sollte, aber durch den Untergang des Kaiserreiches nur drei Jahre nach ihrem Eintreffen ein vorschnelles Ende fand. Den in der Mehrzahl jungen Männern (das Höchstalter lag bei 40 Jahren) war ein großzügiges Gehalt zugesichert worden, und außerdem war den »Überseekämpfern« die Möglichkeit in Aussicht gestellt worden, nach Ablauf ihrer regulären Dienstzeit zu überaus günstigen Konditionen Grund und Boden im fruchtbarsten Gebiet und klimatisch angenehmsten Teil des Landes erwerben zu können. Ebenso sollten die Hinterbliebenen von allenfalls im Kampf Getöteten von der mexikanischen Regierung großzügig versorgt werden. All dies hörte sich zunächst großartig an, und viele Gestrauchelte, Abenteuergestalten, »schwarze Schafe«, Deserteure und Glücksritter, aber auch Arbeitslose aus allen Teilen der Monarchie mit Ausnahme Venetiens (eine Rekrutierung seiner italienischen Untertanen war von Kaiser Franz Joseph kategorisch untersagt worden) sahen in diesem Überseeeinsatz eine Art Rettungsanker, nach dem sie mit letzter Kraft griffen. Den folgenden Treueschwur legten die Männer des von Oberst Franz Graf Thun kommandierten Freiwilligenkorps noch in der Heimat ab:

Ich schwöre zu Gott dem Allmächtigen einen feierlichen Eid, Seiner Majestät, meinem Allerdurchlauchtesten Fürsten und Herrn Maximilian dem Ersten, Kaiser von Mexiko, treu und gehorsam zu sein, auch Allerhöchst seinen Generalen, und allen meinen übrigen Vorgesetzten zu gehorchen, dieselben zu ehren und zu beschützen, ihren Geboten und Befehlen in allen Diensten Folge zu leisten, gegen jeden Feind, wer immer er sei, und wo immer es Seiner kaiserlichen Majestät Wille erfordern mag, zu Wasser und zu Lande, bei Tag und Nacht, in Schlachten, Stürmen, Gefechten und Unternehmungen jeder Art, mit einem Worte, an jedem Orte, zu jeder Zeit und in allen Gelegenheiten tapfer und mannhaft zu streiten, meine Truppen, Fahnen, Standarten und Geschütze in keinem Falle zu verlassen, mich mit dem Feinde nie in das mindeste Einverständnis einzulassen, mich immer so, wie es den Kriegsgesetzen gemäß ist und braven Kriegsleuten zusteht, zu verhalten und auf diese Weise mit Ehre zu leben und zu sterben. Zugleich gelobe ich, nichts zu tun, was gegen meine österreichische Untertanenpflicht verstößt. So wahr mir Gott helfe. Amen![28]

Für alle diese Männer, die sich aus den verschiedensten Motiven in das mexikanische Abenteuer stürzten, sollte es ein fürchterliches Erwachen geben, denn in der Neuen Welt erwartete sie nur Tod und

Verderben, Kummer und Leid. Kehren wir aber nun in die Hauptstadt Mexikos zurück, wo Kaiser Maximilian fast verzweifelt zur Kenntnis nehmen mußte, daß die letzten zwei Monate des Jahres 1864 mehrere negative Überraschungen brachten. Neben der heftigen Kontroverse mit dem unnachgiebigen Monsignore Meglia stand auch noch eine ernsthafte Verstimmung zwischen Mexiko und Maximilians Heimatland Österreich ins Haus. Voller Empörung erfuhr der wieder zunehmend depressiver werdende Maximilian nämlich, daß sein Bruder die Mitglieder des österreichischen Reichsrates mit den »schändlichen« Bedingungen des Familienpaktes konfrontiert hatte. In seiner angegriffenen Gemütsverfassung reagierte er betont impulsiv und unklug auf diese Nachricht. Zweifelsohne animiert von seinen beiden (denkbar schlechten) Ratgebern Schertzenlechner und Eloin, wie natürlich auch von Charlotte, veröffentlichte er in der Zeitung *Ere Nouvelle* einen bissigen Angriff auf Österreich. Erzürnt darüber, daß Franz Joseph ihn abermals übergangen und die Reichsratsmitglieder informiert hatte, ohne vorher mit ihm Rücksprache gehalten zu haben, erließ er auch eine hochoffizielle Protestnote, die allen europäischen Mächten präsentiert wurde. In der Zeitungsattacke wie in der Protestnote fanden sich dieselben unfundierten Behauptungen, die schon das auf der »Novara« verfaßte Geheimdokument ausgezeichnet hatten, und die darin gipfelten, daß der Kaiser von Mexiko zur Unterzeichnung des Familienpaktes erpreßt worden war. Während die Höfe in London, Berlin, Paris und Brüssel mit Bestürzung auf die mexikanische Note reagierten und Napoleon III. Franz Joseph über Botschafter Metternich ausrichten ließ, er möge seinem Bruder die Taktlosigkeit vergeben, weigerte sich Maximilians Geschäftsträger am Wiener Hof, der in Mexiko geborene Ire Thomas Murphy, das Dokument zu überreichen, da er den völligen Bruch zwischen seinem Heimatland und Österreich verhindern wollte, wie er dem Emperador mitteilen ließ. Doch Maximilian hatte andere Sorgen, als seinen Botschafter zum Gehorsam zu mahnen, denn in der Zwischenzeit waren alarmierende Telegramme in Mexiko-Stadt eingetroffen, welche den Schluß zuließen, daß Franz Joseph an der ganzen Angelegenheit relativ unschuldig war und erst auf Betreiben seiner ihm die Pistole auf die Brust setzenden Minister gehandelt hatte, nachdem die österrei-

chische Presse zuvor den exakten Wortlaut des auf der Überfahrt verfaßten und unterzeichneten geheimen Protestprotokolls publiziert und in alle Welt hinausposaunt hatte. Diese niederschmetternde Nachricht sollte das Überleben des ehrgeizigen Schertzenlechner, der darauf hoffte, zum Baron des Kaiserreiches ernannt zu werden oder wenigstens den Titel Exzellenz verliehen zu bekommen, am Hofe Maximilians unmöglich machen. Der »große Muh« hatte Maximilian im Grunde immer nur geschadet und schlechte Ratschläge erteilt. Der Mann, der alle »Pfaffen und Schwarzröcke« leidenschaftlich haßte und sämtliche Rebellen am liebsten eigenhändig »aufgeknüpft« hätte, war auch instrumental an der sinnlosen Entscheidung des Emperador, seine zwei fähigsten einheimischen Generäle, den brutalen Leonardo Marquez und den wieder heimgekehrten Expräsidenten Miguel Miramón nach Europa zu entsenden, beteiligt gewesen. (Miramón mußte auf einer preußischen Militärakademie Strategievorlesungen hören, während man den ob seiner barbarischen Grausamkeit gefürchteten, im Volk »Don Leopardo« genannten Marquez ausgerechnet auf eine Pilgerfahrt nach Jerusalem schickte.) Sebastian Schertzenlechners Sturz zeichnete sich ab, als sein Gegner Felix Eloin, der ja das verhängnisvolle Dokument ebenfalls als Zeuge abgezeichnet hatte, und mit dem er sich in Anwesenheit des Kaisers ein würdeloses Schreiduell lieferte, den Beweis erbrachte, daß der Exlakai immer noch eine Art Pension oder Salärnachzahlungen vom Wiener Hof erhielt.
Diese Zahlungen überstiegen das Gehalt eines Kammerdieners bei weitem und verschafften Schertzenlechner zwar ein beträchtliches Zusatzeinkommen, legten aber auch den Schluß nahe, daß der undurchsichtige Mann Spiondienste für den Wiener Hof leistete und daß wahrscheinlich er es gewesen war, der die Indiskretion begangen und den Inhalt des Familienpaktes an die Presse verkauft hatte. Schertzenlechner drohte mit seinem Rücktritt. Er hatte aber nicht mit der Reaktion seines sonst so gutmütigen Herrn gerechnet, der das Rücktrittsangebot sofort akzeptierte und den »großen Muh« entließ. Der Sturz des schleimigen Heuchlers wurde am mexikanischen Kaiserhof mit allgemeiner Begeisterung quittiert, wie einem Schreiben der Frau von Maximilians Finanzverwalter Kuhacsevich zu entnehmen ist:

Man lebt auf, da der große Muh fort ist ... Für den Kaiser ist es das größte Glück, er sagte es mir selber; ob es in Hinsicht der Regierung noch gutzumachen ist, weiß ich nicht, er litt niemand um den Kaiser, verleumdete alle, hetzte immer, der Kaiser hörte und sah nur durch ihn, und doch wußte er, wie rachsüchtig und gemein er war; die Kaiserin fragte mich vor dem Bruch, ob es denn wirklich wahr sei, daß er Lakai gewesen, und konnte es nicht begreifen, wie ihn der Kaiser so hochheben konnte (offenbar hatte Maximilian es verabsäumt, seine Gemahlin über den Hintergrund seines Beraters und Freundes aufzuklären; Anmerkung des Verfassers), *obwohl er auch bei ihr noch vor sechs Wochen ein großer geborener Staatsmann war ...*[29]

Der »große Muh« war allerdings noch nicht völlig am Ende und bewies seinen schlechten Charakter, indem er sofort daran ging, dem Kaiser Schwierigkeiten zu bereiten. So lancierte er die Falschmeldung, daß ein großes mehrere tausend Menschen umfassendes aufständisches Indianerheer auf die Hauptstadt zumarschierte, und startete einen gemeinen Erpressungsversuch, indem er verlautbarte, er würde zahlreiche kompromittierende Briefe des Kaisers, die sich in seinem Besitz befänden, der Öffentlichkeit zugänglich machen, falls ihm nicht Gerechtigkeit widerführe und er mit seiner Rehabilitierung rechnen könnte. Bazaine und auch Carl de Bombelles, der Schertzenlechner ebenso inbrünstig gehaßt hatte wie fast alle österreichischen Mitglieder des kaiserlichen Hofstaates, plädierten dafür, dem niederträchtigen Erpresser das Handwerk zu legen und ihn in Eisen zu werfen, doch Maximilian zeigte Milde und war sogar bereit, Schertzenlechner und seiner Geliebten, einer Dame zweifelhaften Rufes, freies Logis in Lacroma und das Gehalt eines Staatsrates zuzubilligen. Daraufhin verließ der hinterhältige Intrigant Mexiko, allerdings ohne seinem Wohltäter zu danken oder sich von ihm zu verabschieden.

Fast parallel zur »Affäre Schertzenlechner« verlief die Auseinandersetzung mit Monsignore Meglia, dem Maximilian durch Charlotte ultimativ mitteilen ließ, daß sein Ministerrat die juristischen Reformgesetze auch ohne Zustimmung des Vatikans durchbringen würde, falls der Nuntius nicht doch noch auf seinen Konkordatsvorschlag einging. Charlotte, die sich selbst erbötig gemacht hatte, dem starrköpfigen Römer noch einmal ins Gewissen zu reden, tat dies am 23. Dezember 1864. Den Ausgang des katastrophal verlaufenden zweistündigen Gespräches teilte sie ihrer Freundin Eugénie mit, freilich ohne zu ahnen, daß die erzkatholische Spanierin auf der Seite des Vatikans stand. Immer noch unter dem Eindruck der ergebnislosen und peinlichen Unterredung stehend, schrieb sie der Kaiserin Frankreichs:

Ich kann Euer Majestät sagen, daß nichts mir eine richtigere Idee von der Hölle gegeben hat als diese Unterredung, denn die Hölle ist auch nichts anderes als eine Sackgasse ohne Ausweg. Jemanden überzeugen zu wollen und wissen, daß es verlorene Liebesmüh ist, daß es ebenso sei als spräche man griechisch, weil der eine schwarz sieht und der andere weiß, das ist eine eines Verdammten würdige Arbeit ... Schließlich sagte er mir, die Geistlichkeit habe das Kaiserreich errichtet. »Einen kleinen Augenblick«, antwortete ich ihm, »es war nicht die Geistlichkeit, es war der Kaiser, der dies mit dem Tage seines Erscheinens tat.« Ich machte ihm alle Vorstellungen, die nur immer möglich waren, ernst, fröhlich, gewichtig und fast prophetisch, denn die Lage schien mir Verwicklungen, vielleicht gar zum großen Schaden für die Religion einen Bruch mit dem Heiligen Stuhl im Gefolge haben zu können. Nichts verfing, er schüttelte meine Argumente ab, wie man Staub abschüttelt, ersetzte sie durch gar nichts und schien sich in der Leere, die er um sich schuf, und in der allgemeinen Verneinung allen Lichtes zu gefallen. Ich stellte ihm hierauf das Ultimatum des geplanten kaiserlichen Briefes und sagte ihm, mich erhebend: »Hochwürden, was immer geschieht, ich werde mir die Freiheit nehmen, Ihnen diese Unterredung ins Gedächtnis zu rufen, wir sind für die Folgen nicht verantwortlich, wir haben alles getan, um das zu vermeiden, was nun geschehen wird, aber wenn die Kirche uns nicht helfen will, so werden wir ihr gegen ihren Willen dienen.«[30]

Der ebenso empörte Nuntius ließ sich nicht ins Bockshorn jagen und verfaßte vielmehr einen geharnischten Antwortbrief an den Emperador, indem er gegen diesen staatlichen Willkürakt und die Gesetze protestierte, die die Kirche zum Sklaven des Kaiserreiches machten und die Volkswut zum Kochen bringen würden, da sie den Empfindungen aller aufrechten mexikanischen Katholiken widersprachen. Das Schreiben war derart verletzend, daß man es vorzog, es dem Kaiser gar nicht erst zu präsentieren. Am 27. Dezember wurde das umstrittene Gesetz zur Verstaatlichung der Kircheneigentümer sowie zur weiteren Gewährung der Religionsfreiheit per kaiserlichem Dekret bekräftigt, und am 7. Jänner 1865 folgte ein weiterer Erlaß des Emperador, der zum Inhalt hatte, daß fortan alle päpstlichen Bullen der kaiserlichen Sanktion bedurften, ehe man sie der Öffentlichkeit kund tat.

Die Ratifizierung dieser beiden Dekrete bedeutete nichts anderes als den von Charlotte befürchteten völligen Bruch mit dem Vatikan und der gesamten mächtigen katholischen Oberschicht des Landes. Außerdem bekamen durch die Erlässe auch die liberal gesinnten Kreise Oberwasser und behaupteten nicht ohne berechtigten zynischen Unterton, daß der Kaiser unbewußt zum Handlanger von Benito Juárez geworden war, da er den Präsidenten zwar bekämpfe, dessen Politik aber scheinbar für gut hielt und sie daher fortsetzen ließ. Die Schwierigkeiten häuften sich also, der Nuntius verließ Mexiko wutentbrannt, der einheimische Klerus konspirierte, das Verhältnis zwischen Bazaine und Maximilian begann sich auch zusehends zu verschlechtern, die Angst vor marodierenden Bandidos lag vor allem in Chapultepec in der Luft. Man ritt nur noch schwerbewaffnet vom Lustschloß in die Hauptstadt, und obwohl die Situation im Januar 1865 so aussichtslos war, daß sogar der Emperador und seine Gemahlin in schwachen Momenten daran dachten, Mexiko Mexiko sein zu lassen und in die Alte Welt zurückzukehren, gaukelte Maximilian seinem Bruder Karl Ludwig immer noch die heile Welt des Kaiserreiches vor und erwähnte all diese gravierenden Probleme mit keinem einzigen Wort:

Die Geschäfte häufen sich, je mehr die Regierung sich befestigt, und erhalten mich von fünf Uhr früh bis acht Uhr abends in Atem. Der einzig freie Augenblick ist von acht bis neun Uhr, wo ich gewöhnlich in herrlicher Morgenluft mit Charlotte ausreite, und zwar wie hier jedermann mit dem trefflichen mexikanischen Sattel und dem landesüblichen Reiteranzuge mit dem breitkrempigen Hute, dem leichten Spenzer, den mit kleinen silbernen Knöpfen besetzten Hosen und dem ebenso vortrefflichen und so malerischen Plaid. Abends habe ich wieder eine freie Stunde, da gehe ich wie eine Schildwache auf unserer Terasse auf und ab. Um neun Uhr, auch etwas früher, wird zu Bett gegangen. Vorige Woche haben wir im Palaste eine Deputation von echten, wilden heidnischen Indianern von der fernen Nordgrenze empfangen, lauter Coopersche Gestalten im vollen Sinne des Wortes. Gestern speisten sie hier im Zypressenhain Montezumas auf demselben Platze, wo der indianische Kaiser seine großen Gastmahle gab ... Alle Montage sind Bälle bei Charlotte, die immer sehr gut ausfallen und animiert sind und auf denen ein Flor der schönsten Frauen sich im Tanze wiegt. Ein Diplomat nach dem anderen rückt ein, was uns langweilige Empfänge und Diners gibt. Küche und Hofkeller sind dank schweren Bemühungen außerordentlich. Die Diplomaten fressen und saufen sich an, daß sie gewöhnlich nach Tisch nur noch unartikulierte Töne lallen ...[31]

In Wahrheit aber hatte der unaufhaltsame Niedergang des zweiten mexikanischen Kaiserreiches schon begonnen.

6. *Zwischen allen Fronten*

Die immer fataler werdende Lage zwang den liberal gesinnten Kaiser bald zu einer härteren Gangart, die Pressefreiheit des Landes wurde zeitweilig aufgehoben, und vielleicht erinnerte sich Maximilian an Napoleons Rat, »etwas diktatorischer« zu regieren, als er befahl, die heftig gegen die Maßnahmen seiner Regierung polemisierende konservative Presse für eine Weile aus dem Verkehr zu ziehen.

Ein ironisches Detail am Rande war die Tatsache, daß die Zeitung, welche am schärfsten gegen sein Kabinett und damit auch gegen den Emperador wetterte, den Namen *La Monarquia* trug. Trotz dieser Maßnahmenverschärfung der Regierung grassierten weiterhin verräterische und umstürzlerische Pamphlete, sogar in der Hauptstadt, Flugschriften riefen zum bewaffneten Widerstand auf und verkündeten den bevorstehenden Sieg der gerechten Sache der Juáristas. Offenbar beteiligte sich auch die konspirierende Geistlichkeit an solchen Aktionen, denn in den Anfangsmonaten des Jahres 1865 wurde ein Abbé namens Alleau aufgegriffen, der, obzwar Franzose, antimonarchistische Flugblätter verteilt hatte, in welchen vor allem der hohe Klerus animiert wurde, den Bestrebungen des »maximilianischen Regimes« entgegenzuarbeiten. Der französische Abbé war, wie sich bald herausstellen sollte, ein vom Vatikan eingeschleuster Spion, der den Auftrag hatte, Unruhe zu stiften und dem Heiligen Stuhl genaue Rechenschaft über seine konspirative Tätigkeit ablegen mußte. In der Privatkorrespondenz des Verhafteten fand sich sehr zur Verwunderung des Emperador ein Schreiben von Gutierrez de Estrada. Maximilians »bester Freund« in der Ewigen Stadt wußte offenbar nicht nur über die Mission Alleaus Bescheid, sondern unterstützte sie sogar. Am meisten erzürnte den Kaiser aber ein ebenfalls bei dem französischen Priester konfiszierter Geheimbe-

richt, der sich mit dem Privatleben der Emperadores auseinandersetzte und mit äußerst pikanten und delikaten Details aufwarten konnte.
Wahrscheinlich hatte Estrada, der »Baumeister des Kaiserreiches«, wie er sich gerne nennen ließ, den Abbé mit diesen ungeheuren »Klatschinformationen« versorgt, die dem Kaiser nun zu Ohren kamen und Autoren und Historiker bis in unsere Tage beschäftigen. Der Geheimbericht begann mit einer scharfen Attacke gegen die Kaiserin, die sich nur deshalb fortwährend in die Politik einmischte, so der anonyme Verfasser der Schmähschrift, weil ihr jeglicher Kindersegen versagt geblieben wäre. Die Schuld für die Kinderlosigkeit des Kaiserpaares sei in der »dunklen Vergangenheit« des Emperador zu suchen, der im Laufe seiner Brasilienreise im Jahre 1860 mit einer Geschlechtskrankheit infiziert worden wäre und dadurch zwar nicht seine Potenz, aber seine Zeugungsfähigkeit verloren hätte. Dieses von den Juáristas mit großer Begeisterung aufgenommene und eifrig kolportierte Gerücht war nicht nur erniedrigend für den Kaiser, sondern führte offenbar auch zu einer Ehekrise, denn bald darauf wurde im kaiserlichen Palast bekannt, daß Maximilian und Charlotte wieder in getrennten Zimmern schliefen. Diese Tatsache mußte allerdings nicht unbedingt in direktem Zusammenhang mit der verleumderischen Anschuldigung stehen, sondern war vielleicht ganz einfach darauf zurückzuführen, daß sich Maximilians Gesundheitszustand in den Anfangsmonaten des Jahres rapide verschlechterte.
Im Laufe der 123 Jahre, die seit dem Untergang des zweiten mexikanischen Kaiserreiches vergangen sind, tauchte dieses Gerücht, in der einen oder anderen, mehr oder weniger modifizierten Form immer wieder auf; fast alle Forscher, Historiker und Autoren, die sich mit Kaiser Maximilian von Mexiko beschäftigten, erwähnten es, nahmen kurz darauf Bezug, streiften es nur in einigen ablehnenden Sätzen, wie es Conte Corti tat, oder gingen ausführlicher darauf ein, wie etwa Joan Haslip, welche es aber auch als haltlos zurückwies, während der schon einmal erwähnte tschechische Autor Frýd die bereits kommentierte gewagte Theorie, Maximilian habe seine Gattin mit Gonorrhoe infiziert und dadurch zur Unfruchtbarkeit verdammt, darauf aufbaute.[1] Wir haben unseren Standpunkt in dieser

Angelegenheit bereits dargelegt und verzichten daher auf eine neuerliche Interpretation dieser unserer Ansicht nach unbeweisbaren Behauptung.
Ein Grund, warum es zu Beginn des Jahres 1865 zu stärkeren Differenzen zwischen Charlotte und Maximilian kam, kann darin bestanden haben, daß der Kaiser indirekt Charlotte die Schuld dafür gab, daß er sich hinreißen lassen hatte, an Bord der »Novara« das verhängnisvolle »Protestdokument« zu unterzeichnen. Sie war es, die ihn immer gedrängt hatte, härter zu sein, sie hatte die »Schmach des Familienpaktes« noch schwerer verwinden können als er selbst, ihrem Starrsinn hatte er es zu verdanken, daß der offene Bruch mit dem Heiligen Stuhl zustande gekommen war, denn sie hatte den Nuntius brüskiert und zu sehr gemaßregelt. Wahrscheinlich hatte der kränkelnde und deprimierte Kaiser Charlotte bittere Vorwürfe über all diese Dinge gemacht, die die stolze Belgierin natürlich nicht so ohne weiteres auf sich sitzen ließ. Denn schließlich hatte sie (ihrer Meinung nach) immer nur im Interesse Maximilians und auf seine Anordnungen hin gehandelt. Es läßt sich allerdings nicht bestreiten, daß Charlotte eine dominante herrische Natur aufwies und natürlich einen beträchtlichen Einfluß auf ihren wankelmütigen und willensschwachen Gemahl ausübte. Sie äußerte wiederholt, den großen Korsen zitierend, daß das Wort »unmöglich« nicht in ihrem Wortschatz existiere, sie schrieb einer Freundin, wenngleich vielleicht etwas scherzhaft, daß sie jederzeit in der Lage sei, »eine Armee zu kommandieren«, sie war von krankhaftem Ehrgeiz besessen, wehrte sich aber auch gegen den Vorwurf, sie beherrsche ihren Ehemann. Ihre Gegner sprachen immer wieder abschätzig vom »Weiberregiment«, das am Hof von Mexiko-Stadt herrsche, aber dennoch läßt sich nicht leugnen, daß ihre Motive stets lauter waren und sie nur das Beste für sich und ihren »lieben Max« wollte. Die von den Feinden des Kaiserreiches in Umlauf gebrachten Verunglimpfungen und die Schmählieder, die bald über die unfruchtbare »Mama Carlotta« in der Hauptstadt grassieren sollten, erbitterten die stolze Frau sehr, und zu ihrer Verteidigung muß auch gesagt werden, daß der Emperador, wie wir noch erfahren werden, auch einige verhängnisvolle Entscheidungen traf, ohne vorher seine Gemahlin konsultiert zu haben.

Das angespannte Verhältnis zwischen den Ehegatten besserte sich etwas, als bekannt wurde, daß es König Leopold von Belgien (und wohl auch der kräftig zugunsten ihres Lieblingssohnes intervenierenden Erzherzogin Sophie) gelungen war, den offenen Bruch mit Österreich zu vermeiden, der ja die sofortige Rückberufung des österreichischen Freiwilligenkorps bedeutet und die Entsendung weiterer Hilfstruppen von vornherein ausgeschlossen hätte. Während Maximilian sein Land immer noch faszinierend fand und seine Untertanen zu lieben schien, hatte Charlottes Begeisterung merklich nachgelassen, ihre Bewunderung für die Mexikaner war im Schwinden. Nach außen hin aber wahrte sie weiterhin die Form und sprach von einem sorglos heiteren, wenngleich nicht ganz ungefährlichen Dasein. So berichtete sie am 3. Februar 1865 aus Chapultepec:

Das Leben ist beinahe ein bißchen wie im Mittelalter, wir sind heiter, zufrieden und gelassen, aber nichts kann eine Bande Guerilleros daran hindern, jederzeit über uns herzufallen. Wir haben hier Kanonen und ein System von Warnsignalen das uns mit der Stadt verbindet. Aber das hindert nicht, daß wir auf dem Quivive sind. Vorletzte Nacht stand ich auf, weil ich Geschützfeuer hörte. Es war eine Feier zu Ehren der Jungfrau von Tacabuja ... Alle kirchlichen Feste finden hier nachts statt, unter dem Getöse von Feuerwerkskörpern ... Man kann nicht bestreiten, daß dieses Land etwas »sui generis« ist ...[2]

Auch der Kaiser hielt die Illusion eines funktionierenden Reiches in seinen Briefen nach Europa nach wie vor aufrecht. Wie immer ging er in keinster Weise auf seine gravierenden politischen Probleme, die erdrückenden Finanzlasten oder gar seinen privaten Kummer mit Charlotte ein, als er seinem Schwiegervater Leopold die Lage als »sich stabilisierend« schilderte:

Wir schreiten ruhig, aber entschieden und gut vorwärts. Wenn in anderen Ländern der Souverän mit Mühe zurückhalten und doppelten Radschuh anlegen muß, so ist hier im Gegenteil Antreiben notwendig. Doch geht die Sache besser, als ich anfangs hoffte; die Leute bekommen Freude an der Arbeit und Vertrauen in die Zukunft. Das Gefühl gänzlicher Apathie beginnt zu schwinden. In der Kirchenfrage beruhigen sich die Gemüter, man sieht ein, ja selbst die Erzbischöfe gestehen, daß Rom Unmögliches verlangt hat ...[3]

In Wirklichkeit wurde die Position des allmählich zwischen allen Fronten stehenden Kaisers, der von den Konservativen zunehmend abgelehnt, vom Klerus, der keinesfalls die Unmöglichkeit der Forderungen Roms einsah, mehr oder weniger offen bekämpft und von den Liberalen, die er vergeblich für sich zu gewinnen versuchte, mitleidig belächelt wurde, immer unhaltbarer. Dies läßt sich auch einem weiteren Bericht des preußischen Gesandten von Magnus entnehmen:

Der Kaiser trägt seine freisinnigen Tendenzen und, auffallend genug, eine ungeteilte Bewunderung für die Vereinigten Staaten und deren politische Institutionen offen zur Schau. (Eine wahrhaft selbstmörderische, von der ungeheuren Naivität Maximilians zeugende Einstellung, da ihn die USA doch ablehnten und sich geweigert hatten, seinen Gesandten in Washington zu dulden, weiterhin in Benito Juárez das einzig rechtmäßige Staatsoberhaupt sahen und ihn als Vertreter einer längst überholten reaktionären Regierungsform, nämlich der Monarchie, betrachteten; Anmerkung des Verfassers). *Aber die bisherigen Versuche einer liberalen Politik haben nur dazu geführt, das kaiserliche Ansehen im Lande bedeutend abzuschwächen. Die Liberalen, welche sehen, daß der Kaiser ganz im Sinne der Juárez'schen Tendenzen die Regierung führt, sagen offen, daß diese besser unter einer republikanischen Verwaltung, mit Ersparung der für die zerrütteten Finanzen allerdings sehr kostspieligen Hofhaltung geschehen könnte.*[4]

Der Preuße äußerte sich aber auch über die französische Besatzungsarmee, welche im Volk sehr unbeliebt war, und gab unumwunden zu, daß Marschall Bazaine die graue Eminenz des neu geschaffenen Reiches war und Maximilian zunehmend in dessen

Abhängigkeit geriet: »Die französische Okkupationsarmee ist im Lande nicht gern gesehen. Die Franzosen erlauben sich mancherlei Übergriffe und behandeln das Land vielfach wie ein erobertes. Der Kaiser nimmt sich natürlich seiner neuen Untertanen an, und die dadurch zwischen dem Hofe und der französischen Armee stattfindenden Reibungen sind für S. M. um so peinlicher, als der Marschall Bazaine die wirkliche Macht in Händen hat.«[5] Marschall Bazaines Herr und Kaiser Napoleon III., der Mexiko mittlerweile eine weitere Staatsanleihe verschafft hatte, wurde nun immer dringlicher in seinen Forderungen. Neuerlich auf die Schürfrechte im reichen Bundesstaat Sonora spekulierend und von seinem Finanzminister Achille Fould hart bedrängt, die »mexikanische Zitrone« noch härter als bisher auszupressen, schrieb er dem Emperador:

Da ich Eure Majestät wohlmeinende Absichten kenne und ihrem Urteile vertraue, kann ich nicht verstehen, durch welch unglückliche Fügung es immer wieder dazu kommt, daß die wichtigsten Maßnahmen verschoben und behindert werden. Mexiko verdankt seine Unabhängigkeit und sein derzeitiges Regime Frankreich, und es scheint, daß ein mysteriöser Einfluß ohne Unterlaß die französischen Beamten daran hindere, sich dem Wohle des Landes zu widmen; selbst unsere gerechten Forderungen werden nicht immer berücksichtigt.[6]

Auch der Bankier Jecker, dessen großer Gönner, der Herzog von Morny, im Sterben lag, sah nun seine Felle den »Rio Grande hinunterdriften« und startete eine allerletzte Initiative, doch noch zu seinem Geld zu kommen. Er bat Napoleons Gesandten in Mexiko, Montholon, in seinem Sinne auf Maximilian einzuwirken, damit seine Bons endlich zur Einlösung kämen. Aber Maximilian und Graf Montholon waren einander spinnefeind, und der Vertreter Frankreichs am mexikanischen Kaiserhof sollte bald durch Alphonse Dano ersetzt werden. Vor seiner Abberufung nach Washington, wo er kein gutes Haar an dem unbeständigen, unberechenbaren und undankbaren Kaiser lassen sollte, gelang es Montholon noch, dem ungeliebten Emperador eine Anzahlung auf Jeckers Ansprüche abzuringen. Diese Rate betrug allerdings nur 12 000 Francs und sollte die erste und letzte Zahlung sein, die das Bankhaus Jecker erhielt. Sowohl Bazaine als auch Montholon hatten ungünstige Berichte über Maximilians Regierungsstil in die französische Hauptstadt geschickt. Beide hatten sich negativ über die Verschwendungssucht des Habsburgers geäußert und seinen Wankelmut, seine Unfähigkeit auf ein klares Ziel zuzusteuern, und seine allgemeine Unentschlossenheit beklagt. Louis Napoleon begann sich daraufhin, immer skeptischer werdend, zu fragen, ob er wohl den »richtigen Mann« auf den mexikanischen Thron gehieft hatte, zumal sich Maximilian zunehmend ablehnender über die Fähigkeit des verdienten Marschalls Bazaine äußerte. Maximilian war der Ansicht, daß der sich mehr und mehr wie ein allmächtiger Gönner aufspielende Bazaine allzu leichtsinnig mit dem Geld der mexikanischen Regierung umsprang, und kritisierte den aufwendigen Lebensstil des zur Fülle neigenden, fast kahlköpfigen 54 Jahre alten Mannes, der nur »noch halb bei der Sache« zu sein schien, da er auf Freiersfüßen wandelte und sich mit einer blutjungen siebzehnjährigen mexikanischen Schönheit namens Josefa de le Pena verlobt hatte. Es fällt schwer, ein Urteil über Marschall Bazaine zu fällen, der nach dem Verlust des Preußisch-Französischen Krieges von 1870 zusammen mit seinem Herrn Napoleon in Ungnade fallen sollte und ebenso wie sein Kaiser den Weg in die Verbannung antreten mußte. Bazaine hatte sich aus den niederen Rängen nach oben gedient und genoß sicherlich seine Machtposition in Mexiko. Er hatte seinen Vorgänger geschickt zu desavouieren gewußt und wachte eifersüchtig über seine Rechte und Kompetenzen. Wie alle Franzosen betrachtete er die Mexikaner im Grunde als zweitklassige Rasse, sprach aber fließend Spanisch und schien die Grandezza der kreolischen Aristokratie zu bewundern. Vielleicht hatte auch er sogar einmal mit dem verlockenden Gedanken gespielt, seine Macht auszubauen und sich in bester »Pronunciamentotradition« zum Alleinherrscher des Landes aufzuschwingen. Wir wissen es nicht und können darüber nur Vermutungen anstellen. Fest steht, daß er eigentlich immer nur den Weisungen Louis Napoleons folgte, die freilich für Maximilian immer verhängnisvoller ausfallen sollten, und daß er ein brillianter Taktiker war, der einige große Siege errang.

Obwohl sein General Castagny im Januar in einen Hinterhalt gera-

ten war und eine schwere Schlappe hinnehmen hatte müssen, welche von den Juáristas natürlich enthusiastisch gefeiert und als gewaltiger Sieg ausgeschlachtet worden war, es zu Massendesertionen gekommen war, und Juárez in seinem jetzigen Hauptquartier Chihuahua in einem Triumphmanifest den nahenden Tag der Freiheit proklamiert hatte, war dem Marschall im April wieder einer seiner »militärischen Spaziergänge«, wie er seine Blitzkampagnen zu bezeichnen pflegte, gelungen. Die Begeisterung in der Hauptstadt war groß, als man erfuhr, daß der Marschall die Juáristenhochburg Oaxaja genommen hatte und der fähigste Rebellengeneral und Freund des Präsidenten, Porfirio Díaz, bedingungslos kapituliert hatte. Auch der an einem Leberleiden laborierende Emperador zeigte sich hocherfreut über diese neue Glanzleistung des alternden Haudegens, wenngleich er nach wie vor dessen hohen Ausgaben und fürstlichen Lebensstil kritisierte. Doch der militärische Sieg konnte nicht über die triste Finanzlage Mexikos hinwegtäuschen.
Die Neuauflage der Staatsanleihe erwies sich abermals als Katastrophe. Der finanziell darniederliegende Staat wurde mit einer Nominalschuld in der Höhe von 750 Millionen Francs belastet. Der Eingang war bedeutend geringer und betrug lediglich 170 Millionen, wovon aber nur 74 Millionen zur Auszahlung kamen und dem Staatsschatz einverleibt werden konnten. Allein die Zinszahlungen betrugen 63 Prozent der Gesamteinkünfte des mexikanischen Kaiserreiches. Sogar der »Finanzdilettant« Maximilian begann nun einzusehen, daß sein Land unaufhaltsam auf den wirtschaftlichen Ruin zujagte. Außerdem erzürnten ihn die unverschämten Forderungen des im Zuge der Alleau-Affäre ins Zwielicht geratenen Estrada, der, genau wie Hidalgo, ständig um Rückerstattung jener Verluste, die er in Folge der Juáristischen Machtübernahme erlitten hatte, ersuchte, obwohl ihn der Kaiser bereits großzügig bedacht hatte.
Maximilian stand vor unlösbaren Problemen. Gewissermaßen um Bazaines militärischer Bevormundung zu entgehen, beschloß er, seine eigene chaotisch wirkende mexikanische Armee effektiv zu reorganisieren. Der Kaiser verfügte zwar über einige ausgezeichnete hohe Offiziere, darunter die unsinnigerweise ins Ausland geschickten Generäle Miramón und Marquez, den eisenharten Indianergeneral Tomás Mejia und Coronel Raoul Mendez, aber die Kampfmo-

ral seiner Truppen, vor allem innerhalb der niederen Chargen, ließ sehr zu wünschen übrig. Außerdem waren die mexikanischen Generäle nicht sehr glücklich darüber, den Befehlen Bazaines Folge leisten zu müssen. Aber auch zwischen den Österreichern, Belgiern und Franzosen gab es Kompetenzschwierigkeiten. Der von Maximilian mit der Reorganisierung des unkoordiniert wirkenden mexikanischen Heeres beauftragte österreichische General Franz Graf Thun und Marschall Bazaine konnten sich nicht ausstehen. Die Position des Österreichers, der sich ebenso nur schwer damit abfinden konnte, den Marschall als Oberbefehlshaber anzuerkennen, war nicht ganz unverständlich. Denn er war mit der Vorstellung nach Mexiko gekommen, daß er einzig und allein seinem Kaiser unterstellt sein würde und die alleinige Kommandogewalt über das österreichische Freikorps haben würde. Thun konnte sich nicht damit abfinden, daß sein Widersacher Bazaine die Österreicher offenbar nur für Hilfstruppen hielt, die man allenfalls »verheizen« könne. Bazaine wiederum hatte der Brief des Kaisers, in welchen ihm die Ernennung von Thun zum »Reorganisator« der in den Augen des Marschalls brachliegenden mexikanischen Armee mitgeteilt worden war, überhaupt nicht gefallen. Das den Marschall Frankreichs so in Rage versetzende Schreiben hatte folgenden Inhalt: »Ich theile die Ansicht Ew. Excellenz, dass die Organisation der Armee eifrig fortgesetzt werden müsse, habe aber keinen französischen oder mexikanischen General gefunden, der dieselbe übernehmen wollte und konnte, und entschloß mich, dieselbe dem General Grafen von Thun anzuvertrauen.«[7]

Bazaine protestierte heftig und beeilte sich, dem Kaiser klarzumachen, daß der Erfolg des Expeditionskorps nur unter einem einzigen alleinverantwortlichen Oberbefehlshaber, nämlich ihm selbst, garantiert sei. Er konnte auf 27 000 Männer zurückgreifen, während das österreichische Freiwilligenkorps laut Effektivstand vom April 1865 nur 6500 umfaßte, und die Belgier unter ihrem schneidigen und draufgängerischen Oberst Alfred van der Smissen gar nur über 1600 Mann verfügten. Auch van der Smissen, der ein furchtloser und tapferer Offizier war, beugte sich nur ungern dem Oberbefehl Bazaines, besaß er doch das besondere Wohlwollen und Vertrauen der Kaiserin und war stolz darauf, seiner kleinen, aber, wie er

betonte, schlagkräftigen Streitmacht den Namen Les Gardes de l'Imperatrice geben zu dürfen.
Maximilian hatte kaum eine andere Wahl als Bazaine zu bestätigen und gab General Thun in der ersten Februarwoche bekannt, daß er sich dem Willen des Marschalls zu beugen hatte und der Franzose auch der Oberbefehlshaber der beiden Hilfskorps, des österreichischen und des belgischen Kontingents war:

Um die möglichen ersprießlichen Dienste von Meinen Freiwilligen Truppen durch Ihre Mitwirkung zur Pazifizierung meines Reiches zu erlangen, halte ich es für gut, daß Marschall Bazaine das operativ-militärische Oberkommando über all diese Truppen führe. Unter ihm werden Sie das vereinte österreichisch-belgische Corps kommandieren.[8]

Bazaines negatives Urteil über die Schlagkraft des österreichischen Freiwilligenkorps und die Kampfmoral der Österreicher wurde auch vom preußischen Gesandten geteilt. Baron von Magnus schien zwar aufgebracht darüber, daß der Marschall die Österreicher lediglich als »besseres Kanonenfutter« betrachtete, fällte aber das folgende vernichtende Verdikt über die Männer, die aus den unterschiedlichsten Gründen über den Ozean gereist waren, um nötigenfalls für ihren Kaiser zu sterben:

Das Österreichische Korps war überhaupt in keiner Weise glücklich organisiert: die Mannschaften, größtenteils ältere Leute, häufig Trunkenbolde und schwer disziplinierbares Gesindel, die Offiziere aus einem guten Teile aus ehemaligen österreichischen Offizieren bestehend, deren Stellung in Europa unmöglich geworden war, und die Führung Händen anvertraut, welche einer solchen Aufgabe nach keiner Richtung hin gewachsen waren. Unter solchen Verhältnissen sind in dem österreichischen Korps, das selbstverständlich auch höchst achtbare und tüchtige Elemente enthielt, kaum glaubliche Dinge vorgefallen.[9]

Um die Situation etwas zu beruhigen, beorderte der Kaiser das Freikorps zunächst nach Puebla und erteilte General Thun den

Miramar, Maximilians Traumschloß am Meer, im Jahre 1991

2 (links) An diesem Schreibtisch in der Bibliothek von Schloß Miramar unterzeichnete Maximilian das verhängnisvolle Angebot, Kaiser von Mexiko zu werden

Papst Pius IX.

Napoleon III. und
ugénie

5 Maximilians Ernennung zum Kaiser. Das wahrscheinlich nach einer Photograph
angefertigte Gemälde von Cesare Dell'Acqua zeigt unter anderen Maximilia

elegationsleiter Gutiérrez de Estrada, der die Ernennungsurkunde in Händen hält, und
sé Manuel Hidalgo (zweite Reihe, erster von links, mit Bart)

6 Der Emperador – der Kaiser von Mexiko im Ornat

Das »Schönbrunn Mexikos«, Maximilians Sommerresidenz Schloß Chapultepec

Der Palacio Nacional von Mexiko-Stadt

9 »Die letzten Augenblicke«

10 Die Hinrichtung des Kaisers in Querétaro (zeitgen. Darstellung)

Auftrag, die Stadt und die Umgebung vor einfallenden Juáristas zu bewahren.
In der Hauptstadt tagte eine Krisensitzung nach der anderen, und Maximilian, der im März eine schwere Ruhrerkrankung zu überstehen gehabt hatte und immer noch krank und ausgelaugt wirkte, beschloß, sich seiner anscheinend nur noch unangenehmen Pflichten neuerlich durch eine Rundreise zu entziehen. Diesmal reiste er in die östlichen Provinzen, während Charlotte abermals die Regierungsgeschäfte übernahm. Die anfänglich so große Beliebtheit der Kaiserin war im Schwinden begriffen; wenn sie durch Mexiko-Stadt fuhr, entblößten die Bewohner kaum noch ihr Haupt, geschweige denn, daß ihr Auftauchen Jubel oder Begeisterungsstürme ausgelöst hätte, aber die harte Frau nahm ihre Rolle als Regentin sehr ernst und regierte das kaiserliche Kabinett mit eiserner Hand. Sie dominierte alle Sitzungen, ärgerte sich über die in der Mehrzahl inkompetenten Minister, deren Vorschläge sie sehr selten in Erwägung zog, denn meistens entschied sie, ohne sich weiter um die Meinung der Kabinettsmitglieder zu kümmern, und duldete keinen Widerspruch. Carlota war viel härter als der Emperador, das bekamen seine Minister nun zu spüren. Nach einem Korruptionsskandal, in welchen ein liberal gesinnter Minister, der zu den glühendsten Verehrern von Juárez gehört hatte und dessen Bestellung Maximilian als großen Erfolg verbuchte, verwickelt war, warf sie diesen kurzerhand aus dem Kabinett und schrieb dem wieder einmal dem Zauber seines Landes verfallenden »Reisenden« Maximilian, daß er sich endlich dazu aufraffen sollte, mehr Härte zu zeigen, um dem »Ministergesindel« dadurch zu demonstrieren, wer die Macht besaß und Herr im Haus war:

...Deine Minister sehen allmählich wie eine Gruppe von Verschwörern, statt von Beratern aus. Wenn Du zu sehr nachgibst, kannst Du Dich nicht mehr frei machen, und die Alternative heißt, sich einer Menge Leute entledigen, was nicht leicht ist. Es ist schon so weit, daß sie Dir nicht erlauben, einen anderen Mann als den glühendsten Liberalen zu ernennen. Ich an Deiner Stelle würde Ihnen zeigen, wer der Herr ist, indem ich den ersten guten Präfekten nähme, der sich finden läßt, solange er Dir zusagte,

einerlei welche Farbe des Regenbogens seine politische Einstellung hat.[10]

Der Emperador, der sich verzweifelt bemüht hatte, das Verhältnis zwischen seinem Land und den Vereinigten Staaten Nordamerikas zu verbessern, und große Geldsummen dafür ausgab, daß man in Washington die Werbetrommel für ihn rührte, hielt sich auf einer prächtigen Hazienda in Orizaba auf, als ihn, nur wenige Tage nach dem Schreiben von Charlotte, eine Hiobsbotschaft erreichte, welche ihn in eine tiefe Depression stürzte. Der Kaiser erhielt die Nachricht vom Ende des amerikanischen Bürgerkrieges und mußte betrübt einsehen, daß der von ihm favorisierte Süden bedingungslos kapituliert hatte. Die Südstaaten hatten zu bestehen aufgehört, die Sache des Südens war endgültig verloren, gestorben und verblutet im Staub der Schlachtfelder von Gettysburg – welches allein 40 000 Tote forderte – und Appomatox, verbrannt zusammen mit der Hauptstadt Georgias, Atlanta, welche die siegreichen Unionstruppen in Schutt und Asche gelegt hatten. Gebrochenen Herzens hatte der bei Appomatox von den Truppen der Nordstaatengenerale Grant und Sherman eingeschlossene »Stolz des Südens«, General Robert E. Lee, am 9. April kapituliert. Der mörderische Bruderkrieg mit seinen 2500 Schlachten und seiner Million Toten war vorbei. Nun aber stand für Maximilian im Norden seines Landes ein übermächtiger potentieller Feind bereit, der vielleicht sogar Invasionsgelüste hegte und sich immer auf die Seite von Benito Juárez gestellt hatte. Die Ereignisse im Nachbarland schienen sich zu überstürzen: am 27. April erfuhr der Emperador, daß nur zehn Tage zuvor Abraham Lincoln, der Präsident der siegreichen Union einem Attentat zum Opfer gefallen war. (Offenbar brauchten die von New Orleans abgehenden, oftmals von den Juáristen abgefangenen Telegramme acht bis zehn Tage, um Mexiko zu erreichen; der Stand der Nachrichtenübermittlung war also nicht gerade großartig.)
Ein Mann namens Booth hatte Präsident Lincoln aus wildem Haß über die Niederlage der Konföderation meuchlings in einem Theater erschossen. In seiner allerletzten öffentlichen Rede hatte Lincoln noch betont, daß nun das Zeitalter des Friedens heranbräche und alle Kriege für immer vorbei wären. Ob sich diese von Humanitätsge-

danken beherrschte Aussage wohl auch auf Mexiko bezogen hatte? Die Haltung von Lincolns Nachfolger Andrew Johnson ließ nicht darauf schließen, denn der neue Präsident zog es vor, auf ein Kondolenzschreiben des verachteten »Schwächlings« auf dem mexikanischen Thron gar nicht erst zu reagieren. Wie sehr sich die Situation für den Emperador nach dem Untergang des Südens verschärft hatte, beweist auch ein Brief, den der mittlerweile zum Sergeant im französischen Expeditionskorps beförderte Jean Pierre Marat im Juli 1865 an seinen Freund, den Abgeordneten der Deputiertenkammer, Jules Favre, sandte:

...Nachdem Maximilian im Juni 1864 seine Regentschaft antrat, brach die republikanische Armee Stück für Stück auseinander. Bis zum Oktober hatten wir alle wichtigen Golfhäfen erobert. Juárez wußte nicht mehr, wie ihm geschah. Gleichzeitig aber passierte etwas Merkwürdiges. Etwas, was sich durchgängig bis zum heutigen Tag fortgesetzt hat und schon in den ersten Monaten nach unserer Landung im massivsten Widerstand der mexikanischen Forts zum Ausdruck kam: Der unbändige Wille, sich den Extranjeros zu widersetzen. Die Aufpropfung fremder Triebe abzustoßen, selbst um den Preis, alles dabei draufgehen zu lassen. Wir spüren es jeden Tag bei den Patrouillen. Wir vernichten den Feind hier, dort steht er neu auf. An das Mark des Widerstandes sind wir noch längst nicht herangekommen. So ist es erklärbar, daß wir trotz großartiger Siege Ende 1864 fast vor einer Katastrophe standen. Zwischen Dezember 1864 und Januar 1865 war die Situation so verzweifelt, daß der kaiserliche Hof in Erwägung ziehen mußte, das Land wieder zu verlassen. Du weißt, daß nur Seiner französischen Majestät Prestigeverlustangst und der interne Streit zwischen Maximilian und Franz Joseph den völligen Rückzug verhindert haben. Ich höre schon die Vorschläge der Besserwisser, wie man dieser dämonischen Kraft Einhalt gebieten könne: Mit mehr Truppen, mehr Waffen... es würde nichts nutzen. Gewalt wird das Land nicht erobern, wenn sie es jemals vermocht hat. Armes Frankreich, armer Maximilian. Wohin wir gehen, wohin wir sehen: Feindschaft. Die aus dem Bürgerkrieg siegreich hervorgegangenen Nordstaaten der USA beginnen, Juárez jetzt auch mit

Waffen und Freiwilligenverbänden zu unterstützen, ganz zu schweigen von der moralischen Unterstützung, die Napoleon den Angstschweiß auf die Stirn treiben dürfte. Die Liste ließe sich beliebig verlängern. Es zu tun, darf und kann nicht meine Aufgabe sein. Auch weil vieles Dir davon bekannt ist. Sicherlich aber weniger, daß es neben diesen mehr äußerlich bedingten Infragestellungen unserer Existenz noch interne Schwierigkeiten zu bekämpfen gilt. So die sich überall bemerkbar machende Befehlsunsicherheit. Auf den unteren Kommandoebenen zeigt das Kompetenzgerangel seine schädigende Auswirkung darin, daß sich die Kommandeure der verschiedenen Nationalitäten weigern, Befehle von Vorgesetzten anderer Kontingente in Empfang zu nehmen.[11]

Es war klar, daß sich nun schwere »Gewitterwolken am Rio Grande« bilden würden, wie Joan Haslip in einer Kapitelüberschrift ihres Buches schrieb. Maximilian konnte nur angsterfüllt in Richtung Grenzfluß starren, denn es lag auf der Hand, daß bald überschüssiges Kriegsmaterial den Schmuggelweg über die Grenze und den Rio Grande del Norte antreten und in die Hände von Benito Juárez gelangen würde. In Washington sollte sich außerdem bald ein weiterer Feind des Kaisers einfinden und die Antipropagandatrommel rühren, nämlich Graf Montholon, den Maximilian stets als »gefährlich zänkische Kleinnatur« beschrieben hatte, welche ihre »intriganten Konsulallüren« niemals ablegen konnte. Montholon zögerte natürlich nicht, das mexikanische Kaiserreich in den Augen der ohnehin extrem feindlich gesinnten amerikanischen Öffentlichkeit zu diskreditieren.

Während Charlotte sich gezwungen sah, die französischsprachige Zeitung *l'Estafette*, die den Einzug des Kaiserpaares in die Hauptstadt mit so enthusiastischen Worten gefeiert hatte, auf Grund von wiederholt geäußerten regierungsfeindlichen Parolen zu verbieten und Kaiserin Eugénie schrieb, daß in Mexiko-Stadt eine »gewisse Apathie« herrsche und sich »Überdrüssigkeitserscheinungen« bemerkbar machten, erklärte man dem amerikanischen Gesandten in Paris bereits, die längst beschlossene Abberufung des französischen Expeditionskorps sei nur noch eine Frage der Zeit. Maximilian aber unterbreitete in der Zwischenzeit dem amerikanischen Außenminister den Vorschlag, eine gemeinsame Konferenz einzuberufen, um das anfallende »Flüchtlingsproblem« zu diskutieren. Vielleicht wollte er damit verhindern, daß die in Mexiko einbrechenden Horden der geschlagenen Südstaatenarmee geschlossen zum Indianerpräsidenten Juárez übergingen, Washington jedenfalls strafte das Angebot des Emperador neuerlich mit Ignoranz. Alle diese verzweifelten Versuche, mit Amerika zu einer wie immer gearteten Verständigung zu kommen, zeugen von der unglaublichen Naivität des Habsburgers, der allen Ernstes zu glauben schien, daß eine Regierung, die sich offen weigerte, mit den »revolutionären Agenten« eines ungerechten monarchistischen Regimes zu verhandeln, da sie lediglich mit Benito Juárez, dem einzigen rechtmäßig gewählten Staatsoberhaupt Mexikos, freundschaftliche und diplomatische Beziehungen unterhielt, zu irgendeiner Form des Einlenkens bereit sein konnte. In seiner verzweifelten Lage erinnerte sich Maximilian nun an die Geheimklausel des mit Frankreich geschlossenen Vertrages und an Napoleons Versprechen, im Falle »jeglicher Eventualität«, die jetzt in Gestalt einer möglichen Aggression durch die Vereinigten Staaten an die Türen des Kaiserreiches pochte, hilfreich einzugreifen. Der mürrische, aber loyale Felix Eloin sollte deshalb sofort nach Europa aufbrechen, um den Kaiser der Franzosen an sein Wort zu erinnern; außerdem sollte der von der französischen Militärverwaltung so gehaßte Belgier auch in London auf den Busch klopfen und seinem Monarchen, dem König der Belgier, Leopold I., die fatale Lage auseinandersetzen.

Der Chef des kaiserlichen Zivilkabinetts gehorchte und fügte sich in seine undankbare Aufgabe, deren Sinnlosigkeit ihm nirgends deutlicher bewußt wurde als am französischen Hof. Dort empfing ihn Kaiserin Eugénie in Abwesenheit des in Algerien weilenden Louis Napoleon zwar zunächst sehr freundlich, gab aber bald unmißverständlich zu erkennen, daß die Entsendung einer weiteren Verstärkungstruppe ausgeschlossen war. Die Sprache der Kaiserin war eindeutig: »Ganz Mexiko zu besetzen ist unmöglich, und die Truppen genügen, um die Ruhe eines Teiles des Landes sicherzustellen und die Ehre unserer Fahne zu gewährleisten. Der Marschall wird mit seiner unzweifelhaften Energie und Klugheit schon alles in Ordnung bringen."[12] Leopold von Belgien lag schwer krank darnieder, als der Ingenieur aus Namur ihn aufsuchte, und er konnte ihm nur versichern, daß Lord Palmerston und die englische Regierung kein militärisches Engagement in Mexiko wünschten. Am kaiserlichen Hof in Wien gewährte Franz Joseph Eloin nicht einmal eine Audienz, ließ ihm aber ausrichten, daß er seinen Bruder Maximilian nach wie vor liebe und alles Nötige in die Wege leiten würde, um dem Kaiser von Mexiko im Falle eines Thronverlustes eine würdevolle Rückkehr in sein Heimatland zu erleichtern. Felix Eloins Mission war auf der ganzen Linie gescheitert.

Was aber tat indes sein Auftraggeber, der Emperador? Er setzte seine Rundreise fort, um, ungeachtet der mit unverminderter Gewalt auf ihn und sein Reich einstürzenden Probleme, sein Ruhr- und Leberleiden auszukurieren und sich an den Sehenswürdigkeiten des ihm immer stärker entgleitenden Landes zu erfreuen. In Teotihuacan stand er stolzerfüllt und berauscht vom »Jahrhunderthauch der Vergangenheit« auf der berühmten Sonnenpyramide der Azteken, und in Tlaxcala traf er mit General Thun zusammen, der ihn mit einer Abordnung des von Johann Carl Graf Khevenhüller-Metsch kommandierten, fast rein ungarischen Husarenregimentes durch die Provinz Puebla eskortierte. Immer wieder mußte er schlichtend eingreifen, da die Franzosen und Österreicher einander offenbar inbrünstig haßten und zu »Handgreiflichkeiten neigten«.

Er gewann die Freundschaft eines berühmten, in Mexiko lebenden spanischen Dichters, den er, obwohl seine Sympathien eindeutig auf der Seite der Juáristas gelegen waren, zum Intendanten des Nationaltheaters von Mexiko-Stadt ernennen wollte. Doch der Poet José Zorilla, der das übergroße Allgemeinwissen Maximilians bewunderte und sich mit ihm scheinbar über »Gott und die Welt« unterhalten konnte, sollte seinem Kaiser nicht allzu lange zur Verfügung stehen können. Er starb sechs Monate später, so daß es ihm erspart blieb, den Untergang des Kaiserreiches mitansehen zu müssen.

Das Treffen mit dem Dichter schien Maximilians eigene poetisch-philosophische Ambitionen wachgerufen zu haben, denn er begann, die drohende Juáristengefahr einfach aus seinen Gedanken zu verbannen und völlig zu vergessen. Während eine ansehnliche Streitmacht der Rebellen die Stadt Michoacan belagerte, landesweit antimonarchistische Kundgebungen stattfanden und ein überzeugter

Juárist nach dem anderen förmlich aus dem Boden schoß, dachte der Emperador daran, neue Lehrpläne zu entwerfen, das Studium klassischer Sprachen zu forcieren und vor allem der von ihm geschätzten sträflich vernachlässigten Disziplin der Philosophie zum Durchbruch zu verhelfen, denn einzig die Philosophie »schule den Verstand, lehre den Menschen sich selbst erkennen und die sittliche Ordnung der Gesellschaft notwendig aus sich selbst entwickeln«.[13] Ambitionierte, jedoch in Anbetracht der vorherrschenden katastrophalen politischen Lage völlig unsinnige Projekte gingen Maximilian durch den Kopf. So plante er, einen Preis für die beste dramatische Dichtung Mexikos auszusetzen, eine Kommission zur Förderung des Unterrichtswesens unter der Leitung seines Leibarztes Friedrich Semeleder einzusetzen; er sorgte sich um die präkolumbischen Kunstschätze, die in seinen schlecht verwalteten Museen vermoderten, und dachte an kostspielige archäologische Expeditionen, während seine schwergeprüfte Gemahlin Charlotte sich nach Kräften bemühte, Ordnung in das chaotische Staatssystem zu bringen.

Man kann der von allen Seiten hart bedrängten Emperatriz die Bewunderung nicht versagen, angesichts des unbändigen Elans und der schier übermenschlichen Energie, mit der sie an die Lösung der immer härter werdenden Probleme des Landes heranging. Es war klar, daß dieser ungeheure Arbeitseinsatz seinen Tribut fordern mußte; Charlotte wurde zunehmend nervöser und aggressiver, erste Anzeichen einer Paranoia und des ein Jahr später in Rom mit schrecklicher Gewalt ausbrechenden Verfolgungswahnes, der sie zum menschlichen Wrack machen sollte, begannen sich abzuzeichnen, und die Hofdamen stellten konsterniert fest, daß Carlota offenbar die merkwürdige Angewohnheit besaß, ihre Taschentücher in den Mund zu nehmen, an ihnen zu kauen und sie oftmals regelrecht durchzubeißen.

Trotz ihrer wachsenden Unbeliebtheit im Volke tat Charlotte alles, um eine gute Landesmutter zu sein. Ein Entbindungsheim wurde ausschließlich aus den Geldmitteln ihres Privatetats finanziert, sie veranlaßte die Einrichtung von Armenhospizen und Ausspeisungshallen, gründete ein Obdachlosenasyl, kümmerte sich in rührender Weise um die vielen die Straßen von Mexiko-Stadt säumenden

Bettler, nahm dabei aber auch zahlreiche gesellschaftliche Verpflichtungen wahr, besuchte die mexikanische Staatsoper, welcher der Wiener Hofoper, was Prunk und Ausstattung betraf, offenbar nicht allzu sehr nachstand, und war ebenso im Sattel ihres Pferdes zu finden, Verteidigungsanlagen inspizierend oder Truppenverbände besuchend. Die einsame und von ihrem Mann zunehmend enttäuschte Frau schien sich völlig in ihren »Beruf« zu flüchten. Sehr bestürzt und besorgt reagierte die Emperatriz, als sie erfahren mußte, daß eine 250 Mann umfassende Abteilung des unter ihrem persönlichen Schutz stehenden belgischen Freikorps in Tacambaro in eine Falle gelockt worden war. Überlegene juáristische Kräfte – man sprach von 2000–3000 Feinden – belagerten die kleine belgische Einheit, 42 Soldaten und acht Offiziere starben im Kampf, während die restlichen 200 den mühsamen Weg in eine unsichere Gefangenschaft antreten mußten.

Als Baron Alfred van der Smissen, der belgische Oberbefehlshaber, in Morelia von dem Debakel erfuhr, konzentrierte sich sein Haß vor allem auf den französischen Colonel Potiers, der die jungen und in der Mehrzahl unerfahrenen Soldaten und Offiziere nach Ansicht des Belgiers einfach in den Tod gejagt hatte. Van der Smissen war nicht der Mann, der eine Ungerechtigkeit so ohne weiteres schluckte; der resolute Baron, der von den einfachen Soldaten vergöttert wurde, während ihm die höheren Chargen und Offiziere auf Grund seiner Härte und Überheblichkeit mit Haßgefühlen begegneten, war ein arroganter, kompromißloser und herrischer Mann von unbestreitbar großer persönlicher Tapferkeit, der weder Tod noch Teufel fürchtete und selbstverständlich darauf bestand, den Verursacher des Desasters zur Rechenschaft zu ziehen. In Gegenwart von Marschall Bazaine warf der aufgebrachte Belgier Oberst Potiers grobe Fahrlässigkeit und »himmelschreiende Inkompetenz« vor und ohrfeigte ihn vor versammelter Mannschaft. Bazaine mußte seine ganze Autorität in die Waagschale werfen, um ein drohendes Pistolenduell zwischen den beiden wütenden Kontrahenten zu verhindern, was er wohl auch deshalb tat, weil er seinen hochrangigen Offizier nicht verlieren wollte. Bazaine wußte nur zu genau, daß der belgische Edelmann, der stolz erklärte, dem Franzosen jede gewünschte Satisfaktion zu gewähren und ihm sogar die Wahl der

Waffen überließ, ein übermächtiger Gegner für Potiers gewesen wäre.

Charlotte bewunderte die Führungsqualitäten und das unerschrokkene Auftreten van der Smissens sehr, was nicht unbemerkt bleiben und ein Gerücht in Umlauf bringen sollte, mit dem wir uns zu gegebener Zeit auseinander zu setzen haben werden. Für die Kaiserin war die verlorene Schlacht ihrer »Leibgarde« eine Katastrophe, welche sie mit der Urgewalt eines »Erdbebens« traf, wie sie sich etwas theatralisch äußerte. Charlotte überschätzte die Tragweite des keineswegs entscheidenden Scharmützels natürlich bei weitem, aber sie fühlte sich in ihrer Nationalehre gekränkt und verärgerte die Franzosen, indem sie ihren tapferen gefangenen Landsmännern 10 000 Franc aus ihrer Privatschatulle stiftete, die erstaunlicherweise und trotz der oft kolportierten Grausamkeit und Unmenschlichkeit der Juáristenführer ihre Adressaten erreichten.

Maximilian konnte den belgischen Offizier Alfred van der Smissen, der aus seiner großen Abneigung für die Indianer, welche nach der Meinung des Kaisers die wichtigsten und loyalsten Untertanen seines Reiches waren, kaum ein Hehl machte und der bei aller unbestrittenen Tapferkeit und Ritterlichkeit ein harter und unbeugsamer Gegner war, der dem Feind keinen Pardon gab, scheinbar keine Angst und Unsicherheit kannte und – im krassen Gegensatz zu ihm selbst – niemals von irgendwelchen Zweifeln an der Richtigkeit seiner Handlungen und Entscheidungen geplagt wurde, nicht besonders gut leiden. Und seine Meinung über die effektive Schlagkraft der belgischen Streitmacht war eher abschätzig, was Charlotte zweifelsohne gekränkt haben muß. Der Kaiser beklagte die mangelhafte Ausbildung der in der Mehrzahl blutjungen Rekruten aus dem Heimatland seiner Frau und gab offen zu bedenken, daß man mit der Entsendung dieses Kontingents den unverzeihlichen Fehler gemacht hatte, »uns bartlose Kinder zu senden, die am Anfang entmutigt wurden, ohne daß man es unternommen hätte, sie wieder aufzurichten«, so daß sich die Belgier wie »die Fliegen« töten ließen.[14]

Die mit vorwiegend aus dem Hinterhalt operierenden Feinden konfrontierten Männer des österreichischen (und auch des belgischen!) Freikorps hielten sich tapferer und besser, als manch abwertender

Bericht über ihren Einsatz vermuten läßt. Die österreichischen und belgischen »Freikämpfer« hatten furchtbar unter den klimatischen Bedingungen Mexikos zu leiden, kamen kaum mit den perfektionierten Guerilla-Methoden ihrer Gegner zurecht und wurden nur sehr schlecht (und bald überhaupt nicht mehr) entlohnt. Der Kommandant des ungarischen Husarenregiments, Johann Carl Graf Khevenhüller-Metsch, beschwerte sich bereits wenige Wochen nach seinem Eintreffen auf dem »Kriegsschauplatz« über die unhaltbaren Zustände und meldete der Heimat: »Wir waren alle Augenblicke gefaßt, von den Guerillas angefallen zu werden, denn von einer Unterwerfung ist keine Rede, vielmehr ist es jetzt viel schlechter als wie der Kaiser gekommen ist. Alle Tage hört man von irgend einem Generalen oder Obersten, der sich wieder mit seinen Truppen gegen die Regierung ausgesprochen hat ... Der Staat hat kein Geld, die Truppen auszuzahlen, und wir nicht ein Pferd. Das ganze muß sich bald ändern ...«[15]

Der Emperador und seine Gattin sahen sich am 12. Juni 1865, dem Jahrestag ihres triumphalen Einzuges in Mexiko-Stadt, in Puebla wieder. Zu Ehren des 25. Geburtstages der Kaiserin wurde ein rauschendes Fest veranstaltet, Österreicher, Belgier, Franzosen und die einheimische Bevölkerung wetteiferten um die Gunst der Emperadores, unzählige immer wieder explodierende Knallfrösche und die Salutschüsse der mexikanischen Soldaten gaben dem Fest den bereits gewohnten spektakelhaften Rahmen, und eines der üblichen Feuerwerke erleuchtete den Nachthimmel. Das Aufeinandertreffen des Kaiserpaares verlief zwar betont herzlich, doch der Kammerdiener Maximilians wunderte sich, daß sein Herr nicht zusammen mit Charlotte in dem spitzenbesetzten Doppelbett, das man ihnen zur Verfügung gestellt hatte, schlief, sondern es vorzog, allein auf einem relativ unbequemen Feldbett zu nächtigen. Die immer noch vorhandene Zuneigung reichte scheinbar nicht mehr aus, um auch das Bett miteinander zu teilen. Graf Khevenhüller hielt den denkwürdigen Tag in seinem Tagebuch fest und beeilte sich, die Gewohnheiten der Mexikaner und ihre ungewöhnliche »Feiermentalität«, die sie veranlaßte, bei jeder Gelegenheit eine Fiesta zu veranstalten, zu kritisieren:

...Die Stadt hatte sich mit allen möglichen typischen Fahnen und Bändern geschmückt. Auch sah das Ganze recht hübsch aus, doch machte uns der fürchterliche Staub beinahe blind. Der Kaiser sieht recht gut aus, sehr abgebrannt. Man hatte ihm im bischöflichen Palais das Hoflager aufgeschlagen. Der Kaiser trat zum Balkon und sah auf dem Hauptplatze der Defilierung der Truppen zu. Die Husaren und Ulanen zogen im Galopp mit Hurrah und Eljen vorüber. (Das österreichische Freikorps inkludierte auch ein Ulanenregiment, in dem unter anderen auch einige hundert Polen kämpften, welche nach dem fehlgeschlagenen Aufstand ihres Landes gegen das Zarenreich in Österreich-Ungarn Zuflucht gesucht und gefunden hatten; Anmerkung des Verfassers). *Die Musikbanden spielten den Kaisermarsch. Nachmittags 4 Uhr sammelten sich wieder alle Offiziere zu Pferde vor dem Palaste, und der Kaiser fuhr der Kaiserin entgegen. Die Stadt war wieder mit Triumphpforten und Blumen bedeckt, die Menschenmassen ungeheuer, das Eviva-Rufen brausend... Kaiser und Kaiserin sahen über diesen Empfang recht glücklich aus. Die Kaiserin bewarf man mit einer solchen Unmasse von Blumen und Gedichten, daß der Wagen davon gefüllt war. Die Menschenmassen drängten sich bis an den Wagen. Kaum konnten wir die Leute abhalten, den Wagen auszuspannen. Beide Majestäten sollen 14 Tage hier verbleiben. Die Kaiserin will die berühmten Schwefelbäder hier gebrauchen. Sie sah übrigens blühend aus. Sie ist eine imposante schöne Erscheinung. Als Ordonnanz-Offizier des Tages hatte ich genügend Gelegenheit, das Benehmen der Herrn Mexikaner Seiner Majestät gegenüber kennenzulernen. Stolz und aufgeblasen wegen nichts, glauben sie die sogenannte republikanische Schroffheit mit der spanischen Grandezza so mengen zu können (ganz wie bei uns die Häupter der Liberalen), dabei aber gelegentlich einen Orden oder einer ähnlichen Auszeichnung immer sehr zugänglich... Alle Abende machen die permanente Platzmusik und die obligaten Feuerwerke den Leuten viel Spaß. Es ist immer voll zum Erdrücken. An Sonn- und Festtagen steigen Tag und Nacht Raketen und schwärmen auf. Das ist Landessitte. Auch pflegt die Bevölkerung mitten in den Gassen bei Nacht große Feuer anzuzünden. Wohl*

ist wegen der steinernen Häuser mit ihren flachen Dächern keine Feuersgefahr zu befürchten, trotzdem wundert sich natürlich der Fremde anfangs sehr über die Toleranz der hiesigen Polizei. Oft wirbelt ein brauner Kerl seine Trommel bei dem Feuer, und ein Haufe gemeiner Weiber murmelt dazu Gebete – ob das nicht an die Heidenzeit erinnert! In der Kirche sitzen die anständigsten Frauen am Boden, ohne sich auf ihre Röcke zu setzen. Sie scheinen die Verkühlung nicht zu befürchten. Stühle gibt es keine, aber kalte Steine.[16]

Das großartigste Fest der letzten Monate, wenn nicht des Jahres, fand aber in der Hauptstadt statt. Am 26. Juni ehelichte François Achille Bazaine die 17 Jahre alte wunderhübsche Josefa de la Pena; ihr Onkel war einmal Präsident der Republik. Sogar der Bischof von Mexiko schien seine erheblichen Differenzen mit dem Marschall vergessen zu haben und ließ sich erweichen, die Trauung in der Kapelle des Palacio Nacional selbst zu vollziehen. Labastida nahm auch am großen Vermählungsdesayuno, das Maximilian zu Ehren des Brautpaares im Palast gab, teil und erfreute sich ebenso wie alle anderen Gäste an dem großen Frühstück, das die Ausmaße eines Banketts annahm, während die Menschenmassen den Regierungspalast umlagerten. Charlotte überwand ihre große Abneigung gegen den »Abrazo« und umarmte die frischgebackene Madame la Maréchale vor den Augen der Öffentlichkeit, die Palastdamen führten eifrig ihre besten Roben aus; wieder einmal wurde unbeschwert in den Tag hinein gefeiert, während im Norden des Landes die Waffen sprachen und die Juáristen immer zahlreicher und stärker wurden. Der Emperador zeigte sich besonders großzügig und schenkte der Braut eine der schönsten Prunkvillen der Stadt, den Palacio Buenavista. Dieses Hochzeitsgeschenk des Kaisers, die »Villa zum Schönen Blick«, sollte dem Ehepaar jedoch nur bis zu seiner Abreise zur Verfügung stehen. Dann sollte das Palais wieder in den Besitz der mexikanischen Regierung übergehen und Doña Josefa würde im Austausch dafür 100 00 Pesos als »Entschädigungsmitgift« erhalten. Maximilian brauchte die Hilfe der Franzosen und des Marschalls nötiger denn je, deshalb begegnete er dem Oberbefehlshaber des Expeditionskorps, dem er in Wahrheit längst nicht mehr über den

Weg traute, so überaus freundlich. In einem Brief an seinen Bruder Karl Ludwig schlug er freilich einen ganz anderen Ton an und machte sich ein wenig über den fast greisen Bräutigam lustig: »Montag, den 26., haben wir leider noch ein großes Fest im Palais von Mexiko, die Hochzeit des Marschalls Bazaine mit einer reizenden 17jährigen Mexikanerin, die uns durch ihre Schönheit und Liebenswürdigkeit in Europa Ehre machen wird. Der Marschall ist trotz seiner 54 Jahre verliebt wie ein Gimpel, möge ihm dieses gewagte eheliche Glück gut anschlagen.«[17]

Aber auch Bazaine hatte scheinbar nur gute Miene zum notwendigen bösen Spiel gemacht. Zwei Tage nach seiner prachtvollen Hochzeit beeilte er sich, seinem Empereur in Frankreich mitzuteilen, daß der einzige Schwachpunkt seiner militärischen Herrschaft über die besetzten Gebiete die Regierung Kaiser Maximilians wäre. Eine Woche später kam es zwischen dem Emperador und dem endlos mit Bazaine rivalisierenden General Felix Charles Douay zu einer Unterredung, die man fast als Komplottversuch gegen den Marschall werten kann. Douay teilte dem Kaiser unverblümt mit, daß Frankreich die baldige Beendigung des mexikanischen Abenteuers herbeisehne und Bazaine seine Truppen wahrscheinlich schneller als erwartet abziehen würde. Der General kritisierte seinen Vorgesetzten heftig und riet dem Kaiser, von nun an mit diktatorischen Vollmachten zu regieren. Auch der Oberbefehlshaber des französischen Expeditionskorps hatte sich nach der Ansicht des Generals dem Willen des Kaisers zu beugen. Es sei eines Herrschers unwürdig, so Douay weiter, daß er quasi am militärischen Gängelband eines Marschalls hänge. Conte Corti hat den weiteren Verlauf und Wortlaut des vertraulichen Gespräches festgehalten:

Maximilian: *Ach wären Sie doch mein Oberkommandant!*
Douay: *Das ist meinem Rang nach unmöglich.*
Maximilian: *Warum denn nicht? Der Marschall durchkreuzt alles ... Der Bürgerkrieg zehrt alles Geld auf. Die Steuern existieren so gut wie gar nicht. Wenn ich bloß denke, was mir damals Napoleon vor meiner Abreise in Paris gesagt hat: »Mein Fürst, Sie werden Mexiko gänzlich befriedet vorfinden, die Anleihe wird ledig-*

	lich für Eisenbahnen, Straßen und dergleichen dienen!« Und heute? Wo sind wir angelangt? Die Lage ist schlechter als im Vorjahr.
Douay:	*Eure Majestät, nur diktatorische Gewalt kann helfen. Die französische Armee muß sie leihen, aber freilich sie kann es nicht, wenn man sie so irrsinnig herumhetzt wie bisher.*
Maximilian:	*Gewiß, und dazu kommen noch die Affäre Jecker und die tollen finanziellen Lasten, die uns dadurch aufgebürdet werden.*
Douay:	*Ja, in Frankreich glaubt man, das ganze Ziel der Unternehmung liege darin, diesem Spekulanten zu seinem Geld zu verhelfen.*
Maximilian:	*Mein lieber Douay, Sie müssen zusehen, daß sie bald die Erbschaft antreten, die Ihnen zukommt. Sie müssen alles wieder einrenken.*[18]

Der Marschall schien die geplante »Verschwörung« sehr schnell durchschaut zu haben und beorderte den aufmüpfigen General nach San Luis Potosí, um dort das sogenannte »Nordkommando« zu übernehmen. Dieser Posten war zwar eine sehr verantwortungsvolle Aufgabe, doch der schlaue »alte Fuchs« Bazaine hatte den unbequemen und lästigen Kritiker damit mehr oder weniger kaltgestellt. San Luis Potosí, das ehemalige Hauptquartier von Präsident Juárez, lag immerhin 507 Kilometer von Mexiko-Stadt entfernt, und während der mißtrauische Marschall in der Hauptstadt blieb, weiterhin alle militärischen Fäden zog und alle allzu eigenwilligen Aktionen des Kaisers überwachen und sabotieren konnte, würde es dem im direkten Kampfeinsatz stehenden General Douay wahrscheinlich sehr schwer fallen, weitere Intrigen gegen den Oberbefehlshaber zu spinnen. Bazaine war auch nicht entgangen, daß sich in Europa eine kriegerische Auseinandersetzung zwischen Österreich und Preußen anbahnte und mutmaßte vielleicht, daß auch sein Heimatland in diesen Kampf um die Vormachtstellung im Deutschen Bund hineingezogen und militärisch involviert werden könnte. Es schien daher verständlich, daß Paris eine kontinuierliche Dezimierung seiner in Mexiko engagierten Truppen forderte. Es

ließ sich ebenso nicht leugnen, daß sich Abnützungs- und Demoralisierungserscheinungen innerhalb des Expeditionskorps breit zu machen begannen. Der Marschall mußte also mit allen Eventualitäten rechnen. Sollte sich das militante Preußen entschließen, Frankreich »an die Gurgel« zu springen, galt es also, rechtzeitig am europäischen Kriegsschauplatz einzutreffen. Der Marschall war viel zu sehr Patriot, um diesen Faktor nicht in seine Kalkulationen miteinzubeziehen. Aber auch ohne europäischen Krieg war die Präsenz der französischen Truppen in Mexiko äußerst problematisch geworden und würde sich nicht ad infinitum ausdehnen lassen. Das wußte der Marschall, der – ebenso wie die meisten seiner Führungsoffiziere – einsah, daß alle militärischen Erfolge, die das Expeditionskorps errang, nicht darüber hinwegtäuschen konnten, daß die Juáristen wieder Oberwasser bekamen.
Trotz all dem gab es bald darauf zwei glänzende Siege der Truppen der Besatzungsmacht. Einen davon hatte Baron van der Smissen gemeinsam mit dem mexikanischen Coronel Raoul Mendez bei Michoacan errungen. Der belgische Oberstleutnant, den Maximilian für »brutal, kompromißlos und schreckerregend« hielt, hatte damit zwar die Scharte von Tacambaro auf beeindruckende Weise ausgewetzt, wußte aber auch, daß nur eine erhebliche und leider nicht zu erwartende Truppenaufstockung den Sieg von Michoacan wirkungsvoll konsolidiert hätte. Weiter im Norden war es Douays Untergeneral Brincourt sogar geglückt, die Juáristas aus Chihuahua hinauszuwerfen. Präsident Juárez befand sich wieder auf der Flucht, doch der zähe Indianer hatte seinen Standort schon so oft wechseln müssen, daß es ihm auch nichts ausmachte, nun von der kleinen Grenzstadt Paso del Norte aus zu operieren. Der Anwalt wußte genau, daß er den Zeitfaktor auf seiner Seite hatte. Immer wieder peitschte er die ihm treu gebliebenen und einen wachsenden Zulauf verzeichnenden Guerillahorden vorwärts, ihnen ständig in flammenden Brandreden versichernd, daß der Tag der Befreiung näher rückte. Überraschend erhielt er einen zwar unberechenbaren aber finanzkräftigen Partner und Verbündeten, als ein Mann, der die Geschicke Mexikos jahrzehntelang dominiert hatte, eine Initiative startete, mit der weder Juárez noch Maximilian gerechnet hatten. Generalissimus Antonio Lopéz de Santa Ana hielt die Zeit

offenbar für gekommen, um wieder einmal einen Seitenwechsel vorzunehmen. Der verschlagene, steinreiche Mann, den Maximilian einmal zum Grafen von Vera Cruz hatte machen wollen, sagte sich offen vom Kaiserreich und dem Emperador los und erließ eines seiner Kampfmanifeste, in welchem er alle aufrechten Bürger Mexikos aufforderte, sich unter seiner Führung zu einen und das schwergeprüfte Vaterland zu erretten. Da der Exdiktator aber niemanden finden konnte, der ihm Gefolgschaft und Treue schwor, sah er sich gezwungen, sich mit Benito Juárez zu verbünden. Der Indianer verachtete Santa Ana zwar zutiefst, war aber aus verständlichen Gründen nicht zu stolz, sein Geld zu nehmen und seine Munitionslieferungen zu akzeptieren.
Maximilian tobte, als ihm der Freund des Verräters Santa Ana, der »Kaisermacher« Gutierrez de Estrada, aus dem sicheren Rom unverschämte Vorhaltungen machte. In einem seiner üblichen überlangen, 84 Seiten umfassenden Epistolate belehrte der Exilmexikaner seinen Emperador, daß die Monarchie nur errichtet worden sei, um die geheiligten Rechte der Mutter Kirche zu sichern, und daß sein Bruch mit dem Klerus nur als verhängnisvoll und »schandhaft« zu bezeichnen war. Dieser Brief und der Verrat Santa Anas brachte den Kaiser nur noch mehr gegen die »Cangrejo-Partei« auf, wie man die Konservativen im Volk zu bezeichnen pflegte. Die »Krebspartei«, die ihn ins Land geholt hatte, wurde ihm immer verhaßter, und er beschloß, sowohl Klerus wie auch Konservativen einen weiteren Denkzettel zu verpassen. Die in der Mehrzahl sehr reichen konservativen Hazienderos (und auch der Klerus!) hatten die von Maximilian geschätzten Indianer stets geknechtet und ihre Peones wie Leibeigene behandelt. Diesen krass unterbezahlten Landarbeitern, die vorwiegend indianischer Herkunft waren, wollte der Kaiser nun endlich Gerechtigkeit zuteil werden lassen, und er erließ ein Dekret, das den untersten Einkommensklassen eine menschenwürdige Entlohnung garantieren sollte. Er stieß dabei auf erhebliche Opposition in seinem eigenen Kabinett, wo man der Meinung war, einen drohenden Indianeraufstand nur dadurch verhindern zu können, daß man den »sozialen Tiefstand« dieser Menschen aufrecht erhielt. Dennoch drückte der Kaiser, oder vielmehr seine Gemahlin Charlotte, dieses Gesetz unbarmherzig durch. Die Emperatriz sprach

zwar von einer »historischen Tat«, aber die bittere Realität sah anders aus. Da die unterdrückten und »blutarmen« Peones über keinen eigenen Grundbesitz verfügten, blieb ihnen gar nichts anderes übrig, als sich weiter auf den Haziendas der Großgrundbesitzer zu verdingen und den »Hungerlohn« in Kauf zu nehmen, denn die Hazienderos hielten sich natürlich nicht an das Gesetz des Kaisers. Die Peones aber riskierten ihre Entlassung und damit ihre völlige Mittellosigkeit, falls sie sich erdreisteten, auf das neue Gesetz hinzuweisen und gerechtere Entlohnung zu fordern. Das so gutgemeinte humanitäre »historische Gesetz« hatte, wie so viele andere Erlässe und Dekrete aus der Feder Maximilians, im Grunde absolut nichts an den bedauernswerten Zuständen geändert. Daher wandten sich nun auch die Indios immer stärker von einem Kaiser ab, der zwar munter »Papierreformen« durchführte, ihre Lage aber nicht verbesserte, sondern unter Umständen sogar verschlechterte, indem er den Zorn der Großgrundbesitzer auf sich zog und seine indianischen Schützlinge weiterhin den Willkürakten der Rancheros und Haziendados aussetzte.

Anscheinend konnte es der Emperador niemandem im Land recht machen. Seine Unbeliebtheit wuchs, und vielleicht verfluchte er insgeheim schon den Tag, an dem er sich bereit erklärt hatte, die Kaiserkrone zu akzeptieren. Trotzdem wahrte er nach außen hin die Form. In einem Brief an seinen kaiserlichen Bruder Franz Joseph räumte er zwar nun die Möglichkeit eines Scheiterns ein, rechtfertigte aber erneut seine Entscheidung, das Verkalkungserscheinungen zeigende Europa verlassen zu haben, und beeilte sich, dem Kaiser von Österreich mitzuteilen, daß es besser sei, in der Neuen Welt zu versagen – im Bewußtsein Großes geleistet zu haben –, als tatenlos in Europa zu »versumpfen«. Kopfschüttelnd las der ältere Bruder in der Wiener Hofburg:

Ich kann nur sagen, daß, wenn ich mich jetzt wieder nach Miramar denken könnte und die mexikanische Deputation abermals käme, ich gar nicht mehr zaudern, gar keine Bedingungen stellen, sondern mit einem frischen fröhlichen »Ja« annehmen würde. Ich gebe mich deswegen keinen Illusionen hin, das neue Gebäude, an dem wir arbeiten, kann unter Stürmen zusammen-

brechen, ich kann dabei zugrundegehen, aber das Bewußtsein kann mir niemand nehmen, mit gutem Willen für eine erhabene Idee mitgearbeitet zu haben, und dies ist immer besser und tröstlicher, als im alten Europa im Nichtstun zu verfaulen ...[19]

Die energische Charlotte zeigte zwar – im Gegensatz zu Maximilian – keine offen sichtbaren Ermüdungserscheinungen, gab aber in einem Brief an ihre Großmutter zu, daß sie keine Freude am Zeremonienglanz mehr finden könne und sich innerlich ausgelaugt und alt fühle. Das schrieb eine Frau, die gerade ihren 25. Geburtstag gefeiert hatte. Eine in Mexiko-Stadt lebende junge Amerikanerin, die eine gerngesehene Teilnehmerin an Charlottes allmontäglichen Palastsoireen war, hat uns ein Portrait des mexikanischen Kaiserpaares in der zweiten Jahreshälfte von 1865 hinterlassen:

Der Kaiser war hochgewachsen, schmal und gutaussehend, mit einer gewissen Schwäche und Unentschiedenheit im Ausdruck, doch von sehr gewinnendem Wesen. Er sagte stets das Richtige, mit natürlicher Freundlichkeit und Leutseligkeit und mit Würde ohne Hochmut. Er hatte die Gabe des ungezwungenen Umgangs und besaß viel mehr persönliche Anziehungskraft als die Kaiserin, deren starkes, intelligentes Gesicht zuweilen etwas hart war, wenn einem auch ihr entschlossener Ausdruck das Gefühl eingab, daß sie der besser ausgerüstete Teil war, die Schwierigkeiten des praktischen Lebens mit Intelligenz zu meistern. Leider stieß ihr hochmütiges Wesen, eine ihrer sich allzu sehr bewußten Würde, viele, die ihr freundlich gesinnt waren, eher ab ... Es ist mehr als wahrscheinlich, daß sie hinter der stolzen Miene ein schmerzvolles Wesen verbarg oder zumindest das Bewußtsein einer Überlegenheit, die sich selbst zurückdrängen mußte.[20]

Die Zeitungen ihres Heimatlandes waren nicht ganz so mitfühlend und schmeichelhaft in ihrer Einschätzung der Persönlichkeit der Kaiserin wie die junge »Gringita«.[21] Die nordamerikanischen Blätter porträtierten Charlotte unverhohlen als herrische, zänkische, machthungrige Amazone, welche nicht in der Lage war, ihrem Mann den langersehnten Erben zu schenken. Deshalb unterjoche und unterdrücke sie den wankelmütigen Kaiser bei jeder sich bietenden Gelegenheit und nütze seine mangelnde Charakterstärke gnadenlos für ihre ehrgeizigen Ziele aus. Man sprach von skandalösen Verhältnissen am mexikanischen Hof und deutete an, daß der Emperador jenes Glück, das ihm Charlotte nicht schenken konnte, bei Frauen fast aller Bevölkerungsschichten suche, daß seine Amouren ein offenes Geheimnis wären und seine Geliebten mit großer Regelmäßigkeit mehr oder weniger diskret in den Palast und nach Chapultepec geschleust würden. Auch die mexikanische Zeitungslandschaft begann nun, sich immer stärker auf die Kaiserin »einzuschießen«. Ungeniert publizierte die einheimische Presse zynische Kommentare und zweideutige Spottverse auf die als Frau hoffnungslos versagende unfruchtbare »Mama Carlota«, die der Belgierin die Schamröte ins Gesicht getrieben haben müssen.

Wie sehr diese gemeinen Attacken Charlotte verletzten, läßt sich aus ihren Briefen an ihre Großmutter ersehen, in denen sie ein regelrechtes Verteidigungsplädoyer ablegte. Vor allem gegen die Behauptung, sie würde ihren Mann beherrschen, wehrte sie sich energisch. Die alte Dame muß die zunehmende Verzweiflung ihrer Enkeltochter gespürt haben, wie sie auch erkannt haben muß, wie unsagbar Charlotte unter der demütigenden Tatsache litt, daß sie »ihrem lieben Max« keine Kinder schenken konnte, als sie las:

Es wird gesagt, ich hätte Einfluß auf Max, ich sei für dieses oder jenes Dekret verantwortlich. Aber Max ist mir in jeder Hinsicht so überlegen, daß ich wirklich nicht sehen kann, wie ich jemals hoffen könnte, ihm Anregung zu geben. Was Max mir nicht von selbst sagt, würde ich niemals zu fragen versuchen. Ich achte darauf sehr sorgfältig und jetzt, da er regierender Monarch ist und man seine Würde bewahren muß, noch mehr denn je. Ich helfe Max auf jede Weise, in der ich es vermag. Ich kann nicht mehr tun, als einige seiner Bürden leichter zu machen und ihm etwas zusätzliche Arbeit zu ersparen. Wir sind ja die einzigen, die in der Regierung wirklich arbeiten. Ich rühme mich nicht einmal, daß ich mich darauf sehr gut verstehe. Aber es scheint mir ganz natürlich in einer Position wie der unsrigen, daß die Frau, die nicht Mutter einer Familie ist, ihrem Mann zu helfen versucht. Ich helfe, weil Max meine Hilfe will und weil ich mich nach einer nützlichen Beschäftigung sehne – nicht aus purem Ehrgeiz. Bei den Bauern hilft die Frau ihrem Mann oft bei der Feldarbeit. Dieses Land ist ein riesiges Feld, das bearbeitet werden will. Und wir sind ja nur zu zweit, wir haben keine Kinder und nichts anderes zu tun als dieses Feld zu bearbeiten.[22]

Der Kaiser ahnte wohl nicht, wie sehr er seine Frau verletzte und erniedrigte, als er im September 1865 die Entscheidung traf, das »Nachfolgeproblem« sozusagen in Eigenregie und ohne »Mitwirkung« Charlottes zu lösen. Er traf nämlich alle Anstalten, einen Enkel des von Santa Ana hingerichteten ersten Kaisers, Augustin de Iturbide, in einem Geheimvertrag zu adoptieren. Maximilian hatte die Angelegenheit mit keinem Wort erwähnt und stellte die Kaiserin schlicht und einfach vor die von ihr so schmerzlich empfundene vollendete Tatsache. Allerdings schien der Iturbide-Prinz, der wie sein Großvater Augustin hieß und damals erst zwei Jahre alt war, nicht die erste Wahl des Kaisers gewesen zu sein. Denn er hatte seinen Intimus, Carl de Bombelles, beauftragt, bei seinem Bruder Karl Ludwig zu sondieren, ob dieser willens wäre, einen von seinen drei Söhnen, Franz Ferdinand, Otto oder Ferdinand, quasi zur Adoption durch den Kaiser von Mexiko freizugeben. Dieser junge Erzherzog würde nach dem Vorschlag Maximilians »noch im Laufe des Jahres 1866 als Sohn und Erbe des Kaisers und der Kaiserin von Mexiko nach Mexiko reisen ... I. K. M. die Kaiserin Charlotte (würde) nach Wien kommen um ihn abzuholen. Ihre Majestät würde den nöthigen Hofstaat mitbringen, so daß von hier aus nur eine Kindsfrau und ein Arzt mitgingen. Sollten Kaiser Max noch ein Kind geboren werden, so würde der Prinz, mit einer seiner Stellung würdigen Apanage dotirt, nach Österreich zurückkehren.« Dieser Adoptionswunsch wurde, wie Bombelles Erzherzog Karl Ludwig im Auftrag des Kaisers mitteilte, in der Hoffnung geäußert, »die Früchte des Riesenwerkes eines Erzherzogs von Österreich für das Haus Habsburg nicht verloren gehen zu sehen«.[23]

Der Plan, einen der Söhne Karl Ludwigs an Sohnes statt anzunehmen, markierte eine weitere fixe Idee Maximilians, eine weltumspannende habsburgische Vormachtstellung zu konsolidieren, und stieß am Wiener Hof auf die gleiche kalte Ablehnung, mit der man Maximilians Heiratspläne für Ludwig Viktor aufgenommen hatte. So blieb nur mehr die Iturbide-Variante. Am 16. September, dem Unabhängigkeitstag, ließ der Emperador verlautbaren, daß die beiden Enkelsöhne seines unglücklichen Vorgängers Augustin de Iturbide, der 14 Jahre alte Salvator und sein jüngerer Bruder, das zweijährige Kleinkind Augustin, offiziell in den Prinzenstand erhoben werden würden. Der sich um die drei Söhne des von Santa Ana an die Wand gestellten Kaisers gruppierende Iturbide-Clan, der in den Vereinigten Staaten in armseligen Verhältnissen dahinvegetieren mußte, sah in dieser Ankündigung Maximilians eine ausgezeichnete Chance, seinen finanziellen Status entscheidend zu verbessern. Alle drei Brüder verlangten – im Austausch für den Verzicht ihrer Erbansprüche – eine astronomische Summe von Mexiko, obwohl sie von dieser Entscheidung des Emperador an sich gar nicht betroffen waren. Maximilian aber zahlte willig; um den Fortbestand der Dynastie zu sichern, mußte also erneut tief in den ohnehin fast leeren »Staatstopf« gegriffen werden. Der zweijährige Augustin wurde der Vormundschaft des Kaisers von Mexiko unterstellt und bezog, zusammen mit einer in den Prinzessinnenstand erhobenen Tante, Quartier im Palacio Nacional von Mexiko-Stadt.

Sein älterer Bruder Salvator wurde nach Frankreich geschickt, um dort seine Studien zu komplettieren. Unverständlich bleibt, warum Maximilian der Mutter des Kleinkindes nicht erlaubte, ihrem Sohn in den Nationalpalast zu folgen und statt dessen die schützende Hand einer Tante vorzog. Augustins Mutter Alice (oder Alicia) war eine gebürtige Amerikanerin; sie bestürmte den Kaiser, den kleinen Augustin erst mit fünf Jahren an seinen Hof zu holen. Aber Maximilian war keinem Argument zugänglich, zeigte unerwartete Härte, sprach zornig von »Hysterieanfällen« einer »Halbverrückten« und übte den nötigen Druck auf den Iturbide-Clan aus, so daß seinem Wunsch sehr schnell entsprochen wurde. Die bekümmerte Mutter mußte sich fügen und reiste verbittert und enttäuscht nach Paris.

Die Feierlichkeiten zum Tag der Unabhängigkeit hatten den schon gewohnten Volksfestcharakter und inspirierten Maximilian, der nun der festen Überzeugung war, das Aussterben seiner Dynastie verhindert zu haben, zu einer sehr theatralischen Rede, in welcher er bekräftigte, daß keine Macht der Welt und nicht einmal der Tod ihn dazu bewegen können würde, jenen Thron zu räumen, den er auf ausdrücklichen Wunsch der mexikanischen Bevölkerung bestiegen hatte:

Mein Herz, meine Seele, meine Arbeit, alle meine loyalen Anstrengungen gehören Euch und unserem lieben Vaterland. Keine Macht der Welt wird mich in der Vollendung meiner Aufgabe irremachen; jeder Tropfen meines Blutes ist nunmehr mexikanisch, und wenn Gott es zuließe, daß neue Gefahren unser teures Vaterland bedrohen, werdet ihr mich in euren Reihen mitkämpfen sehen für Eure Unabhängigkeit und Integrität. Ich kann sterben, aber ich werde zu Füßen unserer glorreichen Fahne fallen, weil keine menschliche Gewalt imstande wäre, mich zu zwingen, den Platz zu verlassen, an den mich Euer Vertrauen berufen hat.[24]

Es war erstaunlich, daß sich der sonst so unsichere Kaiser in Anbetracht der bedrohlichen Situation und der Isolation, in die er immer stärker hineintaumelte, zu solchen fast hurrapatriotischen Äußerungen hinreißen ließ. In Wirklichkeit war er alles andere als selbstsicher und durchlitt wieder eine seiner depressiven Stimmungen, aber es gelang ihm, seine zunehmende Ratlosigkeit – zumindest dem Volk gegenüber – geschickt zu überspielen. Je fataler sich die Lage zuspitzte, desto eindringlicher schienen seine Beschwörungen und Parolen zu werden, die ihm vielleicht Charlotte eingeflüstert hatte. Die Stimmung innerhalb der Truppenverbände des französischen Expeditionskorps hatte indes den absoluten Tiefstand erreicht. Der nervenzermürbende Guerillakrieg forderte unaufhörlich seinen Tribut und schien die Franzosen wie auch die Mitglieder des österreichischen und belgischen Freikorps völlig erschöpft und ausgelaugt zu haben. Dies läßt sich an der Situationsanalyse eines französischen Frontoffiziers ersehen:

In den drei Armeen gibt es vielleicht keine hundert Soldaten und Offiziere, die von dem Beruf, den sie ausüben, nicht angeekelt sind und, da kein Ende abzusehen ist, nicht nach Europa zurück-

kehren möchten. Die Regierung geht täglich mehr bergab, und wir verteidigen nur noch ein Gebäude, das von allen Seiten einstürzt. Mißstimmig und Unzufriedenheit ist der Boden, auf welchem innerer Zank und Zwietracht gedeiht. Es dauert nicht lange, so stehen die vier in der kaiserlichen Armee vertretenen Nationen in hellem Streit miteinander. Die Österreicher vertragen sich nicht mit den Franzosen, und die Belgier wollen um keinen Preis dem Befehl eines Mexikaners gehorchen. Schließlich kommen alle zum Kaiser, und er muß die peinlichen Entscheidungen auf sich nehmen. Jedem kann er den Willen nicht tun, und so gibt es immer Unzufriedene, die dann Maximilian grollen.[25]

Es krachte also an allen Ecken und Enden im Gebälk des zunehmend wackliger werdenden Kaiserreiches, während das Privatleben des kaiserlichen Ehepaares ebenfalls sehr zu wünschen übrig ließ. Das Erscheinen des kleinen Augustin de Iturbide am Hof hatte zu einer schweren Vertrauenskrise zwischen Maximilian und Charlotte geführt, obwohl die wackere Belgierin den sie so sehr vor den Kopf stoßenden Entschluß Maximilians, den Enkel seines kläglich gescheiterten Vorgängers in den Palast zu holen, schweren Herzens nach außen hin verteidigte und ihrer Verwandtschaft am belgischen Königshof mitteilte, daß es ein »schlichter Akt der Gerechtigkeit« gewesen wäre, die Schutzherrschaft über den Enkelsohn eines früheren Kaisers zu übernehmen. Sie strich sogar den besonderen Charakter dieser großherzigen Tat heraus, zu der man sich durchgerungen hatte, obgleich Augustin I. kein »fürstliches Blut« in seinen Adern hatte.

Da die Adoption noch nicht formell bestätigt und ausgesprochen worden war, schien sich Charlotte – zumindest in den Briefen an ihren Vater und ihre Großmutter – in der trügerischen Hoffnung zu wiegen, daß die Palastresidenz des Kindes und seiner Tante nur eine vorläufige sei. Den zweijährigen Knaben selbst bezeichnete sie, nicht ganz ohne bitteren Unterton, als aufgeweckt und lebenslustig, aber »derzeit noch nicht gutartig«. Mit dem Kind war also keineswegs der Sonnenschein in den Palacio Nacional eingezogen. Maximilian und Charlotte gingen sich aus dem Weg, unternahmen getrennte Ausfahrten und begegneten einander fast nur bei den gemeinsamen Mahlzeiten.

Die Beziehung schien nun in jeder Hinsicht auf das Niveau einer reinen Zweckehe abgeglitten zu sein.

Die vielleicht verhängnisvollste Entscheidung, die der Kaiser in jenen schicksalsschweren Tagen und Monaten traf, bestand darin, das berüchtigte »Oktoberdekret« vom 3. Oktober 1865 zu unterzeichnen. Diese Verordnung, auf die Benito Juárez immer wieder Bezug nehmen sollte, als er die Begnadigung des inhaftierten und zum Tode verurteilten Kaisers unnachgiebig ablehnte, ließ den von den Franzosen längst eingeforderten Standgerichten freie Hand, jeden gefaßten Guerillero, Bandit oder »Feind der Monarchie«, wie es im offiziellen Sprachjargon hieß, nach einem Blitzverfahren, welches dem Angeklagten (und praktisch Vorverurteilten) jede Möglichkeit, in eine Berufung zu gehen, verweigerte, binnen 24 Stunden an die Wand zu stellen. Conte Corti ist felsenfest davon überzeugt, daß es Marschall Bazaine war, der den Emperador dazu zwang, seine Unterschrift unter das drakonische Gesetz zu setzen. Diese Ansicht kann nicht ganz unwidersprochen hingenommen werden, wir werden uns daher bald mit Bazaines Rolle in diesem »Unterzeichnungsdrama« zu befassen haben. Zuvor aber müssen wir uns mit einem Mann beschäftigen, der unserer Meinung nach die Hauptschuld an dieser unglückseligen und schwerwiegenden Entscheidung des Kaisers trug. Brigitte Hamann, die auch der Überzeugung zu sein scheint, daß die Franzosen dem widerstrebenden Maximilian die Unterschrift abpreßten, erwähnt zur Untermauerung ihrer These eine Unterredung, welche der Kaiser in der Nacht vom zweiten auf den dritten Oktober mit Pater Dominik Bilimek hatte, dem Kurator des naturwissenschaftlichen Museums in Mexiko-Stadt, und in deren Verlauf ihn der Priester bei allem, was ihm heilig war, beschwor, dem Verlangen der Franzosen nicht stattzugeben, da das ins Auge gefaßte Dekret das genaue Gegenteil des Christentums war.

Aber weder die österreichisch-deutsche Historikerin noch der 1953 verstorbene Agramer Biograph Corti verweisen in diesem Zusammenhang auf den schädlichen Einfluß eines anderen Klerikers, den man ruhigen Gewissens als Maximilans »Mephisto« bezeichnen kann. Dieser Mann war der Jesuitenpater Augustin Fischer, der nach einem bewegten Abenteurerleben in Mexiko-Stadt gelandet war und sich schon nach relativ kurzer Zeit so unentbehrlich bei Hof zu machen wußte, daß ihn der Kaiser für ein »ausgezeichnetes Mitglied des mexikanischen Klerus« hielt und ihn mit einer sehr wichtigen Mission betraute, welche den verbrecherischen Hirten, dem das Schicksal seiner Schafe immer gleichgültig gewesen war, in den Vatikan führen sollte. Vieles spricht dafür, daß der großgewachsene bärenstarke, hinterhältig-gemeine und zynisch-durchtriebene deutsche Kleriker, den Graf Khevenhüller in krasser Fehleinschätzung als einen »die Sanftmut selbst« repräsentierenden Hünen bezeichnete, ähnlich wie der Abbé Alleau, ein bezahlter Agent des Vatikan war. Als protestantisch getaufter Emigrant war Fischer 1848 über Texas, wo er sich als »ranchhand« verdingte, nach San Francisco gekommen. Hier konvertierte er – nach mehreren vergeblichen Versuchen, vom »goldrush« zu profitieren und über Nacht zum Millionär zu werden – zum Katholizismus und wurde in den Jesuitenorden aufgenommen. Von San Francisco aus führte sein Weg nach Durango in Mexiko, wo er eine Zeitlang die Position eines Bischofssekretärs bekleidete.

Augustin Fischer hatte genau wie der »Whiskeypriester« Montez in Graham Greenes Meisterwerk *Die Kraft und die Herrlichkeit* alle Sünden begangen, die ein Priester nur begehen konnte. Im Gegensatz zur Romanfigur des großen britischen Schriftstellers aber kannte er kein Gefühl der Reue oder Buße. Als stets auf seinen Vorteil bedachter Egoist par excellence kannte der Jesuit im Grunde nur einen Freund, nämlich sich selbst. Der Bischof von Durango setzte den deutschen Gottesmann, dessen Privatleben aus einer einzigen Sauf- und Ausschweifungsorgie bestanden zu haben schien, schon nach wenigen Monaten vor die Tür und verzichtete auf die Sekretärsdienste Fischers, der bei aller Vorliebe für einen ausgesprochen hedonistischen Lebensstil ein sehr gebildeter Mann mit einem überraschend hohen Intelligenzgrad war. Fischer war ein blendender Erzähler, ein wortgewaltiger Prediger und besaß ein beachtlich großes Allgemeinwissen, aber er war korrupt, unverläßlich und durch und durch verdorben. Nachdem er seinen Posten als Sekretär verloren hatte und aus dem bischöflichen Palais von Dur-

ango geworfen worden war, stand er fast mittellos da und war daher, seinem Abenteurernaturell entsprechend, bereit, jede erdenkliche Rehabilitationsmöglichkeit zu nutzen.
Es besteht, wie gesagt, berechtigter Grund zur Annahme, daß man Augustin Fischer, über dessen Aktivitäten im Vatikan ein Dossier existierte, nun als Agent anwarb und ihn zielstrebig in den inneren Kreis um Maximilian schleuste. Diese Behauptung wird durch ein Schreiben José Manuel Hidalgos an Gutierrez de Estrada in Rom erhärtet, in welchem der mexikanische Charmeur, dessen Position am französischen Hof zunehmend unsicherer wurde, vor allem Charlottes schädlichen Einfluß auf den Emperador heftig kritisierte und für eine sofortige Aussöhnung mit der Kirche plädierte, die einzig und allein die Existenz der Monarchie rechtfertigte, aber auch etwas verklausuliert auf die »Anwerbung« Fischers Bezug nahm:

... Maximilian und Charlotte wollen sich zweifellos aller Verpflichtungen entledigen und den gefährlich schmalen Pfad der Ungebundenheit beschreiten. Ich bin weiterhin wie Ihr der Ansicht, keinesfalls zuerst im Kaiser den Drahtzieher zu vermuten, sondern in Charlotte, die bekanntlich so antiklerikal wie antifranzösisch ist und sich vor allem durch eins auszeichnet: Ehrgeiz. Wie zutreffend, verehrter Freund, habt Ihr die Konsequenzen entwickelt, die sich aus einem solchen Alleingang ergeben könnten. Unausdenkbar, selbst wenn wir den äußersten Fall ausklammern, die Juaristas kämen solcherart schneller zu ihrem Sieg, wären auch die Folgen bei einer Regierungsübernahme durch diesen französischen Marschall Bazaine. Mit der französischen Auffassung über die Handhabung der religiösen Frage haben wir ja bereits traurige Erfahrungen gemacht. Und Bazaine dürfte dazu kaum anders eingestellt sein als Napoleon. Da kann ich Euch nur zustimmen, wenn Ihr mahnt, schnellstens das Heft in die Hand zu bekommen, den Kaiser in die Pflicht zu nehmen und ihm klarzumachen, daß nur die Kirche das Fundament sein kann, mit dem Herrschaft möglich ist ... Zupacken tut not, entschlossenes wie kluges Taktieren, um Maximilian dem Einfluß der Kaiserin zu entziehen. In der Not kann man sich die Mittel nicht aussuchen. Darum auch kein Wort über diesen Pater

Fischer, der, wie ihr schreibt, in unauffälliger Manier dem Beraterstab des Kaisers einverleibt werden soll. Wenn eine Aufgabe wie die der vorliegenden Art einen Mann ohne Skrupel verlangt, so ist dieser Pater durch seine Lebensgeschichte hinreichend prädestiniert. Ich vertraue ganz Eurer Erfahrung, wenn es darum geht, Leute zu finden, die Pater Fischer bei Hofe einführen. Wie Ihr angemerkt habt, kämen dafür wohl Freunde des Kaisers aus dem Kreis der Haziendados in Frage ...[26]

Aller Wahrscheinlichkeit nach wurde der Spion also durch die Vermittlung Estradas im Haus eines reichen kreolischen Aristokraten untergebracht, der die Hofatmosphäre genauestens kannte. Dieser Mann hieß Sanchez de Navarro und besaß als einer der wenigen Vertreter der konservativen Cangrejopartei, die sich nicht bewußt vom Regierungsstil des Emperador distanzierten, das Vertrauen des Habsburgers. Es fiel ihm daher nicht schwer, den deutschen Jesuiten, mit dem sich Maximilian in seiner Muttersprache unterhalten konnte, bei Hof einzuführen, und schon nach kurzer Zeit war es dem schlauen und ungemein kriecherisch auftretenden Mann gelungen, sich eine Beraterposition beim leicht zu beeindruckenden Kaiser zu erschleichen. Ohne aus dem Fall Schertzenlechner irgendwelche Lehren gezogen zu haben, ließ sich der Monarch neuerlich von einer zwielichtigen Gestalt umgarnen, bezeichnete Fischer als guten ehrlichen und aufrichtigen Freund und ignorierte beharrlich alle Berichte über die dunkle Vergangenheit und skandalöse Lebensführung seines neuen Schützlings.
Wahrscheinlich hatte Augustin Fischer schon beim Iturbide-Plan des Kaisers seine Hand mit im Spiel gehabt, denn es war bekannt, daß sein kreolischer Gönner, Carlos Sanchez Navarro, der ihn dem Herrscher anempfohlen hatte, in bestem Einvernehmen mit der Familie des exekutierten ersten Kaisers stand. Fischer setzte alle Hebel in Bewegung, den Kaiser und die Kirche auszusöhnen. Natürlich haßte auch der deutsche »Ausschweifungsjesuit« die Juáristas, die den Kirchenbesitz enteignet und dem Klerus damit einen Faustschlag versetzt hatten, von dem er sich scheinbar nicht mehr erholen konnte, inbrünstig, und bedrängte den Emperador, endlich mit harter Hand durchzugreifen. Mit all seiner beachtlichen Wortgewalt

setzte er Maximilian immer wieder auseinander, daß die Lage zu ernst und gespannt sei, um weiterhin dem Liberalismus zu huldigen und die angeborene »Herrschergüte« an den Tag zu legen. Schließlich gelang es ihm, den wie immer unentschlossenen Habsburger zu überzeugen, daß jedes von ihm abgemilderte und aufgehobene Todesurteil ein schwerer Fehler gewesen war, da seine Milde und übergroße Güte von seinen Gegnern stets nur als Zeichen der Schwäche ausgelegt worden war. Der Pater verwies auf unzählige Fallbeispiele, bei welchen all jene erklärten Feinde der Monarchie, denen der Kaiser wiederholt Straffreiheit gewährt hatte, sofort nach ihrer Entlassung mit fliegenden Fahnen zu Juárez übergegangen waren. Nie sei die Zeit zum Handeln günstiger als jetzt, argumentierte der in Graf Khevenhüllers Augen so »sanftmütige« Gottesmann weiter, denn Benito Juárez sei über die Grenze nach Nordamerika geflüchtet und nun gelte es, den kopflos gewordenen Leib der Verschwörung mit unbarmherziger Härte zu treffen, und dazu dem ekelhaften Spuk des grassierenden Banditen- und Desperadotums endgültig den Garaus zu machen.
Maximilian schenkte den flehentlich-fordernden Appellen Fischers nach langem, für ihn charakteristischen Zaudern Gehör, vielleicht auch weil er die unbestätigte (Falsch-)Meldung von der erzwungenen Flucht seines größten Widersachers Benito Juárez, für den er, wie er wiederholt äußerte, ein Gefühl der Hochachtung empfand, welches wohl kaum auf Gegenseitigkeit beruhte, nur zu gern für wahr hielt. Obwohl er noch in der Nacht vor der Bekanntgabe des Erlasses unschlüssig war, wie die mitternächtliche Unterredung mit Pater Bilimek demonstrierte, bekräftigte er das »Todesdekret« am darauffolgenden Morgen und begründete seine Entscheidung wie folgt:

In Zukunft handelt es sich um einen Kampf zwischen dem achtbaren Teile der Bevölkerung einerseits und Banden von Räubern und gemeinen Verbrechern andrerseits; alle Schonung muß aufhören, denn sie würde nur jenen Rotten zugute kommen, welche Dörfer verbrennen, friedfertige Bürger und arme, wehrlose Greise ausplündern und ermorden![27]

Wie der Soldat Jean Pierre Marat in einem seiner vielen Gefechtsbriefe an Jules Favre ausführte, lag es auf der Hand, daß dieser unselige Erlaß Entrüstung und Empörung bei allen Gegnern des Kaiserreiches und insbesondere in den USA auslösen würde, aber auch die französische Opposition, die immer radikaler und vehementer eine rasche Beendigung des mexikanischen »Kriegsspieles« forderte, aufbringen würde. Marat gab seinem Freund in der Deputiertenkammer eine exakte Lagebeschreibung und deutete auch an, daß Napoleon III. bald nicht mehr umhin kommen würde, Mexiko und damit Maximilian wie eine »heiße Kartoffel« fallenzulassen, als er schrieb:

... Die Kombattanten in diesem Land sind nie zimperlich miteinander umgegangen. Du kennst das von Juárez erlassene Gesetz, wonach jeder mit der Todesstrafe rechnen muß, der Maximilian unterstützt. Weidlich ist davon Gebrauch gemacht worden. Auch von unserer Seite. Die Phantasie feiert Triumphe, wenn es darum geht, Verfahrensweisen zu ersinnen, Mitmenschen ins Jenseits zu befördern. Ich habe es nur zu oft erlebt und bin dessen bis zum Erbrechen überdrüssig ... Bisher sind solche Maßnahmen unter der Hand abgewickelt worden. Um es deutlicher zu sagen: Was an standrechtlichen Aburteilungen vorgekommen ist, mußte von den Kommandeuren verantwortet werden und konnte unter Umständen für sie böse Konsequenzen haben. Denn ohne die Gegenzeichnung durch Maximilian war eine Exekution ein Akt von Insubordination und wurde militärstrafrechtlich geahndet. Dies hat sich seit diesem Monat per Dekret geändert. Eine Verordnung, die sicherlich über das Militärische hinaus bedeutsam sein dürfte. Der Nutzen hingegen ist gering. Das Dekret bestätigt nur eine ohnehin existierende Praxis und kann sie allenfalls unkontrollierbar ausufern lassen. Unausdenkbar die Möglichkeiten des Mißbrauchs, nachdem jetzt jeder kleine und kleinste Kommandeur jeden nach Gutdünken beseitigen lassen kann. Die Nachteile dieser Verordnung sind indes sofort offensichtlich. Wie wird die übrige Welt reagieren? Ich meine damit diejenigen, die sich etwas auf die Verwaltung der Menschlichkeit zugute halten. Müssen sie nicht ihre Abscheu spektakulär unter Beweis stellen?

Eine erste Auswirkung spüren wir darin, daß Truppenbewegungen in Richtung Grenze zur USA untersagt sind, um keinen Zwischenfall zu provozieren. Ich kann mir denken, wie heftig der Aufschrei der Entrüstung dort gewesen sein muß. Nicht anders kann ich mir die Reaktion in Paris vorstellen. Auch hier: Entsetzen, Ekel und Widerwillen, ein System zu unterstützen, das überwunden geglaubte Formen der Menschenverachtung per Dekret wiederbelebt. Wenn Seine Majestät der französische Kaiser sich davon auch kaum berühren lassen dürfte, einschließlich Bourgeoisie, so wird er die Chance nicht vorübergehen lassen, unter dem Vorwand moralischer Motive Maximilian seine weitere Unterstützung zu versagen, um das in Aussicht stehende Desaster auf ihn abzuwälzen . . .[28]

Maximilian sollte diese verhängnisvolle Entscheidung, die er diesmal gefällt hatte, ohne Charlottes Rat einzuholen und die für ihn persönlich so fatale Konsequenzen haben würde, noch oft bitter bereuen. Doch nun gab es kein Zurück mehr. Die unglücklichen Juaristen, die jetzt in die Hände der kaiserlich-mexikanischen Armee fielen, waren auf Gedeih und Verderb den kommandoführenden Offizieren ausgeliefert, die in den meisten Fällen keine Gnade walten ließen und die Feinde der Monarchie, sich auf das Dekret berufend, kurzerhand füsilierten. Die drakonische Verordnung forderte den Mißbrauch förmlich heraus und viele der mexikanischen Offiziere des Emperador benutzten das »Todesdekret« als willkommenen Vorwand, eigene Rachegelüste zu befriedigen und »Privatrechnungen« zu begleichen. So exekutierte Coronel Raoul Mendez die Juáristengeneräle Salazar und Arteaga nach deren Kapitulation bei Michoacan eindeutig aus rein persönlichen Motiven und eröffnete damit einen wahren Reigen von abscheulichen Grausamkeiten, die von nun an beide Kriegsparteien nur noch stärker auszeichnen sollten.

Marschalls Bazaines Rolle in diesem »Verordnungsdrama« läßt sich nicht eindeutig definieren. Es ist allerdings ausgeschlossen, daß er mit Pater Fischer zusammenarbeitete, da er den Jesuiten nicht ausstehen konnte. Er scheint den Kaiser auch nicht so sehr und fast unter Drohungen gedrängt zu haben, den Erlaß zu unterschreiben,

so daß Maximilian kaum eine andere Wahl blieb als zu gehorchen, wie Conte Corti vermeint. Alle Anzeichen sprechen dafür, daß der Jesuit, der sich ja ständig in unmittelbarer Nähe des Emperador aufhielt – während sich Bazaine und Maximilian nach Möglichkeit aus dem Weg gingen –, die Triebfeder und der eigentliche Initiator des »Todesdekrets« war.
Allerdings hielt wahrscheinlich auch der Marschall Frankreichs den Erlaß für eine militärische Notwendigkeit und zögerte nicht, nach Bekanntwerden des Dekrets seine ranghöchsten Offiziere anzuweisen, von nun an keinerlei Gnade mehr walten zu lassen und darauf zu verzichten, Gefangene zu machen.
Maximilian, der Louis Napoleon immer noch für den »größten Souverän des Jahrhunderts« hielt und auf die Freundschaft und Unterstützung des Franzosenkaisers baute, beschloß noch im Oktober, seine »rechte Hand in den Tuilerien«, José Manuel Hidalgo, nach Mexiko zurückzubeordern, um sich ein klares Bild über den Hof und die öffentliche Meinung Frankreichs bilden zu können. Diese Rückkehraufforderung stürzte den Boulevardier in große Angst und Aufregung. Hidalgo teilte dem Kaiser mit, daß er wahrscheinlich eine schwerbewaffnete Eskorte benötigen würde, um sicher von Vera Cruz nach Mexiko-Stadt gelangen zu können, da die Juáristen einen hohen Preis auf seinen Kopf ausgesetzt hätten. Der Diplomat schien seine Heldenambitionen offenbar nur auf das Boudoir galanter Damen zu beschränken.
Maximilian begann sich in seinen Briefen an Louis Napoleon immer öfter und schwerer über Marschall Bazaine zu beklagen, der den Aufbau einer regulären und schlagkräftigen mexikanisch-kaiserlichen Armee nur mit »halbem Herzen« zu unterstützen schien. Aber der Korsenneffe hielt weiter zu seinem Marschall, obwohl er ihm die unmißverständliche Instruktion erteilte, die Konsolidierung einer kaiserlichen Nationalarmee zu forcieren, damit Frankreich seine Truppen in Bälde abziehen und endlich aus dem vertrackten Abenteuer aussteigen könne. In seinen Instruktionsschreiben an den Marschall kritisierte Napoleon auch den »Bauwahn« des Kaisers, der besser seine zerrütteten Finanzen in Ordnung brächte, als ein Palais und Theater nach dem anderen aus dem Boden zu stampfen. Maximilian gegenüber schlug er natürlich einen anderen Ton an. Er

versicherte ihm zwar, daß er weiterhin die »Rechte der Intervention mit Festigkeit« aufrechterhalten würde, legte ihm aber dringend nahe, auf keinen Fall den übermächtigen Nachbarn im Norden, nämlich die USA, zu provozieren oder zu verärgern, da er Frankreich damit in eine peinliche Verlegenheit bringen würde. Napoleon wußte genau, daß seine Expeditionsarmee keine militärische Auseinandersetzung mit den Vereinigten Staaten riskieren konnte und im Falle eines Angriffs der Amerikaner wahrscheinlich in einem mörderischen Zweifrontenkrieg aufgerieben werden würde und traf daher alle Anstalten, seine Truppen aus dem Land zu schaffen, ehe diese gefährliche und verhängnisvolle Konstellation eintreten konnte.

In der Zwischenzeit war Felix Eloin von seiner erfolglosen Europamission zurückgekehrt und sagte Maximilian in seiner offenen ungeschminkten Art auf den Kopf zu, daß er von Frankreich praktisch nichts mehr zu erwarten hatte. Doch der Kaiser stand bereits zu sehr im Bann Pater Fischers, der ihm ständig nahelegte, endlich die Kirchenfrage zu lösen, und zu verstehen gab, daß das Kaiserreich nach einer gütlichen Vereinbarung und Verständigung mit der allerheiligsten Mutter Kirche einen ungeahnten Aufschwung nehmen und in der Lage sein würde, auf jede ausländische Hilfe zu verzichten, und rügte den Belgier, der in Europa kläglich versagt habe und zur »Schwarzmalerei« tendiere. Eloin war gekränkt, mußte aber wohl oder übel zur Kenntnis nehmen, daß er nicht mehr das uneingeschränkte Vertrauen des Emperadors besaß. Im klaren Gegensatz zu Pater Fischer, den Maximilian für schlichtweg »genial« zu halten schien und mit einem neuen Konkordatsvorschlag, den er nach den Vorstellungen des mittlerweile zum Hofkaplan avancierten Deutschen ausgearbeitet hatte, auf die Reise nach Rom schickte.

Im Unterschied zu Maximilians erster Delegation, der man im Vatikan unmißverständlich die kalte Schulter gezeigt hatte, wurde Augustin Fischer sofort vom Pontifex persönlich empfangen, was dafür spricht, daß man den Spion vielleicht schon sehnsüchtig erwartet hatte. Der Jesuit erreichte im Grunde überhaupt nichts und konnte seinem Kaiser lediglich mitteilen, daß das »allerhuldvollste« Kirchenoberhaupt Reformen nur dann dulden würde, wenn sie vom Klerus selbst ausgingen; was mehr als unwahrscheinlich war – aber keinesfalls dann, wenn der Staat Reformen aufoktroyierte und die Kirche zu seinem Handlanger degradierte.

Der Emperador sah zwar die Gefahr, die seinem Land vom mächtigen nördlichen Nachbarn drohte, war aber gegebenenfalls bereit, einige Grenzprovinzen an die USA abzutreten, da die wahre Bestimmung seines Kaiserreiches, wie er ausführte, darin liegen müsse, »das Kaiserreich als Zentralmacht des neuen Kontinents zu sehen, während man die Beherrschung des Nordens den Vereinigten Staaten, jene des Südens dem brasilianischen Kaiserreich überläßt«.[29] Er erinnerte sich an die Halbinsel Yucatan, die sich aus freien Stücken für das Kaiserreich ausgesprochen hatte, und wollte sie zum »Gravitationszentrum für die übrigen Staaten Zentralamerikas« ausbauen. Von neuem Reisefieber gepackt, wollte er den zwei größten Städten der Halbinsel, Campeche und Mérida, einen Besuch abstatten und sich persönlich von der Ergebenheit der dort lebenden Mayanachfahren überzeugen, die er als glühende Monarchisten empfand, aber eine schwere Vertrauenskrise innerhalb seines Regierungskabinetts zwang ihn, in der Hauptstadt zu bleiben. Charlotte muß wieder einmal als sein Stellvertreter fungieren und die beschwerliche Reise auf sich nehmen, während der Kaiser diesmal in Mexiko-Stadt blieb und schwierige Regierungsfragen zu lösen hatte. In typischer Weise gaukelte er seinem Bruder Karl Ludwig abermals ein völlig falsches Bild der fatalen Lage vor, sprach von Wohlstand und Aufschwung und begründete seine Entscheidung, Yucatan nicht selbst zu besuchen wie folgt: »Der Grund, warum ich Mexiko(-Stadt) nicht verließ, ist übrigens Gott sei Dank ein erfreulicher; die Geschäfte haben einen solchen Aufschwung genommen, die Organisation des Landes schreitet so rüstig vorwärts, die legislatorische Periode naht so sehr ihrer Vollendung, daß es höchst schädlich gewesen wäre, in diesem Augenblick der günstigen Fermentation die Zentralleitung aufzugeben."[30]

In Begleitung ihres Landsmannes Felix Eloin, des mexikanischen Außenministers Don Hernando Ramirez, und zahlreicher Diplomaten reiste die Kaiserin über Puebla, Orizaba und Vera Cruz nach Yucatan. Nun, da Charlotte fort war, schien sie Maximilian plötzlich zu fehlen, und er jagte ihr sogleich einen Brief hinterher, in dem er seine Einsamkeit beklagte und zugab, wie eine »verlorene Seele«

durch die riesigen Räume des Palacio Nacional wandern zu müssen. Der Kaiser bekräftigte außerdem, daß er die »liebende Hand« seiner Gattin sehr vermisse. Die Emperatriz berichtete ihrem erstaunten Ehemann darüber, daß die republikanisch gesinnte Hafenstadt Vera Cruz, welche dem Kaiserpaar bei seinem Eintreffen einen so feindselig-gleichgültigen Empfang bereitet hatte, auf Grund seiner weisen Herrschaft offenbar derart aufgeblüht war, daß sie sich mittlerweile zu einer monarchistischen Hochburg entwickelt hatte. Sicherlich bemüht, den deprimierten Mann seelisch aufzurichten, schilderte sie den überwältigenden Empfang, der ihr überraschend zuteil geworden war, und führte weiter aus:

Man war zuerst gegen uns, aber nun will man uns Respekt und Dankbarkeit zeigen. Hier hat anscheinend jeder Geld, und alle Leute sind gut gekleidet. Sie sind nicht im mindesten wie die Mexikaner, viel europäischer in ihrer Einstellung. Es gibt keine Abneigung gegen Ausländer, und manche der Schulen, die sehr gut sind, stehen unter spanischer Leitung. Viele Einwohner sind spanischer Abstammung und haben noch die Spuren der alten spanischen »grandezza« im Blut ...[31]

Daß man sie in Puebla und Orizaba äußerst unfreundlich empfangen und sogar ausgepfiffen hatte, verschwieg die Kaiserin allerdings.

Die zur Seekrankheit neigende Charlotte ließ es sich nicht nehmen, die Überfahrt auf die Halbinsel auf einem sehr baufällig wirkenden mexikanischen Postdampfer zu unternehmen, obwohl eine österreichische Fregatte, welche in Vera Cruz vor Anker lag, zur Verfügung gestanden hätte. Während es die Diplomaten vorzogen, auf dem geräumigen Schiff der österreichischen Flotte zu reisen, tukkerte die Kaiserin in einer kurz vor der Demontage stehenden Schaluppe auf Yucatan zu und demonstrierte damit ihr Mexikanertum. Sie muß furchtbar gelitten haben, denn als sie die »weiße Stadt«, wie die Conquistadoren das yucatanische Mérida genannt hatten, erreichte, war sie vollkommen entkräftet und mit ihren Nerven am Ende. Sie hatte sich häufig übergeben müssen und war nicht in der Lage gewesen, Nahrung aufzunehmen. Sie wirkte bleich und krank, aber der glorreiche Empfang, den ihr, wie sie schrieb, »die guten sanften und unverdorbenen Indianer« bereiteten, entschädigte sie für alles. Tausende begeistert jubelnde Menschen füllten die Straßen, und Charlotte genoß die rauschenden Ovationen um so mehr, da sie in der Hauptstadt längst nicht mehr mit solch ehrlichen Loyalitätskundgebungen rechnen konnte und man sie dort statt dessen öfters zu ignorieren und zu demütigen versuchte.

Die Emperatriz blieb zwar nur zwei Wochen auf der »Mayahalbinsel«, deren erdrückende Hitze und gnadenlos herabbrennende Sonne sie nur schwer ertrug, aber sie hielt sich wacker, stapfte durch den von Giftschlangen beherrschten Dschungel, um die Pyramidenruine von Uxmal zu besuchen, verharrte vielleicht etwas erschreckt vor den in Stein gehauenen furchterregend wirkenden Götzen der Mayas und freute sich ganz besonders darüber, daß man in manchen Indianerdörfern ihren Vater feierte und »El Grande Leopoldo« hochleben ließ. Als ihr die einfachen indianischen Peones diese Reverenz an ihre Heimat erwiesen, konnte sie nicht ahnen, daß ihr Vater, der sich stets nach Kräften bemüht hatte, das Kaiserreich seiner »lieben Kinder« zu unterstützen, währenddessen im Sterben lag.

Erst nach ihrer Rückkehr in die Hauptstadt erfuhr sie vom Tod ihres Vaters. Leopold I. von Belgien war am 10. Dezember 1865 zu seinen Ahnen heimgekehrt, und mit ihm verlor Charlotte nicht nur einen liebenden Vater, sondern auch den einzigen echten Freund, den das mexikanische Kaiserreich in Europa gehabt hatte. Denn der andere große Freund des Habsburgers und seiner Frau, Kaiser Louis Napoleon von Frankreich, sollte bald seine Maske fallen und Mexiko im Stich lassen.

Die politische Lage verschlechterte sich jetzt beinahe täglich und stündlich, Monterey und Chihuahua waren von den Juáristas rückerobert worden, und einzelne Truppenverbände der Republikaner bedrohten bereits die Wege nach Vera Cruz, während Marschall Bazaine scheinbar absichtlich zögerte, eine Gegenoffensive zu starten. Der Marschall folgte allerdings lediglich den Instruktionen seines Souveräns, der ihm befohlen hatte, von nun an die Österreicher und die Belgier sowie die schlecht funktionierende mexikanische Nationalarmee die Hauptlast des Krieges tragen zu lassen.

Diese Ansicht vertrat Frankreichs Herrscher auch in einem Brief an den Emperador und vergaß dabei völlig, daß Franz Joseph niemals seine Einwilligung zu einem verstärkten militärischen Engagement Österreichs am Golf von Mexiko gegeben hätte. Maximilian aber wußte nur zu gut, daß sein Bruder sich keinesfalls auf ein Überseeabenteuer einlassen würde, und las mit ziemlicher Bestürzung:

Ich will Ihnen heute nur den Vorteil entwickeln, den es für alle Welt hätte, wenn Eure Majestät mit österreichischen Truppen eine wahre Armee organisieren. Wenn das geschehen ist, könnte ich den größten Teil meiner Mannschaften zurückziehen, was den Amerikanern den Vorwand für ihre Einsprüche benähme. Das würde den Krieg in Mexiko in Frankreich weniger unvolkstümlich machen und Ihrer Regierung einen Schein von Bestand geben, der dazu beitrüge, das Vertrauen in die Zukunft zu stärken. Ich bitte Eure Majestät, sich mit dieser Frage hauptsächlich zu beschäftigen, denn ich sehe darin die beste Aussicht auf Befestigung Ihres Thrones.[32]

Maximilians Reaktion auf diesen Brief bestand aus einem langen Antwortschreiben, das Mexiko kurz vor Anbruch des Jahres 1866 verließ und in dem der Habsburger an das Ehrbewußtsein des Empereur appellierte, welches einen Wortbruch nicht erlauben würde. Außerdem legte er Napoleon dar, daß auch Frankreichs Armee einen nicht wieder zu tilgenden Schandfleck auf dem Schild seiner Ehre in Kauf nehmen müßte, falls sie Mexiko einfach im Stich lassen sollte. Obwohl Maximilian nach wie vor seine Bewunderung und Zuneigung für Napoleon III. beteuerte, machte er ihm auch unverhohlene Vorhaltungen, die den »kleinen Mann mit den krummen Beinchen«, der ihm bei ihrem ersten Zusammentreffen so lächerlich erschienen war, sicherlich erzürnt haben müssen. Der Brief des Emperadors verdient, trotz seiner Überlänge ausführlich – wenn auch nicht zur Gänze – zitiert zu werden:

Der Rat mit den österreichischen Truppen ist allerdings glücklich, wie alles, was der hohen Intelligenz Eurer Majestät entspringt, aber man kann nicht so leicht in einen neuen Weg einlenken. Der

Bürgerkrieg erschöpft die Mittel des Staates. Französische Truppen sind übereilt zu einer Zeit heimgesandt worden, da aufständische Banden zwei Stunden von der Hauptstadt entfernt herumstreifen. Gar nicht zu reden von dem Vertrage mit dem Bankier Jecker, den ich nur eingegangen bin, um meinem besten Freunde, dem Kaiser Napoleon, einen wahren Dienst zu leisten. Ich sage es Eurer Majestät freimütig, die Lage ist für mich schwierig; ich als guter und treuer Freund füge hinzu, daß sie für Sie und für mich gefährlich ist, für Sie, weil ihr ruhmreicher Name darunter leidet, für mich, weil meine Bestrebungen, die ja doch auch die Ihren sind, sich nicht verwirklichen können ... Für die Zukunft beruhigt mich, daß es niemandem gelingen kann, das Vertrauen und die intime Freundschaft zu erschüttern, die zwischen uns herrscht. Die europäische Presse gibt seit einiger Zeit zu verstehen, daß Euer Majestät die Absicht hätten, nach einem sehr kurzen Zeitraum Ihre Truppen zurückzuziehen ... Ich muß Euer Majestät sagen, daß solch eine Erklärung an einem Tage das Werk zerstören würde, das dreijährige Anstrengungen mühsam aufgerichtet haben, und daß die Ankündigung einer ähnlichen Absicht genügen würde, um alle Hoffnungen der Gutgesinnten zusammenbrechen zu lassen und das öffentliche Vertrauen auf ewig zu vernichten ... Die Ehre der französischen Armee müßte in der öffentlichen Meinung ganz Amerikas schwer berührt werden, denn man würde nicht verfehlen, ihren übereilten Rückzug einer ganz anderen Ursache zuzuschreiben. Die Zeit ist ein unerläßlicher Helfer bei der Wiederaufrichtung eines seit einem halben Jahrhundert erschütterten Volkes, in dessen Mitte noch 16 000 Guerillos in Waffen stehen. Die mexikanische Union verzweifelt nicht an ihrer Zukunft, weil sie weiß, daß Euer Majestät formell erklärt haben, daß Ihre Truppen Mexiko erst verlassen werden, wenn Ihr Oberkommandant das Land pazifiert und jeden Widerstand gebrochen hat. Ihm heute das Gegenteil mitteilen hieße den schärfsten Alarm schlagen und die vernichtendsten Folgen heraufbeschwören ... Nun bitte ich Sie, mir Freimut mit Freimut zu vergelten, mir als wahrer Freund alle Fehler mitzuteilen, die ich begangen habe, und mir ihre Ratschläge zu geben, auf die ich immer stolz bin, weil sie von der ersten Kapazität unseres Jahrhunderts und von einem Freunde stammen, den ich vom ersten Tage an geliebt habe, da ich das Glück hatte, ihn kennenzulernen.[33]

Maximilians wachsende Verzweiflung war beinahe aus jeder Zeile dieses Briefes herauszulesen. Nun hatte sogar der Emperador erkannt, daß er mit dem Rücken zur Wand stand und daß sein Kaiserreich nach dem Abzug der französischen Interventionsarmee dem Tod geweiht sein würde.

7. Die Insel im Sturm

Charlottes Reise nach Yucatan hätte ursprünglich zwei Monate dauern sollen. Die Kaiserin zog jedoch vor, die Halbinsel, vor allem auf Grund des mörderischen Klimas, schon nach zwei Wochen zu verlassen. Dennoch blieb sie der Hauptstadt insgesamt fünf Wochen fern, und Maximilian vermißte sie stärker als erwartet. Die ständigen Querelen seiner Minister ermüdeten ihn zusehends, er wurde täglich rastloser und unruhiger. Er hätte die Reise ins »Land der Mayas« gerne selbst unternommen und war daher launisch und aggressiv; selbst Chapultepec, das »Schönbrunn von Mexiko«, erschien ihm nun kalt und unfreundlich. Um seine Ruhelosigkeit und wachsende Unrast zu bekämpfen, plante der Kaiser, seiner Gemahlin entgegenzufahren und ihr Eintreffen in Jalapa zu erwarten. Doch dagegen erhob der Kommandant des österreichischen Freikorps, General Franz von Thun, heftigen Protest. Er erklärte dem Kaiser, daß im Moment nicht genügend Truppen zur Verfügung stünden, um einen gefahrlosen Reiseverlauf zu garantieren, da man zwei Jägerkompanien und eine Gebirgsbatterie an die Grenze zum Rio Grande beordern müßte. Die bereits aufgebrochenen Österreicher hatten den Auftrag, dem in Matamoros eingeschlossenen mexikanischen General Tomás Mejia zu Hilfe zu eilen. Maximilian schätzte den »wackeren Mejia«, der Matamoros »unbesieglich wie ein Fels« verteidigte, sehr und beugte sich dem Veto Thuns.

Die Entsendung der österreichischen Entsatztruppen schien darauf hinzudeuten, daß Marschall Bazaine nun tatsächlich immer öfter daranging, die Österreicher »ins Feuer« zu schicken, um die »Kastanien aus den Flammen« holen zu lassen, wie der preußische Gesandte Magnus kritisiert hatte. Die Kämpfe um Matamoros gestalteten sich sehr verlustreich, da sich fast das gesamte Hinterland in juáristischer Hand befand. Major Alfons von Kodolitsch, der die öster-

reichischen Entsatztruppen befehligte, war der Ansicht, daß die Mission wenig echte Erfolgschancen besaß und nur angeordnet worden war, um den Vereinigten Staaten zu demonstrieren, daß das Kaiserreich noch intakt war und seine Macht sich nach wie vor bis zum Rio Grande del Norte erstreckte. Felix Gamillscheg hat uns die Reaktion des Majors auf die bevorstehende Matamorosgegenoffensive in seinem Buch *Kaiseradler über Mexiko*[1] hinterlassen: ».. . Matamoros ist eine reine Prestigesache. Solange die Kaiserlichen dort sitzen, können sie den Amerikanern beweisen, daß die Macht des Imperiums nicht auf die Hauptstadt beschränkt ist, wie die Dissidenten behaupten. Und da sich Mejia allein nicht halten kann, müssen halt nun wieder wir einspringen, auch wenn es uns nicht paßt.«[2]
Die Fahrt nach Jalapa war also damit unmöglich gemacht worden, aber der Emperador, dessen regelmäßige Erholungs- und Erkundungsritte die Franzosen in erhebliche Verlegenheit stürzten, da er bei diesen Reitausflügen bewußt auf jegliche militärische Eskorte verzichtete, wollte dafür eine andere kleine Reise unternehmen. Da ihm auch die Ausritte nur kurzzeitig die schlechte Laune vertrieben, gedachte er, das klimatisch so angenehme Acapulco aufzusuchen. Aber diese Exkursion fiel ebenso ins Wasser wie die geplante Fahrt nach Jalapa. Der Unsicherheitsfaktor war wiederum zu groß, denn der Acapulco von der Hauptstadt trennende Bundesstaat Guerrero wurde mehr oder weniger von den Republikanern kontrolliert. So unternahm Maximilian eine Spritztour nach Cuernavaca, das nur 60 Kilometer von Mexiko-Stadt entfernt war. Hier sollte er ein »Buen Retiro« finden, ein Schangri-la der Ruhe und des Liebreizes, den idealen Ort, um alle Sorgen zu vergessen und den »Schmerz und Schmutz der Welt« vorüberziehen zu lassen. Dieses »Eiland des Friedens« im unbarmherzig tobenden Sturm der mexikanischen Politlandschaft fand der Kaiser in einem reizenden Landhaus, welches den Namen seines Besitzers, des Silberbarons José la Borda, trug und La Borda Quintas hieß.

Wieder erwachte der Poet in dem Habsburger, als er die verwilderte Parkanlage, die das Haus umgab, durchschritt. Teerosen, unkrautüberwucherte Lilienteiche und uralte majestätisch wirkende Orangen- und Mangobäume starrten ihm entgegen. Hier schien die Zeit stehengeblieben zu sein. Alles strahlte Frieden, Ruhe und Geborgenheit aus, die Schrecknisse des Bürgerkrieges schienen vollkommen spurlos an Cuernavaca und an La Borda Quintas im speziellen vorübergegangen zu sein. Nichts konnte die perfekte Idylle dieses herrlichen Anwesens beeinträchtigen, und der Emperador handelte sofort. Ohne auch nur einen Gedanken an den so gut wie leeren Staatssäckel zu verschwenden, kaufte er das Landgut und beorderte eilends, getrieben von jener romantischen inneren Stimme, deren Ruf er so oft vernommen und stets spontan erhört hatte, Gartenbauexperten und Baumeister aus der Hauptstadt nach Cuernavaca, um die Quinta seinen Wünschen anzupassen. Wahrscheinlich war Maximilian während seiner gesamten Zeit in Mexiko niemals so glücklich wie an jenem Tag, als er dem Beispiel des Conquistadors Cortez, der den Liebreiz Cuernavacas auch schon entdeckt hatte und sich dort einen kleinen Palacio hatte bauen lassen, folgen konnte und sein neues »Elysion« betrat, abermals völlig in einer Phantasiewelt versinkend und alle Probleme und Gefahren einer feindlichen Welt hinter sich lassend. Der Träumer auf dem Kaiserthron malte ein wahrhaft paradiesisches Bild der bukolischen Landidylle von Cuernavaca, als er einer alten Bekannten in Österreich die folgende Beschreibung des Lebens auf der Quinta vermittelte:

Denken Sie an eine weite gottgesegnete Thalebene, die sich wie eine goldene Schale vor Ihnen ausbreitet, darum verschiedene hintereinander aufsteigende in den kühnsten Formen gestaltete Gebirgsreihen, in die herrlichsten Tinten getaucht vom reinsten Rosenroth, vom Purpur und Violett bis in das tiefste Azurblau, die einen zackig und verworren, Fels auf Fels gethürmt, den sagenhaften Küsten Siciliens gleich, die anderen hochanstrebend und dicht bewaldet, wie die grünen Berge der Schweiz, hinter alledem zum tiefblauen Himmel gigantisch aufragend die riesigen Vulkane mit den schneebedeckten Häuptern. In der goldenen Schale denken Sie sich zu allen Jahreszeiten oder besser gesagt das ganze Jahr, denn Jahreszeiten gibt es hier nicht, eine Fülle tropischer Vegetation mit ihrem berauschenden Aroma, mit ihren süßen Früchten und dazu ein Klima, so hold, wie im italienischen Mai und schöne Bewohner mit freundlichem biederen Sinn. In diesem glücklichen Thale auf wenige Stunden von der

Hauptstadt entfernt wohnen wir inmitten eines üppigen Gartens in einer freundlich anspruchslosen Quinta. Der Garten im alten Stil ist von prachtvollen dunklen Lauben durchzogen, welche mit immerblühenden Theerosen bedeckt sind. Zahllose Fontainen geben Kühlung unter schattenreichen Kronen von hundertjährigen Orangen- und Mangobäumen.[3]

In seiner Quinta schöpfte der Emperador wieder neuen Lebensmut, und auch sein angegriffener Gesundheitszustand schien sich – inmitten der Teerosenpracht und unter dem Schatten der hoch zum Himmel emporragenden »Mangoriesen« – erheblich zu verbessern. Mit den wieder erwachten Lebensgeistern stellte sich bei Maximilian neuerlich ein unerklärliches Überlegenheitsgefühl ein, das vom »Modergeruch der Fäulnis« umwehte Europa verlassen zu haben und nun das angenehme, wenn auch verantwortungsvolle Leben eines grenzenlose Freiheit genießenden Monarchen leben zu können. Diese Haltung und Einstellung zeigte sich in einem Brief, den der Kaiser von Guernavaca aus an seinen früheren Adjutanten Graf Hadik sandte, und in welchem er Europa einmal mehr als alt und krank bezeichnete:

Ich kann es wahrlich sagen, ich habe mir ein gut Teil gewählt, und um nichts in der Welt möchte ich meinen Beruf aufgeben und zum Alten zurückkehren. Ich kämpfe mit Schwierigkeiten, aber der Kampf ist mein Element und das Leben Mexikos ist dieser Mühe wert. Wenigstens erntet man auf diesem Kontinent etwas, was ich in meinem früheren Leben umsonst suchte: Dankbarkeit und Anerkennung. Dazu ist das Leben hier viel angenehmer, es ist frei und ungebunden. Da kennt man nicht all den Quark und Tand des alten, schwachen Europa; hier ist jeder Schmied seines eigenen Glückes, wer arbeitet, genießt, wer nicht arbeitet, geht unter. Land und Volk sind viel besser als ihr Ruf, und Sie würden sich wundern, wie die Kaiserin und ich, schon ganz Mexikaner, unter diesem Volke gemütlich leben. Daß die europäischen Zeitungen es nicht begreifen, finde ich ganz natürlich, denn es fehlt ihnen der Maßstab, wir Kinder der Neuen Welt kümmern uns hierum blutwenig, wir rufen vorwärts und blicken das arme, engherzige, alt gewordene Europa über die Schulter an. Daß es auf unserem Kontinente besser, kräftiger und angenehmer ist als auf dem alten, das können die Europäer nicht verschmerzen, und darum die Mißgunst und der Neid.[4]

Maximilian sah sich nun als Wildpferde zähmender, Sombrero tragender »Ranchero«, und während sein Freund Bombelles nach Wien abgereist war, um dort die Herausgabe einiger mexikanischer Kunstschätze, unter denen sich, neben anderen Exponaten, vor allem der Schild des Aztekenherrschers Montezuma und ein Cortez-Originalmanuskript befanden, zu erbitten und eine Lockerung der harten Konditionen des Familienpaktes zu erreichen, verfiel er unweigerlich dem unbeschreiblichen Zauber Cuernavacas und La Borda Quintas. Offenbar faszinierte den Emperador aber nicht nur die märchenhaft-exotische Landschaft allein, sondern auch ein »Kind Mexikos«, die bildschöne und blutjunge Indianerin Concepción Sedano, die mit einem von Maximilians Gärtnern verheiratet war. Da »Concha's story«, wie die Amerikaner die Geschichte dieser Liebesbeziehung tauften, bis zum heutigen Tag die Gemüter fast aller Maximilianforscher erhitzt und zum Ausgangspunkt einiger verwegener Theorien wurde, müssen wir etwas detaillierter auf dieses Verhältnis eingehen, das Conte Corti, wahrscheinlich auch aus Ehrfurcht vor Charlotte, die noch lebte und in geistiger Umnachtung ihrem Ende entgegendämmerte, als er, der einer lombardischen Uradelsfamilie entstammende Historiker, sein Buch über das mexikanische Kaiserreich schrieb, natürlich bewußt verschwieg. Daß der Emperador und die bronzehäutige Schönheit Concepción – wenigstens für kurze Zeit – ein Liebespaar waren, scheint unbestreitbar. Ebenso wahrscheinlich ist, daß Charlotte von diesem Fehltritt ihres Gemahls wußte und mit großer Bestürzung und Traurigkeit darauf reagierte. Ein Stabsoffizier Marschall Bazaines, Hauptmann Charles Blanchot, der Charlotte, die Enkelin des geschaßten Bürgerkönigs Louis Philippe von Orléans, sehr verehrte, berichtet in seinen 1911 unter dem Titel *L'Intervention Française au Mexique* erschienenen Memoiren[5] von einer den Kaiser in Guarnavaca umgarnenden »Armida«, die natürlich nur Concepción Sedano gewesen sein kann, und argumentierte, daß die Liaison so offensichtlich war, daß sie auch der Kaiserin nicht entgehen konnte. Maximilians mexikanischer Privatsekretär José Blasio ging in seinen Lebenserinnerungen[6] ebenfalls auf das Liebesleben des Emperador ein und bezog sich auf ein vertrauliches Gespräch, das er mit dem Kammerdiener des Kaisers führte und in dessen Verlauf ihm der ungarische Lakai mitteilte, daß die Indianerin während der Zeit, in der sein Herr die Wintermonate 1865/66 fast ausschließlich auf La Borda Quintas verbrachte, Maximilian regelmäßig besuchte und durch eine in der Gartenmauer verborgene Geheimtür jederzeit und praktisch ungesehen in die Privatgemächer ihres Liebhabers gelangen konnte.

Die lebensfrohe, junge sanftmütige Indianerfrau war in jeder Hinsicht das genaue Gegenteil der gebieterisch-stolzen, aber zunehmend frustrierten Belgierin und muß das romantische Gemüt des in Cuernavaca Vergessen suchenden Habsburgers so sehr beflügelt haben, daß er ihren Reizen erlag und in ihren Armen jene Art der körperlichen Befriedigung fand, die ihm seine vorzeitig alternde und verbraucht wirkende, immer nervöser und depressiver werdende Ehefrau einfach nicht mehr geben konnte. Nach Ansicht einiger Autoren blieb »Concha's love-affair« mit dem Kaiser nicht ohne Folgen. So schreibt Gerd Holler in seinem Buch über den Herzog von Reichstadt: »Es ist sicher, daß Maximilian mit der Frau des Gärtners Concha in seinem Sommerhaus in Cuernavaca einen Sohn gezeugt hat. Dieser junge Mann lebte später in Paris und verschwand in den ersten Kriegstagen des Jahres 1914 aus dieser Stadt ...“[7] Der Arzt aus Baden beruft sich in dieser Aussage auf das schon angesprochene Buch *Die Kaiserin* von Norbert Frýd. Auf das weitere Schicksal des angeblichen illegitimen »Kaisersohnes« befragt, schrieb mir Gerd Holler: »Dieser Knabe (Concepcións und Maximilians Sohn) ging später nach Frankreich, verschuldete sich, wurde aus finanziellen Gründen Spion für die deutsche Armee und 1917 als solcher hingerichtet. Er nannte sich in Frankreich Sedano y Leguizano und seine Freunde nannten ihn ›Kaiserlicher Bastard‹.«[8] Hollers Argumentation deckt sich auch hier in allen Details mit Norbert Frýds Theorie über die Herkunft und das Ende von Maximilians angeblichem Sohn.[9]

Wir sind bereits Frýds »Ansteckungsthese« mit skeptisch-ablehnender Haltung begegnet und können seine (und Hollers) Meinung auch in der Frage des vermeintlichen »Kaiserbastards« Sedano y Leguizano nicht teilen. Gehen wir aber dem (unserer Ansicht unhaltbaren) Gerücht trotzdem kurz auf den Grund. Wie die Vertreter dieser gewagten Theorie behaupten, brachte Concepción Sedano im August 1866 einen Sohn zur Welt. Der Zeitpunkt der Niederkunft scheint für die Frýd-These zu sprechen, denn ungefähr neun Monate zuvor, in den Wintermonaten von 1865/66, hatte die Romanze zwischen Maximilian und der jungen Indianerfrau begonnen. Trotzdem gibt es keinen einzigen stichhaltigen Anhaltspunkt dafür, daß Maximilian der Vater des Kindes war, das die Frau seines Gärtners geboren hatte. Wir wissen hingegen, daß der Kaiser seine geliebte Quinta Anfang September 1866 ein allerletztes Mal besuchte und sich lediglich drei Tage in seinem »Schangri-La« der Ruhe und Entspannung aufhielt. Auch in Anbetracht der brisanten verzweifelten politischen Lage, welche damals den Alltag des Kaisers diktierte, wäre wohl zu erwarten gewesen, daß Maximilian länger auf der Quinta geblieben wäre, um sich an dem Anblick seines kaum ein paar Wochen alten Babys zu erfreuen – wenn Conchas Sohn tatsächlich sein eigen Fleisch und Blut gewesen wäre. Warum aber verließ er Cuernavaca schon nach so kurzer Zeit? Schämte er sich der Frucht seines Fehltrittes? Liebte er die schöne Indianerin nicht mehr? Selbst wenn beide Vermutungen zutreffen sollten, ist es schwer vorstellbar, daß ein so feinfühliger und sensibler Mensch, wie Maximilian es war, es übers Herz gebracht haben soll, eine Frau, die ihm gerade das »Kind ihrer Liebe« geschenkt hatte, einfach so mir nichts, dir nichts im Stich zu lassen. Ein Mann wie Max, der sich ein Leben lang nach einem Kind gesehnt hatte, hätte kaum so unbarmherzig handeln können. Hinzu kommt, daß der Kaiser in jenen Tagen, als er die herrliche Landidylle Cuernavacas zum letzten Mal genoß, seiner sich auf Europareise befindenden Frau – die Kaiserin versuchte vergeblich, Napoleon III. zu bewegen, Mexiko nicht fallen zu lassen – einen überaus zärtlichen Brief schrieb, in dem er ausführte, daß selbst all die exotische Farbenpracht und unvergleichliche Schönheit La Borda Quintas ihm keine rechte Freude mehr bereitete, da sie nicht an seiner Seite war, um die paar Tage des flüchtigen Glücks mit ihm zu teilen. Schreibt so ein Mann, der vielleicht gerade die Nacht in den Armen seiner Geliebten, der

Mutter seines Kindes, verbracht hat und sein Vaterglück kaum glauben kann? Eine solch grausame Herzlosigkeit kann man dem von hohen Begriffen geprägten Romantiker Maximilian, der bei seinem letzten Besuch auf der Quinta wieder schwer an seiner Ruhrerkrankung litt und voll trauriger Wehmut durch die herrlichen Orangenhaine wandelte, schwerlich zutrauen.
Im Gegensatz zur – fast fühlt man sich versucht zu sagen – »Schutzbehauptung« Conte Cortis, Maximilian, Charlotte und der kleine Iturbide hätte die Landidylle auf der dem Silberbaron abgekauften Quinta, »fern dem Getriebe der Hauptstadt«, oftmals gemeinsam genossen, muß festgestellt werden, daß sich der Kaiser und die Kaiserin in jenen Winter- und Neujahrstagen 1865/66 nur sehr selten gleichzeitig in Cuernavaca aufhielten. Bei den wenigen gemeinsamen Auftritten aber hinterließen sie bei allen Besuchern den Eindruck eines Paares, dessen Verhältnis zumindest von großer gegenseitiger Zuneigung geprägt war. Der Kaiser war der perfekte Haziendado und ein ausgezeichneter Gastgeber, der sich in seiner Rolle als Landaristokrat sehr zu gefallen schien. Sein bevorzugter »Freizeitsport« war die Jagd auf seltene Schmetterlinge, die er meistens zusammen mit Pater Bilimek, der ein häufiger Gast auf La Borda Quintas war, unternahm. Maximilian liebte die Vielfalt und Erotik der Natur, welche sich hier in ihrem farbenprächtigsten Kleid präsentierte, über alle Maßen. Sowohl Charlotte wie auch der Emperador entspannten sich bei gemeinsamen Kahnfahrten oder beim Baden in einem ihrer Lilienteiche. Etwas außerhalb von Cuernavaca hatte der Kaiser allerdings noch einen anderen Zufluchtsort, nämlich das winzige Indiodorf Acapazingo. Dort hatte er sich auf einer Kaffeeplantage, ebenfalls inmitten eines Orangenhaines, eine kleine Villa errichten lassen, die er als sein »indianisches Chalet« bezeichnete. Dieser kleine Palacio war sein »Privatrefugium«, zu dem Charlotte keinen Zutritt hatte, denn Maximilian gab ihr wiederholt zu verstehen, daß er hier ungestört bleiben und allein sein wollte. Dies legt natürlich die Vermutung nahe, daß auch das »indianische Chalet« öfters Schauplatz der Rendezvous des Kaisers mit seiner »Armida« Concepción Sedano war.
Nehmen wir aber nun die Spur des angeblichen Kaisersprosses wieder auf, die zunächst in das Haus eines reichen Haziendados

namens Don Luis Bringas führt. Dieser Landedelmann soll das Kind aufgenommen haben, als die todunglückliche Concepción Sedano unmittelbar nach der Erschießung des Kaisers aus Herzeleid verschied, wie es das Gerücht haben wollte. Die Hazienda von Don Luis Bringas stand in Orizaba, und es läßt sich nachweisen, daß der Emperador mehrmals dort wohnte. Bringas soll das Mestizenkind nach dem Tod seiner Mutter nach Frankreich gebracht haben, wo sich seine Spur verliert, um 49 Jahre später wieder ans Tageslicht zu treten. Die Fama, welche Norbert Frýd (und auch Gerd Holler) zum authentischen Tatsachenbericht aufwerten, verrät uns weder, womit sich der Mann während dieser langen Zeit seinen Lebensunterhalt verdiente, noch seine wahrscheinlich wechselnden Aufenthaltsorte. Der mexikanische Señor, der kurz nach Ausbruch des ersten Weltkrieges in Paris auftauchte und vorgab, Concepcións (und Maximilians) Sohn zu sein, stürzte sich laut der von Holler übernommenen Frýd-These derart in Schulden, daß er seine wachsenden Geldprobleme nur lösen konnte, indem er gut bezahlte Spionagedienste für den Kriegsgegner der Franzosen, nämlich das deutsche Kaiserreich leistete. Nach seiner Enttarnung wurde der feindliche Agent, der sich offen als Sohn des letzten Kaisers von Mexiko zu erkennen gab, die unverkennbare Barttracht seines »Vaters« kopierte und das Benehmen und sichere Auftreten eines geborenen Herrschers besaß, wie die Befürworter der »Sohn-Theorie« zur Untermauerung ihres Arguments anführen, 1917 in Vincennes hingerichtet. Interessant ist, daß sich in seinen Prozeßakten weder ein Hinweis auf seine Herkunft findet noch darauf Bezug genommen wird, daß es sich bei dem zum Tode Verurteilten um einen Mestizen handelte. Absolut unverständlich erscheint auch, warum die Vertreter der Sensationspresse diesen ungeheuren journalistischen »Coup« nicht gebührend ausschlachteten und in alle Welt hinausposaunten, daß es sich bei dem hingerichteten deutschen Spion mexikanischen Ursprungs um den illegitimen Sohn des unglücklichen Habsburgherrschers handelte. Die Britin Joan Haslip, die, wie sie selbst zugibt, Gerüchte immer nur dann anführt und kommentiert, wenn sie sich zu hartnäckig hielten, um ignoriert zu werden, bestreitet energisch, daß Sedano y Leguizano Maximilians illegitimer Sohn gewesen sein soll. Wir sind geneigt, uns in dieser Frage ihrer Meinung anzuschließen, obwohl wir die von ihr als glaubhaft bezeichnete These, Maximilian sei der Sohn des Herzogs von Reichstadt gewesen eindeutig dem Reich der Fabel zuordnen müssen. Leider propagiert die englische Maximilian-Biographin in einer Nachbemerkung zu ihrem Buch auch eine andere völlig haltlose Theorie.

Joan Haslip scheint nämlich der Überzeugung zu sein, daß auch Charlotte – wahrscheinlich aus Enttäuschung über den Fehltritt ihres Gemahls und aus einem Gefühl des verletzten Stolzes heraus – »fremd ging« und ebenfalls ein uneheliches Kind in die Welt setzte. Der Vater dieses Kindes soll ihr belgischer Landsmann Baron Alfred van der Smissen gewesen sein. Die Britin, welche angibt, erst im Zuge ihrer Recherchen an Ort und Stelle, also in Mexiko, vom Liebesverhältnis zwischen Charlotte und dem draufgängerischen Oberstleutnant erfahren zu haben, erwähnt, daß der damals in Toluca stationierte van der Smissen Charlotte in der Hauptstadt besuchte, um ihr sein Beileid über den Tod ihres Vaters, König Leopolds von Belgien, auszusprechen. Sich auf die Memoiren Hauptmann Blanchots berufend, schreibt Haslip, daß Charlotte, die sich vom Kaiser nicht nur sträflich vernachlässigt, sondern auch betrogen fühlte, und der schneidige van der Smissen wahrscheinlich anläßlich einer der öfters gemeinsam unternommenen Kahnfahrten auf dem Chalco-See von Mexiko-Stadt zum Liebespaar geworden wären. Folgt man der Argumentation der Britin weiter, so muß auch der Kaiser von dieser »Kurzaffäre« seiner Frau erfahren haben, denn er soll die belgische Legion daraufhin absichtlich in die Nordprovinz um San Luis Potosî versetzt haben.

Joan Haslip glaubt auch den Namen des vermeintlichen Sohnes der Kaiserin und des Oberstleutnants zu kennen und deutet unmißverständlich an, daß es sich dabei nur um den am 21. Jänner 1867 geborenen und späteren berühmten General des Zweiten Weltkrieges Maximilien Weygand gehandelt haben kann. Als man sie in Mexiko mit einem Portrait van der Smissens konfrontierte, will die Engländerin die frappierende Ähnlichkeit zwischen dem Kommandanten des belgischen Freikorps und General Weygand erkannt haben. Außerdem gibt sie zu bedenken, daß ein Mitglied des königlich-belgischen Hofstaates, ein gewisser Comte Duchatel, die Ausbildung Maxim Weygands finanzierte. Als Hauptargument scheint ihr aber eine Aussage des Sohnes von General Weygand zu dienen, der in seinen von Haslip als ausgezeichnet gefeierten Memoiren[10] zur Legende um die Herkunft seines Vaters wie folgt Stellung bezog: »... Als Kaiserin Charlotte 1927 starb, erhielt Weygand, der damals auf dem Höhepunkt seiner Karriere stand, mehrere Briefe, in denen allen das gleiche stand: Ihre Mutter ist soeben verschieden. Weitere Aufschlüsse stehen zur Verfügung. Aber er ging der Sache nie auf den Grund, nahm auch nicht an der Beerdigung der Kaiserin teil, wie häufig behauptet worden ist.«[11]

Daraus zieht Joan Haslip den Schluß, daß Charlotte in jenen Tagen der Jahreswende 1866/67, als sie, bereits schwer von ihrem unheilbaren Verfolgungswahn gezeichnet, in Miramar das »Licht der Welt aussperrte«, Maxime Weygand zur Welt gebracht haben könnte, und schreibt wörtlich: »Es ist denkbar, daß sie in dieser Zeit, von der so wenig bekannt ist, einen Sohn gebar, der dann heimlich nach Belgien gebracht wurde, wo er nach amtlicher Feststellung im Januar in einem Haus am Boulevard Waterloo in Brüssel geboren wurde...«[12] Leider muß die endlos kolportierte »Weygand Legende«, wahrscheinlich sehr zum Leidwesen dieser Autorin, weiterhin nur Legende bleiben, denn diese Theorie läßt sich, wie Gerd Holler in einem anderen Zusammenhang nachgewiesen hat, relativ leicht widerlegen, da sich die einzelnen Stationen und Daten von Charlottes »Europareise in den Wahnsinn« nahezu lückenlos rekonstruieren lassen.

Holler stieß im Zuge seiner Recherchen auch auf die Weygand-These, betrachtete sie aber von einem völlig anderen Blickwinkel aus. Er beschäftigte sich mit einer von Egon Erwin Kisch in dessen Buch *Entdeckungen in Mexiko*[13] in Umlauf gesetzten Theorie, wonach Charlotte bei ihrem Aufenthalt in Yucatan von einem aus den Substanzen des Teyhuinte-Pilzes hergestellten Rauschgift betäubt und in der Folge mißbraucht worden sein soll. Diese Betäubung durch das Pilzgift soll nicht nur der Grund für den Ausbruch von Charlottes Verfolgungswahn gewesen sein, sondern eben auch zu einer erzwungenen Schwangerschaft geführt haben. Diese ominöse Vergiftungstheorie deutet übrigens auch Gerd Mesenhol in *Im Schatten der Zypressen* an. Er zitiert einen Brief Hidalgos an Gutierrez de Estrada, in welchem die tonisierenden Eigenschaften dieses

Pilzgiftes Erwähnung finden. Nach Mesenhol hatten die beiden »europäischen Verschwörer« Hidalgo und Estrada vor, die Kaiserin durch diese Vergiftung zwar nicht zu töten, aber vorübergehend außer Gefecht zu setzen. Die Kaiserin sollte durch die vom Pilz ausgelöste Sinnesverwirrung davon abgehalten werden, weiterhin schädlichen Einfluß auf den Emperador zu nehmen. Diese Argumentationsweise erscheint schon deshalb unglaubwürdig, weil Charlotte in jenem entscheidenden Moment, als Maximilian ernsthaft seine Abdankung in Erwägung zog, trotz der angeblichen Vergiftung bei äußerst klarem Verstand gewesen zu sein scheint, energischer denn je auftrat und die Abdankung erfolgreich verhinderte.
Kehren wir aber nun zum »rasenden Reporter« Egon Erwin Kisch zurück, den im Zweiten Weltkrieg die Emigration nach Mexiko führte, wo er sich auf Spurensuche begab und auf Grund der scheinbar immer noch endlos kursierenden Gerüchte zu seiner gewagten »Enthüllungstheorie« kam. Laut Kisch sollen die Ärzte des Vatikan eine Schwangerschaft bei Charlotte diagnostiziert haben, nachdem sie zuvor in Gegenwart des Papstes jenen schrecklichen Nervenzusammenbruch erlitten hatte, der den endgültigen Ausbruch ihres schizophrenen Verfolgungswahnes markierte. Nach der »Überführung« der Kranken nach Miramar, folgerte Kisch weiter, brachte Charlotte dort ein Kind zur Welt, das einem Anwalt aus Brüssel namens Weygand übergeben wurde, der dem Neugeborenen auch seinen Namen zur Verfügung stellen mußte.
Soweit die Kisch-Theorie, welche Holler gnadenlos zerpflückt und damit auch Joan Haslips Vermutung, daß es sich bei Maxime Weygand um ein Kind von Charlotte und Oberstleutnant van der Smissen gehandelt hatte, jede Grundlage raubte. Der überaus logisch argumentierende Arzt demontierte das Schwangerschaftsgerücht wie folgt:

> *Am 8. August betrat Charlotte in St. Nazaire europäischen Boden. Dem Geburtstermin Weygands nach zu schließen, muß die Kaiserin zu diesem Zeitpunkt fast auf den Tag genau im vierten Monat schwanger gewesen sein. Zwei Tage später kam sie nach Paris ... Am 20. August reiste sie von Paris nach Miramar,*

wo sie bis zum 18. September blieb. An diesem Tag verließ sie Triest, fuhr mit der Kutsche nach Marburg, von dort mit der Eisenbahn nach Villach, nahm dort wieder eine Kutsche und reiste über Lienz, Brixen nach Bozen ... Am 26. September erreichte sie Rom. Sie stieg in der »Alberga d'Italia« ab und wurde in mehreren Audienzen vom Papst empfangen. Schließlich kam es bei einem dieser Empfänge zum akuten Ausbruch eines katatonen Anfalles mit allen seinen bekannten und peinlichen Vorfällen. Der Leibarzt Charlottes, Dr. Karl Bohuslávek, und die Leibärzte des Papstes konstatierten eine »Tobsucht mit Hang zur Imbezilität (Schwachsinn)«, aber KEINE (Hervorhebung durch den Verfasser) *Schwangerschaft. Erst am 15. Oktober gelang es der Begleitung der Kaiserin mit Hilfe ihres Bruders, des Grafen von Flandern, sie dazu zu bewegen, Rom zu verlassen und nach Miramar zu reisen. Dort wurde sie vom ehemaligen Leibarzt Maximilians, Dr. Jilek, in Empfang genommen, der bei der Untersuchung aber auch KEINE Schwangerschaft* (Hervorhebung wieder durch den Verfasser) *feststellen konnte. Aus Wien wurde Professor Dr. Riedel, ein bekannter Irrenarzt, angefordert, der mit zwei stämmigen Irrenwärtern eintraf. Da das Schloß zu viele Fluchtmöglichkeiten und auch Gelegenheiten zu Selbstmordversuchen bot, wurde die Kaiserin im sogenannten Gartenpavillon im Schloßpark interniert. Zur Therapie ihres Zustandes wurde die Kaiserin mehrmals täglich in kaltem Wasser gebadet, erhielt Kopfgüsse mit Eiswasser, dazu wurden ihr täglich Blutegel in den Nasenlöchern gesetzt. Sowohl die Ärzte als auch die Irrenwärter hätten zu diesem Zeitpunkt und bei diesen Prozeduren UNBEDINGT* (Hervorhebung durch den Verfasser) *eine Schwangerschaft feststellen müssen.*[14]

Die »Weygand-Legende« hatte im Zweiten Weltkrieg ein makaberes Nachspiel, als am 12. Dezember 1940 der Sarg des Herzogs von Reichstadt auf Hitlers Geheiß aus der Kapuzinergruft geholt und nach Paris geschafft wurde. Ein nationalsozialistischer Genealoge hatte seinen Führer offenbar zu überzeugen vermocht, daß das nachweislich falsche Gerücht, daß Maximilian von Mexiko der Sohn des Herzogs von Reichstadt war, der Realität entsprach. Der deut-

sche Sippenforscher behauptete allerdings auch, daß das angeblich von Charlotte zur Welt gebrachte Kind Maxime Weygand ein noch in Mexiko vom Kaiser gezeugter und damit ehelicher Sohn des Habsburgers und der Belgierin war. Dagegen spricht natürlich die Tatsache, daß Maximilian seiner Frau niemals erlaubt hätte, sich auf eine solch schwierige Mission nach Europa zu begeben und alle Strapazen der langen Reise auf sich zu nehmen, wenn sie sein Kind unter ihrem Herzen getragen hätte. Hitler aber ließ sich überzeugen und wollte mit der versöhnenden Geste der Rückgabe der Gebeine von Napoleon Bonapartes Sohn das Volk Frankreichs auf seine Seite ziehen, wie offiziell verlautbart wurde.[15] Aus inoffiziellen Berliner Kreisen sickerte jedoch durch, daß er durch diesen Akt der Großzügigkeit vor allem auch den einflußreichen General Maxime Weygand für sich gewinnen wollte, den er, der wackeligen These seines Genealogen folgend, für einen Urenkel Napoleons I. hielt.
Der Plan des Führers des »tausendjährigen Reiches« scheiterte kläglich, alle Versuche General Weygand zur Kollaboration zu überreden, schlugen fehl, und die französische Bevölkerung reagierte uninteressiert und gleichgültig auf diesen merkwürdigen Versöhnungsversuch der verhaßten Besetzer ihres Heimatlandes.
Somit können wir dem dichten »Theoriendschungel« um Maximilian und Charlotte endgültig den Rücken kehren und uns wieder der Landidylle in Cuernavaca zuwenden, welche im Februar des Jahres 1866 durch das Eintreffen von zwei verheerenden Nachrichten erheblich erschüttert wurde. Am 14. Februar hatte sich nämlich auf der Straße von Mexiko-Stadt nach Cuernavaca trotz verschärfter Sicherheitsmaßnahmen ein Partisanenüberfall ereignet, der einen weltweiten Empörungsschrei zur Folge haben sollte und das ohnehin bereits schwer angeschlagene Image des mexikanischen Kaiserreiches im Ausland zusätzlich verschlechterte. Auf halber Strecke, auf der bewaldeten Anhöhe von Rio Frio, in unmittelbarer Nähe von Puebla und nur 30 Kilometer von der Hauptstadt entfernt, stieß eine belgische Delegation, welche von Baron de Huart, einem Intimfreund von Charlottes jüngerem Bruder, des Grafen von Flandern, angeführt wurde und Maximilian auf La Borda Quintas über die Thronbesteigung seines Schwagers Leopold II. informiert hatte, auf eine schwerbewaffnete Räuberbande. Es kam zu einem kleinen

Scharmützel, in dessen Verlauf der junge Baron Huart ermordet wurde, während mehrere Mitglieder seiner Entourage »nur« mit zum Teil schweren Verletzungen davongekommen waren. Maximilian zeigte sich zwar untröstlich über den tragischen Vorfall, konnte aber natürlich nichts an den unerfreulichen Fakten ändern, während der aufgebrachte Gesandte Belgiens von grober Fahrlässigkeit und sträflichem Leichtsinn der mexikanischen Behörden sprach.

Auch Leopold II. reagierte zornig über diese schockierende Meldung aus Übersee; der ehemalige Herzog von Brabant und nunmehrige König von Belgien hatte nie ein besonderes Nahverhältnis zu seiner Schwester Charlotte besessen und beschloß daher kaltlächelnd, das belgische Freikorps nicht mehr zu verstärken und keine jungen Männer seiner Heimat mehr in den »Überseetod« zu schicken. Wahrscheinlich hatte er auch erfahren, wie gering der Kaiser von Mexiko das belgische Kontingent und seine Schlagkraft einschätzte, jedenfalls untersagte König Leopold II. weitere Rekrutierungen kategorisch.

Die zweite Katastrophenmeldung erreichte Cuernavaca ungefähr zur selben Zeit. Ein gewisser Baron Saillard überbrachte dem Emperador einen eindeutigen Absagebrief Napoleons III., in dem der Franzosenkaiser, den Maximilian in seinem letzten vor allem an das Ehrgefühl des Korsenneffen appellierenden Schreiben noch als »erste Kapazität« des Jahrhunderts bezeichnet hatte, bekräftigte, daß er sich zu dem (für Maximilian verhängnisvollen) Entschluß durchgerungen hatte, den »mexikanischen Spuk« zu beenden und seine Truppen aus Mexiko abzuziehen. Die sich immer mehr zuspitzende Lage auf dem europäischen Festland, die immer drohender werdende Auseinandersetzung zwischen Österreich und Preußen, die ihre Auswirkungen auf Frankreich haben würde, der starke Druck der öffentlichen Meinung seines Heimatlandes, das mexikanische Vabanque-Spiel endlich aufzugeben, die unaufhörlichen Klagen von Finanzminister Achille Fould, der nicht länger bereit war, auch nur einen weiteren Sous in das hoffnungslos verfahrene Unternehmen zu investieren, Maximilians vielleicht allzu offen-freimütiger und Napoleon in Verlegenheit bringender Brief – all diese Faktoren beeinflußten die Entscheidung des Kaisers von Frankreich, welche für Maximilian und das zweite mexikanische Kaiserreich einem

Todesstoß gleichbedeutend war. Fassungslos las der Habsburger, der niemals ernsthaft mit einem Wortbruch seines »besten Freundes« in den Tuilerien gerechnet hatte, die Worte Napoleons:

Mein Herr Bruder! Ich schreibe Euer Majestät nicht ohne peinliches Gefühl, denn ich bin gezwungen, Ihnen den Entschluß bekanntzugeben, den ich angesichts all der Schwierigkeiten, die mir die mexikanische Frage bereitet, fassen mußte. Die Unmöglichkeit, vom corps législatif neue Hilfsgelder für den Unterhalt des Armeekorps in Mexiko zu erlangen und die Erklärung Eurer Majestät, außerstande zu sein, selbst noch dazu beizutragen, zwingen mich, endgültig einen Schlußtermin für die französische Besetzung zu bestimmen. In meinen Augen muß dieser Zeitpunkt so nahe wie möglich gesteckt sein. Ich schicke indessen den Baron Saillard, damit er sich mit Eurer Majestät dahin verständige, die Zeitspanne für die allmähliche Rückberufung meiner Truppen derart zu bestimmen, daß sie nicht überstürzt geschehe, die öffentliche Ruhe nicht gestört und die Interessen, deren Schutz uns am Herzen liegt, nicht gefährdet werden. Wenn Sie, woran ich nicht zweifle, die in diesen schwierigen Verhältnissen notwendige Energie zeigen, wenn Sie Ihre nationale und ausländische Armee festgefügt organisieren und durch Verwirklichung aller denkbaren Ersparungen Mittel finden, um die Hilfsquellen Ihres Kaiserreiches zu entwickeln, glaube ich, daß sich Ihr Thron festigen wird, denn der Abgang unserer Truppen wird zwar eine momentane Schwäche bedeuten, aber den Vorteil haben, den Vereinigten Staaten jeden Vorwand für eine Intervention zu nehmen. Ich wiederhole, daß ich nicht glaube, die Macht Eurer Majestät könne durch eine Maßnahme erschüttert werden, die mir die Gewalt der Verhältnisse auferlegt.[16]

Als diese »Bombe« Louis Napoleons unbarmherzig inmitten der friedlich-bukolischen Landidylle von Cuernavaca einschlug und den Kaiser aus allen versponnenen Traumhöhen auf den harten Boden der Realität zurückriß, befand sich Charlotte in Mexiko-Stadt. Während Maximilian einen euphorischen Brief nach dem anderen in den Palacio Nacional und nach Chapultepec sandte, immer wieder die Schönheit Cuernavacas bejubelte und betonte, wie glücklich er sei, einen solchen »Garten Eden« entdeckt und gefunden zu haben, schien seine Gattin in einen Zustand apathischer Teilnahmlosigkeit gedriftet zu sein. Die Kaiserin litt zweifelsohne unter einer schweren Depression, das Leben erschien ihr zunehmend trostloser, so konnte sie naßkalte Regentage, die ihre dumpfe Stimmung zu vervollkommnen schienen, kaum mehr ertragen und begann die Einwohner der Hauptstadt ihres Kaiserreiches regelrecht zu hassen.

In ihren Schreiben an den auf La Borda Quintas das unbeschwerte Leben eines Landedelmannes genießenden Gemahl äußerte sich Charlotte nur noch negativ über die »niederträchtigen« Mexikaner. Die haßerfüllten Epistolate hätten den Kaiser warnen müssen, daß der überreizte Nervenzustand seiner Frau, den bereits die Palastdamen voller Sorge betrachteten, auf eine ernste Erkrankung schließen ließ, und ihre seelischen Beschwerden mehr als nur Symptome einer durch Magenbeschwerden ausgelösten nervösen Verstimmung waren, wie Maximilian vermutete. Doch der Kaiser trug auf der Quinta seine »rosarote Brille« des grenzenlosen Optimismus, seine manische Hochphase sollte erst durch Napoleons »Ernüchterungsbrief« beendet werden. Er maß den Zornausbrüchen seiner Gemahlin deshalb nicht allzu viel Bedeutung bei. Überzeugt davon, daß sich Charlottes »Verstimmung« bald wieder legen würde, las er die folgenden Worte, ohne sich besonders um ihre Gesundheit zu sorgen: »Die Hauptstadt ist ein Tummelplatz der niedrigsten Leidenschaften, was zusammen mit der Fremdenfeindschaft und dem verletzlichen Nationalstolz, dem Dreck und der Korruption von Jahrhunderten das Leben in dieser Stadt für Regierung wie Bewohner wirklich gefährlich macht.«[17] Auch die Aussage Charlottes, daß es für sie längst kein »irdisches Paradies« mehr gäbe, erschreckte den Emperador nicht. Napoleons niederschmetternder Brief aber riß auch die Emperatriz aus ihrer Depressionslethargie. Sie war außer sich, als sie vom Wortlaut des Schreibens erfuhr, weigerte sich kategorisch, den im Grunde unschuldigen Überbringer der Hiobsbotschaft, Baron Saillard, zu empfangen, sandte einen mit Vorwürfen gespickten Brief an ihre »kaiserliche Schwester« Eugénie und setzte im Namen ihres Gatten einen in französischer Sprache gehaltenen Antwortbrief an Louis Napoleon auf. Dieses

Schreiben sollte Felix Eloin, der neuerlich in Sondermission nach Europa entsandt wurde, dem Kaiser der Franzosen übergeben und las sich wie folgt:

Mein Herr Bruder!
Ich habe durch Vermittlung des Herrn Saillard Ihren freundlichen Brief erhalten und erlaube mir, ihn mit völliger Aufrichtigkeit zu beantworten. Euer Majestät glauben unter einem plötzlichen Druck gezwungen zu sein, die feierlichen, vor nicht ganz zwei Jahren mit mir abgeschlossenen Vereinbarungen nicht mehr einhalten zu können. Sie teilen mir dies mit einer Offenheit mit, die Euer Majestät nur ehren kann. Ich bin Ihnen zu sehr in Freundschaft zugetan, um direkt oder indirekt die Ursache einer Gefahr für Euer Majestät oder Ihre Dynastie sein zu wollen. Ich schlage Ihnen deshalb mit einer der Ihren gleichen Herzlichkeit vor, Ihre Truppen unverzüglich von dem amerikanischen Kontinent zurückzuziehen. Ich meinerseits werde, geleitet von meiner Ehre, danach trachten, mich mit meinen Mitbürgern auf eine loyale und eines Habsburgers würdige Weise zu arrangieren und mein Leben und meine Seele dem Dienst an der Unabhängigkeit meines neuen Vaterlandes zu weihen ...[18]

Es darf natürlich auch nicht vergessen werden, daß Louis Napoleon unter dem starken Druck der Vereinigten Staaten gehandelt hatte. Juárez Gesandter in Washington, Matias Romero, ging im amerikanischen Außenministerium ein und aus, seine Gattin genoß in ihrem amerikanischen Exil ebenso großes Ansehen, und Präsident Johnson hatte John Bigelow, den Geschäftsträger der nordamerikanischen Union in Paris, angewiesen, den Quai d'Orsay unmißverständlich zu informieren, daß Amerika nicht länger gewillt war, die Präsenz einer französischen Okkupationsarmee in der »Schwesternrepublik« Mexiko zu dulden. Ein Angebot Frankreichs, die Interventionsarmee sofort abzuziehen, falls sich Amerika bereit erkläre, das Kaiserreich Maximilians endlich offiziell anzuerkennen, war kommentarlos abgewiesen worden. Das wußte auch Marschall Bazaine, dessen Lage immer problematischer wurde, obwohl er seinem Souverän mitteilen ließ, daß die Situation weiterhin stabil bleiben würde – solange die Amerikaner nicht auf den Plan traten und aktiv eingriffen. Daß das zweite mexikanische Kaiserreich nach dem endgültigen Abzug der französischen Armee verloren sein würde, wußte nicht nur Charlotte, sondern auch ihr belgischer Landsmann van der Smissen, der sich – im Gegensatz zu Norbert Frýds Behauptung, er hätte nur auf den Abzug der Franzosen gewartet, um sich endlich gebührend hervortun zu können und die Schlagkraft seines kraß unterschätzten belgischen Korps im Angesicht des Feindes unter Beweis stellen zu können – überhaupt keine Illusionen mehr zu machen schien, die kaiserlich-mexikanische Armee für inkompetent, unorganisiert, morsch und verfault hielt und seinen Verwandten in der flandrischen Heimat die folgende erschreckende Lagebeschreibung übermittelte:

Keiner von Euch in Belgien kann sich einen Begriff machen, wie die mexikanische Armee aussieht – fünf- oder sechstausend Banditen, ehemalige Maultiertreiber oder Bäckerjungen, die über Nacht Obristen geworden sind. Selbst Mendez, einer der Besten, war noch vor zwölf Jahren Gehilfe eines Tuchhändlers in Mexiko-Stadt und im Kittchen, weil er Taschentücher gestohlen hatte. Rekruten werden zwangsweise ausgehoben und zwischen zwei Bajonettreihen in die Kaserne geführt, so daß es nicht wunder nimmt, daß die armen Teufel en masse desertieren, sobald sie in ein Zuckerrohrfeld kommen, wo sie sich verstecken können. Es besteht kein Zweifel, daß die mexikanische Armee am gleichen Tag auseinanderfallen wird, an dem die Franzosen sich einschiffen ...[19]

Auch am Wiener Hof erfuhr man, daß das mexikanische Kaiserreich in Agonie zu liegen schien. Die ganze Aufmerksamkeit Franz Josephs galt allerdings der drohenden, scheinbar unausweichlichen Auseinandersetzung mit Preußen. Trotzdem beeilte sich die Kaiserstadt, Maximilian über den Besuch eines Mexikaners namens Jesús Juan Teran zu informieren. Dieser europäische Sonderbevollmächtigte von Benito Juárez war im Außenministerium empfangen worden und hatte mit eindringlichen Worten darauf hingewiesen, daß Kaiser Maximilian eigentlich nur noch die Abdankung bliebe, falls er eine unweigerlich zu seinem Sturz führende drohende Katastrophe vermeiden wollte. Terans überdeutliche Botschaft an den Kaiser von Mexiko lautete:

Sobald einmal in einem Lande das System der Guerillas entbrennt, sollte sich jeder Eroberer für verloren halten und so rasch wie möglich von seinem Vorhaben abstehen. Ein derartiges System ist um so schrecklicher, als es niemals seine ganze Kraft manifestiert; es erreicht den Endsieg gleichsam als Entlohnung für die einzelnen Niederlagen. Der Eroberer kann sich tagtäglich an dem Gefühl des Triumphes wärmen, bis die allmähliche Erschöpfung und der definitive Untergang ihn aus diesem Irrtum reißen. Mexiko hat sich die Unabhängigkeit von Spanien im Laufe von elf Jahren unaufhörlicher Niederlagen erkämpft, in ähnlicher Weise hat es innerhalb von drei Jahren das Reformgesetz realisiert. Genauso erneuert es jetzt seine Unabhängigkeit und alle mit ihr verbundenen Errungenschaften. Die Franzosen können mit einzelnen Teilsiegen um so leichter rechnen, als die republikanische Führung keine direkte Konfrontation sucht. Und doch steht es fest, daß Ihr Feinde das Land niemals beherrschen und eines Tages ein völliges Debakel erleben werdet.[20]

Maximilian reagierte relativ gelassen auf Terans Untergangsprophezeiung und verstieg sich zur lächerlich klingenden Behauptung, ihm sei an einem Ausgleich mit allen Mexikanern – und somit auch mit Benito Juárez, dessen hartnäckige Ausdauer er bewundere - gelegen, er würde auch den Präsidenten wie »jeden guten Mexikaner« empfangen, falls dieser das wahre »Glück Mexikos« im Auge hätte und an seinem gewaltigen Aufbauwerk der Zukunft gestaltend mitarbeiten wollte.

In Mexiko-Stadt schienen nur noch schlechte Meldungen einzutreffen. Der angegriffene Seelenzustand Charlottes besserte sich kaum, als sie vom Tod ihrer geliebten Großmutter Marie Amalie, der Frau des Bürgerkönigs Louis Philippe, erfuhr, welche so lange im englischen Exil ausgehalten hatte und mit der sie wahrscheinlich ihre letzte aufrichtige Freundin in Europa verlor. Ein weiterer harter Schlag traf die Emperadores, die ohnmächtig zusehen mußten, wie

Marschall Bazaine alle Anstalten traf, die gefährdeten Nordprovinzen systematisch räumen zu lassen, und keine Möglichkeit sahen, die verzweifelten Hilferufe des in Matamoros eingeschlossenen »Felsens« Tomás Mejia effektiv zu beantworten. Zähneknirschend mußten sie den Fall Tampicos und die Plünderung einer Golfhafenstadt durch einfallende marodierende Negerhorden der Yankeerepublik zur Kenntnis nehmen; zur selben Zeit wurde publik, daß man in Zukunft auch nicht länger auf die Hilfe Österreichs zählen konnte. Am 15. März 1866 hatte die österreichische Regierung die Entsendung von weiteren 5000 Mann zugesagt und 2000 davon schickten sich bereits an, in Triest ihre Schiffe zu besteigen, als sie »zurückgepfiffen« wurden. Das bereits auf Maximilian vereidigte Verstärkungskontingent, das vor der Ausschiffung nach Mexiko stand, erhielt die Order, wieder in die Garnisonen zurückzukehren. Der Grund für die Zurücknahme des Marschbefehls war bei den Vereinigten Staaten zu suchen. Der amerikanische Staatssekretär William Henry Seward hatte der Regierung Österreichs kategorisch mitteilen lassen, daß sein Land jede weitere ausländische Einmischung in die internen Staatsangelegenheiten der von einem aufoktroyierten reaktionären Regime bedrohten »mexikanischen Republik« als casus belli betrachten werde. Franz Joseph war damit faktisch ein Ultimatum gestellt worden, dem er sich in Anbetracht der explosiven Lage – der Krieg mit Preußen ließ sich nicht mehr vermeiden und in zwei Monaten sollte Österreich bei Königgrätz/Sadowa eine vernichtende Niederlage erleiden – sofort beugte.

Maximilian, der offenbar nicht genau über die Schwierigkeiten, mit denen sich sein Bruder konfrontiert sah, orientiert war, war verständlicherweise tief betrübt und beklagte den »Wortbruch« und die »Treulosigkeit« seines älteren Bruders mit harten und bitteren Worten. Von seiner Quinta aus hatte er ihm erst vor wenigen Wochen für die Übersendung von Montezumas Schild und des Originalmanuskriptes von Hernando Cortez gedankt und, freilich ohne zu ahnen, daß sich auch in Wien Schwierigkeit auf Schwierigkeit türmte und eine latente Kriegsangst in der Luft lag und den Himmel über Schönbrunn verdüsterte, neuerlich ein unrealistisches Wunschbild der traurigen mexikanischen Zustände entworfen, als er ihm geschrieben hatte: »Unsere Angelegenheiten hier in Mexiko gehen langsam, aber gut vorwärts, und es gereicht mir zum besonderen Troste, daß unsere einheimischen Truppen sich sehr gut formieren und sich mit wahrem Löwenmut schlagen. Das Verhältnis mit unseren Nachbarn beginnt sich auch zu klären; durch Festigkeit und Konsequenz wird man manches mit ihnen erreichen.«[21] Wie meilenweit waren solche Aussagen jedoch von der Realität entfernt!

Und nun mußte Maximilian auch noch diese bittere Enttäuschung hinnehmen. Sein Bruder ließ ihn schmählich im Stich, verkaufte ihn an die kriegerische Union und deren Protegé Benito Juárez, beugte sich widerstandslos dem Diktat der Yankeerepublik, während ihm das Wasser wahrlich bis zum Halse stand. Der Kaiser konnte es einfach nicht fassen. Alles und jeder schien sich gegen ihn verschworen zu haben. Der ihm ergebene, tüchtige, aber betagte französische Finanzberater Langlais, dessen Sanierungsmaßnahmen erste Erfolge zu zeitigen schienen, war am 23. Februar einem Herzinfarkt erlegen, Napoleon kündigte ihm die Unterstützung und Freundschaft auf, der unverschämte, die tatsächlichen Gegebenheiten in Mexiko nicht kennende Gutierrez de Estrada schrieb ihm wieder hundertseitige Epistolate und riet ihm, in die Arme des Episkopats zurückzukehren, der nach dreimaliger dringender Aufforderung endlich eingetroffene Hidalgo bot eine traurige angstschlotternde Figur und schlich sich bald bei Nacht und Nebel aus dem Land – und nun verriet ihn auch noch sein Bruder.

Anfang Mai 1866 stand der mexikanische Staat endgültig vor dem Bankrott. Maximilian sah sich außerstande, den Sold für die Mitglieder des österreichischen und belgischen Freikorps aufzubringen, und war gezwungen, den verhaßten Marschall Bazaine, dessen Abberufung er immer vehementer forderte, zu bitten, seine persönlichen »Elitetruppen« fortan aus den Mitteln der französischen Kriegskasse zu entlohnen. Die österreichisch-belgische Legion wurde zwangsläufig der französischen Armee beigefügt, trug nun den Namen Division auxiliaire étrangère und war dem unmittelbaren Befehl von General Neigre unterstellt. Maximilians folgender Aufruf an seine getreuen Freiwilligen konnte deren Verbitterung kaum mildern und sie über den desolaten Zustand des Staates hinwegtäuschen:

Offiziere, Unteroffiziere und Soldaten Meines österreichisch-belgischen Freiwilligen-Corps. Stets besorgt um euer materielles Wohl und eingedenk eurer Mir so oft erprobten Ergebenheit und Selbstverleugnung, habe Ich, um den durch eine Finanzkrise entstandenen schwierigen Verhältnissen Abhilfe zu schaffen, in eurem Namen das großherzige Angebot Frankreichs, Uns mit seinen Mitteln beizustehen, angenommen. Ihr werdet von nun an Teil einer und derselben Division mit Waffengefährten bilden, die berufen sind, Beschwerden und Gefahren mit euch zu teilen. Eine gleiche Verwaltung wird für euer gemeinsames Wohl sorgen; euch bleiben jedoch eure vortreffliche Organisation und die bisherigen Vorgesetzten, deren erfolgreiche Führung und ruhmvolle Tapferkeit euch schon so oft in Kampf und Sieg als leuchtendes Beispiel dienten. Somit sind eure Rechte und Interessen gewahrt, vertraut eurem Kaiser, gleichwie Er stets auf euren Mut und gute Disziplin zählen wird.[22]

Wie groß die Enttäuschung, vor allem bei den Österreichern, war, ersehen wir an einer Tagebucheintragung Carl Khevenhüllers, der wütend notierte:

Es geht mit unserem Korps sehr bergab. Wir sind oft nicht im Stande gewesen, der Mannschaft die Löhnungen auszuzahlen. Seit 1. Mai stehen wir unter Kommando des französischen Generals Baron Neigre, eines gutmütigen, aber höchst beschränkten dicken alten Mannes. Wir sind also französische Auxiliares mit dem Titel »Österreichisch-belgische-Auxiliartruppen«. Es ist weit mit uns gekommen! Dafür haben wir uns gerauft und totschießen lassen, um französische Söldlinge zu werden! ... Der General Thun ist krank vor Ärger. Doch fehlt ihm die Macht, gegen die Perfidie der Franzosen auftreten zu können und unsere Rechte geltend zu machen. Mit einem Worte, wir sind diesen Verrätern durch die entsetzliche Armut der kaiserlichen Kassen in die Hände gespielt worden ... Die Mannschaft ist auf einem solchen Punkte der Aufregung gelangt, daß wir Befürchtungen hegen, es kommt zu einem Aufstande. Wer weiß, ob General Thun nicht seine Quittierung verlangen wird? Er würde nur recht tun, denn er am wenigstens darf uns den Franzosen überantworten – was hat er uns in Österreich versprochen? Er kann dem General Neigre nicht unterstellt werden, das hieße abdanken. Eine so sekundäre Stellung, einem französischen unfähigen Brigade-General unterstellt zu werden, ist unwürdig... Wir sind verloren.[23]

General Thun, der in seinem Inneren wahrscheinlich bereits den Entschluß gefaßt hatte, das sinkende Schiff zu verlassen und in seine Heimat zurückzukehren, fand keine überreiche Gnade vor den Augen seines obersten Kriegsherrn, der das folgende abwertende Urteil über ihn fällte: »Der Mann kennt kein Gesetz, kein öffentliches Wohl, weiß nichts von dem Räderwerk einer guten Regierung. Deshalb fordert ja Regierungsweisheit von jeher, daß Leute des Schwertes blind gehorchen, niemals aber sprechen und urteilen sollen.«[24] Wie stand es indes um die Mission Felix Eloins am kaiserlichen Hof von Paris? Der Belgier war diesmal zwar unverzüglich in den Tuilerien empfangen worden und tat sein Bestes, um die verlorene Sache seines Kaisers zu retten, mußte sich aber von einem gebrechlich und krank wirkenden Napoleon sagen lassen, daß dem mexikanischen Herrscher die nötige Energie fehle, um seine schwierige Aufgabe zu meistern, und er nur den Eindruck eines ausgesprochenen »Federfuchsers« hinterlasse. Nachdem Napoleon Eloin erklärt hatte, daß er Maximilian den unverschämten Ton seines Briefes nicht übel nähme, da er von einer Überreaktion des gekränkten Kaisers zeuge, holte er weiter aus: »... Was wollen Sie, es gibt Umstände, unter denen man nicht alles tun kann, was man will. Ich habe daher gezwungenermaßen eine Lösung suchen müssen, aber man wird sich schon verständigen können, die Hauptsache ist, die Gemüter zu beruhigen. Seit Sie in Europa sind, werden Sie sich über den Stand der öffentlichen Meinung Rechenschaft abgelegt haben. Alle Nachrichten, die wir von drüben bekommen, stimmen in der Feststellung überein, daß dem Kaiser Maximilian die Energie fehlt; er beschränkt sich darauf, Dekrete zu verfassen und zu veröffentlichen, ohne sich darüber klar zu sein, daß sie oft undurchführbar sind.«[25]

Der Belgier, der auch einige Geheiminstruktionen in seiner Tasche herumtrug, die darauf hinausliefen, eventuell eine Söldnerarmee anzuwerben – einer der wildesten und unrealistischsten Pläne konzentrierte sich um die Aushebung eines ägyptischen Negerregimentes –, sah bald ein, daß er hier auf verlorenem Posten kämpfte und die letzte Stunde des mexikanischen Kaiserreiches wohl in nicht allzu weiter Ferne lag. Um ein schlagkräftiges Söldnerheer auf die Beine zu stellen, fehlten Eloin die Mittel, am belgischen Königshof zeigte sich Leopold II. nicht geneigt, den Bergbauingenieur zu empfangen, und der Mann aus Namur konnte dem Emperador daher nur das vollkommene Scheitern seiner Mission vermelden. Wahrscheinlich auf Charlottes Rat und Initiative schickte Maximilian nun Juan Almonte mit einem Geheimplan nach Paris. Als Almonte Paris am 20. Mai 1866 erreichte, sah er sich alsbald von Exilmexikanern umringt, die ihm zu seiner geglückten Flucht aus Mexiko gratulierten. Offenbar glaubten die Emigranten, daß auf dem sinkenden Staatsschiff Mexikos die Verzweiflungsparole »Rette sich wer kann« ausgegeben worden war, während Louis Napoleon das unannehmbare Geheimmemorandum lediglich mit einem mitleidigen Lächeln quittierte. Worin bestand dieser wahrscheinlich von Charlotte ausgearbeitete Geheimplan? Seine Quintessenz läßt sich wie folgt zusammenfassen: das Memorandum stipulierte den Weiterverbleib der französischen Interventionsarmee in Mexiko bis zur gänzlichen Pazifizierung des Landes; außerdem sollte Frankreich ein Flottengeschwader nach Mexiko entsenden, um die Küste des Kaiserreiches zu sichern, und drittens sollte Marschall Bazaine mit sofortiger Wirkung seines Postens enthoben und durch einen Offizier ersetzt werden, welcher direkt dem Befehl Maximilians unterstand.

Napoleon III. schlug in der Form eines äußerst unfairen »Gegenmemorandums« zurück, das besagte, daß Frankreich einem neuen Vertrag mit dem Kaiserreich von Mexiko nur dann zustimmen würde, wenn gewisse unerläßliche Konditionen beachtet und eingehalten werden würden. So müßte die mexikanische Regierung Frankreich die sofortige Kontrolle aller Zollhäfen übertragen und die Hälfte aller Zolleinkünfte, also der Haupteinnahmequelle des bankrotten Landes, an Frankreich abführen, um dadurch die längst fällig gewordenen offenen Rechnungen zu begleichen. Falls Maximilian Einsicht zu zeigen bereit wäre und die Bedingungen vorbehaltlos akzeptierte, würden die französischen Fremdenlegionstruppen, wie versprochen, auch nach dem Abzug der regulären Interventionsarmee für weitere drei Jahre im Land bleiben und dem Emperador zur Verfügung stehen. Außerdem würde Marschall Bazaine, der selbstverständlich im Amt blieb, Weisung erhalten, monatlich eine halbe Million Francs aus der Kriegskasse abzuzweigen, um damit die Kosten für den Aufbau und die Ausrüstung einer schlagkräftigen einheimischen Armee zu bestreiten.

Maximilian, der sich gerne wieder in die Geborgenheit seiner Quinta zurückgezogen hätte, hatte sein Refugium in der Zwischenzeit Charlotte überlassen müssen, deren nervliche Verfassung immer instabiler geworden war, sodaß ihr die Ärzte einen Erholungsurlaub auf La Borda Quintas verordnet hatten. Maximilian kümmerte sich kaum um die merkwürdigen und traurigen Briefe, die ihm seine Frau in jenen Tagen schrieb, denn er mußte sich mit anderen, schwerwiegenderen Problemen herumschlagen. Innerhalb der österreichischen Truppenverbände gärte es, General Franz Thun und seine Offiziere drohten mit ihrer Demission, und auch Oberstleutnant van der Smissen warnte lautstark vor einer unmittelbar bevorstehenden Rebellion seiner Männer. Während sich der Kaiser verzweifelt bemühte, die Gemüter seiner Freikämpfer zu beruhigen, fühlte sich Charlotte einsam und verlassen. Sie hatte sich auf der Quinta nie besonders wohl gefühlt, Maximilians Paradies erschien ihr nun fremd und leer. Die Briefe, die sie zu jener Zeit an ihren Gemahl schrieb, klingen depressiv und unerklärlich, wenngleich sie nicht so stark auf das Nachlassen ihrer Geisteskraft hindeuteten wie das folgende Schreiben, das Chapultepec Mitte März verließ: ». . . Ich finde, Du solltest Victoria eine Auszeichnung senden, damit Du den Hosenbandorden bekommst. Gott sei unseren armen Seelen im Fegefeuer gnädig. Ich denke, es wird bald schneien. Wenn es dort nur kühl für Dich ist. Prinzessin Josefa hatte eine Erkältung und war gestern hier . . .«[26]

Doch der Emperador schien die bedenkliche Gemütsverfassung seiner Gattin nicht wahrzunehmen. Schreiben dieser Art ignorierte er unbekümmert. Auch jetzt, wo er die Zeichen an der Wand wohl hätte erkennen müssen, wo eine Meuterei der Freikorpssoldaten drohte, der Staat am Zusammenbrechen schien und das Inferno

immer näher rückte, tat er etwas für seine Wesensart Charakteristisches: er flüchtete erneut – und das zum denkbar schlechtesten Zeitpunkt – in seine Bauleidenschaft. Er überwachte die Bauarbeiten an seinem Nationaltheater persönlich, erteilte seinen Baumeistern letzte Direktiven, denn die Arbeiten standen vor der Vollendung; er ließ eine von Chapultepec in die Hauptstadt führende Prachtstraße fertigstellen, weihte sie ein und freute sich darüber, daß die neue Straße den Namen Calzado del Emperador trug. Er eröffnete ein archäologisches Museum, während die Welt um ihn einzustürzen drohte und der entsetzte österreichische Gesandte Baron Lago den folgenden vernichtenden Lagebericht in seine Heimat sandte: »Überall erhebt der Juárismus sein Haupt, die eifrigsten Anhänger werden apathisch, des Kaisers Volkstümlichkeit von einst macht einer kalten, wenn auch respektvollen Gleichgültigkeit Platz, die Liberalen bleiben geschworene Feinde des Thrones, dem sie sich nur nähern, um ihn besser zu verraten.«[27]
Am 28. Juni trafen die ultimativen Forderungen Napoleons in der Hauptstadt ein. Charlotte schien sich wieder einigermaßen erholt zu haben und hatte auch schon einen öffentlichen Auftritt hinter sich, als Napoleons Diktatschreiben Mexiko-Stadt erreichte. Die Stimmung am kaiserlichen Hof hatte begreiflicherweise den absoluten Nullpunkt erreicht. Soeben hatte man erfahren, daß die im Bundesstaat Sonora liegende Stadt Hermosillo von den Juáristen eingenommen worden war. Die Soldaten des Indiopräsidenten hatten mit beispielloser Grausamkeit ein wahres Scheibenschießen auf die 37 dort lebenden französischen Staatsbürger veranstaltet. Alle waren bestialisch niedergemetzelt worden. Napoleons Brief traf zeitgleich mit dieser Hiobsbotschaft ein und bereitete Maximilians und Charlottes allerletzten vagen Hoffnungen ein jähes Ende.
Zum ersten Mal dachte der desillusionierte Emperador nun ernsthaft an die Möglichkeit eines Abdankens. Sein französischer Unterstaatssekretär Léonce Détroyat bestärkte den Kaiser in dieser Ansicht und argumentierte wie folgt:

Das Los des Kaiserreiches steht in diesem Augenblicke auf dem Spiel. Der Schleier ist gefallen. Die seit einiger Zeit zweifelhafte Politik Napoleons ist nun heute klar vor aller Augen. Der Sturz

Euer Majestät wird die Folge sein... Euer Majestät können auf Kampf und Widerstand Hoffnungen setzen, ich aber glaube, daß sie unnütz, ja mehr als das, gefährlich sind... Die französischen Truppen müssen sich nun um jeden Preis zurückziehen. Bazaine war eine Art störender, schlecht aufgefaßter und schlecht angewandter Vormundschaft, die klägliche Resultate gezeigt hat. Jetzt aber sagt Napoleon: »Ich kann meine Versprechungen nicht mehr halten, ich verletze alles, ich ziehe meine Truppen zurück, ich fordere mein Geld und verlasse Sie.« Majestät, sagen Sie den Mexikanern in einer Proklamation, Sie wären gekommen, um sie aus der Anarchie zu retten. Sie hätten eine schwere Aufgabe übernommen, aber blind auf die Versprechungen eines Souveräns gebaut, der geschworen habe, Sie zu unterstützen und sie niemals zu verlassen. Nun sei alles anders geworden. Schlecht bedient und schlecht unterstützt, hätten Sie das stolze Werk nicht so vollbringen können, wie Sie es geträumt, darum müßten Sie von der grausamen Notwendigkeit weichen und sich in Ihre Heimat zurückziehen, ohne je in aller Zukunft das Interesse Mexikos aus den Augen verlieren zu wollen...[28]

Maximilian hatte dem logisch und nüchtern argumentierenden Franzosen aufmerksam zugehört und mußte zugeben, daß seine Analyse exakt war und der Wahrheit entsprach. Die Würfel schienen gefallen, der Kaisertraum ausgeträumt. So schwer es ihm auch fallen würde, als entthronter Kaiser vor seinen Bruder und die österreichische Öffentlichkeit hinzutreten, ihm blieb keine Wahl. Den Rat Détroyats befolgend, begann er an einer Proklamation zu arbeiten, um die mexikanische Öffentlichkeit von seiner Abdankung und seinem Thronverzicht in Kenntnis zu setzen.

Er hatte aber nicht mit der kalten Entschlossenheit Charlottes gerechnet, die nun – energischer denn je – auf den Plan trat. In einer Stunde, da alles verloren und das Kaiserreich dem Tod geweiht schien, zeigte sie, aus welchem Holz sie geschnitzt war. Sie bestürmte den Kaiser, die Proklamation nicht zu vollenden und auf die Abdankung zu verzichten, da es feige und eines wahren Herrschers unwürdig wäre, im Moment der Gefahr kampflos aufzugeben, und sich wie ein Dieb in der Nacht davonzuschleichen. Während der

Kaiser allen Mut verloren zu haben schien, wuchs Charlotte über sich hinaus. Die Angst, den Thron zu verlieren, hatte sie offenbar schlagartig von ihren Depressionen befreit. Sie schlug vor, nach Europa zu fahren und persönlich bei Napoleon III. zu intervenieren. Sie würde den Wortbruch des französischen Kaisers schon zu verhindern wissen, sobald sie erst einmal an Ort und Stelle war und Napoleon von Auge zu Auge gegenüberstand. Es würde ihr auch gelingen, den Papst zu einem Umdenken in der Frage des Kirchenbesitzes zu bewegen, wenn sie im Vatikan persönlich mit dem Heiligen Vater verhandeln konnte. So bekräftigte die Kaiserin immer wieder und verwarf jedes Gegenargument. Wie eine Tigerin kämpfte Charlotte um die Krone, drängte in den Kaiser, hämmerte ihm unaufhörlich ein, daß eine Abdankung nur Schmach und Schande nach sich ziehen würde. Als der Emperador aber immer noch unentschlossen blieb, griff sie zur Feder und verfaßte ein Memorandum voller phantastischer und vager Ideen, unzutreffender historischer Analogien und Anschuldigungen. Dieses Memorandum sollte den zaudernden Ehemann endgültig zur Vernunft bringen und ihm vor Augen führen, daß ein Thronverzicht ein Ding der Unmöglichkeit war. Am härtesten traf den Kaiser wohl der in Charlottes Denkschrift enthaltene Vorwurf der Feigheit, als er das Exposé seiner Gattin zu lesen begann:

... Karl X. von Frankreich und mein Großvater haben sich selbst zugrunde gerichtet, weil sie abdankten ... Abdanken heißt, sich verurteilen, sich selbst ein Unfähigkeitszeugnis auszustellen, und das ist nur annehmbar bei Greisen und Blödsinnigen, das ist nicht die Sache eines Fürsten von vierunddreißig Jahren voller Leben und Zukunftshoffnungen. Die Souveränität ist das heiligste Besitztum, das es unter den Menschen gibt, man verläßt den Thron nicht, wie man aus einer Versammlung fliehen will, die ein Polizeikorps umschlossen hält. Im Augenblick, da man die Geschicke einer Nation übernimmt, tut man dies auf eigene Gefahr, und es steht einem nicht frei, sie zu verlassen. Ich kenne keine Lage, wo Abdankung etwas anderes wäre als ein Fehler oder eine Feigheit. Ludwig der Große sagte in einer Schlacht zu einem Engländer, der ihn gefangennehmen wollte: »Mein

Freund, bei Niederlagen dürfen sich Könige nicht gefangengeben.« Nun denn, ich sage, Kaiser dürfen dies auch nicht. Solange es hier einen solchen gibt, wird ein Kaisertum sein, selbst wenn nur mehr sechs Fuß Erde ihm gehören. Daß er ohne Geld ist, ist kein genügender Einwand, man wird es sich mit Kredit beschaffen ... Das Kaisertum ist das einzige Mittel zum Heile Mexikos, alles muß getan werden, um es zu retten, da man sich dazu durch Eid und Wort verpflichtet hat und keine Unmöglichkeit einen davon entbindet ... Man verläßt seinen Posten vor dem Feinde nicht, warum würde man eine Krone verlassen? Die Könige des Mittelalters warteten wenigstens, daß man käme, um ihnen ihre Staaten zu nehmen, bevor sie sich auslieferten, und die Abdankung ist erst erfunden worden, seit die Souveräne verlernt haben, in Tagen der Gefahr zu Pferde zu steigen ... Man überläßt seinen Platz nicht einem Gegner ... man sagt auch nicht wie in einem Spielhause, daß die Bank gesprengt ist oder das Satyrspiel zu Ende ist und man die Lichter löscht. Das ist alles weder eines Fürsten aus dem Hause Habsburg noch Frankreichs und seiner Armee würdig, die berufen wäre, dies Schauspiel mit anzusehen und es zuzulassen. Mit wem bliebe denn der Marschall Bazaine bis zum nächsten Jahre? Das wäre wohl Grund auf das Wort Jules Favres vom Don Quichotte zurückzukommen, wenn wir eine solche Rolle gespielt hätten, und vom Erhabenen zum Lächerlichen wäre es nur ein Schritt. Als Kulturbringer, als Retter und Regenerator auszuziehen und unter dem Vorgeben zurückzukehren, daß es nichts zu zivilisieren, nichts zu retten, nichts zu regenerieren gibt, und das alles im innigen Einvernehmen mit Frankreich, das immer als ein Land geistiger Kräfte galt – da werden Sie doch zugeben, daß dies sowohl für die einen wie für die anderen die größte Absurdität wäre, die es gibt. Ich hoffe, jenseits der Meere diese Sprache führen zu können. Wenn man schon mit einzelnen Individuen spielen kann, so darf man doch nicht mit Nationen spielen, weil Gott dies rächt.[29]

Dieses anklagende Memorandum gab den Ausschlag, der Kaiser ließ sich umstimmen. Er verwarf den Gedanken an eine Abdankung wieder, vielleicht wollte er auch nur das Resultat von Charlottes

Bemühungen in Europa abwarten und dann handeln, jedenfalls gab er ihrem Drängen nach und machte die letzten Bargeldreserven flüssig, um der Kaiserin und ihrer Entourage ein würdiges und standesgemäßes Auftreten zu ermöglichen. Seine Affäre mit Concepción Sedano schien endgültig vorbei zu sein. Er stand wieder ganz im Bann der Kaiserin, er bewunderte ihren Mut, ihre Willensstärke und die Energie, mit der sie seinen Verzichtswünschen entgegen getreten war. Die Emperadores schienen im Augenblick der Gefahr wieder unzertrennlich geworden zu sein. Alle Differenzen der Vergangenheit waren vergessen. Der Kaiser bezeichnete Charlotte nun als seinen letzten Halt, seinen Lebensinhalt. Mit bewegten Worten teilte er seinem Bruder Karl Ludwig mit, wie schwer es ihm fiel, seine teure Frau ziehen zu lassen:

Die Reise Charlottes ist das schwerste Opfer, welches ich noch meinem neuen Vaterlande gebracht habe, um so schwerer, nachdem Charlotte in der schlechtesten Zeit die tödliche Region des gelben Fiebers durchziehen muß. Aber die Pflicht gebot dieses Opfer und die guten Früchte werden so Gott will nicht fehlen ... Charlotte wird mit dem richtigen Takt präzisieren, wie weit wir noch auf die Hilfe des alten faulen Europas zu rechnen haben ...[30]

Der Entschluß der Kaiserin war unabänderlich, sie würde die Nation aus höchster Not erretten und den feigen Europäern beweisen, welch tapferes Blut in ihren Adern floß. Die Bewunderung des Kaisers für den Mut und die Tatkraft von Charlotte kannte keine Grenzen mehr. Für Maximilian war sie beinahe zu einer überirdischen Erscheinung geworden, er fand die zärtlichsten Ausdrücke für sie und schrieb seiner Mutter, Erzherzogin Sophie, daß ihn mit ihr der »Stern seines Lebens« verließe. Erzherzogin Sophie gegenüber begründete er Charlottes Abreise so:

Liebe beste Mama!
Ich benütze die sichere Gelegenheit von Charlottens Exkursion nach Europa, um Ihnen, beste Mutter, diese Zeilen zu übersenden. Charlotte macht einen Ausflug in die Alte Welt, um als

unser sicherster und geschicktester Botschafter in mexikanischen Angelegenheiten zu arbeiten. Sie ist versehen mit meinen geheimen Instruktionen und hat die Hauptaufgabe, an gewisse Versprechungen für das Wohl Mexikos zu erinnern und in einigen Punkten Unterstützung zu fordern. Wieviel es mich gekostet hat, mich von ihr zu trennen, können Worte nicht beschreiben ... Die Zeit, da mich der Ozean von ihr trennt, wird wohl für mich die härteste Prüfung meines Lebens sein, aber für große Zwecke muß man große Opfer bringen. Nachdem uns Europa jetzt von allen Seiten auf die schmählichste Weise verläßt und die alt gewordene Welt vor Nordamerika feige zittert, ist hier die angestrengteste Aktion doppelt notwendig. Daß die europäischen Monarchen sich vor unserer Nachbarrepublik in unverzeihlicher Schwäche beugen, werden sie einstens bitter bereuen; doch das geht mich nichts an, ich muß nur Tag und Nacht sinnen, mein neues und schon so heißgeliebtes Vaterland zu retten. In dieser Absicht der Pflicht und Liebe steht mir Charlotte treu, redlich und tätig zur Seite, und darin liegt die Erklärung ihrer rasch beschlossenen Reise nach Europa. Gott möge sie geleiten und uns wieder frisch, froh und zufrieden zurückführen. ... Brüssel und Wien kann Charlotte leider aus politischen Gründen jetzt nicht besuchen. Ich bitte Dich innig, bete recht inständig für mich, der ich allein in der fernen Welt stehe.[31]

Charlotte wollte Napoleon einen eigens von ihr entworfenen Forderungskatalog vorlegen und befand sich offenbar in Hochstimmung. Am 6. Juli erfuhr der Emperador vom Kriegsausbruch zwischen Österreich und Preußen. Doch auch diese Bestürzung auslösende Nachricht konnte Charlotte nicht von ihrem Vorhaben abbringen. Drei Tage später verließ die Kaiserin die Hauptstadt. Maximilian begleitete sie bis zu dem kleinen Indiodorf Ajotla, das 30 Kilometer außerhalb von Mexiko(Stadt) lag. Hier kam es zu einem bewegenden Abschied.

Als Maximilian der davonfahrenden Kutsche seiner Frau nachstarrte, überwältigte die Rührung den Mann, der erst vor kurzem eine schwere Fieberattacke zu überstehen gehabt hatte, derart, daß er beinahe zusammengebrochen wäre. Er konnte sich kaum auf den

Beinen halten und mußte zu seinem wartenden Wagen geführt werden. Die heiße Mittagssonne brannte unbarmherzig auf Ajotla nieder. Maximilian bestieg seinen Wagen. Der gebrochene Kaiser konnte nicht ahnen, daß er seine Frau zum letzten Mal gesehen hatte. Am Ende von Charlottes beschwerlicher Reise sollte sie der Wahnsinn erwarten, während der Kaiser, mit seinem Entschluß, dem Thron doch nicht zu entsagen, sein Todesurteil unterzeichnet hatte.

8. Reise in den Wahnsinn

Da man verhindern wollte, daß der Eindruck entstünde, die Kaiserin ließe ihren Gemahl und Mexiko im Stich – es kursierten bereits Gerüchte, wonach die Reise der Kaiserin nur eine getarnte Flucht war, der sich auch Maximilian früher oder später anschließen würde – sah sich die Regierung genötigt, das mexikanische Volk über die wahren Beweggründe der Auslandsreise der Emperatriz aufzuklären. Ein Tag vor ihrer Abreise erschien daher im offiziellen Sprachorgan der Regierung, dem *Diario del Ymperio*, die folgende Begründung:

> *Ihre Majestät die Kaiserin reist morgen nach Europa. Ihre Majestät wird mexikanische und verschiedene internationale Fragen regeln. Diese Mission, welche unser Souverän mit wahrem Patriotismus erfaßt hat, ist der größte Beweis von Selbstverleugnung, den der Kaiser seinem neuen Vaterlande hat geben können, um so mehr als die Kaiserin an der Küste von Veracruz der in der Regenzeit so großen Gefahr des gelben Fiebers sich aussetzt. Wir geben diese Nachricht, damit das Publikum den wahren Zweck der Reise Ihrer Majestät kenne.*[1]

Maximilian tat alles, um Charlottes Europamission, deren erfolgreicher Ausgang für den Fortbestand des Reiches von entscheidender Bedeutung war, chancenreicher zu machen und ging deshalb zum Schein auf die inakzeptablen Konditionen Napoleons III. ein. Er begegnete Bazaine wieder freundlicher und versuchte die eisige Atmosphäre, welche mittlerweile zwischen ihm und dem Marschall herrschte, dadurch zu lockern, daß er sich anbot, Pate des Kindes zu werden, das Josefa de la Pena dem Marschall gerade geboren hatte. Bazaine war zwar vielleicht geschmeichelt durch diese Geste des guten Willens, aber er hatte auch die Instruktionen seines Souveräns zu beachten, welche besagten, daß das französische Truppenkontingent Mexiko spätestens in den Anfangsmonaten von 1867 zu räumen hätte und er »irgendein dauerhaftes Gebilde« hinterlassen sollte, wobei Napoleon, da die Monarchie offensichtlich gescheitert war, auch die Möglichkeit eines demokratisch gewählten Präsidenten nicht ausschloß.

Die Kaiserin hatte indes Rio Frio erreicht und schrieb ihrem Gemahl noch vor ihrer Weiterreise einen in eindringlichem Ton gehaltenen Brief, in welchem sie ihn neuerlich aufforderte, niemals aufzugeben und der Krone um keinen Preis der Welt zu entsagen. Der Brief aus Rio Frio, aus dem auch eine deutliche Warnung durchklang, den französischen Ratgebern nicht allzu viel Vertrauen und Gehör zu schenken, las sich so:

Sei auf der Hut vor den Franzosen. Selbst der netteste von ihnen ... soll gesagt haben, daß ich nie zurückkommen werde. Höre nicht auf ihn. Es würde mir, wo ich auch sei, das Herz brechen, wenn ich jemals hörte, Du hättest Dich überreden lassen, den Thron aufzugeben, für den wir so viele Opfer gebracht haben und der noch immer eine glorreiche Zukunft haben kann ... Es gibt viele Treugesinnte hier, die Dich nie verraten würden und es nicht verdienen, daß sie durch die Verräterei anderer verraten werden.[2]

Der Personaladjutant General Franz von Thuns, Baron Carl von Malortie, eskortierte die Kaiserin an der Spitze einer Abordnung polnischer Ulanen von Puebla aus durch die von den Österreichern beherrschte Zone und fand die Herrscherin »elfenhaft schön«, gutgelaunt, redselig und offenbar zum Äußersten entschlossen. In Puebla ereignete sich allerdings ein Vorfall, der das Gefolge der Kaiserin ein wenig beunruhigte. Charlotte, die schon zu Bett gegangen war, erhob sich zur Mitternachtsstunde wieder und bestand darauf, dem Stadtpräfekten einen Besuch abzustatten, obwohl man ihr mitgeteilt hatte, daß sich dieser in Vera Cruz befände. Die Kaiserin gab nicht nach, eilte zum Haus des Präfekten, trommelte dessen Wirtschafterin aus dem Schlaf und wandelte, sehr zur Be-

stürzung der verwirrten alten Frau und ihrer Begleiter, mit wallendem Cape und riesiger Kerze durch die leeren Räume des Hauses. Aber am nächsten Morgen setzte die Emperatriz ihre Reise fort und erwähnte ihren nächtlichen »sortie« mit keinem Wort. Die polnischen Ulanen wurden nun von französischen Reitern abgelöst, und die kaiserliche Entourage quälte sich durch die heiße Zone, die in der Regenzeit besonders schwer zu durchqueren war. Wetterstürme und Wolkenbrüche prasselten auf die Kaiserin und ihre Begleitung nieder, welche sich in einem Rasthaus in der Nähe von Cordoba erholen mußte, nachdem zuvor ein Rad ihres Wagens zerbrochen war. Die Kaiserin zog es vor, die an der Landstraße nach Cordoba gelegene Gaststätte inkognito zu betreten, und ihr stolzes Blut geriet in Wallung, als sie unvermittelt Ohrenzeugin eines der vielen Spottlieder wurde, mit denen man sie schon in der Hauptstadt sehr gekränkt hatte. Nicht ahnend, daß das »Objekt"« ihres »Hohnliedes« mitten unter ihnen saß, sangen die rauhen Maultiertreiber und Geschäftsreisenden unter dem tosenden Gelächter der Kellnerinnen und Trunkenbolde, die sich ebenfalls in der Pulqueria aufhielten, sozusagen eine Abschiedsversion des zum Gassenhauer gewordenen »Mama Carlota«, die darauf hinauslief, daß nach der Flucht der Kaiserin und dem Abzug der Franzosen auch der unbeliebte Kaiser das Weite suchen würde.[3]
Empört erhob sich Charlotte und wollte nicht länger auf die Reparatur ihres defekten Wagenrades warten, sondern zu Pferd nach Vera Cruz reiten, um nur ja ihr Schiff nach Frankreich nicht zu versäumen. Sie war bereit, einen gefahrvollen nächtlichen Ritt in Kauf zu nehmen, ließ sich aber dann überreden, auf eine neue, inzwischen aus Cordoba eingetroffene Kutsche umzusteigen. Am 13. Juli traf sie gegen Mittag in Vera Cruz ein. Hier erwarteten sie keine Jubler, die Menschen warfen ihr verstohlene mißtrauisch-feindselige Blicke zu, da wohl auch sie der Meinung waren, die Emperatriz würde Mexiko und ihr Volk im Stich lassen. Charlottes Nerven waren äußerst angespannt, und als sie feststellen mußte, daß das französische Postschiff *L'Impératrice Eugénie,* das sie nach Frankreich bringen sollte, nicht einmal die Nationalfahne Mexikos gehißt hatte, um sie mit den einer Kaiserin gebührenden Ehren willkommen zu heißen, kam es zu einem Eklat. Dezidiert weigerte sie sich, an Bord des

Schiffes zu kommen, ehe nicht dem »Anstand genüge getan« worden war und die Fahne der Ehre Mexikos auf dem Flaggenmast wehte. Erst nachdem der französische Kapitän dem Wunsch der hysterisch wirkenden Frau entsprochen hatte, setzte sie ihren Fuß auf die *L'Impératrice Eugénie* und trat, wie immer schwer unter Seekrankheit leidend, die Überfahrt in die Alte Welt an, in der sie nichts als Leid, ja der Wahnsinn, erwartete.

Am 8. August erreichte der Postdampfer den Hafen von St. Nazaire in Frankreich. Erstaunt nahm die Emperatriz zur Kenntnis, daß sie hier weder ein Emissär Napoleons noch ein offizielles Begrüßungskomitee erwartete. Lediglich Juan Almonte und seine Frau standen, zusammen mit dem etwas behäbig wirkenden rundlichen Bürgermeister und einigen anderen Honoratioren der kleinen Hafenstadt, am Landungssteg und hießen die Kaiserin willkommen. Charlotte war sehr erbost ob dieser mangelnden Respektsbekundungen des französischen Kaisers, ließ ihre Wut aber an dem völlig unschuldigen Bürgermeister aus, unterbrach dessen Redeschwall mit einer einzigen Geste und begann auf das undankbare St. Nazaire zu schimpfen, das sein Aufblühen als Hafenstadt nur dem mexikanischen Kaiserreich zu verdanken habe, aber nicht einmal im Stande sei, ein erstklassiges Empfangskomitee auf die Beine zu stellen. Sie brach sofort zum Bahnhof auf, sandte je ein Telegramm an Napoleon und die Höfe von Wien und Brüssel – denen sie getreu der Weisung Maximilians mitteilte, daß die derzeitige politische Konstellation einen Besuch ihrerseits nicht erlaube – und bestieg den Zug nach Nantes.

Während der Fahrt berichtete Juan Almonte seiner Kaiserin, daß Österreich den Krieg gegen Preußen verloren hatte und die Schlacht von Königgrätz/Sadowa mit einer vernichtenden und demütigenden Niederlage für das Haus Habsburg zu Ende gegangen war. Die Preußen unter ihrem General Moltke hatten sich eines neuen Gewehrtyps bedient, des »Zündnadelhinterladers«, der eine relativ rasche Schußfolge garantierte, und die immer noch auf den altmodischen, von vorne und im Stehen zu ladenden Vorderlader vertrauenden Österreicher unter Feldzeugmeister Benedek faktisch vom Schlachtfeld gefegt hatte. Die Niederlage Österreichs war komplett, die kaiserliche Armee hatte einen Ausfall von 40000 Mann – Tote,

Schwerverletzte und in Gefangenschaft geratene Soldaten – zu verzeichnen gehabt, Preußen war nun die unumstritten stärkste Macht im deutschen Bund und auf dem europäischen Festland, und Wien sah sich gezwungen, förmlich um Gnade zu bitten. Doch die Nachricht von der Niederlage der österreichischen Armee konnte Charlotte nicht sehr erschüttern, Maximilian hatte den Niedergang Österreichs immer wieder vorausgesagt, und sie mußte ihre ganze Kraft aufbieten, um das bedrohte mexikanische Kaiserreich vor dem Untergang zu bewahren. Die Kaiserin war immer noch erbost darüber, daß man in der Hafenstadt St. Nazaire nicht einmal eine mexikanische Flagge auftreiben konnte und statt dessen beim republikanischen Emblem Perus Zuflucht nehmen mußte! In Nantes erwartete sie bereits ein Antworttelegramm Napoleons, das folgenden Wortlaut aufwies: »... Gezwungen, das Bett zu hüten, bin ich außerstande, Ihnen entgegenzufahren. Wenn, wie ich vermute, Euer Majestät zuerst nach Belgien reisen, werden Sie mir Zeit zu meiner Wiederherstellung geben. Napoleon.«[4]

Napoleon, der nicht ahnen konnte, daß Charlotte weder den belgischen noch den Wiener Hof besuchen würde, hatte mit diesem Telegramm sicherlich Zeit gewinnen wollen. Allerdings schien man am Belgischen Hof trotz Charlottes Telegramm mit einem früher oder später stattfindenden Besuch zu rechnen, wie aus einem Brief ihres Bruders Philippe hervorgeht, der sich ziemlich ratlos über Charlottes Auftauchen in Frankreich zeigte und seinem Onkel schrieb:

> *Ich kann Ihnen leider gar nichts über Charlottes Pläne berichten. Sie scheinen ganz unberechenbar und von einer Empfindlichkeit bestimmt, die schon ans Lächerliche grenzt. Vermutlich wird sie später hierherkommen, aber ich weiß nicht, wann, und ich bezweifle, daß sie nach Mexiko zurückfahren wird. Wahrscheinlicher ist, daß ihr Mann binnen kurzem nach Europa zurückkehrt.*[5]

Der nächste Eklat ereignete sich in Paris. Offenbar waren die von Napoleon zur Abholung Charlottes abgestellten Hofwagen nicht in der Lage gewesen, den richtigen Bahnhof ausfindig zu machen, und warteten vergeblich am Gare d'Orleáns auf das Eintreffen der Kaiserin von Mexiko, während Charlotte auf einem anderen großen Bahnhof der französischen Hauptstadt, dem Gare Montparnasse, lediglich von einem Häuflein Mexikaner unter der Führung von Gutierrez de Estrada und des älteren Iturbide-Prinzen Salvator willkommen geheißen wurde. Wütend bezog die Kaiserin im ersten Stock des Grand Hotels Quartier, wo bald darauf Napoleons Emissäre eintrafen, sich höflichst für das Mißgeschick entschuldigten und gleichzeitig im Namen ihrer Impératrice anfragten, wann sie diese besuchen dürfe und wie lange Charlotte in der Seine-Stadt zu verweilen gedenke. Die Kaiserin von Mexiko, die wieder heftig reagierte und die Emissäre des Franzosenkaisers für den unverzeihlichen Fauxpas am Bahnhof verantwortlich machte, erwiderte ihnen herablassend, sie würde Kaiserin Eugénie jederzeit empfangen und so lange in Paris bleiben, wie es die Geschäfte des mexikanischen Staates erforderten. Nachdem sie die Boten Napoleons entlassen hatte, verließen sie die Kräfte. Sie brach in Tränen aus und verriegelte ihre Appartementtür.

Am 10. August fand sich Kaiserin Eugénie im Grand Hotel ein, um ihrer »kaiserlichen Schwester« die Aufwartung zu machen. Die Unterredung zwischen der inzwischen 40 Jahre alten, aber immer noch strahlend schönen Spanierin und der 15 Jahre jüngeren, unausgeschlafen, müde und vorzeitig gealtert wirkenden Kaiserin von Mexiko hatte einen unangenehm peinlichen Charakter. Ohne sich lange mit den üblichen Höflichkeitsfloskeln aufzuhalten oder sich von Eugénie mit lapidaren Fragen über die Hofhaltung in Mexiko-Stadt und Chapultepec ablenken und aus dem Konzept bringen zu lassen, erklärte die aufgebrachte Charlotte der Kaiserin Frankreichs, daß ihr Gemahl Mexiko in der Stunde seiner größten Not einfach nicht im Stich lassen könne. Maximilian habe seine Jugend und Gesundheit aufs Spiel gesetzt, so Charlotte weiter, um, getragen von hehren Idealen, sein neues Vaterland zu Ruhm und Ehre zu führen und ihm Frieden und Wohlstand zu bringen, und er könne weder zum gegenwärtigen noch zu einem späteren Zeitpunkt auf die lebensnotwendige Unterstützung durch die französischen Truppen verzichten.

Eugénie hatte ihrem kränkelnden Gatten ein persönliches Gespräch mit der sichtlich erregten und leidenschaftlich argumentierenden

Enkeltochter des Bürgerkönigs Louis Philippe ersparen wollen, mußte aber wohl oder übel zur Kenntnis nehmen, daß sich die Kaiserin von Mexiko nicht so ohne weiteres mit fadenscheinigen Ausflüchten abspeisen lassen würde. Unverblümt teilte Charlotte Eugénie abschließend mit, daß sie vorhabe, am nächsten Tag persönlich bei Kaiser Napoleon III. in St. Cloud vorzusprechen, und sie sich nötigenfalls mit Gewalt Einlaß verschaffen werde. Eugénie hatte keine Wahl und gab nach. Der bei Hof gern gesehene Schriftsteller Prosper Merimée, der sich spöttisch über die »Orangutangesichter« von Charlottes mexikanischen Ehrendamen mokiert hatte, die ganz und gar nicht den von ihm erwarteten »Huris Mohammeds« entsprachen, wie er einem Freund schrieb, schätzte die Chancen der Kaiserin von Mexiko, Napoleon zur weiteren Stationierung französischer Truppen im Land der Azteken bewegen zu können, auf Null. Nicht ohne Bewunderung für Charlottes Hartnäckigkeit zu empfinden, schrieb er einem Londoner Freund:

> *Der Kaiser hoffte das schöne Wetter nützen und ein paar friedliche Tage in St. Cloud genießen zu können, statt dessen muß er sich mit Ihrer mexikanischen Majestät beschäftigen... Sie ist eine imponierende Frau, die Louis Philippe gleicht wie ein Ei dem anderen... Man wird ihr zu essen geben, aber ich glaube nicht, daß sie Geld oder Truppen erhalten wird. Ich wäre nicht überrascht, wenn Maximilian in wenigen Monaten abdankte. Darauf käme Republik oder vielmehr Anarchie, in kurzem denke ich gefolgt von den Yankees der Lynch Law und einer angelsächsischen Kolonisation...*[6]

Charlotte hatte gleich nachdem sie Eugénie verlassen hatte, einen Brief an Maximilian geschrieben, in dem sie vor allem ausführte, daß die Kaiserin von Frankreich keine Ahnung von den Zuständen in Mexiko hätte und zudem gealtert und verbraucht wirkte. Davon entsprach nur das erstere der Realität, denn verbraucht und abgespannt erschien vielmehr Charlotte, die schrieb: »Es fällt mir auf, daß ich mehr von China weiß, als diese da von Mexiko wissen, wo sie eine der größten Unternehmungen wagten, in die sich die französische Fahne jemals eingelassen. Ich glaube zu erkennen, daß die

Kaiserin viel von ihrer Jugend und ihrer Kraft verloren hat, seit ich sie zuletzt gesehen, und daß irgendein eingebildeter oder wirklicher Druck inmitten all ihrer Größe auf Napoleon und seiner Gemahlin lastet, den sie nicht mehr ertragen. Der Thron in Frankreich läßt jene, die ihn einnehmen, rasch altern, die Geschichte lehrt jedoch, daß diese kriegerische Nation ebenso wie die Glücksgöttin niemandem mehr zulächelt als der Jugend ...«[7] Am 11. August traf Charlotte in St. Cloud auf den sichtlich unter Schmerzen leidenden Kaiser der Franzosen, den damals akute Gallenbeschwerden und ein Blasenleiden plagten. Napoleon verhielt sich äußerst liebenswürdig und zuvorkommend und hörte der erregt diskutierenden Frau, die den von ihr entworfenen Forderungskatalog mit klaren und harten Worten präzisierte, lange und geduldig zu. Die drei Hauptpunkte dieses Katalogs griffen auf Maximilians Memorandum zurück: der Abzug der französischen Truppen sollte auf unbestimmte Zeit verschoben werden, Marschall Bazaine sollte abberufen und durch einen Offizier ersetzt werden, der Maximilians Befehl unterstellt war, und der monatliche Soldzuschuß zur Bezahlung der regulären kaiserlich-mexikanischen Truppen müßte weiter gewährt werden. Napoleon, der genau wußte, daß er keine dieser Bedingungen würde erfüllen können, versuchte die vor Erregung zitternde Charlotte dadurch zu beruhigen, daß er ihr versprach, die mexikanische Angelegenheit nochmals vor dem Ministerrat zur Sprache zu bringen. Damit hatte der Kaiser zugegeben, daß er faktisch in der Hand seiner Minister und zum Sklaven seiner Regierung geworden war. Die französische Regierung hatte wahrlich andere Probleme, als die leidige »mexikanische Affäre« nochmals aufzurollen, denn Preußen drohte mit Krieg. Für seine Neutralität im preußisch-österreichischen Krieg hatte Frankreich, sozusagen als Gegenleistung, die Abtretung gewisser Gebiete, unter anderen von Saarbrücken und der bayrischen Pfalz, verlangt. Preußens siegreicher »eiserner Kanzler«, Fürst Bismarck, hatte diese Forderung als Unverschämtheit bezeichnet und unverhohlen mit einer Kriegserklärung gedroht, falls Frankreich nicht Vernunft zeige und seine unberechtigten Gebietsansprüche auf der Stelle widerrufe. Die französische Regierung konnte daher einfach kein Interesse haben, weiterhin Truppen in einem fragwürdig gewordenen Überseeabenteuer zu binden, die wahrscheinlich bald dringend in Europa gebraucht werden würden. Charlottes verzweifelte Hilferufe und flehentliche Appelle mußten daher zwangsläufig unerhört bleiben. Napoleon vergoß anscheinend sogar Tränen, als er die verzweifelte junge Frau fast auf den Knien liegend vor ihm sah und ohnmächtig ihren Bitten, Wünschen, Forderungen und Vorwürfen lauschte. Aber er hatte keine Wahl, nun sprachen seine Minister, und Finanzminister Achille Fould führte das Wort am kräftigsten und machte alle Hoffnungen Charlottes gnadenlos zunichte. Dennoch gab »Carlota« nicht auf. Schon am nächsten Tag fand sie sich neuerlich in der Residenz des Franzosenkaisers ein, diesmal ohne Vorankündigung und nur zu einem »Arbeitsgespräch«, wie sie sich ausdrückte. Charlotte, der die Angst vor einem Scheitern ihrer Mission den Schlaf geraubt hatte, glich nun einer entfesselten Rachegöttin, die unbarmherzig auf den Kaiser zustürzte und ihn mit Vorwürfen bombardierte. Die belgische »Eumenidentochter« schrie alles heraus, was sie schon so lange mit sich herumtragen mußte. Vorwürfe hagelten auf den kleinen kranken Mann mit der gelblichen Gesichtsfarbe und den zittrigen Händen nieder, die ihm noch niemand offen ins Gesicht zu sagen gewagt hatte. Charlotte bezichtigte Napoleon III. des Wortbruchs und der Infamie, der Feigheit und Kleingeistigkeit und der Angst vor seinen ihn beherrschenden Ministern. Louis Napoleon erkannte, daß die bebende junge Frau kurz vor einem Nervenzusammenbruch stand, und versuchte vergeblich, beruhigend auf sie einzuwirken. Als er ihr aber klarzumachen versuchte, daß es vielleicht das Vernünftigste wäre, wenn Maximilian von sich aus dem Thron entsagen, und in seiner ihm noch verbleibenden Regierungszeit Neuwahlen vorbereiten lassen würde, verlor die Emperatriz vollends die Fassung und schleuderte dem Korsenneffen haßerfüllt entgegen: »Wie konnte ich vergessen, wer ich bin und wer Sie sind! Ich hätte an meine Herkunft denken müssen und mich nicht vor einem Bonaparte demütigen, nicht mit einem Abenteurer verhandeln dürfen. Die Enkelin Louis Philippes hätte sich niemals auf einen Bonaparte verlassen dürfen.«[8]

Eugénie hielt nun die Zeit für gekommen, ihren erschöpft und ausgelaugt wirkenden Mann zu erlösen und diese in einen Schreikrampf Charlottes ausartende Unterredung zu beenden. Sie bat

Charlotte, ihr in ihre Privatgemächer zu folgen. Dort wartete allerdings unglücklicherweise der unnachgiebige Finanzminister Achille Fould. Charlotte stürzte sich sofort auf den ehemaligen Bankier: »Was ist mit der Differenz des Nominales der mexikanischen Anleihe und der geringen Summe, die davon wirklich an Mexiko zur Auszahlung gelangte? Eure Bankiers und Finanzleute haben geschwindelt und gestohlen, ich will die Taschen kennen, die sich auf Kosten Mexikos mit Gold gefüllt haben! Und Bazaine, er hat uns und euch belogen und betrogen, seine Anordnungen haben zu der heutigen katastrophalen Lage geführt, und das soll euer bester General sein? Wenn man sich in Paris zum Sturze des Kaisertums verschworen hätte, kein besseres Werkzeug hätte man finden können.«[9] Fould ließ sich nicht einschüchtern, verteidigte sich und sein Herrscherpaar mit dem Einwand, daß alle Mexikaner »Gauner und Diebe« seien. Daraufhin schrie Charlotte den Mann an, daß sie nun auf alle Regeln der Etikette pfeife, und bezichtigte den Finanzminister Frankreichs, sie und Maximilian mit »Vorbehalt ins Unglück« stürzen zu wollen. Eugénie rettete die peinliche Situation, indem sie einen Ohnmachtsanfall vortäuschte. Fould stammelte etwas von einer Entschuldigung, und Charlotte wurde von ihrem Außenminister Castillo, der sie auf ihrem schweren Gang begleitet hatte, ins Freie eskortiert. Am nächsten Tag trat der Ministerrat zusammen und beschloß einhellig den sofortigen Abzug des französischen Expeditionskorps aus Mexiko. Charlottes Einwände wurden als unannehmbare Diktatbedingungen einer hysterischen Frau abgetan. Charlotte war gescheitert, konnte aber immer noch nicht glauben, daß nun alles verloren war. Am 15. August informierte sie Maximilian über die traurige Sachlage und schrieb ihm einen in fehlerhaftem und merkwürdigem Deutsch gehaltenen Brief, der bei aller Verzweiflung immer noch einen kleinen Hoffnungsschimmer enthielt:

Innig geliebter Schatz!
Vor allem geht es mir vortrefflich und sei Dein Herz über diesen Standpunkt beruhigt. Zweitens ist es meine Conviction, daß sich etwas wird erreichen lassen, weil ein Interesse dafür ist, aber der schlechte Wille und die Hilflosigkeit in höheren Regionen ist

groß, und ich weiß aus sicherer Quelle von Metternich, daß seit zwei Jahren der Kaiser Napoleon sehr physisch und geistig herabgeht. Die Kaiserin ist nicht imstande, die Sache zu führen, bildet keinen Damm für die Minister und ruiniert mehr, als sie nützt. On est devenu vieux und beide kindisch, dennoch weinen sie beide öfters; ich weiß nicht, ob es zu etwas führt. Ich habe alles Erdenkliche geleistet und gleich das Ultimatum an den Kaiser gebracht. Jetzt habe ich müssen arbeiten, um die Subsidien durch einen Dampfer fortsetzen zu lassen, habe aber gewußt, es war nicht zu erreichen; es ist eine Pflichtsache. Dennoch sind mit dem Kaiser Napoleon alle Karten ausgespielt. Ich war nur zweimal bei ihm, das zweite Mal brachte ich ihm extraits seiner Versprechungen, um ihm im stillen zu nagen. Er sprach sehr viel von Mexiko, aber die Sache scheint ihnen längst vergessen. Er weinte mehr das zweite Mal wie das erste. Wenn es hier geht, so geht es auch in Rom und Washington. Dieser Brief ist so »décousu«, so gehetzt, weil er gleich weggehen muß. Ich habe den ganzen Tag Leute, was alle Zeit nimmt. Ich umarme Dich aus dem Tiefsten meiner Seele. Charlotte[10]

Die Entscheidung des Ministerrats wurde Charlotte durch Juan Almonte mitgeteilt, sie bestand jedoch darauf, die abschlägige Nachricht nur aus dem Mund Napoleon III. entgegennehmen zu wollen. Sie weigerte sich hartnäckig, Paris und Frankreich zu verlassen, ehe ihr der Kaiser nicht selbst gestanden hatte, daß Frankreich Mexiko aufgeben würde. Louis Napoleon hatte sich inzwischen – wohl um einem weiteren peinlichen und beleidigenden Auftritt Charlottes zu entgehen – ins Truppenlager nach Chalons begeben. Frankreichs Kaiser ließ Charlotte jeden Tag riesige Blumenbuketts in ihre große Suite stellen, doch die Belgierin konnte sich nur schwer beherrschen, die »Geschenke des Verräters« nicht zornerfüllt beim Fenster hinauszubefördern. Ihr Haß auf Louis Napoleon stieg ins Unermeßliche.

Hinzu kam die unerbittliche Dona Alicia de Iturbide, die sich nicht abweisen ließ und der Kaiserin bei der endlich gewährten Audienz offen ins Gesicht sagte, daß man kein menschliches Wesen mit Geld kaufen könnte. Die besorgte Mutter wollte ihr Kind zurück und versuchte alles, Charlotte zu bewegen, auf ihren gestrengen kaiserlichen Gemahl einzuwirken, damit dieser Nachsicht zeige und ihr ihren Sohn Augustin zurückgäbe. Charlotte, der wirklich gar nichts an dem kleinen Iturbide lag, dessen Adoption das Stigma ihrer Unfruchtbarkeit publik gemacht hatte, sah sich dennoch gezwungen, den Kaiser von Mexiko zu verteidigen, die Audienz vorzeitig zu beenden und der erbitterten gebürtigen Amerikanerin zu raten, sich direkt an den Emperador zu wenden, der ja der gesetzlich anerkannte Vormund des kleinen Prinzen war.

Am 19. August gegen 16 Uhr betrat Napoleon die Suite der Kaiserin, entschlossen, der Frau, die sich über seine Herkunft lustig gemacht hatte, dem Rat von Finanzminister Achille Fould Folge leistend, die nackten Tatsachen zu präsentieren. Als er aber vor der verwirrt wirkenden Frau stand, veranlaßte ihn seine Ritterlichkeit, die er Frauen gegenüber so gerne an den Tag legte, sanfter aufzutreten. Fast flehentlich erklärte er der Enkeltochter des Bürgerkönigs, daß er den Untergang des Hauses Bonaparte riskierte, wenn er die Okkupation Mexikos gegen den Willen der Nation aufrecht erhielt. Charlotte war nicht bereit, auf dieses Argument einzugehen, und schlug dem verdutzten Louis Napoleon statt dessen vor, die Deputiertenkammer über eine neue Anleihe in der Höhe von 90 Millionen Francs abstimmen zu lassen. Als Napoleon erwiderte, daß die Nationalversammlung ein solches Ansinnen einfach vom Tisch fegen würde, wurde die Kaiserin von Mexiko wieder heftiger und sagte: »Wenn die Gesetzgebende Versammlung es wagt, Ihnen, Napoleon, nein zu sagen, dann jagen Sie sie kurzerhand auseinander! Haben Sie denn das unter ähnlich bedeutsamen Umständen nicht im Jahre 1852 fertiggebracht? Sie wenden sich mit einer persönlichen Proklamation an die kleinen Leute Frankreichs, und Sie werden die Begeisterung erleben, mit der diese unter Ihrer Führung Mexiko zu Hilfe eilen werden!«[11] Als allerletztes Argument diente Charlotte der Hinweis, daß Frankreich doch nur an einem Gleichgewicht der Kräfte auf dem amerikanischen Kontinent interessiert sein könnte und daß die guten Beziehungen zum mexikanischen Kaiserreich auch dem wirtschaftlichen Interesse der Grande Nation dienen würden.

Napoleon entschloß sich, den immer phantastischer werdenden

Hirngespinsten ein Ende zu bereiten, und forderte die Kaiserin auf, endlich Einsicht zu zeigen und sich von ihren geradezu lächerlichen Illusionen zu lösen. Als sie darauf erwiderte, daß sich auch er, der Inszenator des ganzen verhängnisvollen Unternehmens, keinem eitlen Blendwerk hingeben sollte, erklärte Kaiser Napoleon die Unterhaltung für beendet, erhob sich abrupt, verneigte sich höflich und verließ ohne jedes weitere Wort das Appartement der ihm zornige Blicke nachwerfenden Emperatriz. Zwei Tage später wurde Charlotte formell mitgeteilt, daß ihrer Bitte nicht entsprochen werden könnte. Während die Kaiserin von Mexiko Paris am 22. August in Richtung Miramar verließ, sandte Napoleon Maximilian fünf Tage darauf das folgende Schreiben.

> *Wir hatten das Vergnügen, die Kaiserin Charlotte zu empfangen, doch war es mir sehr schmerzlich, daß ich ihren Bitten nicht entsprechen konnte. Wir nähern uns in der Tat einem für Mexiko entscheidenden Augenblick, und Euer Majestät müssen einen heroischen Entschluß fassen; die Zeit für halbe Maßnahmen ist vorüber. Ich muß zunächst Eurer Majestät erklären, daß es mir hinfort unmöglich ist, Mexiko noch einen écu, noch einen einzigen Soldaten zu geben.*[12]

Kurz vor ihrer Abreise aus Paris, am 22. August, hatte Charlotte ihre Version der im Sande verlaufenen Gespräche mit dem Franzosenkaiser zu Papier gebracht. Voller Empörung schrieb sie ihrem Mann, daß sie alles Erdenkliche getan hätte, um die Sache doch noch zu einem guten Abschluß zu bringen, daß es aber unmöglich gewesen wäre, gegen den diabolischen Bonaparte zu bestehen. Sie verglich den Kaiser der Franzosen nun mit dem Satan höchstpersönlich und legte ihrem Mann nahe, sich endgültig aus seinen »Höllenklauen« zu befreien. Charlottes gnadenlose Abrechnung mit dem »größten Souverän des Jahrhunderts« las sich so:

> *Innig geliebter Schatz*
> *Ich reise morgen früh von hier ab nach Miramar über Mailand, dies beweist Dir, daß ich nichts erreicht habe ... Die Genugtuung habe ich, alle Argumente umgestoßen zu haben, alle falschen*

Pretexte zunichte gemacht und Dir dadurch einen moralischen Triumph gegeben, aber Er will nicht kurzweg, und da hilft keine Gewalt, weil er die Hölle bei sich hat und ich nicht. Die Opposition ist es nicht, Er selbst wählt die legislativen Körper, Angst vor den Vereinigten Staaten noch weniger, Er will eine lang vorbereitete schlechte Handlung begehen; nicht aus Feigheit, Entmutigung oder was immer für einen Grund, aber weil er auf der Welt das böse Prinzip ist und das Gute abschaffen will, nur daß die Menschheit nicht merkt, daß seine Werke schlecht sind und ihn adoriere. Ich erlaubte ihm nicht, ausführlich zu sagen, daß er nichts tue bis gestern, um alles Erdenkliche während der Zeit ins Werk zu setzen und Euch zu beweisen, daß er allein das Hindernis ist, denn wäre der letzte seiner eigenen Minister Kaiser gewesen, so hätte er nachgegeben. So kannst Du wenigstens darüber im reinen sein, für mich ist er der Teufel selbst, und bei unserer letzten Unterredung gestern hatte er einen Ausdruck, um die Haare in die Höhe stehen zu machen, er war hidos, und dies war der Ausdruck seiner Seele, die anderen sind Oberfläche. Also von Anfang bis zu Ende hat er Dich nie geliebt, weil er nicht liebt noch lieben kann, er hat Dich fasziniert wie eine Schlange, seine Tränen waren falsch wie seine Worte, alle seine Handlungen Betrug. Ich finde, Du mußt womöglich bald aus seinen Klauen gehen. Seit seinem letzten Nein, wo er glaubt, daß Du ruiniert bist, ist er entzückt, ganz aimabler Mephistopheles hat er mir sogar beim Abschied heute die Hand geküßt, aber es ist Komödie, denn ich habe ihn ein paarmal durchschaut, daß mir noch schaudert, denn so etwas hat die Welt nicht erlebt, noch wird sie es – aber son règne touche à sa fin – und dann wird man wieder atmen. Du wirst mich vielleicht für übertrieben halten, aber es mahnt mich ganz an die Apokalypse, und dieses Babylonien paßt ganz dazu: es konnte manchen Ungläubigen Gott glauben machen, den Teufel so nahe zu sehen. Bazaine und Fould sind die Neben-Satelliten ... Ein großes Resultat meiner Gegenwart hier ist, daß »le vin est dévoilé«, und die Menschen sehen es, staunen und verachten. Ich habe alle Etats der Finanzkommissionen gesehen, auch Schmutz von Anfang bis zum Ende ... hier ist jedes Wort eine Lüge. Du mußt aber nicht glauben, daß ich bei diesen Leuten gebettelt habe, ich habe nur in sie hineingedonnert und ihnen die Masken abgeworfen und doch ohne Unhöflichkeit, es war ihnen gewiß nie so etwas Unangenehmes geschehen, seitdem sie existieren. So, aus dem nächsten Einfluß dieser Hölle mußt Du Dich losmachen ... Ob man hier wünscht, daß Du abdizierst oder nicht, kann ich nicht klar sehen, ich glaube Du solltest so lange wie möglich Dich behaupten, denn ist die Hölle draußen, so wäre es im Interesse Frankreichs und ganz Europas, in Mexiko ein großes Reich zu machen ... In der Alten Welt ist es ekelhaft und drückend. Er ist so nahe, und man riecht ihn in jedem Blutbad oder Nation, die sich einigt ... in jedem Lande macht er Propaganda und lacht über die gefallenen Opfer. Am anderen Ufer des Meeres kann man ihm trotzen ... Im selben Weltteil wie Er kannst Du nicht sein, er würde Dich verbrennen zu Aschen, er kann kaum Deinen Namen über die Lippen bringen. Auch die Finanzagenten mußt Du abschaffen oder dominieren und die militärischen Sachen von den Franzosen trennen, sonst bist Du verloren ... Kannst Du Dich auf einheimische Elemente stützen, so ist die Sache möglich, aber nicht Franzosen trauen, man weiß doch nie, ob Er sie nicht bringt. Wenn Europa klar wird über Deine Situation, so käme Geld von allen Seiten. Alle Franzosen haben an der Sache materielles Interesse für ihren Handel und ihre Machtstellung. Sobald Du mich kommen läßt, werde ich überglücklich sein, aber denke, daß Du mit ihm in Europa nicht sein kannst und daß Er füllt die ganze Luft vom Cap Nord bis zum Cap Matapan. Ich hoffe, daß Du mich bald zitierst, wenn Du in Mexiko Dich von ihm befreiest. Meine Reise war für ihn der heftigste Schlag seit langem, und viele Leute interessieren sich für mich überall ...[13]

Wechseln wir nun den Schauplatz und begeben uns nach Mexico zurück, wo der von allen Seiten bedrängte Emperador sehnsüchtig auf eine Nachricht von seiner »treuen Charlotte« wartete. Schon bald nach ihrer Abreise schrieb er ihr einen herzzerreißenden Brief, in dem er ihr wörtlich mitteilte, er habe keine »ruhige Stunde« und keinen »glücklichen Augenblick« mehr erlebt, seit sie – vorübergehend, wie er glaubte – aus seinem Leben getreten war. Der Kaiser

bemühte sich auch, Charlotte klarzumachen, daß die Bevölkerung das Opfer ihrer schwierigen Mission zu würdigen wisse, und schrieb: »Das Volk beginnt endlich zu verstehen, welches Opfer wir gebracht haben. Gestern abend unternahm ich eine Ausfahrt auf den Paseo, ich habe nie einen herzlicheren Empfang erlebt. Die Leute winkten mir aus ihren Wagenfenstern und Balkonen zu, was mich tief bewegte, denn es ist lange her, daß man mich so begrüßt hat. Eine Nonne, die mich gestern abend besuchte, erzählte mir, alle Nonnen im Kloster beten zweimal täglich für Dich, und, was mir vermutlich unbekannt sei, Deine Damen lassen täglich die Messe lesen, damit du sicher zurückkommst.«[14]
Der Kaiser überlegte bereits selbst – lange bevor er Charlottes schockierende Briefe aus Paris erhielt –, ob er sich nicht endgültig von den Franzosen lossagen sollte. Immer wieder nahm er das folgende Schreiben von Felix Eloin zur Hand, der ihm auch geraten hatte, den abziehenden Franzosen keine Träne nachzuweinen. Das Epistolat des Belgiers hatte folgenden Wortlaut:

Sire, man kann sich keine Illusionen mehr machen: nicht nur die Regierung, sondern auch der oberste Herr, die letzte Hoffnung, an die ich zu glauben versuchte (damit war natürlich Napoleon III. gemeint, den Eloin vergeblich bestürmte, Maximilian nicht im Stich zu lassen; Anmerkung des Verfassers), *senkt den Kopf unter dem Druck der öffentlichen Meinung und verläßt scham- und würdelos denjenigen, der in seinem Vertrauen allzu lange an Versprechen und feierlich eingegangene Verpflichtungen geglaubt hat. Ich zweifle nicht mehr daran, daß von nun an die Anwesenheit der französischen Armee in Mexiko mehr schädlich als nützlich ist und ich habe die tiefste Überzeugung, daß sich das Kaiserreich mit zehntausend ergebenen Männern ins Unendliche halten kann. Die Mexikaner werden, von fremder, lastender Intervention befreit, neuerdings den Mut und die Selbstverleugnung eines Prinzen bejubeln, der alles für sie geopfert hat. Welcher Ruhm für den Mann, der ein solches Programm mit Glück verwirklichen würde, welche Schande für die, die ihn verlassen haben.*[15]

Dennoch klammerte sich Maximilian an den »Strohhalm« von Charlottes Europamission, denn selbst die oft gelesenen ermunternden Worte des Belgiers konnten nicht verhindern, daß seine Depressionen wieder stärker zum Ausbruch gelangten. Vor allem das praktisch vor seiner Auflösung stehende österreichische Freikorps beunruhigte den Kaiser in jenen Tagen. Nach dem inzwischen eingetretenen Fall Matamoros war die Stimmung innerhalb der österreichischen Truppen derart schlecht, daß der Ruf »Tod den Franzosen« laut wurde, wie Graf Khevenhüller berichtete. Die Empörung der »Freikämpfer« war verständlich, denn kurz vor der Kapitulation Mejias – selbst der tapfere unüberwindliche »Fels des Kaisers« hatte Matamoros nicht mehr halten können – hatte General Neigre, der Kommandant der österreichisch-belgischen Auxillartruppen, 300 Österreicher und eine aus 1400 Mexikanern bestehende einheimische Hilfstruppe auf ein Himmelfahrtskommando geschickt. So sahen es zumindest General Graf Thun und die meisten seiner Offiziere. Thun hatte schärfsten Protest erhoben, daß 300 seiner besten Männer an der Seite der ihm unzuverlässig erscheinenden mexikanischen Hilfstruppen einen Munitions- und Warentransport auf der überlangen, faktisch von den Juáristen beherrschten Strecke zwischen Matamoros und Vera Cruz sichern mußten. Aber General Neigre blieb hart; es kam zur Katastrophe, als die Kolonne von den Republikanern angegriffen wurde und der Großteil des einheimischen Hilfskontingents geschlossen zum Feind überging. Die 300 Österreicher und die wenigen ihnen die Treue haltenden Mexikaner kämpften zwar wie die Löwen, hatten aber gegen die überwältigende Übermacht der Juráristas nicht den Schimmer einer Chance. Sie wurden fast bis auf den letzten Mann aufgerieben. Nur 14 Mann kamen mit dem Leben davon. Thun tobte und schrie, sprach offen von Verrat und Niedertracht, während Carl Khevenhüller unmittelbar nach dem Fall von Matamoros und der Vernichtung der österreichischen Kolonne in sein Tagebuch notierte: »Matamoros ist bereits gefallen. Der Süden ist nun im vollen Aufruhr. Der Norden ist es nicht weniger. Geld ist gar keins da ... Seit sieben Tagen stehen zum Beispiel jetzt die Löhne aus. Ich ersetze sie einstweilen. Aber wie lange kann man das aushalten? ... Mich ekelt diese mexikanisch-französische Wirtschaft furchtbar an. Doch der Kaiser tut mir aus dem tiefsten Herzen leid. Er kann nichts dafür. Napoleon und Bazaine sind ganz gemeine Gauner, die französischen Generäle sind nicht ums Haar besser...«[16]

General Thun benutzte die Nachricht von der österreichischen Niederlage bei Königgrätz/Sadowa als willkommenen Vorwand, um seinen Dienst zu quittieren und in sein Heimatland zurückeilen zu können. In jenen Tagen, als Maximilian von der Katastrophe von Königgrätz erfuhr, fiel Tampico in die Hand der Republikaner. Der Kaiser stand allerdings zu sehr unter dem Eindruck eines Briefes von Eloin, in welchem ihm der Belgier, der sich nach der verlorenen Schlacht und dem verlorenen Krieg in der Kaiserstadt Wien aufgehalten hatte, die Reaktion der österreichischen Bevölkerung auf das Desaster vermittelte, um dem Fall der Stadt die nötige Bedeutung beizumessen und diese Hiobsbotschaft entsprechend zu »würdigen«. Erstaunt vernahm er, daß der durch Wien fahrende Kaiser, wie schon nach der Schlappe von Solferino, öffentlich ausgezischt worden war. Es hatte eine gespenstische Stille geherrscht, so entnahm der Emperador dem Bericht des Namurer Ingenieurs weiter, als der Kaiser Schönbrunn erreichte, dann aber hätte die aufgebrachte Menge das Schweigen des Zornes gebrochen und der Ruf »Vivat Maximilian« hätte die Luft erzittern lassen. Eloin erinnerte in diesem vertraulichen Bericht, der von den Juáristas abgefangen und an die amerikanische und europäische Presse verkauft wurde, an die bisher nicht in Erwägung gezogene Möglichkeit einer triumphalen Rückkehr nach Europa, wo man Maximilian, vor allem in Venetien, vermeintlich mit offenen Armen empfangen würde. Der Belgier empfahl dem Emperador, eine Volksbefragung in die Wege zu leiten. Falls die Mehrheit der Mexikaner gegen den Fortbestand der Monarchie votieren sollte, blieb Maximilian laut Felix Eloin immer noch die Alternative, »in allen Ehren an eine Rückkehr nach Europa (zu) denken und dann hier eine angemessene Rolle (zu) spielen. Denn Kaiser Franz Joseph hat nach der Niederlage gegen Preußen jeden Mut verloren, das Volk verlangt in aller Öffentlichkeit seine Abdankung. Auch Venetien erinnert sich dankbar an den ehemaligen Generalgouverneur...«[17]

Erfreulich für Maximilian war die Meldung, daß sich sein alter Freund Admiral Wilhelm von Tegetthoff zum »Ehrenretter der

Nation« aufgeschwungen hatte und den mit Preußen verbündeten Italienern in der Seeschlacht bei Lissa eine vernichtende, für den Ausgang des Krieges freilich bedeutungslose Niederlage beigebracht hatte. Doch die Modernisierung der Flotte war Maximilians Werk gewesen, und der Seeheld von Lissa war vielleicht sein bester und aufrichtigster Freund. Das siegreiche Flaggschiff des Admirals trug seinen Namen, und der Kaiser von Mexiko wäre wahrscheinlich sehr gerne an der Seite seines alten Marinekameraden gestanden, denn seine ganze Sympathie hatte immer der vernachlässigten Flotte gehört. Sein Gratulationsbrief an den Kommandanten der siegreichen Marine ließ diesen Schluß jedenfalls zu: »Nur mit Mühe konnte ich den Schmerz unterdrücken, daß es mir nicht mehr vergönnt war, an Bord des Schiffes, das meinen Namen trägt, der jungen Flagge die Bluttaufe selbst zu geben...«[18]

Der Kaiser hatte seit kurzem einen neuen Kriegsminister – den tüchtigen Grafen Jean François Friant, der vor allem Bazaines überaus kostspielige Kriegsführungstaktik heftig kritisierte. Doch Friant fiel einem scharfen Protest des amerikanischen Außenministers Seward zum Opfer, der den Quai d'Orsay einmal mehr unter Druck setzte und Paris darauf hinwies, daß es die Stellung Friants als aktiver General der Expeditionsarmee nicht erlaube, gleichzeitig eine Regierungsfunktion in Maximilians Kabinett zu bekleiden. Paris gehorchte widerspruchslos, Friant mußte seinen Ministerposten zur Verfügung stellen, und Maximilian konnte nur seinem Freund, dem mittlerweile in Mexiko eingetroffenen ehemaligen Adjutanten und späteren mexikanischen Generalkonsul in Wien, Stefan Herzfeld, sein Leid klagen, und bitter bemerken, daß man ihn einfach seiner fähigsten Leute beraube. Zudem erreichten die antimaximilianischen Agitationen in Amerika einen neuen Höhepunkt, als Generalissimus Santa Ana unerwartet in New York auftauchte und offen zum Sturz der »Tyrannis« des Habsburgers aufrief.

Auch Gutierrez de Estrada erhob seine Stimme wieder aus Rom und bestürmte den Kaiser neuerlich, endlich, in letzter Minute, die rettende Aussöhnung mit dem Klerus voranzutreiben. Maximilian riß die Geduld mit dem intriganten Mann, der nicht zögerte, dem Vatikan die kaiserliche Privatkorrespondenz zur Verfügung zu stellen, und beorderte ihn nach Mexiko. Er ahnte wohl, daß Estrada dieser Aufforderung niemals nachkommen würde, und schrieb ihm einen zornigen Brief, in dem er ihn über den Unterschied zwischen Liberalismus und Konservativismus aufklärte, und ihm gleichzeitig zu verstehen gab, daß sich die mexikanischen Verhältnisse in der langen Zeit von Estradas Abwesenheit bis zur Unkenntlichkeit verändert hätten:

In Mexiko versteht niemand, was das ist, eine Monarchie, erst die neue Generation wird das auffassen. Jetzt heißt es »aide toi et Dieu t'aidera«. Von Frankreich ist nur mehr moralische Hilfe, ein paar Persönlichkeiten und ein wenig Geld zu erlangen. Wer von dorther mehr fordert, verlangt das Unmögliche, und in der Politik darf man niemals mit Unmöglichkeiten rechnen, denn diese haben Illusion im Gefolge und sie wieder bittere Enttäuschung. Die letzte und entscheidendste Karte, die mir geblieben ist, ist die konservative Partei, mit den Franzosen am Staatsruder.[19]

Mit General Thun demissionierten auch die meisten seiner Stabsmitglieder. Einige wenige Getreue beschlossen, an der Seite des Kaisers auszuhalten. Unter diesen Offizieren waren unter anderen der fünfundzwanzigjährige Carl Graf Khevenhüller-Metsch, Edmund Graf Wickenburg, der mittlerweile zum Oberst beförderte Alfons von Kodolitsch und Freiherr Hammerstein-Equord. Khevenhüller hielt die explosive Lage, die kurz vor General Thuns Rücktritt und seiner Abreise in die Heimat im Stationierungszentrum der österreichischen Truppen in Puebla vorherrschte, in seinem Tagebuch fest:

... Wir hatten vor einigen Tagen eine Offiziers-Versammlung in Puebla. Ich war dorthin geritten. Thun kommandierte noch. Doch die Aufregung war unter den Österreichern derart gestiegen, daß wir eine Katastrophe befürchteten. Abends war die Offizers-Versammlung. Ich ergriff das Wort und hielt dem Oberstleutnant Zach vor, daß wir den Franzosen verkauft wären, die Bedingungen seien gebrochen, wir beinahe vogelfrei. Darauf entstand ein furchtbarer Lärm ... Eine Stunde später sammelten

sich bei viertausend Österreicher vor dem General-Quartier. Sie verlangten, daß sie nicht unter den Franzosen stehen sollten, schrien: »Tod den Franzosen!«, brachten Fackeln und wollten durchaus den General sehen ... Mit Mühe brachten wir die Leute zur Besinnung, da sie gegen die in der Stadt weilenden Franzosen vorgehen wollten – die Meute war da. Es blieb nichts anderes über, als den Leuten Versprechungen zu machen, von denen wir wußten, daß wir sie nicht halten konnten. Die Franzosen, vielleicht fünfhundert Mann, waren in ihren Kasernen bereitgehalten. Sie bekamen furchtbare Ängste, und ihre Offiziere beschworen den General, alles wegen ihrer Sicherheit zu tun ... Damals hätte ein Wort an uns genügt, alle Österreicher zu gewinnen. Sie wären alle in die mexikanische Armee eingetreten, und mit sechstausend Mann Kerntruppen wäre viel zu unternehmen gewesen. Der Moment verrann auf unwiederbringlich, und die Franzosen trieben dann leichtes Spiel mit der kopflosen Masse.[20]

So kehrten auch die Männer des Freikorps nach und nach in ihre Heimat zurück. Nur ungefähr 800 traten schließlich in die reguläre kaiserlich-mexikanische Armee über. Zu denen, die dem Kaiser die Treue hielten, gehörte auch der belgische Oberstleutnant Alfred van der Smissen. Der flandrische Haudegen unterbreitete dem Emperador sogar den kühnen Plan, sich selbst an die Spitze einer Elitedivision zu setzen, um die inzwischen die Nordprovinzen beherrschenden Republikaner unter ihrem General Escobedo überraschend anzugreifen und zu vernichten. Der belgische Draufgänger unterschätzte allerdings die effektive Schlagkraft der treu gebliebenen belgischen Legion sehr, als er ausführte:

Setzen Sie sich an die Spitze einer auserlesenen Division, Majestät, und ziehen Sie selbst gegen sie zu Felde. Ein so erfochtener großer Sieg wird die Nation elektrisieren und Tausende und aber Tausende um Ihren Thron scharen. Ich bitte Euer Majestät, mich mit der belgisch-österreichischen Brigade den Hauptangriff führen zu lassen, und verpfände mein Edelmannswort, daß der Tag einen glänzenden Sieg bedeuten wird und der Feind seine gesamte Artillerie und wenigstens dreitausend Gefangene verlieren wird. Aus ihnen werden wir dann gleich neue Truppen bilden, dann wird sich im ganzen Kaiserreich ein einziger, nicht enden wollender Schrei der Begeisterung erheben, und Euer Majestät werden dann ganz anders in die Zukunft blicken können.[21]

Bald darauf griff van der Smissen, wie um seinem kühnen Vorschlag den nötigen Nachdruck zu verleihen, die Juáristas an, taumelte aber in ein regelrechtes Fiasko hinein, als er feststellen mußte, daß die von ihm immer gering geschätzten mexikanischen Hilfstruppen sofort zu den Republikanern übergingen und auf diese Weise ihn und das Gros der belgischen Truppe in die Zange nahmen. Nur unter erheblichen Verlusten und sich den Weg buchstäblich freischießend, gelangten van der Smissen und seine schwer dezimierte Streitmacht zu ihrem Stützpunkt zurück.

In der Hauptstadt hatte man indes eine geplante Verschwörung vereitelt. Die dingfest gemachten Konspiratoren, die wahrscheinlich im Auftrag von Santa Ana handelnd, die Ermordung des Emperador planten, erbitterten Maximilian derart, daß auch er beschloß, von nun an alle Milde fahren zu lassen. Die Anarchisten wurden nach Yucatan deportiert und Santa Anas Besitz auf der Stelle beschlagnahmt. Maximilian regierte nun, wie er schrieb, »mit eiserner Hand«: »Zwei Jahre habe ich ihnen Milde widerfahren lassen, und seltsam, jetzt scheinen sie mir wohler gesinnt als zu der Zeit, da ich Amnestien gewährte ... Gestern besuchte ich eine Stadt, wo man unlängst zwei meiner Präfekten umgebracht hat, aber trotzdem bereitete man mir eine große Ovation«.[22]

Anfang September 1866 traf der Kaiser zum letzten Mal auf La Borda Quintas ein, um einige unbeschwerte Tage in Gegenwart von Freunden, wie Pater Bilimek, Stefan Herzfeld oder dem treuen Kommandanten seiner Leibgarde, Miguel Lopéz, zu verbringen. Während der Emperador also seinen späteren Verräter fürstlich bewirtete, kehrte Augustin Fischer nach Mexiko zurück. Seine Vatikan-Mission war ergebnislos verlaufen.

Norbert Frýd, der »Meister der unbestätigten Gerüchtkolportage«, benutzte den Besuch des Kaisers in Cuernavaca, um eine unerfreuliche (und unbeweisbare!) Unterredung zwischen dem Emperador und Concepción Sedano zu beschreiben. [Der Tscheche, der 1972 in seinem Heimatland sogar den Preis des Schriftstellerverbandes für sein Buch *Die Kaiserin* erhielt, scheint eine tiefe Abneigung gegen sämtliche Herrscherhäuser Europas an den Tag zu legen. Er zögerte nicht einmal, auch noch den legendären berühmt-berüchtigten britischen Frauenmörder »Jack the Ripper« in seine »Charlotte-Romanbiographie« hineinzuschmuggeln.[23] Auf die Verwandtschaft zwischen Charlotte und Königin Victoria anspielend, behauptet Frýd, daß der Enkel der Queen, Edward Duke of Clarence, ebenfalls wahnsinnig und identisch mit dem meistgesuchten, aber niemals gefaßten Verbrecher seiner Zeit gewesen sei. Diese völlig aus der Luft gegriffene, oft kolportierte These wurde 1988 durch das ausgezeichnet recherchierte Buch des BBC-Journalisten Melvin Harris *Jack the Ripper – Die blutige Wahrheit hundert Jahre danach*[24] eindeutig widerlegt.] Frýds phantasievolle Darstellung des Zusammentreffens zwischen Maximilian und der angeblichen Mutter seines illegitimen Sohnes liest sich wie folgt:

> *Die Gärtnersfrau hatte inzwischen ihr Kind geboren – früher hatte er (Maximilian) sich darauf fast unbändig gefreut, etwas hatte er damit bewiesen, wenn auch nur insgeheim. Aber dann, als man ihm den Knaben zeigte, diesen unansehnlichen und ziemlich dunklen Knirps, überfielen ihn erneut Zweifel. Ist das wirklich mein Sohn? In den dümmlichen Gesichtszügen erinnerte nichts an einen Habsburger, nicht einmal an diesen Prager Ferdinand. »Von mir hat er lediglich die Glatze«, versuchte er zu scherzen ...*[25]

Diese »Romanschilderung« entbehrt jeglicher Authentizität. Es läßt sich eindeutig belegen, daß es während Maximilians letztem Besuch auf der Quinta zu keiner Unterredung mit Concepción Sedano kam. Konzentrieren wir uns daher wieder auf Europa und Charlotte, die mittlerweile die italienische Grenze passiert hatte und in der Villa ihres verstorbenen Vaters am Comer See Erholung suchte.

Auf der zauberhaft am Comer See gelegenen Villa d'Este hatten Charlotte und Maximilian einst ihre Flitterwochen verbracht, diese anheimelnde Gegend barg also viele Erinnerungen an glückliche

Tage der Vergangenheit, und tatsächlich schien sich die total erschöpfte Charlotte, die die herzlichen Galaempfänge, mit der man sie in Mailand und Turin willkommen geheißen hatte, nur unter Aufbietung ihrer letzten Willenskraft überstand, schon nach wenigen Tagen bedeutend besser zu fühlen. Die kurze Phase der Erholung war vorbei, nun galt es, ihre bisher so katastrophal verlaufende Mission vielleicht doch noch erfolgreich zu Ende zu bringen. Der Papst war die allerletzte Hoffnung der Kaiserin. Mit ihm mußte sie sich arrangieren, dann würde Seine Heiligkeit, ihr hilfreich zur Seite stehend, wahrscheinlich sogar den diabolischen Napoleon umstimmen können, selbst wenn er ihm mit der Exkommunizierung drohen müßte, wie sich Charlotte, deren Realitätsverlust immer stärker wurde, dies in ihren wirren Träumen ausmalte. Vor ihrer Abreise nach Miramar schrieb sie ihrem Mann aber noch die Eindrücke, die sie auf ihrer Reise in ihre glückliche »Flitterwochenvergangenheit« gewonnen hatte.

Innig geliebter Max!
Aus diesem Lande so vieler Erinnerungen des Glücks und des Genusses, der besten Jahre unseres Lebens, denke ich an Dich beständig und sende Dir diese Zeilen. Alles tut hier von Dir atmen, Deinen Comersee, den Du so gerne hattest, habe ich vor Augen mit seiner blauen Ruhe, alles ist dasselbe, nur Du bist drüben weit, weit, und beinahe zehn Jahre sind vorüber! Und doch, es kommt mir wie gestern vor, und diese Natur spricht mir nur von ungetrübtem Glück, nicht von Schwierigkeiten und Enttäuschungen. Alle Namen, alle Begebenheiten treten aus lang unbenützten Winkeln meines Gehirnes wieder hervor... Ich möchte Dich nur hier sehen, die Leute sind so freundlich. Heute früh hörte ich die Messe am Grabe von San Carlo und besuchte den Dom, der in einem Nu sich mit Menschen füllte... Hoffentlich, lieber Schatz, daß Du mit mir zufrieden sein wirst, denn ich habe ununterbrochen gearbeitet... Jetzt ist Mondschein und Gesang, es ist unaussprechlich schön.[26]

Charlotte schien zwar in glücklichen Erinnerungen zu schwelgen, doch die Verdüsterung ihres Geistes zeigte sich erneut auf der Fahrt nach Triest und Miramar, als die Kaiserin in einem harmlosen Weidmann den verkleideten Juan Almonte erblicken wollte, der im Auftrag von Louis Napoleon ein Attentat auf sie verüben sollte. Bei ihrer Ankunft in Miramar überwältigte sie allerdings die Rührung, sie hielt das Felsenschloß am Meer nun plötzlich für den paradiesischsten Ort der Erde. Hatte sie noch vor zweieinhalb Jahren geklagt, wie schwer es ihr fallen würde, von diesem Felsen aus – womöglich bis in alle Ewigkeit – ins Meer starren zu müssen, so bewunderte sie jetzt die von Maximilian geschaffenen »Naturwunder«, die hoch zum Himmel emporragenden Palmen, Zedern und Trauerweiden. Sie hatte offenbar in einen »Garten Eden« zurückgefunden, den sie nie gebührend geschätzt hatte, und beeilte sich, ihrem Gatten mitzuteilen, welches herrliche Kleinod er der Welt mit Miramar geschenkt hatte. Voller Entzücken schrieb sie dem Emperador, ihm in einem ihrer phantastischen Höhenflüge neuerlich imperiale Größe und Herrlichkeit verheißend:

Denke Dir, Max, die Efeulaube beim Gartenhause ist »ein Wunder der Welt« geworden, und die Fächerpalmen, Trauerweiden und der Pinienwald sind jetzt »wundergroß«. Alle Welt staunt vor diesen zwei Werken des abwesenden Fürsten, die Schlacht bei Lissa und Schloß Miramar. Heute wird die siegreiche Eskader in der Schlachtordnung, Tegetthoff à la tête auf dem Panzer Erzherzog Ferdinand Max vor Miramar defilieren. Sie hat den ersten Strahl auf Deine werdende Macht geworfen, auf Deine schwer erkaufte Selbständigkeit, sie hat die Küste gerettet, die Du so liebhattest, jetzt wird auch sie Österreich und Deinen Bruder ihrem Schicksal überlassen. Ihre Mission ist vollendet. Die Deinige auch. Die Ehre des Hauses Österreich ist mit dem Namen eines ihrer letzten Siege über das Atlantische hinaus. Sie geht hier unter mit der Sonne, um dort aufzuerstehen. Plus ultra lautet der Ruf Deiner Ahnen. Karl der Fünfte zeigte den Weg. Du hast ihm gefolgt. Bereue es nicht. Gott stand hinter ihm.[27]

Charlottes Reise nach Miramar war tatsächlich ein einziger Triumph gewesen, am Gardasee hatte ihr ein Garibaldi-General ein Kompliment besonderer Art gemacht, indem er ihr erklärte, einem

Mann wie Maximilian würde zweifelsohne ganz Europa folgen. In Peschiera war sie mit einem Kanonensalut begrüßt worden, aber die größte Freude hatte ihr natürlich Wilhelm von Tegetthoff bereitet, der das aus Venedig einlaufende Schiff der Kaiserin mit seinem gesamten Geschwader erwartete. Trotz schwerem Seegange und wolkenbruchartiger Regenfälle hatte sie es sich nicht nehmen lassen, an Bord der *Ferdinand Max* zu gehen, jenes Schiffes, das die Hauptverantwortung für den Seesieg von Lissa trug. Interessant ist, daß Kaiser Franz Joseph, der im Zuge der Friedensverhandlungen von Zürich Venetien an Italien abtreten mußte, seiner in Triest vor Anker liegenden Flotte etwa zur selben Zeit einen Inspektionsbesuch abzustatten gedachte, seinen Entschluß aber wieder rückgängig machte, da er der Emperatriz offenbar aus dem Weg gehen wollte. Im träumerisch-romantischen Miramar kam es jedoch wiederholt zu heftigen und unerklärlichen Zornesausbrüchen der Kaiserin. So regte sie sich furchtbar über Maximilians alten Leibarzt Dr. Jilek auf, der die Geschmacklosigkeit besessen hatte, das im Eßzimmer hängende mexikanische Staatswappen mit einer Dornenkrone zu versehen. Anfang September erreichte Charlotte eine Depesche Maximilians, aus der hervorging, daß Bazaine, seinen Instruktionen aus Paris folgend, Provinz um Provinz räumte, und die Juáristas bereits vor den Toren von Vera Cruz zu stehen schienen. Außerdem beinhaltete die Depesche auch die Nachricht, daß Maximilians Privatsekretär José Blasio mit neuen Geheimanweisungen unterwegs zu ihr nach Europa war. Noch in derselben Nacht entwarf Charlotte ein Schreiben an Napoleon, zerriß es aber wieder. Nie mehr wieder sollte sich die Kaiserin von Mexiko vor diesem »satanischen Giftzwerg« erniedrigen, das verbat ihr Stolz. Statt dessen flüchtete sie sich erneut ins Reich der Phantasie und schrieb ihrem Ehemann einen Brief, der nicht nur den Höhepunkt ihrer megalomanen Wunschträume markierte, sondern auch in sprachlicher Hinsicht auf einen verwirrten und kranken Geist hindeutete. Erneut riet sie dem Emperador, sich endgültig von Frankreich loszureißen:

...Auch die Vereinigten Staaten, weiß ich von sicherer Quelle, werden Dich anerkennen, sobald sie wissen, daß Du der selbständige Herrscher Mexikos bist, denn die Monroe-Doktrin hat gegen

Kaiserreiche nichts einzuwenden. Die mexikanische Nation hört in dem Augenblick auf zu existieren, wo Du sie verläßt... Juárez vertrat die nationale Frage nur bis zu Deiner Ankunft, seit der Zeit bist Du der Träger der Unabhängigkeit und der Autonomie aller Mexikaner, denn Du allein vereinigst in der Hand die Trikolore der Parteien.. weiß die Geistlichkeit als katholischer Prinz, grün die Konservativen und rot die Liberalen... Dir die Fahne, Du bist die Nation. El soberano, wie Juárez sagte. Also klar sagen allen, ich bin der Kaiser, Präsident braucht niemand... Vor Dir muß man das Haupt beugen, denn die Republik ist eine Rabenmutter, wie der Protestantismus, und die Monarchie die Rettung der Menschheit, der Monarch ist der gute Hirt, der Präsident der Söldner, mithin ist alles gesagt... Gelingt dies alles, wie es Dir gelingen soll, so strömt die Emigration von Amerika und Europa herein, und Du hast das schönste Reich in der Welt, denn Mexiko muß und wird erben im größeren Grade die Machtstellung Frankreichs... In Europa werden jahrelang Konvulsionen entstehen. Österreich wird alle seine Länder verlieren. Und keines dieser Reiche, Deutschland und Konstantinopel, Italien, Spanien, wird das sein, was Mexiko sein wird... Du bist der Erbe seiner (Napoleons) Größe in beiden Hemisphären...[28]

José Blasio, der auf dem schnellsten Wege nach Miramar gereist war, mußte sich bei seiner Ankunft kräftig von seiner Kaiserin reprimandieren lassen, da er es gewagt hatte, eine Nacht in Paris zu verweilen, in jener Stadt, welche dem »Satan« Napoleon gehörte. Der junge Mexikaner war verblüfft über diese unbegründete und lächerliche Anschuldigung. Doch niemand schien die besorgniserregenden »Exzentrizitätsanfälle« der Emperatriz zur Kenntnis nehmen zu wollen. Maximilians ehemaliger Leibarzt Jilek und dessen jüngerer Kollege Dr. Bohuslavek diagnostizierten lediglich nervöse Erschöpfung und ungewöhnliche Gereiztheit, obwohl sie in Wirklichkeit wohl ahnen mußten, daß alle Symptome Charlottes für den bevorstehenden Ausbruch einer Geisteskrankheit sprachen. Dennoch zeigten sich alle Bewohner Miramars sehr besorgt über die sich häufenden »Unpäßlichkeitszustände« der Kaiserin. Einzig Felix

Eloin, der zu einem Kurzbesuch eintraf, scheint den veränderten Gesundheitszustand der Kaiserin nicht bemerkt zu haben, denn ihm erschien sie wie »eine strahlend schöne Feengöttin«, die im blumenübersäten Schloßpark von Miramar Hof hielt, wie er nach Mexiko meldete.
Die restliche kaiserliche Entourage war allerdings nicht glücklich darüber, als die Kaiserin ihren Entschluß bekräftigte, die Reise zum Pontifex antreten zu wollen, und riet ihr, sich noch ein wenig zu schonen. Charlotte wollte nichts davon wissen, denn sie war von ungeheurem Pflichteifer erfüllt und wollte ihre bisher fehlgeschlagene Mission durch eine gelungene Intervention beim Heiligen Vater doch noch zu einem großen Erfolg machen. Die Reise nach Rom gestaltete sich problematisch. Bei einem Zwischenstop in Bozen weigerte sich die Kaiserin, Nahrung zu sich zu nehmen, und witterte in jedem Kellner und Gastwirt einen gedungenen Mörder Napoleons, der sie mit Gift zur Strecke bringen sollte. In einem Leierkastenmann glaubte sie einen mexikanischen Obristen zu erkennen, der ihr über den Ozean nachgereist war, um sie zu bespitzeln, ihre Beklemmungs- und Angstzustände häuften sich, überall schien Gefahr und Mord in der Luft zu liegen. In Mantua wurde sie zwar wieder mit salutierendem Kanonendonner begrüßt, aber den ihr zu Ehren veranstalteten Galaempfang konnte sie nur unter Aufbietung der allerletzten Kraftreserven überstehen. Sie wirkte müde, ängstlich und gehetzt.
In Reggio erwartete sie überraschenderweise General »Don Leopardo« Marquez; er eröffnete ihr, daß er und Miguel Miramón, dem die Strategievorlesungen im Herzen Preußens wahrscheinlich längst nichts mehr sagten, nun den Zeitpunkt für gekommen hielten, in ihre Heimat zurückzukehren, um an der Seite ihres Emparador für das Wohl Mexikos zu kämpfen.
Am späten Abend des 25. September 1866 erreichte der kaiserliche Sonderzug die Ewige Stadt. Die Emperatriz trug Trauerkleidung und wirkte »gespenstisch bleich«, wie Blasio konstatierte. Als sie in ihrem Hotel eintraf, fiel sie sofort in einen tiefen Erschöpfungsschlaf. Am nächsten Tag fand sich der allmächtige vatikanische Außenminister, Kardinal-Staatssekretär Antonelli, bei ihr ein, überbrachte eine Grußbotschaft des Papstes und teilte Charlotte mit, daß

ein Konkordat des Heiligen Stuhles mit Mexiko durchaus im Bereich des Möglichen läge, sobald sich Maximilian mit dem einheimischen Klerus ausgesöhnt haben würde. Am 27. September fuhr die Kaiserin von Mexiko in einer von der päpstlichen Guardia Nobile flankierten Nobelkarosse vor dem Vatikan vor, wo man sie mit allen einer Kaiserin gebührenden Ehren empfing. Doch diesmal hatte sie kein Auge für die pompöse Kirchenpracht und wollte so schnell wie möglich zu Seiner Heiligkeit. Im prächtigen Thronsaal empfing der alte und etwas dickliche Pontifex Pius IX. die Kaiserin und ihr kleines Gefolge. Privatsekretär José Blasio erinnerte sich später:

Als die Kaiserin hinzutrat, erhob sich der vierundsiebzigjährige Papst von seinem Thron – eine hochgewachsene majestätische Gestalt, etwas beleibt, von leutseligem Ausdruck mit lebhaften Augen und einer sanften, wohlklingenen Stimme. Kaiserin Carlota kniete nieder, um den Schuh des Papstes zu küssen, aber er hinderte sie daran, und erlaubte ihr nur, indem er die rechte Hand ausstreckte, den päpstlichen Ring zu küssen. Dann lud er sie ein, zu seiner Rechten Platz zu nehmen, und wir alle, die Ihre Majestät begleitet hatten, zogen vor Seiner Heiligkeit vorbei und knieten nieder, um seinen Schuh zu küssen. Dann erteilte er uns allen den Segen, und jedermann zog sich zurück, während der Papst die Kaiserin in einen angrenzenden Raum geleitete.[29]

Die nachfolgende Privataudienz dauerte über eine Stunde und da niemand außer den zwei Hauptpersonen an dieser vertraulichen Unterredung teilnahm, können wir nur Vermutungen über den Inhalt des Gesprächs anstellen. Wahrscheinlich raubte der Pontifex Charlotte die letzten Hoffnungen, als er ihr erklärte, den von ihr überbrachten Konkordatsvorschlag erst nach einer Stellungnahme des mexikanischen Episkopats prüfen zu können. Die ihm unsinnig erscheinende Intervention bei Napoleon III. lehnte er ab. Die Truppen des französischen Kaisers garantierten immer noch die weltliche Herrschaft des Papstes, und es war daher kaum anzunehmen, daß sich das Oberhaupt der katholischen Christenheit derart exponierte, um die Interessen der ohnehin verlorenen Sache Mexikos voranzu-

treiben. Conte Corti, der den Inhalt des Gespräches zwischen Charlotte und dem Pontifex auszugsweise zu kennen glaubte, berichtete davon, daß Charlotte den Papst bereits bei dieser ersten Audienz verzweifelt um Hilfe angefleht hätte, ihr gegen ihre vermeintlichen Mörder beizustehen, da alle Mitglieder ihres Gefolges auf Napoleons Soldliste stünden und den Auftrag hätten, sie zu vergiften. Diese Aussage können wir weder bestätigten noch dementieren.
Fest steht, daß die Kaiserin die Audienz sehr verstört verließ, sofort zu ihrem Hotel zurückkehrte, sich in ihrer Suite einschloß und niemanden mehr zu sehen wünschte. Gegen Abend befahl sie den päpstlichen Ehrenwachen, nicht länger Stellung vor ihrem Hotel zu beziehen, da die Zeit der Ehrenbezeugungen vorbei wäre. Am nächsten Morgen erschien Pius IX., zusammen mit Kardinal-Staatssekretär Giacomo Antonelli, im Hotel, um sich nach dem Wohlbefinden seines hohen Gastes zu erkundigen, dessen Verstörtheit ihm offenbar nicht entgangen war. Charlotte flehte das Kirchenoberhaupt inständig an, ihn so bald wie möglich wieder im Vatikan besuchen zu dürfen, da sie ihres Lebens nicht mehr sicher sei, worauf dem Papst nichts anderes übrig blieb, als gütig lächelnd zuzustimmen und den peinlichen Besuch schnell zu beenden.
Am 30. September begann Charlottes via dolorosa in den Wahnsinn. Sie erwachte mit heftigen Kopfschmerzen und wurde von einem übergroßen Durstbedürfnis geplagt, da sie den ganzen Vorabend keine Flüssigkeit zu sich genommen hatte, um nicht einem gemeinen »Giftanschlag« zum Opfer zu fallen. Zusammen mit ihrer mexikanischen Ehrendame Manuelita del Barrio fuhr sie in aller Frühe zur Fontana di Trevi, wo sie mit gierigen Schlucken ihren heißen Durst löschte und den spontanen Entschluß faßte, sogleich in den Vatikan zu fahren, obwohl ihre Kleidung keineswegs für eine Papstaudienz geeignet war. Dem Papst, der die Ehrenwachen vor Charlottes Hotel nicht hatte abziehen, sondern verdoppeln lassen, blieb nichts anderes übrig, als die aufgebrachte Kaiserin, die mit wehendem Haar und überhitztem Gesicht in seinen Palast gestürmt war, unmittelbar nach der Morgenmesse zu empfangen. Charlotte bekam einen Schreikrampf, warf sich dem bestürzten und peinlich berührten Pontifex zu Füßen und stammelte etwas von »Meuchelmörderbanden«, die ihr fortwährend nach dem Leben trachteten.

Mit unmenschlicher Kraft klammerte sie sich an das Knie des dicken alten Mannes und erflehte seinen Beistand. Nur im Vatikan sei sie sicher vor den gedungenen »Mordbuben« Napoleons, beteuerte sie immer wieder. Pius IX. erkannte, daß der Wahnsinn von der jungen bedauernswerten Kaiserin Besitz ergriffen hatte. Der Papst befand sich in einer äußerst peinlichen Lage. Wie sollte er die Verrückte, die immer noch sein Knie umklammerte, loswerden? Stundenlang hörte er der Wahnsinnigen zu, empfahl ihr »Rosenkranz und Beten« als wirksamste Vorbeugungsmaßnahme, um einem Giftanschlag zu entgehen, und schließlich gelang es ihm, Staatssekretär Antonelli über seine mißliche Lage zu informieren.

Dieser handelte sofort. Er besprach die peinliche Angelegenheit mit Außenminister Castillo und Ministerpräsident Velasquez de Leon, die das kaiserliche Gefolge anführten, kabelte König Leopold II., daß seine Schwester während einer Papstaudienz einen akuten Wahnsinnsanfall erlitten hatte, und lockte die Kaiserin unter dem Vorwand, ihr die Schätze der vatikanischen Bibliothek zeigen zu wollen, aus dem Privatgemach des Papstes. Als sich Charlotte in einen Prachtband vertiefte, und die Welt um sie herum nicht mehr wahrzunehmen schien, gelang dem Pontifex die »Flucht« aus der Bibliothek. Die Kaiserin von Mexiko blieb bis zum Spätnachmittag im Vatikan, wanderte verloren durch die herrlichen Gärten, speiste zusammen mit Antonelli und ihrer Hofdame del Barrio zu Mittag – wobei sie darauf bestand, nur vom Teller der Hofdame zu essen – und konnte schließlich vom verzweifelt argumentierenden Velasquez de Leon überredet werden, sich ins Hotel zurückzubegeben.

Der päpstliche Kammerherr Bossi begleitete sie zu ihrer Suite und glaubte schon, die Kaiserin hätte sich wieder gefangen, als er sich urplötzlich mit einer wild kreischenden Furie konfrontiert sah. Charlotte hatte festgestellt, daß der Schlüssel zu ihrer Appartementtür verschwunden war, was, wie sie den Kämmerer anbrüllte, eindeutig auf ein Mordkomplott schließen ließ. Nur die Sicherheit der vatikanischen Gemäuer könne noch ihr Leben retten, tobte die Belgierin, und ließ sich nicht davon abhalten, um 10 Uhr abends neuerlich und in völlig aufgelöstem Zustand an die Türen des päpstlichen Palastes zu pochen. Im Vatikan herrschte natürlich höchste Aufregung. Der eilends aus dem Schlaf getrommelte Papst sah sich gezwungen, mit einer 1800 Jahre alten Tradition zu brechen, indem er der offensichtlich wahnsinnig gewordenen Kaiserin erlaubte, im Vatikan zu nächtigen.

Charlotte schlief zusammen mit der sie bewachenden Manuelita del Barrio in der päpstlichen Bibliothek. Am nächsten Morgen verschlechterte sich der Zustand der Kaiserin, und sie begann ihren letzten Willen aufzusetzen. Ihr bevorstehendes Ende durch einen Giftmord befürchtend, vermachte sie ihr Gesamtvermögen Maximilian und schrieb ihm einen kurzen und verzweifelten Abschiedsbrief: »Innig geliebter Schatz! Ich nehme von Dir Abschied, Gott ruft mich zu sich. Ich danke Dir für das Glück, das Du mir stets gegeben hast. Gott segne Dich und mache Dir die ewige Seligkeit gewinnen. Deine Dir treue Charlotte!«[30]

Wenige Tage später berichtete der belgische Vatikanbotschafter seinen Brüsseler Vorgesetzten, daß man das Drama unter Umständen hätte vermeiden können, und gab vor allem Charlottes Isolation von allen Freunden und Bekannten die Schuld am Ausbruch ihrer Krankheit:

Man kann diese nervösen Störungen auf die vielen Sorgen und Enttäuschungen zurückführen, die Ihre Majestät mit solcher Mühe verbarg. Anscheinend hat sie sich seit ihrer Ankunft in Europa mit niemandem ausgesprochen, nicht einmal mit ihrem Außenminister Castillo, der niemals erfuhr, was bei ihren Privataudienzen, bei Napoleon wie beim Papst, vor sich ging, und der nie die Telegramme zu sehen bekam, die sie an Kaiser Maximilian sandte oder von diesem erhielt. Ich glaube, es hätte Kaiserin Charlotte ungemein geholfen, hätte sie ihre Sorgen mit einer verständnisvollen Freundin teilen können. Wer weiß, vielleicht hätte es die Tragödie doch noch abzuwenden vermocht?[31]

Wie ging die »vatikanische Tragödie« der Kaiserin weiter? Giacomo Antonelli hatte die Schwester-Oberin eines nahegelegenen Nonnenklosters in den Vatikan beordert, und es gelang der Mutter-Oberin Charlotte zu überreden, sie auf einen Rundgang durch ein von ihrem Orden betreutes Waisenhaus zu begleiten. Überraschenderweise hatte die Belgierin der Bitte der Mutter-Oberin entsprochen, allerdings nicht, ohne ihr zuvor das Versprechen abgenommen zu haben, daß im Waisenhaus keine Meuchelmörder auf sie lauern würden. Die Visite gestaltete sich zunächst völlig harmlos. Charlotte verhielt sich fast normal, ließ sich sogar zu einer kleinen Rede an die Waisen herab und strich den elternlosen Kindern über das Haar.

Aber als der Rundgang durch die Anstaltsküche führte, kam es zum befürchteten Eklat. Unglücklicherweise bot die Köchin der Kaiserin eine Kostprobe ihrer Kochkunst an. Charlotte begann zu toben und schrie die ahnungslose Frau an, daß sie eine bezahlte Mörderin sei. Sie weigerte sich, auch nur einen Bissen anzurühren. In ihrem Wahn riß die Kaiserin von Mexiko, die seit vielen Stunden nichts mehr gegessen hatte, zur Bestürzung aller Anwesenden ein Stück Rindfleisch aus einem großen siedend-heißen Kochtopf und verzehrte es heißhungrig. Nur auf diese Weise könne sie ihren Hunger stillen, ohne Gefahr zu laufen, vergiftet zu werden, äußerte sie aufgebracht, ehe ihr der rasende Schmerz die Besinnung raubte.

Als sie wieder zu sich kam, hatte man ihre Brandwunden verbunden und sie in eine Zwangsjacke gesteckt. Charlotte wurde im Eiltempo in ihr Hotel zurückeskortiert. Dort dämmerte sie die nächsten Tage apathisch vor sich hin. Sie duldete nur noch ihre österreichische Kammerzofe Mathilde Doblinger in ihrer Nähe. Die anderen Hotelbewohner waren inzwischen ausquartiert worden, in der kaiserlichen Suite spielten sich unglaubliche Szenen ab. Frau Doblinger mußte nicht nur in neronischer Tradition als Vorkosterin fungieren, sondern auch alle Mahlzeiten auf einem Spirituskocher unter Charlottes Anleitung zubereiten. An ein Tischbein gebunden, gackerten drei Hühner ihre Todesschreie in das spärlich beleuchtete Appartement hinein. Mathilde Doblinger mußte sie schlachten und unter den gestrengen Augen der wie hypnotisiert zusehenden Kaiserin ausweiden. Die Nacht wurde zum Tag gemacht, Charlotte konnte keinen Schlaf mehr finden.

Am 7. Oktober traf Charlottes jüngerer Bruder, der Graf von Flandern, in Rom ein und begab sich sofort zu seiner Schwester. Kaiser Franz Joseph ließ aus Wien verlauten, daß er den besten Irrenarzt der Kaiserstadt, einen gewissen Dr. Riedel, nach Miramar beordern würde, wohin auch die Kaiserin gebracht werden sollte. Die An-

kunft des Bruders, der ihr immer näher gestanden hatte als der jetzige König Leopold II. von Belgien, schien Charlotte für eine Weile dem Wahnsinn zu entreißen, denn am 8. Oktober konnte man den Grafen von Flandern und seine Schwester Arm in Arm durch die Straßen Roms flanieren sehen. In der Nacht darauf erkannte aber auch Philippe, der im Zimmer seiner Schwester schlafen wollte und die schwergeprüfte Kammerzofe abgelöst hatte, daß Charlottes Krankheit schreckliche Ausmaße angenommen hatte.
Die Kaiserin redete die ganze Nacht auf ihren in einem Fauteuil zusammengesunkenen schwerhörigen Bruder ein, sprach wirr und unzusammenhängend von Reichtum, Ruhm, Cäsarengröße und Mexikos weltumspannender Herrschaft, auch als Philippe längst eingeschlafen war und das sinnlose Gestammel nicht mehr hören konnte. Am 9. Oktober fand die Abreise nach Miramar statt. 60 lange Jahre unheilbaren Wahnsinns lagen vor Charlotte von Belgien, während Außenminister Castillo und Ministerpräsident Joaquin Velasquez de Leon schweren Herzens nach Mexiko telegraphierten, daß die Emperatrix erkrankt sei und unter einer gefährlichen »Kongestion des Gehirns« leide.

9. Der Sturz des Adlers

Die verhängnisvolle Gestalt im Schlußakt des mexikanischen Kaiserdramas war zweifelsohne der Initiator des berüchtigten »Todesdekrets« vom Oktober 1865, Pater Augustin Fischer. Der diabolische Mann mit dem sanften Lächeln und dem kriecherischen Gehabe eines Hofgünstlings, der mittlerweile Felix Eloins Nachfolge angetreten hatte und als Kabinettschef des Kaisers in Chapultepec residierte, kann mit ruhigem Gewissen als Maximilians »Totengräber« bezeichnet werden.

Ende Oktober 1866 dachte der Emperador wieder daran, dem Thron zu entsagen und das Land zu verlassen. Fischer, der genau wußte, daß die Sache der Konservativen und des Klerus – ganz zu schweigen von seiner eigenen bedeutenden Position – verloren sein würde, sobald der Kaiser das Land verließ, unternahm daher alle erdenklichen Anstrengungen, seinen Herrn zum Ausharren zu bewegen. Fünf oder sechs Wochen zuvor hatte Maximilian in seiner Rede zum Unabhängigkeitstag noch bekräftigt, daß »ein rechter Habsburger seinen Posten auch im Moment der Gefahr« nicht verlassen würde.

Die Unabhängigkeitsfeierlichkeiten hatten den gewohnt triumphalen Charakter aufgewiesen, der Emperador war wild umjubelt worden und hatte den ganzen Tag damit zubringen müssen, Abordnungen seiner treuen Untertanen zu empfangen. Außerdem schien er damals immer noch nicht glauben zu können, daß Napoleon Mexiko den Wirren eines blutigen Bürgerkrieges überlassen würde. Dies ging aus einem Brief hervor, den er am 20. September an seinen Freund Carl de Bombelles absandte und in dem er auch seiner Hoffnung Ausdruck verlieh, daß es der »wackeren Charlotte« gelingen würde, den Franzosenkaiser doch noch »irgendwie zurechtzubiegen«.

Noch vermag ich nicht daran zu glauben, daß Krankheit und Zündnadelgewehre den armen Kaiser Napoleon so tief gebeugt hätten, daß er hilflos und rathlos dem Abgrunde entgegen taumelte. Er wird seine alte Seelenstärke wiederfinden und der ruhige Verstand der Kaiserin (von Mexiko), die wie das lebendige Gewissen vor ihn tritt, wird die Erinnerung an die heilige Vertragspflicht an das gegebene Kaiserwort wieder in seiner kranken Seele wachzurufen wissen ... Doch wie dem auch sei, ich werde consequent und logisch denjenigen Weg gehen, den mir meine hohen Pflichten und meine persönliche Würde auferlegen.[1]

Am 1. Oktober aber erreichte ihn der Brief seiner Frau aus Paris, in welchem sie ihm das Scheitern ihrer Mission mitteilte. Fast gleichzeitig traf auch ein Schreiben Napoleons ein, der ihm darin klarmachte, daß die französischen Truppen nur bis längstens Anfang 1867 im Land bleiben würden. Falls er sich allerdings schon vorher zu einer Abdankung entschließen würde, könnte der Abzug des französischen Heeres dadurch noch zusätzlich beschleunigt werden, entnahm der Kaiser dem Epistolat Louis Napoleons weiter; er sollte bei Eintritt dieser Konstellation ein Abdankungsmanifest erlassen, eine Nationalversammlung einberufen, und unter dem Schutz der noch in Mexiko stationierten Expeditionsarmee eine möglichst stabile Regierung wählen lassen. Maximilian erkannte, daß der Pariser Hof ihn bereits abgeschrieben hatte. Charlottes schockierende, schon vom nahenden Ausbruch ihrer Krankheit gekennzeichneten »Aufschreibriefe« hatten den Emperador sicherlich in Bestürzung versetzt, die sich natürlich noch steigerte, als am 5. Oktober das Telegramm von Velasquez de Leon und Außenminister Castillo in Mexiko-Stadt eintraf, in welchem von den »Gehirnkongestionen« der Kaiserin die Rede war. 13 Tage später, am 18. Oktober 1866, warf ihn ein neuerliches Kabel völlig um. Diesmal depeschierte Graf Bombelles aus Miramar, daß sich Charlotte nun in Behandlung von Professor Riedel aus Wien befände. Maximilian erkundigte sich bei seinem neuen Leibarzt, dem jungen Prager Dr. Samuel Basch, ob er mit dem Namen Professor Riedels etwas anfangen könne. Die Antwort traf ihn mit der Gewalt eines Machetenschlages: »Professor Riedel ist der Leiter der größten Irrenanstalt Wiens!«

Diese schrecklich ernüchternde Auskunft bestärkte Maximilian, dem Rat seines treuen Freundes Stefan Herzfeld zu folgen, der die sofortige Abdankung empfahl, da alles verloren schien. Charlotte dämmerte in bedauernswertem Umnachtungszustand in Miramar dahin und konnte dem Kaiserreich auch nicht mehr helfen, sein »heiliges Experiment« war gescheitert. Der Kaiser ließ den Kapitän der in Vera Cruz vor Anker liegenden österreichischen Korvette »Dandolo« informieren, daß er alle Anstalten zu einer bevorstehenden Abreise treffen sollte. Auch die Angehörigen des österreichischen und belgischen Hilfskorps wurden angewiesen, ihre Vorbereitungen für eine Rückkehr in die Heimat zu treffen. Der Erlös der zu verkaufenden österreichischen Geschütze, die sich in Maximilians Privatbesitz befanden, sollte dazu dienen, die Angehörigen der Gefallenen und die im Kampf verwundeten oder verstümmelten Freikämpfer zu entschädigen. Das kaiserliche Geheimarchiv wurde – zusammen mit den persönlichen Wertgegenständen – auf die »Dandolo« gebracht und Wien wurde per Telegramm verständigt, daß mit einer für Ende Dezember anberaumten Rückkehr Maximilians zu rechnen sei. Alles deutete also auf Abdankung und Abreise hin. Der Kaiser informierte Marschall Bazaine, daß er sich aus gesundheitlichen Gründen nach Orizaba begeben würde, um sich dort von den Strapazen der letzten Wochen zu erholen. Orizaba lag auf halber Strecke nach Vera Cruz. Offenbar konnte den Kaiser nichts mehr von seinem Entschluß abbringen, das Land endgültig zu verlassen. Er ließ die in Paris lebende Dona Alicia de Iturbide verständigen, daß sie ihren Sohn Augustin in Bälde zurückbekommen würde, und bereitete eine Proklamation folgenden Inhalts vor:

Die Kämpfe und Widerstände im Lande haben eine Eintracht unmöglich gemacht, mein Lebensglück ist durch die Krankheit der Kaiserin zerstört, meine Kraft ist geschwächt, und ich will als ehrlicher und loyaler Mann nicht länger eine Situation hinausziehen, die bei weiterer Dauer die auf Mexiko lastenden Übel nur verschärfen muß. Es wird eine Regentschaft berufen werden, die bis zur Entscheidung des Kongresses regieren muß.[2]

Die Tage der Ruhe in Orizaba hatte Dr. Basch verordnet, der sich übrigens gegen eine überstürzte Abreise aussprach. Der aus niedrigsten Verhältnissen stammende Sohn eines Prager Regenschirmmachers konnte sich offenbar nur schwer damit abfinden, seine privilegierte Stellung als Leibarzt eines Kaisers aufgeben zu müssen und riet deshalb zur Besonnenheit und nicht zur Eile wie Maximilians ehemaliger Marineadjutant Stefan Herzfeld. Basch redete dem Kaiser ins Gewissen: »Euer Majestät bietet sich die Möglichkeit, den geeigneten Augenblick frei zu wählen, die hiesige Mission in vollendeter Form abzuschließen, sich zum Beispiel mit einer Proklamation an die Nation zu wenden, die Zusammenhänge zu erklären, dem Volk zu raten, wie es weitergehen soll. Sicher gedenken Sie auch nicht abzureisen, ohne zuvor die Repatriierung der Kameraden aus dem österreichischen und belgischen Freiwilligenkorps gesichert zu haben ... Auch der Herr Rat Eloin hat aus Europa geschrieben, daß nur die Rückkehr mit unbeflecktem Schild Ihnen einen Einfluß auf die Schicksale Österreichs gewährleistet.«[3]
Der Kaiser zauderte neuerlich, wäre Charlotte noch an seiner Seite gewesen, hätte er sich wahrscheinlich sofort zum Ausharren entschlossen, denn noch am 5. Oktober hatte er ihr – damals natürlich in Unkenntnis ihrer Umnachtung – geschrieben:

Spricht die Nation für das Kaiserreich, so gehen wir mit legitimer freier Kraft in die Hauptstadt zurück und weihen und opfern uns für immer dem Lande; will die Nation eine andere Regierungsform, so ziehen wir uns würdevoll zurück mit dem reinen, erhebenden Bewußtsein, unsere Pflicht redlich gethan zu haben.[4]

Nun aber sah die Lage anders aus, Charlotte war weit fort und schwerkrank; er würde abreisen, dem mexikanischen Volk »adios« sagen und in seine Heimat zurückkehren.
Für Pater Augustin Fischer bedeutete diese Entscheidung das abrupte Ende seiner steilen Karriere, war der Kaiser erst einmal außer Landes, würde es für ihn keine Champagnergelage mehr geben. Niemand würde dem verschlagenen Jesuiten mehr Beachtung schenken, er konnte froh sein, wenn er mit dem Leben davonkam. Die Abdankung des Emperador würde auch die endgültige Kaltstel-

lung des einheimischen Klerus bedeuten, denn die Juáristas waren nicht gerade zimperlich und würden sicherlich nicht zögern, ihrem Haß auf die feudalistisch organisierte Kirche Luft zu machen. Der Jesuit, der vor allem um sein eigenes Überleben kämpfte, konnte also auch die Verteidigung der Rechte des Klerus auf sein Banner schreiben. Er kannte den leicht beeinflußbaren Maximilian zu genau, um nicht sofort an seine Ehre zu appellieren: »Euer Majestät können doch das Land unmöglich verlassen, ohne für das Schicksal des belgischen und österreichischen Korps zu sorgen, ohne die tausendfältigen Angelegenheiten zu ordnen, ohne für Ihre Anhänger irgend etwas getan zu haben. Es entspricht weder der Ehre noch der Würde eines Kaisers, auf diese Weise zu fliehen!«[5]

Dennoch rückte der Emperador nach Orizaba ab und beauftragte Marschall Bazaine, auf dessen »bewundernswerte Freundlichkeit und Loyalität er mehr denn je zähle« – so schrieb Maximilian einem Mann, den er über ein Jahr lang mit aller Gewalt loszuwerden versucht hatte –, die Lage in der Hauptstadt unter Kontrolle zu halten. Kurz bevor er Mexiko-Stadt verließ, befahl er die Einstellung aller Standgerichte und die Aufhebung des »Oktoberdekrets«. In Orizaba erwartete den Habsburger ein triumphaler Empfang, den der ihm vorangereiste Pater Fischer eilends organisiert hatte, um – auf die große Empfänglichkeit des Kaisers für derartige Loyalitätskundgebungen setzend – seinen Herrn doch noch zu überzeugen, wie sehr Mexiko ihn brauche. In Orizaba fanden sich auch Oberst Kodolitsch und Graf Khevenhüller bei ihrem obersten Kriegsherrn ein und bestürmten ihn ebenfalls, sich nicht wie ein gemeiner Strauchdieb und im Schlepptau der Franzosen aus dem Land »bugsieren« zu lassen. Khevenhüller handelte jedoch nicht nur aus uneigennützigen Motiven heraus, denn er dachte auch an seine Geliebte, Leonor Adalid de la Torre, die einer betont kaisertreuen Familie entstammte und die er nur sehr ungern im Stich lassen wollte. Das gab der Graf in seinem Tagebuch zu, als er seinen Versuch, Maximilian umzustimmen, und die in Orizaba vorherrschende allgemeine Lage wie folgt beschrieb:

... Die Franzosen (denn unsere Truppen, die früher die Garnison inne hatten, waren in Puebla konzentriert) empfingen den Kaiser

unter Kanonendonner. Alle Glocken läuteten. Doch wehe war es mir ums Herz. Ich dachte an die arme Kaiserin, an ihn den Verfolgten. Das läßt sich nicht wegläuten und wegschießen. Heuchelei, Lüge! Mehrere Tage waren wir bereits in Orizaba, als Kodolitsch, der von Mexiko(-Stadt) aus mit uns gekommen war, zu mir trat und mich aufforderte, mit ihm zum Kaiser zu gehen und ihn zu beschwören, er möge nicht von den Franzosen im Schlepptau alles im Stiche lassend, nach Europa zurückkehren. Anfangs wollte ich nichts davon hören, denn ich sah ja, daß es für ihn ohne Soldaten, ohne Geld, ganz unmöglich wäre, sich zu behaupten. Da dachte ich an sie (Khevenhüllers Geliebte Leonor de la Torre; Anmerkung des Verfassers)*; ich kann sie wiedersehen, an die letzten Worte, die wir tauschten, nein es kann nicht sein! Ich kann nicht weg, auf immer, auf ewig! Kodolitsch hatte mein Wort, ich ging mit ihm. Er hatte den Kampf, den ich innerlich führte, ganz gut gesehen. Was ihn aber dazu bestimmte, erfuhr ich nie. War es die Hoffnung auf eine künftige große Rolle? War er was anderes! Das weiß Gott. Der Kaiser empfing uns sehr herablassend. Ihm sowie uns standen die Tränen in den Augen. Er reichte uns die Hand. Jedes seiner Worte war gefühlvoll. Ja, er sprach zum Herzen, so wahr. Wir waren erschüttert. Wir sind überzeugt, daß er denkt, wie er sprach, daß »ihn Mexiko, das Land seiner Hoffnungen, zu verlassen, mit Schmerz erfülle, doch der passive Widerstand der Franzosen, des Marschalls Bazaine, mache ihm das weitere Hierbleiben zur Unmöglichkeit«. Wir drangen nun in ihn, das Land doch nicht auf eine solche Weise zu verlassen, auf Befehl Napoleons oder Bazaine's. Da unterbrach er uns mit den Worten »Ich gebe Ihnen mein Wort, daß ich Mexiko nur mit Ehren verlassen werde. Die Zukunft wird Ihnen das zeigen. Geschehe, was da wolle. Ich kann und darf nicht weiter reden ...«*[6]

Auf der Reise nach Orizaba hatte Maximilian in Ajotla Zwischenstation gemacht, wo er sich im Juli von seiner Gattin verabschiedet hatte. Dort wollte der von Napoleon entsandte Sonderbotschafter Brigadegeneral Henri Pierre Castelnau mit ihm sprechen. Er war bevollmächtigt, Marschall Bazaine durch General Douay zu ersetzen, falls sich herausstellen sollte, daß Bazaine den Abmarsch der französischen Truppen absichtlich verzögerte. Castelnau, der Flügeladjutant Louis Napoleons, sollte dem Kaiser von Mexiko klarmachen, daß ihm keine andere Wahl als der Thronverzicht bliebe. Der Emperador brüskierte den französischen Brigadegeneral aber dadurch, daß er ihm durch Oberst Kodolitsch ausrichten ließ, er könne ihn aus gesundheitlichen Gründen nicht empfangen und wünsche daher ungestört zu bleiben. Kaum zwanzig Minuten später beobachtete der erstaunte Castelnau, wie der Kaiser mit elastischen federnden Schritten auf seine Kutsche zulief und Befehl zum Weiterfahren gab. Der schlanke, braungebrannte Mann hatte nicht den Eindruck eines Kranken hinterlassen, und Henri Castelnau fühlte sich begreiflicherweise gedemütigt. Der Bericht, den er Napoleon über die Aktivitäten und Führungsqualitäten des mexikanischen Herrschers zukommen ließ, las sich dementsprechend:

> *Er (Maximilian) ist kein Empereur, sondern ein »empireur«, seine schwache Intelligenz, sein unentschiedener Charakter lassen alles befürchten. Er ist jedesmal begeistert, wenn er uns Franzosen unangenehm sein kann; und wenn es jemanden gibt, der uns mehr haßt als er, so ist es die Kaiserin Charlotte. Und dabei ist das Land gelehrig, leicht zu regieren, es verlangt nur einen Herrn... Der Kaiser ist ein Mann, von dem alles zu fürchten ist. Die mexikanische Armee ist nichts wert, und wenn sich Maximilian darauf versteift, zu bleiben, so kann man sich leicht vorstellen, was das Ende sein wird. Fast das ganze Land bis auf zwei Straßen ist in der Hand des Juárez, dessen Macht und Ansehen täglich steigen. Wenn Euer Majestät das Land verlassen, ist dieser Mann Herr der Lage. Maximilian kann nur abdanken. Man muß aber für eine Regierung sorgen, sonst wird alles in den Sturz des Kaiserreiches hineingerissen werden.*[7]

Die Jubelrufe, mit denen ihn die von Pater Fischer aufgeheizten Massen in Orizaba empfangen hatten, klangen noch immer in seinen Ohren: »Viva Massimiliano! Viva el gran Emperador!« Vielleicht war doch noch nicht alles verloren, vielleicht sollte er wirklich im Land bleiben und eher auf Pater Augustin statt auf Stefan

Herzfeld hören, dachte der wieder unsicher gewordene Kaiser bei sich. Aber Herzfeld drängte weiter in ihn und zog sich dadurch den Haß des intriganten Jesuiten zu. Voller Heimtücke versicherte er aber Herzfeld, daß er seiner Meinung sei und Maximilian so schnell wie möglich aus dem Land geschafft werden müsse, wollte man ihn nicht in Lebensgefahr bringen. Der doppelzüngige Mann, der in Wahrheit heftig gegen den aufrichtigen ehemaligen Generalkonsul integrierte und sich beeilte, dem Emperador mitzuteilen, daß in der Hauptstadt – vor allem unter den Konservativen – Panikstimmung herrschte, da seine Reise nach Orizaba allzu sehr nach Flucht röche und es nur sehr schwer möglich gewesen war, einen geschlossenen Regierungsrücktritt zu verhindern, schaffte es tatsächlich, Herzfeld von seiner Integrität zu überzeugen. Maximilian machte erneut eine schwere Nervenkrise durch und ließ sich so sehr von seinem »jesuitischen Mephisto« beeinflussen, daß er sogar einem fadenscheinigen Vorschlag zustimmte, Stefan Herzfeld nach Europa »vorausreisen« zu lassen. Fischer ging es natürlich nur darum, den unbequemen Mann, der dem Kaiser zur Abdankung riet, aus dem Weg zu haben. Weder Maximilian noch Herzfeld ahnten, wie sehr sie hinters Licht geführt wurden. Stefan Herzfeld folgte dem Befehl seines Herrn und trat die Überseereise an. Als er auf Cuba einen Zwischenstop einlegen mußte, wollte er nochmals auf die Gefahr hinweisen, in der sich der Emperador befand, und schrieb ausgerechnet Augustin Fischer, den er ja für einen aufrechten Kirchenmann und treuen Freund des Kaisers hielt, einen Brief, in welchem er ihn bat, alles in seiner Macht Stehende zu tun, um die Abreise Maximilians zu beschleunigen. Sein flehentlicher Appell war also an die denkbar falscheste Adresse gerichtet, und der diabolische Intrigant im Priesterrock lächelte wohl nur höhnisch, als er die eindringlichen Worte Herzfelds las:

Hochwürdigster Herr!
Ich hoffe, daß Sie dieses Schreiben nicht mehr auf mexikanischem Boden trifft. – Jede Stunde Verzug wird zur furchtbarsten Gefahr. – Die Vorwände, unter welchen der Kaiser zurückbleibt, sind nichtig. Fort, fort aus diesem Lande, das in wenigen Wochen der Schauplatz blutigsten Bürgerkrieges wird. Von allen Seiten

stürmt es. – Die Yankees fallen ein. – Drängen Sie den Kaiser fort um jeden Preis. – Ich habe Seiner Majestät gehorcht, weil meine Gegenwart nutzlos, ja schädlich wurde. – Ich bekam den Kaiser nicht mehr zu Gesichte; wußte nichts mehr, war plötzlich in Ungnade, ohne nur entfernt das geringste verschuldet zu haben. Nur die Freiheit und die Sicherheit des Kaisers beschäftigen mich. – Ihnen ist nun die Vollendung des Werkes von der Vorsehung beschieden. – Retten Sie den armen edlen Gebieter – Österreich, Europa, das Kaiserliche Haus wird es Ihnen danken. Seien Sie fest. – Lassen Sie sich nicht von Mexiko aus beeinflussen – ... Retten Sie den Kaiser, den Menschen. Ich erwarte in New York die Nachricht der Abreise ... Leben Sie wohl und gedenken Sie in Freundschaft Ihres ergebenen Freundes Herzfeld.[8]

Nun hatte der verschlagene und niederträchtige Jesuit, der natürlich nicht daran dachte, auf Herzfelds Wünsche einzugehen, freie Hand. Während der Kaiser – wohl um seine Nerven zu beruhigen – neuerlich auf Schmetterlingsjagd ging, berief der Pater eine aus 23 Vertretern der konservativ-klerikalen Partei bestehende Junta ein und ließ sie in Abwesenheit des Emperador über die weitere Zukunft des Landes abstimmen. Die Junta-Mitglieder wurden aufgefordert, sich für oder gegen den Weiterbestand der Monarchie zu erklären. Die Abstimmung ging denkbar knapp aus: elf der Teilnehmer votierten für eine Abdankung, zwölf sprachen sich für die Aufrechterhaltung des Kaisertums aus. Fischer eilte freudestrahlend zum Kaiser, um ihn über dieses »Mehrheitsvotum« zu informieren, das den Gedanken an einen Thronverzicht hinfällig mache. In seiner unnachahmlichen Art hielt der Meisterprediger Maximilian das folgende leidenschaftliche Plädoyer:

... Die Franzosen werden abziehen, aber die Fremdenlegion behalten wir hier, schließen ihnen eine starke einheimische Armee an, führen werden diese Streitkräfte gemeinsam mit dem bewährten kaiserlichen General Mejia die klerikalen Heerführer Marquez und Miramon ... Die vier mächtigen M, Marquez, Miramon, Mejia, und an ihrer Spitze natürlich Sie, Majestät, bilden vier mächtige Stützbalken, aus denen das größte von allen

M besteht, nämlich Mexiko! Ein übergroßes M mit den Namen der vier wichtigsten Persönlichkeiten des Kaiserreiches schickt sich an, symbolisch in Silber gegossen zu werden ...[9]

Diese Worte konnten einen so leicht entflammbaren Mann wie Maximilian einfach nicht kalt lassen. Maximilian befand sich wieder einmal in einer Zwickmühle. Die zurückgekehrten Generäle Miguel Miramón und Leonardo Marquez beschworen ihn, die gerechte Sache Mexikos nicht im Stich zu lassen, Khevenhüller und Kodolitsch stießen ins selbe Horn, und aus der Hauptstadt war ein unbestätigtes Gerücht an das Ohr des Kaisers gelangt, welches besagte, daß der österreichische Gesandte, Legationsrat Baron Eduard Lago, verlauten ließ, die österreichische Regierung würde dem entthronten Kaiser von Mexiko die Rückkehr nach Miramar verwehren. Hatte er da überhaupt noch eine Wahl? Mußte er nicht in Mexiko bleiben?
Der Emperador sah sich von allen im Stich gelassen; der einsame, von allen Seiten bedrängte Mann, den wahrscheinlich der Gedanke an seine so weit entfernte schwerkranke Frau kaum zur Ruhe kommen ließ, dachte nicht daran, das ungeheuere Gerücht auf seinen Wahrheitsgehalt überprüfen zu lassen, sondern nahm es sofort für bare Münze, witterte er doch erneut eine »Verschwörung an der Heimatfront«. Bitter klagte er dem englischen Gesandten, Sir Peter Campbell-Scarlett, sein überhartes Los: »Wenn die Kaiserin stirbt, hätte ich nicht den Mut oder den Wunsch, in Mexiko zu bleiben. Ich kam mehr ihretwegen als meinetwegen hierher, und ich habe keinen Ehrgeiz, nach ihrem Tod allein weiterzuwirken, zumal ich keine Kinder oder Erben besitze.«[10]
Campbell-Scarlett, der einen Heimaturlaub plante und in Orizaba nur auf der Durchreise war, unterstützte unbewußt Pater Fischer, indem er dem Kaiser riet, auf jeden Fall in die Hauptstadt zurückzufahren; dem Volk sollte die Chance gegeben werden, sich für oder gegen die Monarchie zu entscheiden. Diese Loyalität schulde er den Mexikanern, meinte der Brite. Trotz all dieser Appelle neigte Maximilian, vor allem in Anbetracht der unhaltbar gewordenen militärischen Lage, in diesem Augenblick scheinbar wieder dazu, Herzfelds Rat zu befolgen und abzudanken. Der unverwüstliche Porfirio Díaz

hatte gerade die Stadt Oaxaja eingenommen, ohne auf größeren französischen Widerstand zu treffen. Lediglich 600 Österreicher hatten sich den Juáristas tapfer in den Weg gestellt und kämpften mit dem Mut der Verzweiflung gegen das übermächtige Juáristenheer. Sie hatten freilich keine Chance und wurden bis zum letzten Mann niedergemetzelt. Die kaisertreuen Truppen beherrschten nun nur noch fünf große Städte: Querétaro, San Luis Potosî, Puebla, Vera Cruz und natürlich Mexiko-Stadt. Wie aussichtslos es um das an allen Ecken und Enden brennende Kaiserreich in jenen Novembertagen von 1866 stand, zeigt auch die Situationsanalyse eines österreichischen Stabsoffiziers, der sich keine Illusionen zu machen schien:

Der Kaiser befindet sich in Orizaba von lauter Abenteurern und Schwindlern umgeben, dermalen ganz in Händen der klerikalen Partei, deren Generale Miramon und Marquez ihm mit trügerischen Hoffnungen schmeicheln. Der Kaiser ist unschlüssig, was er tun soll; den Franzosen, mit denen er sich überworfen hat, zum Trotz will er an einem Tag nach Mexiko zurückkehren, am anderen Tag will er sich einschiffen, alles dies vermehrt die hier herrschende Konfusion – nach meiner Meinung wäre es am besten, er ginge, der Fall des Kaiserreiches kann wohl verzögert, jedoch nicht verhindert werden; denn der Kaiser hat es mit allen Parteien verdorben.[11]

Als Sir Campbell-Scarlett Orizaba am 18. November in Richtung Vera Cruz verließ, schien sich der endlos hin- und her überlegende Maximilian wieder zur Abdankung entschlossen zu haben. Dieser Ansicht war zumindest der Brite, der sich später erinnerte:

Seine Majestät ließ mich wissen, daß sein Entschluß, Mexiko zu verlassen, nun ganz feststehe. Ein persönlicher Grund für diesen Schritt sei seine Abneigung gegen einen Versuch, das Land anders als gemäß den liberalen Grundsätzen zu regieren, an denen er immer festgehalten, wofür er jedoch nicht die Unterstützung der Liberalen Partei habe gewinnen können. Er glaube zwar, es treffe zu, daß Mexiko in seiner gegenwärtigen Verfassung nur mit eiserner Faust zu regieren sei, aber er könne nicht die freiheitlichen Maximen aufgeben, die er für richtig halte, um mit der reaktionären oder kirchlichen Partei und mittels Gewalt statt mit väterlicher Milde zu regieren.[12]

Ende November kehrte auch Maximilians Privatsekretär José Blasio in sein Heimatland Mexiko zurück; fast zur selben Zeit wie Blasio traf Dr. Bohuslavek aus Miramar ein und ersparte dem gebrochenen Kaiser kein grauenhaftes Detail über den tragischen psychischen Verfall Charlottes, die einer von »allen Hunden gehetzten« Wahnsinnigen glich, ihre Ärzte anbrüllte und anspuckte und oft nur mit Gewalt zu bändigen war. Maximilians Kummer war groß, und vielleicht war es der Gedanke an seine Gattin – die einem Thronverzicht niemals zugestimmt hätte –, der ihn bewog, in die Hauptstadt zurückzukehren. Dort fand er Chapultepec verwüstet und ausgeplündert vor, seine »getreuen Untertanen« hatten offenbar nicht mehr mit seiner Rückkehr gerechnet und die Gelegenheit benützt, das kaiserliche Mobiliar in ihren Besitz übergehen zu lassen. In der Hauptstadt des Kaiserreiches regierte nun das blanke Chaos, der französische Gesandte Alphonse Dano, der die Interessen Frankreichs bedroht sah, fühlte sich sogar veranlaßt, an Marschall Bazaine heranzutreten und ihn zu bitten, sich gegebenenfalls mit den Juáristen zu arrangieren, was dieser jedoch vorerst entrüstet zurückwies. Die Verwirrung der Franzosen wurde durch die überraschende Entscheidung Maximilians, nun doch im Land zu bleiben, vervollständigt. Der Emperador war den Einflüsterungen Pater Fischers erlegen und erklärte sich unter bestimmten Voraussetzungen bereit, in Mexiko zu bleiben:

a) endgültige und sofortige Loslösung von den Franzosen
b) ein vernünftiges Arrangement mit den Vereinigten Staaten
c) das Auftreiben dringend benötigter Geldmittel
d) die erfolgreiche Reorganisation der einheimischen kaiserlichen Armee
e) sofortige Beendigung unnützen Blutvergießens (was in Anbetracht der Gegebenheiten ein unerfüllbarer Wunsch war)
f) die Annullierung des berüchtigten »Oktoberdekrets«
g) das Aufrechterhalten der Standgerichte nur noch für Banditen

und Desperado, während politisch Verfolgte nicht länger der Standgerichtsbarkeit unterliegen sollten.

Diese Bedingungen beinhalteten im Grunde nichts Neues, und am 1. Dezember 1866 wandte sich der Emperador mit diesem Aufruf an das mexikanische Volk:

Mexikaner!
Umstände, welche durch häusliche Unfälle noch größere Dimensionen annahmen und mit dem Wohl Unseres Vaterlandes in Zusammenhang stehen, haben in Uns die Überzeugung hervorgebracht, daß Wir euch die Uns anvertraute Gewalt zurückgeben sollten. Der von uns zusammenberufene Minister- und Staatsrath hielt jedoch dafür, daß das Wohl Mexiko's noch Unser Verharren an der Macht erfordere. Wir haben es somit für Unsere Pflicht erachtet, dessen inständigen Bitten nachzugeben, gleichzeitig Unsern Willen kundgebend, einen National-Congreß zu berufen, an welchem alle Partheien theilnehmen sollen, um zu entscheiden, ob das Kaiserreich noch fernerhin zu bestehen haben wird, und im bejahenden Falle zur Bildung der Grundgesetze für Consolidierung der öffentlichen Institutionen des Landes beizutragen. Zu diesem Behufe beschäftigen sich gegenwärtig Unsere Räthe mit dem Vorschlag der nöthigen Maßregeln; gleichzeitig wird das Geeignete verfügt werden, damit alle Parteien zur Regelung auf dieser Basis beizutragen vermögen. Bis dahin, Mexikaner, auf euch alle ohne Unterschied der politischen Färbung zählend, werden Wir Uns Mühe geben, mit Muth und Beharrlichkeit das Werk der Regeneration fortzusetzen, welches ihr anvertraut habt eurem Compatrioten. MAXIMILIAN[13]

Ein paar Tage zuvor hatte Marschall Bazaine seinem Kriegsminister in Paris in einem langen Brief Rechenschaft über seine Handlungsweise abgelegt und die verzwickte Lage, in der er sich befand, mit eindringlichen Worten geschildert:

Nur wer meine Sorgen und Mühen geteilt hat, die über das ganze Land zerstreuten Truppen sicher in die Ausgangsstellung zurückzuführen, kann die Auskunftsmittel verstehen, deren ich mich im

Umgang mit allen Parteien bedienen mußte, damit die Soldaten nicht über Gebühr strapaziert wurden und das Prestige unserer Armee ungeschmälert blieb in einem Lande, wo die Guerilla-Streitkräfte täglich stärker und kühner werden; wo die Liberalen das Ende des Kaiserreiches herbeisehnen und die Konservativen mit dem Rücken zur Wand kämpfen. Diesen ist es nun gelungen, dem Kaiser soviel Zuversicht einzuflößen, daß er seine ursprüngliche Absicht, dem Thron zu entsagen, aufgegeben hat und sich, nach einem mißglückten Versuch, mit Hilfe anderer Parteien zu regieren, in die Arme der Konservativen wirft. Das Experiment wird nun beginnen, und wir würden uns in ein schlechtes Licht setzen, wenn wir uns gegen den Mann wendeten, der mit unserem Beistand auf den Thron gelangte. Der Kaiser erklärt, daß er sich mit seinen eigenen Hilfsmitteln halten wird; unsere Rolle ist zu Ende, es bleibt uns nur noch übrig, uns ehestens zurückzuziehen. Verlassen wir also Mexiko so früh wie möglich. Ich werde die Armee bis Anfang Februar einschiffungsbereit haben. Das Kaiserreich wird sich dann halten, solange es kann. Aber wenn es fällt, wird uns niemand vorwerfen können, zu seinem Zusammenbruch beigetragen zu haben. Wir haben dann unsere Verpflichtung erfüllt und werden bei unserem Abzug unsere Rechte, unsere Ansprüche, die Interessen unserer Landsleute gesichert haben, was alles eine andere Regierung als die Maximilians systematisch verweigern würde.[14]

Ein Arrangement mit Juárez lehnte der Marschall mit der Begründung ab, daß es Frankreichs Interessen verlangten, das mexikanische Kaiserreich zu unterstützen, solange es sich mit eigener Kraft halten könne. Doch am 13. Dezember traf eine Depesche ein, die Bazaines Ansicht kraß widersprach und alle seine Bemühungen, dem Reich Maximilians noch länger die hilfreiche Hand zu reichen, zunichte machte. Napoleon, der über Maximilians überraschenden Entschluß, doch noch in Mexiko zu verbleiben, sehr zornig war, befahl nun den unverzüglichen Abzug aller französischen Truppen, einschließlich der Fremdenlegion, welche dem Emperador vereinbarungsgemäß weiterhin zur Verfügung hätte stehen sollen. Alphonse Dano und Sonderbotschafter Castelnau begaben sich daraufhin sofort zu dem in Puebla weilenden Kaiser, um ihm nochmals vor Augen zu führen, daß er sich ohne die Truppen der Grande Nation unmöglich würde halten können, und sie bestürmten den Habsburger abermals, Vernunft zu zeigen und mit ihnen das Land zu verlassen.

Der Kaiser empfing die Franzosen zwar in aller Herzlichkeit, präsentierte ihnen aber schon nach wenigen Minuten ein wahrscheinlich fingiertes Telegramm Bazaines, in welchem sich dieser verpflichtete, alles in seiner Macht stehende zu tun, um Maximilian den Thron zu erhalten. Dieses ominöse Telegramm roch sehr nach einer Aktion Pater Fischers, jedenfalls erklärte der Emperador den beiden Franzosen, die nicht mit der vermeintlichen Hinterlist des Marschalls gerechnet hatten, daß er unter allen Umständen solange im Land bleiben würde, bis die Nation gesprochen habe. Seine Ehre gebiete ihm, so Maximilian weiter, die Entscheidung des mexikanischen Volkes abzuwarten. Sollten seine Untertanen für die Republik und Juárez votieren, würde er dem Präsidenten als erster seine aufrichtigsten Glückwünsche übermitteln und bald darauf abreisen. Das Kaiserreich brach zusammen, aber der Habsburger schien keine Angst und keine Zweifel mehr zu kennen, bezichtigte die Franzosen in einem Rundschreiben, das an alle Auslandsvertreter in Mexiko erging, des Wort- und Vertragsbruches und bekräftigte seine Entschlossenheit, die Ehrenfahne der Nation hochzuhalten und in seinem »adoptierten Vaterland« Mexiko auszuharren.

Als Marschall Bazaine davon erfuhr, äußerte er die Befürchtung, daß man den uneinsichtigen Kaiser am Ende einfach an einen Laternenmast knüpfen würde wie einen gemeinen Landstreicher. Ihm selbst blieb allerdings nichts anderes übrig, als den Instruktionen seines Souveräns Napoleon Folge zu leisten und den Abzug der Truppen zu beschleunigen. Brigadegeneral Castelnau, der aus seiner offenen Abneigung gegen den starrköpfigen Habsburger nun kein Hehl mehr machte, setzte die Vernichtung sämtlicher Waffensysteme und Munitionsarsenale durch, die die Franzosen nicht mitnehmen konnten, obwohl sich der Marschall dezidiert gegen eine derart drastische Maßnahme ausgesprochen hatte. Der österreichische Gesandte Lago und auch sein belgischer Kollege empfahlen ihren im Freikorps kämpfenden Landsleuten, möglichst schnell das

Weite zu suchen und sich den Franzosen anzuschließen. Viele folgten dem Aufruf der Diplomaten, und das nun von Oberst Alfons Kodolitsch kommandierte Freikorps schmolz auf ganze 800 Mann zusammen, die beschlossen hatten, ihrem Kaiser die Treue zu halten und an seiner Seite auszuharren. Auch Oberstleutnant Alfred van der Smissen legte dem Emperador nahe, sich schnellstens ins Ausland abzusetzen. Aber Maximilian ließ sich nicht mehr umstimmen, obwohl die konservativen Generäle und nicht mehr er die Hauptstadt zu beherrschen schienen, wie aus einem Bericht des britischen Diplomaten Middleton hervorging, der Sir Peter Campbell-Scarlett in dessen Abwesenheit vertrat:

> *In der Hauptstadt interessiert sich niemand mehr für Maximilian. Alle Aufmerksamkeit richtet sich auf die beiden Generäle* (Marquez und Miramón, Anm. d. Verf.), *welche die konservativen Oberschichten mit Begeisterung begrüßt haben, keineswegs im Einklang mit der Ausländerkolonie oder den einfachen Leuten, die man neuen Steuern ... unterwirft. Selbst jene, die immer noch beteuern, die Monarchie halten zu wollen, denken nicht daran, sich um den Thron zu scharen. Die zwei Parteien, deren endlose Auseinandersetzungen so lange Jahre das Land heimgesucht haben, stehen einander gleichsam von Mann zu Mann gegenüber, genau wie vor der französischen Intervention, und man erkennt, wie wenig das kaiserliche System jemals Wurzel gefaßt hat.*[15]

Nun ging es scheinbar Schlag auf Schlag, eine Hiobsbotschaft jagte die andere. Die Juáristen eroberten Cuernavaca und verwüsteten La Borda Quintas bis zur Unkenntlichkeit. In einer sinnlosen Vergeltungsaktion gelang zwar unter großen Verlusten eine Rückeroberung, doch der Vormarsch der Republikaner war unaufhaltsam geworden. Mariano Escobedo errang Sieg um Sieg, Porfirio Díaz belagerte Puebla mit überlegenen Kräften, die Juáristen schienen von allen Seiten heranzurücken, während ihr Präsident, Benito Juárez, sein Hauptquartier gemächlich nach Zacatecas verlegt hatte, um dort in aller Ruhe den unausweichlichen Sieg seiner Truppen zu erwarten. Sogar der Emperador erkannte, daß an die Einberufung eines Kongresses nicht mehr zu denken war, und organisierte statt dessen eine neue Junta, der auch Marschall Bazaine angehörte. Die 33 Junta-Mitglieder bekamen nun ein leidenschaftliches Plädoyer des verhaßten Franzosen zu hören, der, die Situation nüchtern analysierend, davon sprach, daß der Untergang des Kaiserreiches vorgezeichnet sei. Nach Abzug seiner Truppen, so der ungewöhnlich heftig und erregt argumentierende Marschall weiter, werde die kaiserlich-mexikanische Armee auseinanderfallen und der Emperador zu einem Guerilla-Führer degradiert werden: außerdem wäre der Kaiser an Leib und Leben bedroht. Seine einzige Rettungsmöglichkeit bestünde darin, die Macht sofort dem Volk zu übergeben und sich in Sicherheit zu bringen. Die nachfolgende Abstimmung erbrachte folgendes Ergebnis: acht Stimmenthaltungen, acht Bazaines Abdankungsappell befürwortende Stimmen und 17 Stimmen für den Fortbestand des Kaiserreiches.

Bazaine, der nun vielleicht wirklich Mitleid mit dem zum Untergang verdammten jungen, von falschem Stolz und übersteigertem Ehrbewußtsein geleiteten Habsburger empfand, war am Ende seiner Weisheit angelangt, machte aber noch einen letzten persönlichen Vorstoß, als er den Kaiser auf der La Teya-Hazienda besuchte und er ihn förmlich beschwor, sich nicht in den Tod treiben zu lassen und statt dessen mit ihm das Land zu verlassen. Maximilian schwieg zunächst verlegen, drückte dem Marschall aber dann fest die Hand und erklärte ihm, daß ein ehemaliger Konteradmiral unmöglich die Brücke eines sinkenden Schiffes verlassen könnte.

Am 5. Februar 1867 verließ die französische Expeditionsarmee mit Marschall Bazaine und seinen Stabsoffizieren an der Spitze zum Klang der Regimentskapelle die Hauptstadt eines Kaiserreiches, dessen letzte Todeszuckungen bereits begonnen hatten. Die junge Madame la Maréchal, Dona Josefa Bazaine, die ihr zweites Kind erwartete, nahm von ihren Angehörigen und ihrer Heimat tränenreich Abschied; die französischen Soldaten marschierten mit stolz erhobenen unbewegten und ausdruckslosen Gesichtern aus Mexiko-Stadt hinaus. Viele Schaulustige fanden sich auf den Straßen ein, um den Abzug der Franzosen zu verfolgen, niemand weinte den Okkupanten eine Träne nach, niemand winkte ihnen zu, alle waren froh, daß die Interventionsarmee endlich das Land verließ, obwohl auch die Bewohner von Mexiko-Stadt wußten, daß der Bürgerkrieg nun nur noch härter aufflammen würde. Der Kaiser beobachtete den Auszug der Truppen des »Verräters« Napoleon vom Palacio National aus. Der einsame Mann ahnte wohl, daß mit den Franzosen auch die Zukunft und die Sicherheit seines Reiches aus Mexiko-Stadt hinausmarschierte, aber er ließ sich keinerlei Regung anmerken. Jetzt endlich könne er sich vollkommen frei fühlen, bemerkte er lapidar.

Aber an diesem 5. Februar 1867 erreichte den Emperador auch eine unvermutete Siegesmeldung. Miguel Miramón war es gelungen, mit 4000 Mann nach Zacatecas vorzustoßen und den 600 Kilometer von der Hauptstadt entfernt liegenden Regierungssitz des Indianerpräsidenten in einem überraschenden Handstreich einzunehmen. Juárez war nur mit knapper Not die Flucht gelungen. Maximilian sandte dem tapferen General sofort ein begeistertes Gratulationsschreiben und wies ihn an, den Präsidenten im Falle seiner wahrscheinlich scheinenden Gefangennahme vor ein Kriegsgericht zu stellen und durch ein Militärtribunal aburteilen zu lassen. Das Todesurteil sollte allerdings erst vollstreckt werden, nachdem man den Kaiser von der Gefangennahme von Benito Juárez in Kenntnis gesetzt hatte. Um ein Haar wäre der damals 60 Jahre alte Indio wirklich von dem ihm nachjagenden Miramón erwischt worden, hätte sich der schlaue Exanwalt nicht einer List bedient. Entgegen seiner Gewohnheit, in einer Kutsche zu reisen, flüchtete er zu Pferd, und als der General des Kaisers triumphierend die Tür der gewaltsam zum Stehen gebrachten Präsidentenkutsche aufriß, starrte er enttäuscht ins Leere. Benito Juárez hatte sich mittlerweile in Sicherheit gebracht.

Der große »Triumph von Zacatecas« sollte zu einem schrecklichen Pyrrhussieg ausarten, denn unweit von der eben eingenommenen Stadt griff der Juáristengeneral Mariano Escobedo Miramóns Streitmacht mit überlegenen Kräften an und fügte ihr eine schwere Niederlage zu. Die Juáristen fielen der kaiserlichen Armee bei San Jacinto in die Flanke und lieferten ihr ein wahrhaft mörderisches Gefecht, das zum bisher furchtbarsten Blutbad des Krieges wurde. Diesmal war es Miramón, der um sein Leben reiten mußte; wie durch ein Wunder gelang ihm die Flucht, aber er büßte drei Viertel

seiner Truppen ein, 3000 Mann wurden entweder getötet, verwundet oder gerieten in Gefangenschaft. General Escobedo hatte Weisung erhalten, keine Gnade walten zu lassen, und vor allem die ausländischen Söldner, die auf der Seite der Kaiserlichen kämpften, sofort und ohne Umschweife zu exekutieren. Fast 150 französische Fremdenlegionäre, die es vorgezogen hatten, in die mexikanische Armee einzutreten, mußten diesen Schritt nun mit ihrem Leben bezahlen. Escobedo ließ einen nach dem anderen an die Wand stellen und erschießen. Die 25 000 Pesos beinhaltende Kriegskasse der kaiserlich-mexikanischen Armee war dem Juáristengeneral genauso in die Hände gefallen wie Maximilians Gratulationsschreiben an Miramón mit der Anweisung, Benito Juárez standrechtlich abzuurteilen und zu füsilieren. Als Juárez dieses Schreiben zu Gesicht bekam, runzelte er zornig die Stirn und seine Indio-Augen verengten sich noch stärker als gewöhnlich. Wahrscheinlich schwor der unnachgiebige Mann, der kein Vergeben kannte, Maximilian damals tödliche Rache, auf jeden Fall aber trug dieser Brief zur späteren Entscheidung des Präsidenten bei, den gefangenen Habsburger trotz all der aus der ganzen Welt eintreffenden »Verschonungsappelle« gnadenlos hinrichten zu lassen.
Kurz nachdem er die Nachricht vom schrecklichen Gemetzel von San Jacinto erfahren hatte, erreichte den Kaiser ein Brief seiner Mutter, Erzherzogin Sophie, die ihm mitteilte, daß sich Charlottes Zustand gebessert hätte und ihrer völligen Heilung nichts mehr im Wege stehen würde – was nicht mehr als ein Wunschtraum war. Gleichzeitig bestürmte sie Maximilian, auf seinem ehrenvollen Posten auszuharren. Abschließend berichtete Sophie von einer in Anbetracht der fatalen Lage makabren Wette: »Gustav von Sachsen-Weimar speiste gestern bei uns, und als ich ihn ansprach, sagte er mir mit einer treuherzigen Hast, die mich innig freute: Ich muß Eurer Kaiserlichen Hoheit sagen, daß ich den Kaiser Max bewundernswert finde, ich bin auch überzeugt, daß er sich in Mexiko hält. Ich habe eine große Summe gewettet, daß er im nächsten Mai noch dort ist.«[16]
Erschüttert ließ Maximilian das Blatt sinken. Was dachten sich die Leute in Europa eigentlich? Daß er hier Krieg spielte? Da ihm nun auch noch die Mutter riet, so lange wie möglich »ehrenhaft« in

Mexiko auszuhalten, blieb ihm wohl wirklich keine andere Wahl mehr, als zu bleiben und entweder zu siegen oder mit fliegenden Fahnen unterzugehen.
Miguel Miramón hatte indes mit den Resten seiner geschlagenen Armee in Querétaro Zuflucht gesucht, das als besonders kaisertreu galt. Diese Stadt wurde von einem anderen besonders fähigen General des Emperador, seinem »Felsen«, Tomás Mejia, kommandiert. Querétaro war nun wahrscheinlich das allerletzte mächtige Bollwerk der Kaisertreuen. Der sich in Mexiko-Stadt wie ein Vizekönig aufführende Leonardo Marquez – ein ob seiner unmenschlichen Grausamkeit weitum gefürchteter Mann, der im Jahre 1859, lange vor Maximilians Ankunft in Mexiko, das entsetzliche Massaker von Tacabuya veranstaltet hatte, in dessen Verlauf er auch kurzerhand einige Ärzte exekutierte, die den gefangenen Feindsoldaten zu Hilfe eilen wollten, und deshalb den Beinamen »die Hyäne von Tacabuya« erhielt – schlug dem Emperador vor, sich von allen Ausländern zu befreien, den Oberbefehl aller mexikanischen Truppen zu übernehmen, die Hauptstadt zu verlassen und sein Kriegshauptquartier in die »uneinnehmbare Festung von Querétaro« zu verlegen. »Don Leopardos« wild-leidenschaftliche Argumentation hörte sich so an:

Majestät werden sich zum erstenmal persönlich an die Spitze der Armee stellen und den Oberbefehl im Felde übernehmen. Die Soldaten werden Sie als leuchtendes Vorbild hoch zu Roß sehen – und alles wird anders werden. Wir können eine gewaltige Menge von Menschen und Geld in Bewegung setzen, Assentierungen und Kontributionen durchführen und die Stadt Querétaro in eine uneinnehmbare Bastion des Kaisertums verwandeln. Über eine zu große Fläche verstreut, haben wir bisher unnütz Energie vergeudet, wie eine Faust geballt werden wir unüberwindlich sein. Querétaro kennen Sie. Seine mehr als vierzigtausend frommen, streng konservativen Bewohner sichern uns ein viel zuverlässigeres Hinterland als die zynische, sündhafte, unkontrollierbar ausgedehnte Hauptstadt, die uns eines Tages in ihre Gefangenen verwandeln könnte ...[17]

Maximilian stimmte dem in Wahrheit absurden Vorschlag gegen den Willen aller maßgeblichen österreichischen Offiziere zu und brach am 13. Februar, zusammen mit Marquez und seiner Armee, nach Querétaro auf. Er erlaubte keinem österreichischen Offizier, ihn zu begleiten. Carl Khevenhüller, der den Emperador an diesem Tag zum letzten Mal sehen sollte, schilderte seine letzte Audienz beim Kaiser in seinem Tagebuch:

> *Früh hatten wir eine sogenannte »kleine Bereitschaft«. Um 6 Uhr ließ ich das Regiment im Hofe des Palastes aufmarschieren. Baron Hammerstein, der die österreichische Infanterie kommandierte, ebenfalls. Dieser, ein Hannoveraner, der auch in Österreich als Hauptmann diente, hatte beiläufig 350 Mann... Wir wußten beide nicht, was das bedeuten solle, obwohl mir Gerüchte von einer Abreise des Kaisers schon zu Ohren gekommen waren. Ich zweifelte aber an dem unsinnigen Schritte. Es sollte nur zu wahr sein! Da erschien der Kaiser mit Dr. Basch, Pater Fischer und anderen Hofherren. Er trat auf Hammerstein und mich zu und sagte: »Die Pflicht gebietet mir, das Kommando meiner Armee zu übernehmen. Ich gehe nach Querétaro, wo sie mich erwartet. Ihnen beiden vertraue ich, daß Sie unsere Sache gut führen werden. Sie bleiben mit den Österreichern zurück.« Sprachlos standen wir da. Endlich ermannten wir uns mit dem Aufschrei: »Majestät, wir können, wir dürfen Sie nicht verlassen. Sie sind verloren! Die Generäle hintergehen Sie! Es ist unsere heiligste Pflicht, Ihre Person zu beschützen. Das kann nicht sein, deswegen blieben wir ja zurück, keine Macht der Welt hätte es sonst von uns verlangen können!« »Nein«, erwiderte der Kaiser uns unterbrechend, »Ich will es. Sie sind hier nötiger als in Querétaro. Sie bleiben, es ist mein ausdrücklicher Wille.« Das also war das Resultat dieser unglücklichen Rückreise! Er war und mußte inmitten dieser Verräter verloren sein. Diese paar tausend Mann mexikanischer Truppen können ihn nicht gegen die gewaltige Übermacht der Dissidenten, welche offen von Amerika und den Franzosen unterstützt wurden, schützen. Wir sahen, daß alles aus sei. Es waren die letzten Worte, die Er mir zurief: »Ich vertraue Ihnen – Adieu...«*[18]

Der Emperador hatte seinen letzten verhängnisvollen Entschluß gefaßt. Nun wollte er keine ausländische Hilfe mehr, sondern machte sich bereit, als Mexikaner unter Mexikanern seinen letzten Kampf auszufechten. Er brach also auf in jene Felsenstadt Querétaro, in welcher ihn sein Schicksal in der Form des schmachvollen Erschießungstodes ereilen sollte.

10. Die Schüsse auf dem Glockenhügel

Als Maximilian zusammen mit General Leonardo Marquez an der Spitze einer nur 1600 Mann umfassenden Armee nach Querétaro abmarschierte, begleiteten ihn nur noch drei Männer aus seiner Heimat, der Leibarzt Dr. Samuel Basch, Kammerdiener Grill und sein aus Ungarn stammender Küchenchef Tüdös, der buchstäblich bis zum letzten Atemzug des Kaisers an seiner Seite weilen würde. Der Emperador verließ eine Hauptstadt, die von einem Massenexodus gekennzeichnet war, die meisten einflußreichen Mitglieder der Ausländerkolonie waren in der Zwischenzeit abgereist, und auch viele Repräsentanten der vermögenden kreolischen Oberschicht, die offen mit der Monarchie sympathisiert hatten, hielten den Zeitpunkt offenbar für gekommen, sich und ihre Wertsachen in Sicherheit zu bringen. Der Bischof von Mexiko, Antonio Pelagio Labastida, hatte sich sogar schon am 5. Februar, dem Tag des französischen Abzugs, heimlich aus der Stadt gestohlen, um das Land, in welchem es für ihn nach dem sicher scheinenden Untergang des Kaiserreiches keine Zukunft mehr geben würde, zusammen mit den Truppen Marschall Bazaines zu verlassen. Während die Ratten also eilends das sinkende Staatsschiff Mexikos verließen und sich das Gros der in der Hauptstadt verbliebenen konservativ-klerikalen kreolischen Oberschicht ostentativ vom Emperador zu distanzieren begann, jagte ein Mann hinter dem Kaiser und seiner kleinen Streitmacht her: Prinz Felix von Salm-Salm. Dieser preußische Glücksritter sollte sich als loyaler und aufrichtiger Freund erweisen und Maximilians letzten, dunklen und von Verrat, Enttäuschung und Leiden geprägten Lebensabschnitt durch seine beispiellose Tapferkeit und aufopfernde Treue erhellen.

Salm war ein Abenteurer wie er im Buche steht, schneidig, tollkühn, leidenschaftlich, impulsiv, draufgängerisch und jähzornig, aber dennoch sympathisch, ein »liebenswerter Schurke«, wie ihn seine Freunde in der Heimat bezeichnet hatten. Sein Weg in die Neue Welt glich der »Bilderbuchkarriere« eines zweiten Sohnes aus reichem Haus, der vom rechten Weg abgekommen war. Maßlos hohe Spielschulden zwangen den hochdekorierten Kavallerieoffizier, Preußen zu verlassen und sich in der österreichischen Armee zu verdingen. Aber auch in der Kaiserstadt Wien kam es bald zu einem Verschuldungsskandal, und Felix Salm-Salms Eltern sahen sich gezwungen, ihrem mißratenen Sohn eine Fahrkarte in die Vereinigten Staaten zu kaufen, wo das »schwarze Schaf« weit genug vom Schuß sein würde, um die Familie nicht durch neue Schandtaten zu kompromittieren. Da sein erlernter Beruf das Kriegshandwerk war, stürzte sich der preußische Prinz auf der Seite der siegreichen Nordstaaten in den Bürgerkrieg, wurde mit hohen Tapferkeitsmedaillen ausgezeichnet und stieg zum Brigadegeneral auf. Kurz nach seiner Ankunft im »Land der unbegrenzten Möglichkeiten« lernte er seine spätere Frau Agnes Le Clerque kennen, eine zweiundzwanzigjährige Schönheit und ehemalige Zirkusreiterin, welche ihm an Tapferkeit in nichts nachstand und ihn als Lazarettschwester zu seinen Fronteinsätzen begleitete. Die nunmehrige Prinzessin Salm-Salm verstand sich nach eigenen Worten als eine Art »Schußsicherheitsvorkehrung« ihres Mannes, der ihr wie eine feuerbereite Pistole »mit stets gespanntem Hahn« erschien. Nach dem Untergang des Südens und dem Ende des Bürgerkrieges entschloß sich der Berufssoldat Salm, der Pulverdampf und Schlachtgeruch offenbar so sehr brauchte, daß er nicht ohne ihn auszukommen schien, spontan, nach Mexiko zu gehen und Kaiser Maximilian seine Dienste anzubieten.

Die Salms erreichten das Land der Azteken im Hochsommer 1866, und der Prinz, der Duelle liebte und bei den Österreichern nicht besonders beliebt war, trat dem belgischen Freikorps bei, um Seite an Seite mit dem Haudegen Alfred van der Smissen gegen die republikanischen Rebellen zu kämpfen. Die beiden Draufgänger, die eine sehr ähnliche Charakterstruktur aufwiesen, waren rasch ein Herz und eine Seele. Nachdem die belgische Legion aufgelöst worden und van der Smissen in seine Heimat abgereist war – nicht ohne zuvor den Emperador zu bestürmen, die verlorene Sache des Kaiserreiches aufzugeben –, dachte Salm-Salm nicht daran, ebenfalls zu demissionieren. Als er von Maximilians Aufbruch nach Querétaro erfuhr, bewarb er sich sofort – allerdings erfolglos – um eine Position im rein mexikanischen Stab des Habsburgers.

Aber ein Mann wie Prinz Salm war nicht so leicht von einem einmal gefaßten Entschluß abzubringen, er setzte alle Mittel und Hebel in Bewegung, um sein Ziel doch noch zu erreichen, bat den preußischen Gesandten Anton von Magnus, sich für ihn zu verwenden, und schließlich gelang es ihm, sich dem Stab des aus Nueva Leon stammenden kaiserlichen Generals Tomás Vidauri anzuschließen, der etwas später als Maximilians Hauptheer abrückte. Die Überraschung war groß, als Maximilian zwei Tage nach dem Abrücken aus der Hauptstadt unvermutet Felix Salm-Salm mitten unter den furchterregend wirkenden »Rancheros«, die General Vidauris persönliche Leibwache bildeten, erblickte. »Potztausend Salm!« rief der Kaiser erstaunt aus. »Wie kommen Sie hierher?« Salm erklärte dem Emperador, daß es einfach nicht seinem Naturell entspräche, tatenlos in Mexiko-Stadt herumzusitzen, während andere Kampfluft schnupperten und er sich deshalb kurzerhand General Vidauris Stab angeschlossen hätte. Der Kaiser mußte unweigerlich lachen und drückte Salm kräftig die Hand. Dieser Handschlag markierte den Beginn einer aufrichtigen Freundschaft, die bis zu Maximilians Tod währen sollte.

Salm ritt bald Seite an Seite mit dem Emperador und war dabei, als der Habsburger seine Feuertaufe empfing. Ein Spähtrupp der Juáristen griff die kaiserliche Armee an, und der sich wohl als Feldherr fühlende Maximilian hielt sich sehr tapfer in diesem ersten Gefecht, an dem er aktiv teilnahm, und setzte sich todesmutig den Schüssen der Feinde aus. Der Angriff wurde erfolgreich abgewehrt, und am 19. Februar 1867 erreichte der Kaiser die Felsenstadt Querétaro. Hier herrschte riesengroßer Jubel, die ihn begeistert empfangenden Menschenmassen ließen Maximilian nochmals an seinen triumphalen Einzug in Mexiko-Stadt denken, an die großen Volksfeste anläßlich der Feiern zum Unabhängigkeitstag. Querétaro war wirklich kaiserliche Hochburg, hier schienen die Treuesten der Treuen versammelt zu sein. 40 000 schienen ihm zu Füßen zu liegen, ihm und seinen treuen Generälen, dem eisenharten Tomás Mejia, seinem wahrscheinlich ergebensten einheimischen Paladin, dem tapferen, aber vielleicht allzu tollkühnen Miguel Miramón, dem rücksichtslosen, aber verläßlichen Raoul Mendez und schließlich »Don Leopardo« Marquez, dem, wie Maximilian glaubte, unentbehrlichsten seiner Offiziere. Die in einem Flußtal gelegene, von Hügeln umgebene Felsenstadt Querétaro empfing den Emperador also mit offenen Armen, und neben Prinz Salm teilte vor allem auch der Kommandant der kaiserlichen Leibgarde, der mittlerweile zum Coronel beförderte Miguel Lopéz, der das besondere Vertrauen des Habsburgers genoß, die Freude des Kaisers. Maximilians Enthusiasmus verflog jedoch sehr schnell, denn es herrschte wieder einmal krassester Geldmangel, und seine tapferen Generäle begannen sich zudem bald untereinander zu zerstreiten.

Hinzu kam, daß die in der Hauptsache von einem festungsähnlichen Kloster beherrschte Stadt auf Grund ihrer ungünstigen Lage nur äußerst schwer zu befestigen und zu verteidigen war. Dieses auf einem großen Felsen erbaute Kloster, das den Namen Collegio de la Cruz trug, begrenzte die Stadt im Süden, während im Westen eine etwa eine Meile außerhalb des Zentrums von Querétaro liegender Hügel, von dem aus das gesamte Umfeld zu übersehen war, eine Kernposition einnahm. Auf diesem Glockenhügel, dem Cerro de las Campañas, wie ihn die spanischen Conquistadoren getauft hatten, schlug Maximilian vorerst sein Hauptquartier auf und wandte sich mit folgendem Aufruf an seine ca. 9000 Mann starke Armee und die Bewohner seines Kaiserreiches, das eigentlich nur noch aus Querétaro bestand:

Unsere Pflicht bedingt es jetzt, für die beiden heiligsten Principien des Landes zu kämpfen, für seine Unabhängigkeit, welche von Männern bedroht wird, deren Selbstsucht sie sogar National-Eigenthum verkaufen ließ, und ebenso für die Wiederherstellung der innern Ordnung, welche Wir täglich zum Nachtheil Unserer friedlichen Bürger in der gröbsten Weise verletzt sehen. Frei in Unsern Handlungen von jedem Einflusse, von jedem fremden Drucke, werden Wir danach trachten, die Ehre unseres glorreichen National-Banners hoch zu halten... Vertrauen wir auf Gott, der Mexiko beschützt und beschützen wird und schla-

gen Wir uns tapfer in Unserm heiligen Beruf. Es lebe die Unabhängigkeit!
MAXIMILIAN[1]

Gottvertrauen schienen die Bewohner von Querétaro dringend zu brauchen, denn die Juáristen rückten immer näher heran. Prinz Salm-Salm hielt die alte spanische Kolonialstadt für eine schwer zu verteidigende »Mausefalle« und kritisierte vor allem die Tatsache, daß der von Maximilian zum Stabschef gemachte Leonardo Marquez es unterließ und scheinbar nicht für nötig befand, die umliegenden Anhöhen zu befestigen. Der Preuße, der später ein Buch über seine Erlebnisse in Mexiko verfassen sollte[2], wie übrigens seine Gemahlin auch[3], äußerte sich wie folgt: »... Jedem Sachverständigen muß einleuchtend sein, daß die Lage der Stadt Querétaro so ungünstig wie nur immer möglich für eine Vertheidigung ist, es sei denn, daß man im Stande wäre, die die Stadt gänzlich dominierenden Höhen zu befestigen und zu besetzen.«[4]
Auf Grund des Geldmangels, welcher bereits nach einer Woche die verzweifelte Maßnahme erforderte, die reicheren Bürger der Stadt mit einer Zwangsanleihe zu beglücken, entschloß sich der von Maximilian präsidierte oberste Kriegsrat, die österreichischen Truppen zur Unterstützung nach Querétaro zu beordern und die dringend benötigten Geldmittel aus der Hauptstadt anzufordern. Während man sehnsüchtig auf eine Antwort Pater Fischers wartete, den der Kaiser gebeten hatte, seine Besitztümer zu veräußern, um mit dem Erlös die in Querétaro stationierten kaiserlichen Truppen entlohnen zu können, marschierten zwei republikanische Armeen auf das letzte Bollwerk der Herrschaft des Emperador zu.
Von Westen nahte General Corona an der Spitze einer 10 000 Mann starken Streitmacht, und aus dem Norden stieß Mariano Escobedo, ein vierzig Jahre alter ehemaliger Fuhrmann, der schon öfters seine Grausamkeit unter Beweis gestellt hatte und nach Porfirio Díaz der wohl fähigste Feldherr des Indio-Präsidenten war, mit 15 000 wild entschlossenen Gefolgsleuten unaufhaltsam vor. Waren diese beiden Heere erst einmal vereinigt, würde es sehr schlecht um die zahlenmäßig unterlegenen kaiserlichen Truppen stehen. Dies erkannte vor allem Miguel Miramón; er riet zu einer sofortigen Gegenoffensive, die gute Erfolgsaussichten versprach.

Die Argumentation Miguel Miramóns war vollkommen logisch, ein geglückter Überraschungsangriff hätte die Position der Juáristen entscheidend geschwächt, und nach der Vernichtung der kleineren Streitmacht Coronas hätte man, abermals den Überraschungseffekt ausnützend, Mariano Escobedos Hauptheer zu Leibe rücken und es vielleicht ebenso zurückwerfen können. Doch der mit Miramón rivalisierende Stabschef Marquez verwarf den Vorschlag des einstigen konservativen Präsidenten der Republik und empfahl statt dessen, auf das Eintreffen der Entsatztruppen aus Mexiko-Stadt zu warten, um das inzwischen vereinigte Juáristenheer sodann in die Zange nehmen zu können. Maximilian hörte wie fast immer auf den falschen Ratgeber und gab »Don Leopardo« recht. Anfang März dachte der Kaiser offenbar an ein Arrangement mit Juárez, um ein weiteres Blutvergießen zu vermeiden, und schickte einen Unterhändler zum Präsidenten, der dem Exanwalt seine Vorschläge auseinandersetzen sollte. Benito Juárez zog es vor, nicht auf diesen Vorstoß des verhaßten Mannes, der Befehl gegeben hatte, ihn standrechtlich zu erschießen, zu reagieren. Erneut klammerte sich Maximilian nun an die fast unmöglich gewordene Idee eines Volkskongresses, wie aus seinen in jener Zeit zu Papier gebrachten Gedanken hervorgeht:

> *... Noch immer halte ich die Congreßidee als einzige Lösung zur Gründung einer dauerhaften Zukunft und als Basis aufrecht, um die Parteien, welche die Schuld am Unglück unseres Vaterlandes tragen, einander zu nähern. Mit dieser Idee trug Ich Mich schon bei Meiner Ankunft im Lande; doch so lange die Franzosen das Zentrum des Landes besetzt hielten, gab es keine Möglichkeit, an einen Congreß mit freier Berathung auch nur zu denken ... Der von der Nation gewählte Congreß, als wirklicher Ausdruck der mit der ganzen Summe der Macht und Freiheit ausgestatteten Majorität, ist das einzig sichere Mittel, dem Bürgerkrieg ein Ende zu machen und dem so traurigen Blutvergießen Einhalt zu tun ...*[5]

Auf dem Glockenhügel erledigte der Kaiser allmorgendlich, assistiert von seinem treuen Sekretär José Blasio, der darauf bestanden

hatte, ihn nach Querétaro zu begleiten, seine fast ausschließlich aus Bittgesuchen bestehende Korrespondenz, und machte auch noch, scheinbar unbeeindruckt vom vor den Toren der Stadt liegenden vereinigten Juáristenheer, einige Korrekturen an seinem magnum opus, dem schon auf der Überfahrt nach Mexiko konzipierten Hofzeremoniell. Doch bereits am 12. März glich Querétaro einer eingeschlossenen und umlagerten Burg mitten im Feindesland, denn Mexiko-Stadt war praktisch nicht mehr erreichbar. Trotzdem war es Pater Fischer gelungen, einen Kurier mit 50 000 Pesos durch die Linien der Juáristas zu schmuggeln. Dieses Geld war allerdings schon nach einer Woche aufgebraucht und sollte die einzige Summe sein, die jemals aus der Hauptstadt nach Querétaro gelangte. In der belagerten Stadt begannen indes die Lebensmittelvorräte dahinzuschwinden, der Geldmangel der Militärverwaltung war katastrophal, die Gefahr einer Massendesertion stand übergroß im Raum, und die eingeschüchterten aber loyalen Bewohner der letzten kaiserlichen »Trutzburg« sahen sich gezwungen, Pferde, Hunde und auch Katzen zu verspeisen, da ihre Nahrungsmittel derart knapp waren.
Am 14. Mai 1867 gab General Mariano Escobedo den Befehl zum großangelegten Sturmangriff auf die Stadt. Ein krachendes Inferno brach über Querétaro herein, doch die Kaiserlichen verteidigten sich mit dem Mut der Verzweiflung, alle Bewohner, vom gemeinsten Peon bis zum reichsten Haziendado, von der einfachsten Dienstmagd bis zu den Nonnen und Mönchen der zahlreichen Klöster beteiligten sich heldenhaft am Widerstand. Der Angriff Escobedos konnte unter schweren Verlusten zurückgeschlagen werden. An vorderster Front focht der unerschrockene Prinz Felix Salm, den die Republikaner bald zu fürchten begannen, hatte er doch im Alleingang eine feindliche Geschützbatterie ausgeschaltet und die dazugehörige Kanone erbeutet. Ob mit der Pistole, dem Gewehr oder dem Säbel, Salm fuhr unter die Juáristas wie der Sohn des Telamonier, Ajax der Große in Homers *Ilias*, unter die Schafe, die er in seinem Wahn für die treulosen Griechen hielt.

Aber auch der Emperador hatte sich wacker geschlagen, als die Juáristen den erzwungenen Rücktritt antreten mußten, ritt er mit stolzgeschwellter Brust durch die vordersten Kampfreihen; er wurde von einem wahren Siegesrausch erfaßt, der sich noch steigerte, als er den ihm aus tausend Kehlen entgegengeschleuderten Jubelruf vernahm: »Viva el Emperador!« Er ließ sich viel zu sehr von der Euphorie seiner Truppen anstecken und hörte nicht auf Felix Salm-Salm, der zu einem sofortigen Gegenangriff riet, noch ehe Escobedo die schwere Schlappe verdauen und seine Armee neu konsolidieren konnte. Wieder berief der Kaiser einen Kriegsrat ein, der Salms Vorschlag, der die einzige richtige Handlungsvariante gewesen wäre, ablehnte.

Am 20. März faßte derselbe Kriegsrat den Entschluß, die »Hyäne von Tacabuya« mit 1200 Mann einen Ausbruch wagen zu lassen. Stabschef Marquez wollte sich zur Hauptstadt durchschlagen, dort die »Altweiberherrschaft« der kraftlosen Regierung beenden, soviel Geld wie möglich auftreiben und mit den unverbrauchten österreichischen Truppen in die Felsenstadt zurückkehren. Mit diesem kampfstarken Rest der kaiserlich-mexikanischen Armee wollte »Don Leopardo« dann den Republikanern in den Rücken fallen. Wie immer ließ sich Maximilian blenden, zeigte sich so erfreut über den »gewaltigen Mut« seines Stabschefs, daß er ihn zu seinem »Lugarteniente«, zum »lieutenant de l'empire« ernannte und mit größtmöglichen Vollmachten ausstattete. Er erkannte nicht, daß der verschlagene Mann mit dem Rattengesicht in erster Linie seine eigene Haut retten wollte, und beauftragte ihn mit der Bildung eines neuen energischen Kabinetts. Der Emperador ging sogar noch weiter und ernannte den Lugarteniente zum Regenten für den Fall, daß er selbst getötet werden sollte. In der Nacht vom 22. auf den 23. März wagte Leonardo Marquez den Ausbruch, während Mejia und Miramón dem Feind an einer anderen Stelle einen Ausfall vortäuschten und dadurch ablenkten. Marquez gelang es tatsächlich, sich den Weg in die Hauptstadt freizukämpfen, wo Kodolitsch, Khevenhüller und Hammerstein schon mit sorgenvoller Miene auf eine Nachricht vom eingeschlossenen Kaiser warteten. Neben all den weitgehenden Vollmachten trug »Don Leopardo« auch ein Schreiben Maximilians an Pater Augustin Fischer in der Tasche: »Marquez geht nach Mexiko, um zugleich meine wahren Freunde zu stützen und zu schützen. Gott mit Ihnen, wir sind hier trotz aller Schwierigkeiten zufrieden und guten Mutes und kränken uns nur bitter über das Vorgehen der schwachen, alten Perücken in Mexiko, die aus lauter

Angst und Miserabilität offenen Verrat betreiben. Hoffentlich auf baldiges frohes Wiedersehen.«[6]

In jenen letzten Märztagen schrieb der Kaiser auch an den Schloßpräfekten von Miramar, Eduard Radonetz, und schilderte ihm mit geradezu enthusiastischen Worten sein neues und aufregendes Feldherrendasein:

> *...Alle meine alten Seekameraden werden sich wundern, Mich an der Spitze einer wirklichen Armee zu wissen. Der Admiral muß für den Augenblick ruhen, und für jetzt bin Ich ein activer General en Chef, mit hohen Stiefeln und Sporen und mit einem riesigen Sombrero... Ich... finde in der Kriegsführung einen großen Reiz, besonders mit so enthusiastischen und tapferen Truppen, wie unsere jungen Schaaren es sind. Wie Ich einstens in der Marine bei Tag und Nacht Inspectionen gemacht habe, und Schiff und Casernen gerne überraschte, so inspicire Ich jetzt die Vorposten und mache nächtliche Überraschungen in den äußersten Tranchéen. Der Feind kennt Uns schon genau, daß täglich, wenn Ich zu Pferd oder zu Fuß bei den Vorposten oder Vorwerken erscheine, mit Granaten, gezogenen Geschossen und Gewehrkugeln förmlich auf Mich und Meinen Stab wie auf Scheiben geschossen wird...*[7]

Maximilian, der Radonetz auch schrieb, er werde ihm ein Stück einer drei Meter vor ihm in den Boden geschlagenen Granate sozusagen als »Kampfexponat« für das Privatmuseum nach Miramar übersenden, blieb bis zuletzt ein hoffnungslos träumender Romantiker. Während er diese Zeilen schrieb, war die Anzahl der Querétaro belagernden Escobedo-Armee auf 40 000 angestiegen, und den Kaiserlichen waren nach dem Abzug von Marquez nur noch runde 7000 Verteidiger geblieben. »Don Leopardo« traf am 27. März in Mexiko-Stadt ein, ließ sich als schlachterprobter Held feiern, lancierte die Falschmeldung von einem gewaltigen Sieg der belagerten kaisertreuen Truppen, führte die berüchtigte Zwangssteuer, die sogenannte »leva«, wieder ein und erteilte den österreichischen Streitkräften unter Kodolitsch, Khevenhüller und Hammerstein nicht den erwarteten Befehl, sofort nach Querétaro abzurücken, sondern brach statt dessen zusammen mit den österreichischen Regimentern nach Puebla auf, um die von Porfirio Díaz belagerte Stadt zu entsetzen. Die um ihren Mann besorgte Prinzessin Agnes Salm drang noch vor dem Abmarsch zur »Hyäne von Tacabuya« vor; sie durchschaute den blasierten und unberechenbaren Mann, der nur sein eigenes Wohl im Auge hatte, und sich aufführte, als sei er bereits der Herrscher über ganz Mexiko. Später sollte sich die Prinzessin an ihre »Audienz« beim mexikanischen General erinnern und sie so beschreiben:

> *Der Kaiser hatte ihn zu seinem Lugarteniente ernannt und er benahm sich und sprach von dem Kaiser, als sei dieser gewissermaßen sein Zögling und er selbst die Hauptperson in ganz Mexico. ... sein böses braunes Gesicht legte sich in die freundlichsten Falten. Von meinem Mann sprach der General übrigens in sehr anerkennender Weise. Er nannte ihn einen der bravsten Officiere in Querétaro ...*[8]

Während der Lugarteniente des Kaisers also, sein dem Emperador gegebenes Wort brechend, mit Kodolitsch, Hammerstein und Khevenhüller im Gefolge nach Puebla zog, nahm Porfirio Díaz die Stadt ein. Als man in »Don Leopardos« Heer von der Kapitulation Pueblas erfuhr, machte sich, vor allem unter den Mexikanern, eine ungeheure Panikstimmung breit, es kam zu Massendesertionen. Als am 10. April ein Vortrupp der Diaz-Armee auf die retierenden Marquez-Truppen traf, ging die mexikanische Infanterie geschlossen zum Feind über. Die Artilleristen warfen ihre Waffen in den Staub und suchten ihr Heil in der Flucht. Der Oberbefehlshaber folgte dem Beispiel seiner Soldaten und verließ das Schlachtfeld in halsbrecherischem Galopp. Die Marquez verfluchenden Österreicher mußten dem Ansturm des Feindes wie so oft allein standhalten. Sie taten es mit Bravour. Kodolitsch, Khevenhüller, Hammerstein und das zusammengeschrumpfte Häuflein der Husaren und Ulanen schlugen sich mit wahrem Heldenmut und gelangten unter schweren Verlusten mit dem Rest der Truppe bis zur Hauptstadt.
Blenden wir aber zurück und begeben uns nochmals nach Querétaro, wo der Kaiser am 30. März seine Offiziere und Soldaten

dekorierte und ihnen goldene, silberne und bronzene Tapferkeitsmedaillen ausfolgte. Als er dem letzten der Geehrten die Auszeichnung an die Brust geheftet hatte, trat Miguel Miramón unter dem wild aufbrausenden Jubel aller Anwesenden aus seiner Reihe heraus und überreichte dem Emperador im Namen der Armee die bronzene Tapferkeitsmedaille, die dieser, wie der General ausführte, »mehr verdiene als jeder andere«. Maximilian war sehr bewegt, aber die Treue und Wertschätzung seiner Truppen konnte nicht darüber hinwegtäuschen, daß die Lage immer aussichtsloser wurde. Die Juáristen knüpften jeden Spion oder Spitzel, der sich durch die Linien schwindeln wollte, mit den Füßen nach oben an den nächsten Baum und zerschmetterten ihm das Gesicht mit Gewehrkolben.
Die Munitionsvorräte waren fast gänzlich aufgebraucht, immer mehr Offiziere drängten den Kaiser zu einem sofortigen Ausbruch, und Raoul Mendez intrigierte gegen Miguel Miramón, bezeichnete ihn als schlechten Ratgeber und schlug dem Emperador folgenden Plan vor: »Verhaften Sie Miramón, Majestät, brechen Sie dann mit mir und Mejia in die Berge der Sierra Corda durch und gewinnen wir so wieder Bewegungsfreiheit. Andernfalls können wir darauf zählen, daß wir alle erschossen werden!«[9] Aber der kaiserliche »cunctator« konnte sich wieder zu nichts entschließen, er wußte wohl auch, daß ihm Miguel Miramón treu ergeben war. Die Rivalitäten seiner Generäle gingen ihm auf die Nerven, und wiederholt beklagte er sich bei Prinz Salm-Salm darüber, daß sich die Generalität in unnützen »Intrigengefechten« selbst zermürbe. Der Emperador hatte nun sein Feldlager auf dem Glockenhügel verlassen und sein Quartier im de la Cruz Kloster aufgeschlagen. Ruhrbeschwerden plagten den neuerlich in eine schwere Depression verfallenden Habsburger, der kaum noch Schlaf finden konnte. Wie ein Gespenst durchstreifte er des Nachts die Schützengräben – er schien offenbar bewußt den Tod auf dem Schlachtfeld suchen zu wollen. Prinz Salm-Salm hat einen dieser nächtlichen Rundgänge des Kaisers in seinem Buch festgehalten. Der Preuße war gerade eingenickt, als ihn plötzlich jemand wachrüttelte.

> *... Während ich mir noch schlaftrunken die Augen rieb, sah ich den Kaiser lächelnd vor mir stehen. In dieser Weise, ohne Adju-*

tanten oder Ordonanz, mit nichts bewaffnet als mit seinem kleinen Fernglas, pflegte er Nachts oder zu anderen Tageszeiten die Trancheen zu besuchen. Da er die mexicanischen Officiere kannte und wußte, daß sie die Soldaten nicht allein mißhandelten, sondern auch an ihrem Sold und ihren Rationen verkürzten, so pflegte der Kaiser die Leute zu fragen, »ob sie ihre Lösung und ihren Rancho (die Essensrationen; Anm. d. Verf.) *richtig erhielten?« – Es war dies eine sehr gute Controlle für die Officiere, und solche Sorgfalt war den Soldaten so neu und schmeichelhaft, daß sie dadurch den Kaiser ganz außerordentlich lieb gewannen ...*[10]

Am 22. April erfuhr der Emperador von der verlorenen Schlacht von Puebla und der schändlichen Flucht seines Lugarteniente. Querétaro war verloren, den übermächtigen Juáristen würde keine Entsatzarmee in den Rücken fallen, und keine »Eljen« rufende Husaren würden in die befreite Stadt einziehen, in der die Essensrationen mittlerweile so gut wie aufgebraucht waren. An jenem 22. April traf auch ein juáristischer Parlamentarier in der Stadt ein; er bot dem Kaiser freien Abzug – im Austausch für eine sofortige bedingungslose Kapitulation. Da man offenbar lediglich bereit war, für die Sicherheit des Emperador allein zu garantieren, seine Generäle aber füsilieren lassen würde, lehnte Maximilian das Angebot ab. Fünf Tage später schlugen die Kaiserlichen abermals einen Angriff Escobedos zurück, erbeuteten eine Anzahl Geschütze und machten zahlreiche Gefangene. Trotzdem war die Lage fatal, die Republikaner hatten die Wasserleitung der Stadt gekappt, ein Ausbruch schien unmöglich geworden zu sein. Das hatte Felix Salm am 17. April zu spüren bekommen, als er sich im Auftrag des Kaisers nach Mexiko-Stadt durchschlagen wollte. Der Preuße versuchte die Sperrlinien des Feindes an mehreren verschiedenen Stellen zu durchbrechen, traf aber überall auf mörderisches Störfeuer und mußte sein gewagtes Vorhaben schließlich aufgeben.

Am 10. Mai faßten die ranghöchsten Offiziere Maximilians trotzdem den verzweifelten Beschluß, einen Ausbruch zu unternehmen. Miguel Miramón hatte den Plan ausgearbeitet, und vier Tage später, am 14. Mai, sollten etwa 3500 von Mejias treuen Indianersoldaten, neuerlich in die bereits von den Kaiserlichen geräumten Stellungen vorrücken, und die Juáristas mit einer heftigen Feuerbarrage ablenken, während die nicht ganz 5000 umfassende Hauptarmee zum Angriff an einem bis zu Beginn der Offensive geheimzuhaltenden Ort überging. Dieser kühne Plan war wahrscheinlich die letzte Chance Maximilians, lebend aus der Mausefalle Querétaros herauszukommen. Tomás Mejia bat jedoch darum, das gewagte Unternehmen um einen Tag zu verschieben, da er seine Leute bestmöglich auf ihren Einsatz vorbereiten wollte. Dieser Aufschub reichte einem Mann, um sich ins Lager Escobedos zu schleichen und Verrat zu üben.

Der Mann war Coronel Miguel Lopéz, der gutaussehende Kommandant der kaiserlichen Leibgarde mit den wasserblauen Augen, den Maximilian mit der Verteidigung vom Collegio de la Cruz betraut hatte. Lopéz fühlte sich übergangen, da man ihn nicht, wie angekündigt, zum General befördert hatte. Der »Judas von Querétaro«, dessen Beförderung Miguel Miramón vereitelt hatte – er hatte den Kaiser über einen dunklen Punkt in der Vergangenheit von Lopéz informiert (Miguel Lopéz war seinerzeit unehrenhaft aus Santa Anas Armee ausgestoßen worden, da er angeblich eine Palastrevolte geplant hätte) – versprach General Mariano Escobedo, ihm den Pfad ins Collegio de la Cruz und damit zum Kaiser zu ebnen: als Lohn forderte er Freiheit und eine stattliche Summe Bargeldes. Lopéz war im Besitz des Losungswortes und konnte seinen schändlichen Verrat daher leicht in die Tat umsetzen.

Noch in der Nacht zuvor hatte Maximilian Miguel Lopéz ausgezeichnet und ihn gebeten, ihm im Falle eines Scheiterns des Ausbruchs eine »rettende Kugel« zu geben, um ihm dadurch die Schande der Gefangenschaft zu ersparen.

In dieser Nacht des Verrats erwachte der Emperador gegen 2.30 morgens, da ihn ein mörderischer Schmerz in den Gedärmen fast wahnsinnig machte. Er ließ daher Dr. Samuel Basch zu sich rufen, der ihm ein Schmerzmittel gab, und fiel wieder in unruhigen Schlaf. Zwei Stunden später wurde Miguel Lopéz, der die Elitetruppen Escobedos bereits in das kaiserliche Hauptquartier gelotst hatte, bei dem ebenfalls schlecht schlafenden Prinz Salm vorstellig und beschwor ihn, das Leben des Kaisers zu retten, da sich der Feind schon im Collegio de la Cruz befände. Danach verschwand der Verräter so plötzlich, wie er aufgetaucht war. Felix Salm griff in aller Eile zu Revolver und Degen und eilte sofort zum Emperador, der den traurigen Sachverhalt bereits kannte, da ihn sein Sekretär José Blasio über die Katastrophe in Kenntnis gesetzt hatte. Er rief dem heraneilenden Salm mit heiserer Stimme entgegen: „Salm, wir sind verrathen! Gehen Sie hinunter und lassen Sie die Husaren und die Leibescorte ausrücken. Wir wollen dann nach dem Cerro und sehen, wie wir die Sache in Ordnung bringen. Ich werde gleich folgen.«[11] Salm, der kaiserliche General Castillo, Privatsekretär Blasio und Maximilian verließen das Kloster und trafen bereits beim Portal auf eine Gruppe schwerbewaffneter Juáristas, die von Miguel Lopéz angeführt wurden. Lopéz ließ die vier Männer jedoch passieren, indem er lautstark erklärte, sie seien nur gewöhnliche Bürger. Obwohl Maximilian wie auch Salm in voller Montur waren, kamen sie an den Juáristas vorbei. Der Kaiser und seine drei Gefährten, die im Laufschritt durch die Stadt eilten, trafen aber in diesen schicksalschweren Morgenstunden des 15. Mai 1867 nochmals auf den Verräter. Lopéz hatte ihnen offenbar den Weg abgeschnitten und fing sie vor dem Haus des Bankiers Rubio wieder ab. Er riet nun dem Emperador, sich vorerst in dieser großen Villa zu verbergen, um später mit einem von ihm bereitgestellten Pferd zu flüchten. Der totenbleiche Kaiser entgegnete nur kurz: »Ich verstecke mich nicht!« Dann setzte er seinen Weg zum Cerro de las Campañas fort. Als Maximilian und seine Begleiter den Glockenhügel erreichten, ging gerade die Sonne auf. Tomás Mejia stieß mit einem kleinen Bataillon getreuer Kavalleristen zum Kaiser und teilte ihm bestürzt mit, daß alles verloren sei, die Kaiserlichen überall in der Stadt die Waffen streckten, und Miguel Miramón mit einem Kopfschuß im Haus eines Arztes liege. Der Glockenhügel wurde nur noch von 250 Mann verteidigt, Maximilians Reich war auf einen kakteenumwachsenen Felshügel zusammengeschrumpft. Die Juáristas näherten sich dem Cerro de las Campañas von allen Seiten, während ihre Batterien die allerletzte Bastion des Emperador von den umliegenden Anhöhen aus unter Feuer nahmen. Wiederholt wandte sich Maximilian an den tapferen Indio, um die Möglichkeit eines Durchbruchs ins Auge zu fassen, doch Mejia konnte ihm nur zu verstehen geben, daß jeder Widerstand sinnlos geworden war. Der verzweifelte Kaiser bat

nun Prinz Salm um eine erlösende Kugel, doch der Preuße gehorchte nicht. Wenig später ließ der Habsburger die weiße Fahne hissen und ergab sich. Ruhig erwartete er das Eintreffen von General Mariano Escobedo. Der republikanische General, den der pechschwarze Bart eines Seeräubers zierte und Maximilian von Habsburg, der Kaiser von Mexiko, starrten sich lange in die Augen, ehe der Unterlegene das Wort an den Sieger richtete: »Ich habe bereits im März abgedankt und bitte, daß kein Blut mehr vergossen wird. Falls dies aber doch nötig sein sollte, so soll man mein Leben nehmen und sich damit begnügen. Andernfalls bitte ich, da ich nur den Wunsch habe, Mexiko zu verlassen, an irgendeinen Einschiffungsplatz gebracht zu werden. Behandeln Sie aber meine Leute gut, denn sie haben sich in schwerer Zeit treu und tapfer bewährt.«[12]
General Escobedo gab dem Emperador zu verstehen, daß er sich an die Instruktionen seines Präsidenten halten müßte und er den Kaiser und seine Generäle bis zum Eintreffen der entsprechenden Weisungen aus dem Hauptquartier von Benito Juaréz als Kriegsgefangene behandeln werde. Maximilian wurde im Collegio de la Cruz interniert, die letzten zweiundsiebzig Tage seiner Herrschaft hatten ein jähes Ende gefunden.
Seit Maximilians Abmarsch nach Querétaro hatte der Wiener Hof kein Lebenszeichen mehr von ihm erhalten. Sogar Franz Joseph zeigte sich nun besorgt über das ungewisse Schicksal seines Bruders; er wies seinen Pariser Botschafter Fürst Richard Metternich an, bei Napoleon III. vorstellig zu werden und eine Garantie zu verlangen, daß sein Bruder nicht an Leib und Leben bedroht werde. Louis Napoleon konnte dem Botschafter Österreichs diese Garantieerklärung natürlich nicht geben und argumentierte statt dessen wie folgt:

Es ist selbstverständlich, daß ich alle Garantien biete, wenn der Kaiser mit meinen Truppen Mexiko verläßt, nach deren Abtransport aber kann ich bedauerlicherweise nichts mehr für ihn tun. Maximilian hat sich von der Hauptstadt entfernt und sich an die Spitze von Banden gestellt, und so wird er notwendigerweise die Folgen seines Verhaltens tragen müssen. Das entbehrt wohl der Größe nicht, aber birgt Gefahren in sich, vor denen ich ihn nicht bewahren kann.[13]

Vom Kaiser der Franzosen, der dem französischen Parlament schon im Februar erklärt hatte, er hätte das französische Expeditionskorps aus eigener Initiative abgezogen, da man Mexiko bereits zu viele Opfer gebracht hätte, war also keinerlei Hilfe mehr zu erwarten. Fast zur selben Zeit, als Metternich sich vergeblich an Napoleon III. wandte, war der österreichische Gesandte in Washington, ohne von irgend jemandem dazu ermuntert worden zu sein, an den amerikanischen Außenminister Seward herangetreten und hatte sich sehr besorgt über Maximilians Zukunft geäußert. Seward schien die Befürchtungen des österreichischen Diplomaten zu teilen, er ließ daher dem Indianerpräsidenten Benito Juárez mitteilen, daß die Vereinigten Staaten es sehr begrüßen würden, wenn man Kaiser Maximilian nach der Einnahme von Querétaro mit allen einem Kriegsgefangenen zustehenden Ehren und im Einklang mit den zwischen zivilisierten Nationen üblichen Gepflogenheiten behandelte. Dies war ein nicht zu übersehender Hinweis auf das schreckliche Massaker von San Jacintos, das den Juáristas in den Augen der amerikanischen Öffentlichkeit einen enormen Prestigeverlust eingebracht hatte. Die Antwort des Präsidenten ließ keinen Zweifel am weiteren Schicksal Maximilians. Unmißverständlich erläuterte Benito Juárez, daß der »österreichische Erzherzog Ferdinand Maximilian«, der als Usurpator ins Land gekommen war und es ins Unglück gestürzt hatte, keinen Anspruch auf die ehrenvolle Behandlung als Kriegsgefangener habe. In der Zwischenzeit war die beherzte Prinzessin Salm, die nicht gezögert hatte, eine 160 Kilometer lange Reise durch ein von Banditen und Rebellen beherrschtes Gebiet anzutreten, um ihrem Mann nahe zu sein, im Hauptquartier des Quéretaro belagernden Mariano Escobedo eingetroffen. Die Ankunft der schönen jungen Frau, die die Strapazen der langen Reise, lediglich von einer Kammerzofe und einem Terrierhund begleitet, scheinbar ohne große Mühe hinter sich gebracht hatte, war die Tagessensation im republikanischen Heerlager. Ihren Wunsch, sie durch die Linien zu lassen, damit sie ihren in Querétaro eingeschlossenen Mann aufsuchen könne, konnte der erstaunte Juaristengeneral natürlich nicht erfüllen. Es gelang Agnes Salm aber immerhin, den vollbärtigen Mann so sehr zu beeindrucken, daß er ihr erlaubte, nach San Luis Potosî weiterzureisen, um dort Benito Juárez persönlich um eine

Genehmigung zu bitten, in die eingekreiste Stadt reisen zu dürfen. Juárez begegnete der Prinzessin zwar betont höflich, riet ihr aber, das Ende der Kampfhandlungen in seinem Hauptquartier zu erwarten.

Als jedoch am 15. Mai publik wurde, daß die Felsenstadt durch Verrat in die Hände der Republikaner gefallen war, überlegte die resolute Frau nicht lange, sondern brach unverzüglich nach Querétaro auf, ohne Benito Juárez' Abreiseerlaubnis einzuholen. Vier Tage später war sie dort und konnte den gutgelaunten, seinen Sieg feiernden Escobedo sogar bewegen, sehr rasch zu ihrem Mann und Kaiser Maximilian vorgelassen zu werden.

Man hatte den Emperador vorerst gut behandelt und ihn, wie erwähnt, in seine Räumlichkeiten im Collegio de la Cruz zurückgebracht. Maximilian belohnte die Ritterlichkeit seiner Gegner, indem er Riva Palacio, dem General, der ihn zum Nonnenkloster eskortierte, sein Pferd schenkte. Als er aber in seine Zimmer trat, fand er sie bereits völlig verwüstet vor – man hatte alles ausgeplündert und sogar seine Bettmatratze zerschnitten, wahrscheinlich in der Hoffnung, ein Geldversteck zu entdecken; Miguel Lopéz hatte sich sein silbernes Waschbecken unter den Nagel gerissen, die gesamte Zimmereinrichtung bestand faktisch nur noch aus einem wackeligen Tisch und dem Feldbett mit der zerschlitzten Matratze. Zum ersten und zum einzigen Mal während der Zeit seiner Gefangenschaft verlor der erschöpfte und unter großen Darmschmerzen leidende Mann nun die Fassung. Weinend umarmte er seinen Prager Leibarzt Samuel Basch, wie dieser in seinen Lebenserinnerungen[14] berichtete.

Die traurige Stimmung des Habsburgers besserte sich, als er feststellen mußte, daß er dem Volk von Querétaro offenbar sehr leid tat; Frauen schickten ihm korbweise Bettwäsche und Laken, Bankier Rubio sorgte für sein leibliches Wohl, und er freute sich besonders darüber, daß sich sein Arzt und sein Kammerdiener Grill frei bewegen konnten. Prinzessin Salm, die die unnachgiebige Haltung von Präsident Juárez kennengelernt hatte, schmiedete bereits Fluchtpläne. Daß die Zukunft der Gefangenen alles andere als rosig war, zeigte das Beispiel von Raoul Mendez, der Escobedos Aufforderung, sich binnen 24 Stunden zu ergeben, nicht gefolgt war und sich versteckt gehalten hatte. Unmittelbar nach seiner Ergreifung war er einfach über den Haufen geknallt worden. Maximilian schöpfte dennoch neue Hoffnung, als Escobedo ihn, zusammen mit dem Ehepaar Salm, zu einem Besuch auf seiner Hazienda vor der Stadt einlud. Der Kaiser bat den finster wirkenden republikanischen General, ihm zu erlauben, zusammen mit allen ausländischen Offizieren, das Land zu verlassen – im Austausch für seine Abdankung und das feierliche Versprechen, sich niemals mehr in die internen Angelegenheiten Mexikos einmischen zu wollen. Doch der Emperador, der gleichzeitig um eine milde und gerechte Behandlung seiner treuen mexikanischen Gefolgsleute ersuchte, konnte nicht ahnen, daß Juárez bereits Anweisung gegeben hatte, ihn vor ein Kriegsgericht zu stellen. Escobedo antwortete daher nur knapp, daß er die Wünsche und Anliegen Benito Juárez vortragen lassen würde – und entließ ihn. Maximilian wurde nun in ein anderes Kloster verlegt, das dem Orden der Karmeliter-Schwestern gehörte und La Teresita hieß. Während den Emperador wieder schwere Ruhranfälle plagten, die ihn zwangen, die meiste Zeit im Bett zu verbringen, war der feige Marquez in der Hauptstadt eingetroffen, wo er sich weiterhin als des Kaisers Lugarteniente gebärdete, den Bewohnern die Nachricht von der Gefangennahme Maximilians verheimlichte und ein Terrorregime errichtete. Kodolitsch und seine Österreicher hatten sich noch nicht bis zur Hauptstadt durchgeschlagen, so daß man dem brutalen Feigling, dessen Grausamkeit in keinem Verhältnis zu seiner Tapferkeit stand, fast willenlos gehorchte. Als Maximilian von der Vorgangsweise seines Lugarteniente erfuhr, verfluchte er den Tag, an welchem er ihm sein Vertrauen geschenkt hatte.

Immer noch klammerte Maximilian sich an die Hoffnung, daß man ihn schließlich doch ausreisen lassen werde, er träumte schon davon, seine Erinnerungen niederzuschreiben, wieder ausgedehnte Reisen zu unternehmen, und er sehnte sich nach den Oleanderhainen von Miramar. Aus diesen Traumphantasien riß ihn Prinz Salm-Salm, der ihm mitteilte, aus dem Hauptquartier von Benito Juárez würde verlautbart, daß man den Kaiser wie einen gemeinen Kriegsverbrecher aburteilen wolle. Da erst erkannte Maximilian den Ernst seiner Lage und schrieb dem preußischen Gesandten Anton von Magnus, ihm beizustehen und mit den zwei besten Anwälten der Hauptstadt nach Querétaro zu kommen, die im Fall eines Kriegsgerichtsprozesses seine Verteidigung übernehmen sollten. Als feststand, daß das Kriegsgericht tatsächlich tagen würde, ersuchte er auch den österreichischen Geschäftsträger, Legationsrat Baron Eduard Lago, und dessen belgischen Kollegen Hoorickx, in die Felsenstadt zu kommen.

In der Zwischenzeit hatte man die Gefangenen auf Prinzessin Salms Bitte in ein angenehmeres Quartier verlegt. Das neue Gefängnis war das Capuchinas-Kloster, doch von einer Verbesserung konnte nicht im geringsten die Rede sein, denn die Zelle, die man dem Habsburger zuwies, erinnerte ihn an ein Totengewölbe. Wahrscheinlich um ihn zu demütigen und ihm die Aussichtslosigkeit seiner Lage auf makabere Weise zu demonstrieren, ließ man ihn seine erste Nacht im neuen Gefängnis in der Totengruft des Kapuzinerklosters verbringen. Es schien keine Rettung mehr für den Kaiser zu geben. Nur ein Mann konnte sich immer noch nicht ins Unvermeidliche fügen und arbeitete einen Fluchtplan aus: Felix Salm. Der Preuße, der sich relativ frei bewegen konnte, versicherte sich der Hilfe einiger liberaler Offiziere der Stadt, welche ihm prompt Geldmittel zur Verfügung stellten. Er dachte daran, die Wachen zu bestechen, um dann zusammen mit dem Kaiser in die Sierra Corda zu reiten, und sich nötigenfalls den Weg zur Küste freizuschießen. Hatte man erst einmal die Küste und Vera Cruz erreicht, konnte man sich an Bord einer der zwei immer noch dort vor Anker liegenden österreichischen Korvetten begeben.

Salm hatte alles bis ins kleinste Detail geplant und den 2. Juni als Fluchttag bestimmt. Maximilian aber brach dem Preußen fast das Herz, als er ihm mitteilte, daß er die Flucht nicht antreten könne, da man ihn informiert habe, daß Anton von Magnus und zwei Anwälte auf dem Weg nach Querétaro seien. Nun verlor selbst der hartgesottene preußische Glücksritter die Fassung, warf sich auf die Knie und flehte den Kaiser an, die vielleicht allerletzte Chance zu nützen. Salm bat vergeblich. Maximilian war nicht bereit, seine Meinung zu ändern. Felix Salms Gattin Agnes hatte sich indes nochmals nach San Luis Potosî begeben, um Benito Juárez zu bestürmen, wenigstens den Beginn des Kriegsgerichtsprozesses um einige Zeit zu verschieben. Der Indio, der es sichtlich genoß, daß das Leben eines adelsstolzen Habsburgprinzen von seinen Launen abhängig war, zeigte sich gnädig und gewährte einen Aufschub von zehn Tagen. Dies sei allerdings die letzte Erleichterung, die er dem gefangenen Kaiser verschaffen könne, betonte der Präsident. Die Aktivitäten der Salms hatten aber nun das Mißtrauen General Escobedos erregt, der preußische Prinz durfte von jetzt an nur noch in Begleitung eines Adjutanten des republikanischen Generals zum Kaiser.

Am 5. Juni sprach Baron von Magnus, dem der hinterhältige Leonardo Marquez alle Hindernisse in den Weg gelegt hatte, um seine Abreise nach Querétaro zu verhindern, bei Maximilian vor und wunderte sich über die Achtung gebietende Gelassenheit, mit der der Habsburger sein hartes Los zu tragen schien. Maximilian erklärte ihm: »Wenn man nicht die Macht besitzt, sich zu widersetzen, so muß man es eben ertragen. Ich bin nicht der erste Souverän, der gefangen ist. Franz I. war auch Gefangener. Und dann habe ich Pflichten gegen meine Kollegen. Den Monarchen Europas und der Geschichte bin ich es schuldig, daß ich mich bis zuletzt ihrer würdig benehme.«[15]

Einen Tag später waren auch Legationsrat Lago, der belgische Geschäftsträger Hoorickx und der ebenfalls mitgekommene italienische Gesandte Graf Curtopassi in der Stadt. Lago konnte mit einer überraschend aus Vera Cruz eingetroffenen Meldung aufwarten: Kaiser Franz Joseph schien alle Differenzen der Vergangenheit vergessen zu haben, und hatte, offenbar nur noch um das Leben seines Bruders besorgt, den Familienpakt widerrufen und sich feierlich verpflichtet, den »entthronten Kaiser von Mexiko« mit sofortiger Wirkung in alle seine Erbrechte einzusetzen. Maximilian war nun wieder Zweiter in der österreichischen Thronfolge hinter Kronprinz Rudolf, doch was nützte ihm diese Geste des guten Willens seines gestrengen Bruders, jetzt, da sein Leben verwirkt schien? Änderte sie etwas an seinem traurigen Schicksal? Konnte sie irgendeinen wie immer gearteten Einfluß auf den unbarmherzigen Benito Juárez ausüben? Daß davon keine Rede sein konnte, mußte der Preuße Magnus erleben, als er Juárez in San Luis Potosî aufsuchte und ihn im Namen seines Königs und seiner Regierung ersuchte, den Kaiser in die Verbannung zu schicken, da dieser niemals wieder die Gelegenheit dazu bekommen würde, einen Restaurationsversuch zu unternehmen. Benito Juárez blieb hart. Es war nicht er, der das Blut

Maximilians forderte, sondern das Volk Mexikos, erklärte er dem Gesandten. Maximilians Tod sei beschlossene Sache, so der Aztekennachfahre weiter, ein unumgänglicher Akt, der die Sicherung der Zukunft der Republik gewährleisten würde.

Am 12. Juni 1867 begann der Prozeß gegen den »Kriegsverbrecher« Maximilian und seine zwei Mitangeklagten Miramón und Mejia. Die Juáristen zögerten nicht, ein Spektakel zu inszenieren, und ließen das Kriegsgericht im Iturbide-Theater, vor den Augen der schaulustigen Öffentlichkeit, tagen. Das Urteil stand von vornherein fest, es handelte sich also lediglich um die Farce eines Prozesses. Maximilian bekräftigte, daß man ihn nicht lebend dazu bewegen können würde, die Hauptrolle in einem solch unwürdigen Schauspiel einzunehmen, und so wurde gegen den Kaiser in absentia verhandelt. Nun, im Angesicht des Todes, dachte der Habsburger an eine unmöglich scheinende Flucht. Er nahm Kontakt mit Prinzessin Salm auf, die sich in Gegensatz zu ihrem Mann immer noch frei bewegen konnte. Die kaum bewachte gebürtige Amerikanerin machte sich daraufhin an den Coronel Villanueva heran, der nicht ganz unempfänglich für ihre weiblichen Reize zu sein schien. Der Juáristenoberst erklärte sich bereit, dem Emperador zur Flucht zu verhelfen, verlangte aber für seine Hilfe einen Schuldschein in der Höhe von 100 000 Pesos, den nicht nur der Habsburger, sondern auch die drei in der Stadt anwesenden ausländischen Diplomaten unterschreiben müßten. Da Baron Magnus in San Luis Potosî war, konnte Maximilian Eduard Lago, seinen belgischen Kollegen Hoorickx und den italienischen Marchese Curtopassi nur nach langem Drängen überreden, den bewußten Schuldschein gegenzuzeichnen. Doch schon kurz nachdem er seine Unterschrift geleistet hatte, überkam den Italiener offenbar die Angst vor einer Aufdeckung des Komplotts an dem er mitbeteiligt war, – er nahm einfach eine Schere zur Hand und schnitt seine Unterschrift wieder aus dem kompromittierenden Schein heraus.

Coronel Villanueva hatte noch einen anderen Offizier, ebenfalls einen Oberst, namens Palacios, ins Vertrauen gezogen. Palacios war nicht ganz wohl in seiner Haut, dieser Indio schien der einzige Unsicherheitsfaktor im Plan der Prinzessin Salm, und so griff sie zu den Waffen einer Frau, mit denen sie die Natur in so reichem Maße ausgestattet hatte, lockte den Indianer unter einem Vorwand auf ihr Zimmer und versuchte ihn zu verführen. Doch die ehemalige Zirkusreiterin hatte offenbar keinen Erfolg als Circe, denn als sie sich zu entblößen begann, fühlte sich Palacios in seiner Ehre gekränkt, begann laut zu schreien und drohte damit, aus dem Fenster zu springen. Da gab die Gattin des Preußenprinzen, die ganz und gar nicht mit einer solchen Reaktion gerechnet hatte, nach, zog sich wieder an und öffnete die zuvor von ihr verschlossene Tür. Palacios eilte sofort zu General Escobedo und enthüllte den gesamten Fluchtplan sowie Agnes Salms unrühmliche Rolle in der Affäre. Mariano Escobedo ließ die Prinzessin verhaften und am nächsten Tag aus der Stadt schaffen. Sie sah weder ihren Mann noch Maximilian jemals wieder.

Jetzt hatte der Habsburger wirklich keine Chance mehr, sein Leben war verwirkt, seine Uhr endgültig abgelaufen. Der immer noch an den Folgen einer kaum ausgestandenen Typhuserkrankung laborierende Tomás Mejis und Miramón, der einen Kopfverband trug, wurden zur Verhandlung ins Iturbide-Theater gebracht; gegen den Kaiser wurde in Abwesenheit verhandelt, da er, wie es offiziell hieß, zu krank war, um persönlich vor dem Kriegsgericht erscheinen zu können. Der Schauprozeß dauerte nicht lange, Maximilian wurde in allen dreizehn Anklagepunkten, die unter anderem die unrechtmäßige Usurpation des Thrones, die rechtswidrige Okkupation des Landes mit Hilfe der Truppen einer feindlichen ausländischen Macht und die Unterzeichnung des »Todesdekrets« vom 3. Oktober 1865, das Hunderte unschuldiger Menschen den Tod gekostet hatte, inkludierten, für schuldig befunden, obwohl seine Anwälte, der Vater des Juaristengenerals Riva Palacio und der beste Jurist von Mexiko-Stadt, Martinez de la Torres, ihr Bestes gaben. Kurz vor Beginn des Prozesses hatte man den Kaiser mit der Falschmeldung konfrontiert, Charlotte sei ihrer Leiden erlegen. Glücklicherweise erfuhr der Emperador noch von der Unhaltbarkeit dieses Gerüchtes. Unbestreitbar aber war das Urteil des Kriegsgerichtes: die sechs subalternen jungen Offiziere, die sich zu den Richtern des Habsburgers aufgeschwungen hatten, wollten offenbar den Schein der Gerechtigkeit wahren, und so stimmten drei für eine Verbannung Maximilians und drei für seinen Tod. Die Entscheidung lag beim

Vorsitzenden des Kriegsgerichtes, einem jungen Stabsoffizier, der, den Instruktionen von Präsident Juárez gemäß, das Todesurteil aussprach.
Maximilian verbrachte die letzten Tage seines Lebens würdevoll ruhig und gefaßt. In seinem Testament bestimmte er, was mit seinem Leichnam zu geschehen hatte:

Meine letzten Wünsche betreffen nur noch meinen Körper, der bald von allen Schmerzen befreit sein wird, und dann meine Anhänger, die mich überleben werden. Der Arzt Dr. Basch wird meine Leiche nach Veracruz überführen lassen. Es ist mein Wille, daß dies ohne Feierlichkeit und Prunkentfaltung vor sich gehe und daß auf dem Schiff, das meine Leiche nach Europa bringen soll, keine besondere Zeremonie stattfindet. Ich erwarte den Tod mit Ruhe und wünsche deshalb, daß auch um meinen Sarg Ruhe ist. Sollte sich das Gerücht über das Ableben meiner armen Frau nicht bewahrheiten, so soll meine Leiche vorläufig irgendwo beigesetzt werden, bis die Kaiserin mit mir im Tod vereint ist.[16]

Die Vollstreckung des Todesurteils war für den 16. Juni vorgesehen, der exakte Zeitpunkt der Exekution sollte drei Uhr nachmittags sein, und Maximilian hatte sich schon auf seinen letzten Gang vorbereitet, als er erfuhr, daß die Hinrichtung um drei Tage verschoben worden war. Warum hatte Juárez diese Verschiebung angeordnet? Hatte er sich von der neuerlich bei ihm vorsprechenden Prinzessin Agnes Salm-Salm zu diesem letzten Zugeständnis überreden lassen? Die folgenden drei Tage verbrachten die zum Tod Verurteilten in der bangen Hoffnung, daß man sie vielleicht doch noch, in allerletzter Minute, begnadigen würde. Der Preuße Anton von Magnus, der sah, wie sehr die bedauernswerten, auf den Tod wartenden Männer unter der quälenden Ungewißheit litten, wagte einen letzten Vorstoß, indem er Benito Juárez das folgende Blitztelegramm sandte:

Herr Präsident!
Die Verurteilten sind, da sie unmittelbar vor der Hinrichtung zu stehen glaubten, nun moralisch schon zum Tode geführt worden.

Ich bitte Sie, lassen Sie sie nicht zum zweitenmal sterben. Ich beschwöre Sie im Namen der Menschlichkeit und des Himmels, anzubefehlen, daß man nicht mehr an ihr Leben gehe, und wiederhole Ihnen nochmals, daß ich gewiß bin, daß mein Souverän, Seine Majestät der König von Preußen, und alle Monarchen Europas, durch die Bande des Blutes mit dem gefangenen Fürsten verwandt, nämlich sein Bruder, der Kaiser von Österreich, seine Cousine, die Königin von Großbritannien, sein Schwager, der König der Belgier und seine Cousine, die Königin von Spanien, wie die Könige von Italien und Schweden, sich leicht verständigen werden, um seiner Exzellenz dem Herrn Benito Juárez alle Garantien zu geben, daß keiner der Gefangenen je zurückkehren und mexikanisches Gebiet betreten wird.[17]

Doch dieses Telegramm zeigte ebenso wenig Wirkung wie eine kurz danach bei Benito Juárez eintreffende telegraphische Bitte Maximilians, lediglich ihn allein zu exekutieren und Mejia und Miramón zu begnadigen. Wie konnte man auch von einem Mann Gnade und Milde erwarten, der mit der Hinrichtung des Kaisers allen Herrscherhäusern Europas einen unvergeßlichen Denkzettel zu verpassen gedachte? Nach dem kläglichen Scheitern des letzten Rettungsversuches sagte Maximilian Anton von Magnus, der wirklich alles in seiner Macht stehende getan hatte, um ihn vor dem Tod zu bewahren, daß er es trotz allem nicht bereue, in Mexiko ausgeharrt zu haben: »Und wenn Ich noch einmal die Wahl hätte, so würde ich ganz ebenso handeln. Lieber mein jetziges Los erdulden als die Schmach, von den Franzosen gedrängt das Land zu verlassen.«[18]
Er schien würdevoll, ruhig und gefaßt in den Tod zu gehen, und schrieb nun seiner Mutter, Erzherzogin Sophie, diesen Abschiedsbrief:

Liebe beste Mama!
Fest im Glauben und treu meiner Ehre gehe ich mit ruhigem Bewußtsein dem unverdienten Tode entgegen. Nicht Schuld sondern Unglück hat mich nach Gottes Rathschluß in diese Verhältnisse gebracht; ich bin ehrenhaft unterlegen der Übermacht der Feinde und dem Verrathe. 72 Tage haben wir uns in einer Stadt,

die eine offene unvorbereitete war, gegen einen siebenmal stärkeren Feind tapfer und ritterlich gehalten, nächtlicher Verrath hat uns in die Hände unseres Feindes geliefert. Durch Freunde werden Sie, beste Mutter die näheren Details erfahren. Im Augenblicke der Gefangennehmung war ich an Dissenterie schwer krank; in den verschiedenen Gefängnissen, in welche man uns brachte, litt ich noch viel. Meine letzten Gedanken auf dieser Welt sind für meine gute, arme Charlotte und für Sie, geliebte Mutter, der ich so vieles Gute zu danken habe. Ich schreibe nicht an meine arme Charlotte, da ich nicht weiß in welchem Gesundheitszustand sie sich befindet, Sie beste Mutter werden Sie trösten und aufrichten. Seit diesem Jahre habe ich keine direkten Nachrichten weder von Ihnen noch von Charlotten. Papa küsse ich in Ehrfurcht die Hände, den Brüdern, Verwandten und Freunden sende ich die herzlichsten Grüsse. Sie beste Mutter, Charlotten und die früher Erwähnten bitte ich aus ganzem Herzen um Verzeihung für Kränkungen und Unrecht, die ich ihnen allenfalls angethan habe. Ich sterbe ruhig und dem wahren Trostgefühle das Gute gewollt und angestrebt zu haben und mit der Genugthuung viele wahre und edle Freunde in diesem Lande zurückzulassen, denen mein Andenken theuer bleiben wird. – Ein Freund bringt Ihnen, beste Mutter, mit diesen letzten Zeilen als Andenken für Sie den Ring mit den Haaren der seligen Amalie v. Braganza, den ich täglich trug, und für meine arme, geliebte Charlotte den Ehering. Sie heißgeliebte Mutter um Ihren Segen und Ihre Gebethe bittend verbleibe ich Ihr Ihnen ewig treuer Sohn.

Max.[19]

In der Nacht vor seiner Exekution suchte General Escobedo ihn auf, um dem Mann, dem er versprochen hatte, ihn wie einen Kriegsgefangenen zu behandeln, Abbitte zu leisten. Der Kaiser überreichte seinem Bezwinger ein handsigniertes Bild und nahm ihm das feierliche Versprechen ab, stets um das Wohl Mexikos besorgt zu sein. Nachdem Escobedo sich vom Kaiser verabschiedet hatte, ging er noch in die Zelle von Tomás Mejia. Der tapfere Indio hatte Escobedo einmal in der Schlacht besiegt und ihm das Leben geschenkt. Dafür wollte sich der schwarzbärtige Mann nun revanchieren und bot

Mejia die Chance, sich in Sicherheit zu bringen. Er erklärte sich sogar bereit, seine Flucht zu decken, doch der Indianer wollte den ihm dargebotenen letzten Rettungsanker nur dann ergreifen, wenn der General auch dem Kaiser und Miguel Miramon die Flucht ermöglichen würde. Als Mariano Escobedo diese Bedingung als unmöglich ablehnen mußte, antwortete der loyale Mann, daß man ihn in diesem Falle zusammen mit Seiner Majestät erschießen möge.
So dämmerte der Morgen des 19. Juni 1867 heran, und Maximilian machte sich bereit, seinem Schicksal entgegen zu gehen. Um drei Uhr früh stand der Kaiser auf, hörte die von seinem Beichtvater Pater Soria zelebrierte letzte heilige Messe seines Lebens, empfing den Leib Christi, um sich sodann von Dr. Basch zu verabschieden. Er übergab dem Prager seine Abschiedsbriefe, seinen Trauring und einen Rosenkranz, den der Arzt seiner Mutter überbringen sollte. Eine goldene Medaille, die ihm einst Eugénie, die Kaiserin von Frankreich, geschenkt hatte, vermachte er der Kaiserinwitwe von Brasilien, der Mutter jener Frau, die er wohl als einzige wirklich geliebt hatte – Amalie von Braganza. Samuel Basch brach unter Tränen zusammen, er hatte nicht die Kraft, der Exekution seines Herrn beizuwohnen. So waren nur Pater Soria, der preußische Gesandte Anton von Magnus – Prinz Salm-Salm befand sich in Haft – und Maximilians ungarischer Koch Tüdös anwesend, als der Kaiser, Miguel Miramón und Tomás Mejia die hundert Schritte zum Glockenhügel hinaufgingen und vor dem wartenden Exekutionspeloton Aufstellung bezogen. Der Kaiser hieß General Miramón zwischen sich und Mejia treten, da ein »Tapferer auch im Angesicht des Todes von seinem Monarch geehrt werden müsse«, wie er sagte. Der Kommandant des Hinrichtungskommandos trat auf den Kaiser zu, stammelte einige Worte der Entschuldigung, doch Maximilian entgegnete ihm, daß er ja nur Soldat sei und daher seine Pflicht tun müsse. Dann gab er jedem der sieben Mitglieder des Exekutionskommandos je ein Goldstück und trug den Männern auf, gut zu zielen und ihm nicht ins Gesicht zu schießen. Der Kommandant erhob bereits den Degen, als Maximilian noch einmal vortrat und laut und auf spanisch ausrief: »Ich vergebe allen, bitte, daß auch mir alle vergeben, und wünsche, daß mein Blut, das nun vergossen

wird, dem Lande zum Wohl gereichen werde. Viva Mexico! Viva Independencia!«[20] Unmittelbar nach dem letzten Wort zuckte der blanke Stahl des Degens durch die Luft, und sieben Schüsse hallten über den Cerro de las Campañas. Fünf davon trafen. Maximilian stürzte mit dem Gesicht nach vorne zu Boden (er fiel nicht nach hinten, wie Joan Haslip behauptet[21]), und bevor ihm ein Soldat den »Gnadenschuß« gab, flüsterte er sterbend: „Hombre!« Der Maximilian-Hasser Norbert Frýd glaubt dieses Wort mit »verdammt« übersetzen zu müssen[22], es ist jedoch viel wahrscheinlicher, daß der Kaiser, wie auch Conte Corti schrieb, damit den Erlöser meinte, denn das spanische Wort »hombre« bedeutet auch so viel wie Christus oder Menschensohn.

Nun war die Reihe an Miguel Miramón, der stolz und hochaufgerichtet mit dem Ruf »Gott segne den Kaiser. Es lebe Mexiko!« auf den Lippen starb, wie der geschwächte Tomás Mejia wenige Minuten nach ihm. Über dem Cerro de las Campañas lag nun eine gespenstische Stille. Das zweite mexikanische Kaiserreich hatte sein tragisches Ende gefunden.

Epilog

Das republikanische Mexiko widmete dem Tod des Kaisers die folgende Zeitungsnotiz:

> *Ferdinand Maximilian von Habsburg, Erzherzog von Österreich, Verbündeter Napoleons III. zu dem Zwecke, Mexiko seine Unabhängigkeit und seine Institutionen zu rauben, welcher sich den Kaisertitel beigelegt, durch den Willen der Nation abgesetzt, durch die republikanischen Streitkräfte zu Querétaro am 15. Mai 1867 gefangen genommen, dem Gesetze gemäß über seine Verbrechen gegen die Unabhängigkeit der Nation gerichtet und durch das betreffende Kriegsgericht zur Todesstrafe verurtheilt, ist in Querétaro selbst am 19. Juni 1867 um 7 Uhr Morgens zugleich mit seinen Exgeneralen Miramón und Mejia hingerichtet worden. Frieden seiner Asche!*[1]

Kaiser Franz Joseph von Österreich erfuhr am 30. Juni vom schrecklichen Ende des Bruders, der ihm in vieler Hinsicht überlegen gewesen war und dessen Popularität er ihm nie verzeihen konnte. Nun erfaßte den in Bayern weilenden Herrscher ein verspätetes Reuegefühl. Er erinnerte sich an die glücklichen Jugendtage, als ihm Max immer ein guter Kamerad und treuer Bruder gewesen war und ihn oftmals durch seine Einfälle und Streiche erheitert hatte, aber er dachte auch an seine harte Haltung in der Frage des Familienpaktes und an sein letztes Treffen mit Maximilian in Miramar. Schwer erschüttert kehrte er nach Wien zurück, wo er Erzherzogin Sophie die Schreckensmeldung mitteilen mußte. Sophie sank auf einen Sessel nieder und flüsterte weinend immer wieder nur ein einziges Wort: »Erschossen, erschossen!«
Napoleon III. und Eugénie genossen die Feierlichkeiten der Pariser

Weltausstellung von 1867, welche nicht nur Schaulustige aus aller Welt, sondern auch den König von Preußen und den russischen Zar an die Seine gelockt hatte, als die Nachricht von der Erschießung ihres unglücklichen und im Stich gelassenen Protegés Maximilian für einen kurzen Moment ihre Feiertagsstimmung verdüsterte. Bald sprach ganz Europa vom tragischen Tod des Habsburgers, den ein »Indianergnom« zum Tode verurteilt und standrechtlich hinrichten lassen hatte. In der europäischen, aber auch in der amerikanischen Presse wurde Benito Juárez nun dämonisiert und als blutrünstiges Monster dargestellt. Alle Sympathien galten jetzt dem toten Habsburgprinzen. Vor allem in Italien war die Trauer und Bestürzung groß. Man hatte den einst so beliebten Generalgouverneur von Lombardo-Venetien, den »Schloßherrn von Miramar«, nicht vergessen; alle Fahnen der Adriastadt waren auf Halbmast gesenkt worden, und in Turin, Mailand und Venedig standen schwarzumrandete Portraits Maximilians in nahezu allen Schaufenstern. Nur sein eigentliches Heim Miramar durfte keine Trauer tragen, da Dr. Jilek verboten hatte, Charlotte die Nachricht vom Tod ihres Mannes bekannt zu geben.

Die unglückliche Belgierin sollte nicht mehr lange in Miramar bleiben. Ihr Bruder, König Leopold II., ließ sie im Juli 1867 in ihre Heimat zurückbringen, wo sie nach kurzem Aufenhalt am Hof im Schloß Tervueren Zuflucht fand, das man eilends in eine Art Privatsanatorium umfunktioniert hatte. Sie sollte ihren Mann, dessen einbalsamierter Leichnam immer noch in Mexiko ruhte, um 60 Jahre überleben und erst am 19. Jänner 1927 ihrem Wahn und der Welt für immer entfliehen dürfen.

Im November 1867 gab Benito Juárez den drängenden Bitten des österreichischen Kaisers endlich nach – die Vorstellung, daß der Chef des ältesten und vornehmsten Herrscherhauses Europas ihn, den Aztekennachfahren und Sohn blutarmer Eltern, anflehen mußte, den Leichnam seines Bruders herauszugeben, muß Juárez die vielleicht größte Genugtuung seines Lebens bereitet haben –, er »erlaubte« die Überführung der sterblichen Überreste des erschossenen Kaisers nach Europa. Wilhelm von Tegetthoff brachte die Leiche seines Freundes auf der »Novara« von Vera Cruz nach Triest. Mit dem Sonderzug gelangte der Sarg in die Kaiserstadt. Karl

Ludwig und Ludwig Viktor hatten den Sarg ihres Bruders in der Adriastadt erwartet und nach Wien begleitet, wo der Kaiser von Österreich seinen unglücklichen Bruder Ferdinand Max durch ein Herrscherbegräbnis ehrte. An diesem Begräbnistag des Kaisers von Mexiko, dem 20. Jänner 1868, wurde Wien von einem Schneetreiben verdüstert. Dennoch waren alle hochrangigen Diplomaten, die hohen Würdenträger des Adels und des Klerus anwesend, als man Maximilian im feierlichen Leichenzug zur Kapuzinergruft geleitete. Aber nur wenige alte Freunde und Beteiligte des mexikanischen Abenteuers hatten den Weg in die Kaiserstadt gefunden, um ihrem verstorbenen Herrn das letzte Geleit zu geben. Felix Eloin war gekommen, und auch der erst kurz zuvor aus der Gefangenschaft entlassene treue Privatsekretär José Luis Blasio erwies dem toten Kaiser die letzte Ehre, der Schloßpräfekt von Miramar, Eduard Radonetz, war da, ebenso Carl de Bombelles. José Manuel Hidalgo, Juan Almonte und Gutierrez de Estrada glänzten durch Abwesenheit. In der Kapuzinergruft wurde Maximilian auf ausdrücklichen Wunsch seiner Mutter an der Seite des Herzogs von Reichstadt beigesetzt.

Der »Kaisermörder« Benito Juárez starb fünf Jahre nach dem Emperador. Sein Nachfolger wurde Porfirio Díaz, der die Präsidentschaft Mexikos zweimal inne haben sollte und alsbald diktatorisch regierte.

Napoleon III. erlebte im Preußisch-Französischen Krieg von 1870 bei Sedan sein persönliches »Waterloo«. Geschlagen, gefangen genommen und zur Abdankung gezwungen, wählte der Korsenneffe ein letztes Mal England als Exilland. Er starb am 9. Jänner 1873 nach erfolglosen Blasenoperationen in Camden Place bei Chislehurst. Er war fünfundsechzig Jahre alt. Seine Gattin Eugénie de Montijo überlebte nicht nur ihn, sondern auch den gemeinsamen Sohn Prinz »Lulu«, der 1879 in Schwarzafrika ums Leben kam.[2] Sie erlebte noch die Niederlage der verhaßten Deutschen im Ersten Weltkrieg und kehrte zum Sterben in ihre spanische Heimat zurück, wo sie am 11. Juli 1920, im Alter von vierundneunzig Jahren ihrem Mann und ihrem Sohn nachfolgte.

In Spanien beendte auch Marschall Bazaine sein Leben. Nach dem Verlust des Preußisch-Französischen Krieges in Ungnade gefallen und wegen Hochverrat zum Tode verurteilt, wurde der alte Mann schließlich zu Festungshaft »begnadigt«. Nach einiger Zeit gelang ihm die Flucht, und auf abenteuerliche Weise gelangte er zusammen mit seine Frau Josefa nach Spanien. 1888 starb er in Madrid. In seinen letzten Lebensjahren hatte er in erbärmlichen Verhältnissen dahinvegetieren müssen, er starb als einsamer, bettelarmer und völlig in Vergessenheit geratener Mann. Doña Josefa Bazaine kehrte nach dem Tod des Marschalls nach Mexiko zurück und sah sich gezwungen, in einem Armenhaus zu leben. Bankier Jecker wurde 1871 als der berüchtigte »Mexiko-Jecker« erkannt und von der Pariser Kommune zum Tod verurteilt. Für ihn gab es keine Begnadigung. Das Urteil wurde vollstreckt.

Der unverwüstliche Haudegen Prinz Felix Salm-Salm, Maximilians letzter und aufrichtigster Freund, veröffentlichte in Stuttgart seine Memoiren und zog 1870 in seinen nächsten Krieg, wo er in der Schlacht von Gravelotte, wie immer tollkühn und jede Vorsicht aus der Acht lassend, fiel. Seine Gemahlin Agnes diente auch in diesem Krieg als Lazaretthelferin, heiratete später einen begüterten englischen Diplomaten und erfreute sich noch vierzig Jahre lang eines interessanten und aufregenden Lebens.

Sehr alt wurde auch die »Hyäne von Tacabuya«, Leonardo Marquéz, auf dessen Kopf die Juáristas eine große Belohnung ausgesetzt hatten. Ihm gelang die Flucht nach Cuba. In Havanna verfügte er über beträchtliche Geldmittel unbestimmter Herkunft und betätigte sich als »Kredithai«. 1895 kehrte er nach Mexiko zurück und starb achtzehn Jahre später friedlich im Bett im Alter von 93 Jahren.

Mit dem »Judas von Querétaro«, Miguel Lopéz, meinte es das Schicksal nicht so gut. Nicht einmal seine Frau hielt dem Verräter die Treue, sie verließ ihn schon kurz nach Maximilians Erschießung. Obwohl Lopéz zu seiner Verteidigung einige Pamphlete veröffentlichte, des Inhalts, daß sein Verrat in Wirklich eine von Maximilian befohlene Rettungsaktion (!) gewesen wäre, verfolgte ihn das Stigma seiner schändlichen Tat bis an sein frühes Ende. Lopéz überlebte den Biß eines tollwütigen Hundes nicht und starb einen elenden Tod.

Carl de Bombelles trat in die Dienste von Kronprinz Rudolf, dessen tragisches Ende auf dem Jagdschloß Mayerling hinlänglich bekannt ist. Carl Graf Khevenhüller-Metsch kehrte in seine Heimat zurück

und erbte den Fürstentitel seines Vaters. In langwieriger Arbeit vervollständigte er sein mexikanisches Tagebuch, welches Brigitte Hamann 1983 herausgab. Er befreundete sich mit seinem ehemaligen Feind auf der Seite der Juáristas, General Porfirio Díaz, unternahm viele Reisen und heiratete. Trotzdem konnte er die große Liebe seines Lebens, Leonor Adalid de la Torre, niemals vergessen. Als er am 11. September 1905 auf der Riegersburg verstarb, war auch er ein verbitterter und einsamer Mann. Ein einziger Kranz zierte seinen Sarg. Er kam von sehr weit her. Porfirio Díaz hatte ihn aus Mexiko geschickt.
Obwohl die offiziellen Stellen Mexikos das zweite Kaiserreich niemals anerkannt haben, erinnert man sich bis heute des unglücklichen Habsburgers. Seine Sommerresidenz Chapultepec, das »Schönbrunn von Mexiko«, wird immer mit seinem Namen verbunden bleiben und in Cuernavaca existiert seit kurzem ein Maximilian-Museum.[3]
Maximilians größtes Vermächtnis aber bleibt Miramar, das Felsenschloß am Meer, das Jahr für Jahr hunderttausende Touristen nach Triest und an die Adria lockt. Im Zentrum des prächtigen Schloßparkes erinnert ein imposantes Denkmal an den Habsburger auf Montezumas Thron.

Anmerkungen

Vorwort

1 Brigitte Hamann. *Mit Kaiser Max in Mexiko. Aus dem Tagebuch des Fürsten Carl Khevenhüller 1884–1867.* Wien–München: Amalthea, 1983, p. 8.

1. Kapitel

1 Zwischen 1945–1955 fanden in Lateinamerika nicht weniger als 30 Revolutionen statt. Dies geht aus einer von Merle King erstellten »Revolutionsliste« hervor, welche jedoch auch sogenannte »pronunciamentos«, also fehlgeschlagene Revolten enthält. Diese Liste erschien im Januar 1959 in Belo Horizonte, und zwar in der fünften Ausgabe des *Revista Brasileira de Estudos Politicos.* Kings Artikel trug den Titel »Contribucáo para una teoría de inestabilidade de poder e da politíca na America Latina«.

2 Hartwig Vogelsberger. *»King Romance« – Rider Haggard's Achievement.* Salzburg: Universitätsverlag, 1984.

3 Henry Rider Haggard. *Montezuma's Daughter.* London: Longmans Green, 1895, p. 218. Ins Deutsche übertragen durch den Verfasser.

4 Hamann, p. 12.

5 Der Vater des späteren »Duce« zeigte sich von der Person des Aztekennachfahren so sehr beeindruckt, daß er seinen Sohn nach ihm benannte. So wurde aus dem italienischen »Benedetto Mussolini«, wie der Faschistenführer ohne die Juárez-Begeisterung seines Vaters geheißen hätte, Benito Mussolini.

6 Erik Kühnelt-Leddihn bezeichnet Maximilian als Stockliberalen und »wahrscheinlichen« Freimaurer (was sich durch nichts beweisen läßt!), während Benita Juárez in seinem *Lateinamerika, Geschichte eines Scheiterns* (Osnabrück: Fromm, 1967) als »Kreatur der Vereinigten Staaten« abgestempelt wird. Kühnelt-Leddihn feiert die »unerhörten Kulturleistungen« der Spanier, verdammt die grausamen Menschenopfer des barbarischen Aztekenkultes, findet begeisternde Worte für die gewaltige Aufbauarbeit der Kirche und negiert bewußt all die Greuel, welche die in die Neue Welt exportierte Inquisition nach sich zog.

2. Kapitel

1 Ben Weider & David Hapgood. *Der Mörder Napoleons.* Bayreuth, Hestia, 1983, p. 76.
2 Gerd Holler. *Napoleons Sohn. Der unglückliche Herzog von Reichstadt.* Wien–München: Amalthea, 1987, p. 286.
3 Heinz Rieder. *Napoleon III. Abenteurer und Imperator.* Gernsbach: Kasimir Katz, 1989, pp. 54–55.
4 Ibidem, p. 59.
5 London Times. 12. August 1840.
6 Rieder, p. 141.
7 Joan Haslip. *Maximilian. Kaiser von Mexiko.* München: Biederstein, 1972, p. 72.
8 Dem Zulukrieg oder »Great Zulu War« von 1879, einem der vielen lächerlich-theatralischen, aber nichtsdestoweniger grausamen Kriege, die sich das britische Empire auf dem Schwarzen Kontinent zu kämpfen genötigt sah. Prinz »Lulu« war lediglich als Beobachter ins Land der Zulus gefahren, geriet in einen Hinterhalt und wurde getötet. Vergleiche: Vogelsberger, *»King Romance«*, p. 79.
9 Egon Cäsar Conte Corti. *Maximilian von Mexiko. Die Tragödie eines Kaisers.* München; Knaur, 1980, pp. 16–18.

3. Kapitel

1 Gerd Mesenhol. *Im Schatten der Zypressen. Habsburg und der Traum von Mexiko.* Gernsbach: Kasimir Katz, 1990, p. 240.
2 Haslip, p. 13.
3 Ibidem.
4 Haslip, p. 15.
5 Der Mediziner Holler widmete sich vor allem auch dem Krankheitsverlauf Reichstadts mit akribischer Genauigkeit und entlarvte zahllose sich als unhaltbar herausstellende Gerüchte mit bestechender Logik.
6 Holler, p. 229.
7 Corti, p. 10.
8 Ibidem, p. 15.
9 Hamann, p. 22.
10 Sowohl seine erste Frau Charlotte of Wales als auch seine flämische Langzeitmätresse Arcadie Claret de Viescourt entsprachen diesem Typ. Vergleiche auch: Haslip, pp. 79–80.
11 Haslip, p. 88.
12 Corti, p. 25.
13 Ibidem, pp. 27–28.
14 Haslip, p. 101.
15 Hamann, pp. 36–37.
16 Corti, p. 30.

17 Rieder, p. 233.
18 Ibidem, p. 234.
19 Haslip, pp. 124–125.
20 Rieder, p. 237.
21 Haslip, p. 129.
22 Hamann, p. 34.
23 Ibidem.
24 Dieser reizende Ausdruck wurde vom berühmten, 1912 verstorbenen schottischen Historiker, Schriftsteller und Literaturkritiker Andrew Lang geprägt. Vergl.: Vogelsberger, *»King Romance«*, p. 9.
25 Haslip, p. 133.
26 Hamann, p. 35.
27 Haslip, p. 130.
28 Norbert Frýd. *Die Kaiserin.* Stuttgart: Deutsche Verlagsanstalt, 1976.
29 Brief Gerd Hollers an den Verfasser vom 18. 1. 1991.
30 Haslip, p. 139.
31 Corti, p. 34.

4. Kapitel

1 Corti, p. 53.
2 Mesenhol, pp. 68–70.
3 Corti, p. 52.
4 Mesenhol, p. 123.
5 Ibidem, pp. 133–135.
6 Corti, pp. 58–59.
7 Haslip, p. 187.
8 Corti, pp. 61–62.
9 Mesenhol, pp. 149–150.
10 Corti, p. 62.
11 Ibidem, p. 66.
12 Corti, p. 67.
13 *Der g'rade Michel.* 15. 8. 1863.
14 Haslip, p. 203.
15 Karl Heinz Wocker. *Königin Victoria. Die Geschichte eines Zeitalters.* München: Heyne, 1989, p. 252.
16 Corti, pp. 71–72.
17 Mesenhol, pp. 197–198.
18 Haslip, pp. 193–194.
19 Hamann, p. 40.
20 Corti, p. 76.
21 Hamann, p. 49.
22 Haslip, p. 220.
23 Ibidem, p. 223.
24 Corti, p. 79.

25 Ibidem, p. 80.
26 Hamann, p. 50.
27 Corti, p. 86.
28 Haslip, p. 230.
29 Mesenhol, p. 251.

5. Kapitel

Der Originalwortlaut dieser sogenannten »Pasquinade« lautete:

Italienisches Original:	*Deutsche Übersetzung*
Massimiliano, non ti fidare.	Maximilian, glaube nicht, es sei wahr.
Torna al Castello di Miramare.	Kehr zurück in Dein Schloß Miramar.
Quel trono facile di Montezuma	Montezumas Krone ist nur ein Traum.
E un nappo gallico colmo di spuma.	Ein gallischer Becher, gefüllt mit Schaum.
Del timeo Danaos, del ti ricorda.	Denk an des Danaos tödliche Gaben.
Sotto il porpara trovo la corda.	Unter Purpur liegt ein Strick begraben.

2 Hamann, pp. 31–32.
3 Der unter dem Namen George Noel Gordon geborene Lord Byron, der 1824 im Alter von nur 36 Jahren im griechischen Missolonghi starb, ohne aktiv in den griechischen Freiheitskampf eingreifen zu können, wie es die Absicht des »romantischen Helden« und glühenden Griechenlandverehrers gewesen war, war den Österreichern feindlich gesinnt, bezeichnete sie als »Barbaren«, »Feiglinge« und »Höllenhunde«. Der Österreichhaß des großen Dichters gipfelte in dem Satz: »Kein Italiener kann die Österreicher so sehr hassen, wie ich es tue; die Österreicher scheinen die verachtungswürdigste Rasse unter der Sonne zu sein.« Zu Byrons »sagenhaftem Liebesleben« siehe auch: Hartwig A. Vogelsberger. »The Loves of Lord Byron – Byron's Sexual Ambivalence«, in: *The Eternal Pilgrim.* Salzburg, 1988, pp. 28–57.
4 Haslip, pp. 238–239.
5 Hamann, pp. 54–55.
6 Haslip, p. 242.
7 Ibidem.
8 Vor allem Westernregisseure ließen sich immer wieder von Vera Cruz und dem zweiten mexikanischen Kaiserreich inspirieren. So drehte Robert Aldrich 1954 den »actioner« Vera Cruz mit Gary Cooper und Burt Lancaster in den Hauptrollen. Wie nicht anders zu erwarten, beziehen alle diese Hollywoodproduktionen eindeutig für Juárez Stellung und zeigen Maximilian als schwachen, dem freiheitsliebenden Volk von Mexiko aufgezwungenen Herrscher. Im Film *Vera Cruz* kämpfen Gary Cooper und Burt Lancaster als Abenteurer Ben Trane und Joe Erin zwar zuerst (für Geld) auf Maximilians Seite, wechseln aber zum richtigen Zeitpunkt zu Juárez über, um der gerech-

ten Sache zum Durchbruch zu verhelfen. Kaiser Maximilian wurde in diesem spannenden, der historischen Realität jedoch nicht entsprechenden Abenteuerfilm von George Macready dargestellt.

9 Haslip, p. 248.
10 *l'Estafette*. 13. Juni 1864.
11 Vgl.: Sten Forshufvud. *Mord an Napoleon?* Wien–Düsseldorf, 1962, p. 17, und das in Anm. 1 des 2. Kapitels erwähnte Buch *Der Mörder Napoleons* von Hapgood & Weider.
12 Corti, p. 98.
13 Haslip, p. 253.
14 Corti, p. 99.
15 Hamann, p. 57.
16 Haslip, p. 157.
17 Wilhelm Monthlong. *Authentische Enthüllungen über die letzten Ereignisse in Mexiko*. Stuttgart, 1868.
18 Hamann, p. 58.
19 Corti, pp. 103–104.
20 Hamann, pp. 59–60.
21 Haslip, p. 266.
22 Hamann, p. 60.
23 Haslip, p. 272.
24 Ibidem, p. 275.
25 Haslip, pp. 284–285.
26 Ibidem, p. 282.
27 Corti, pp. 109–110.
28 Hamann, p. 78.
29 Corti, p. 121.
30 Haslip, p. 288.
31 Corti, p. 115.

6. Kapitel

1 Vergleiche: 3. Kapitel, Anm. 28.
2 Haslip, p. 299.
3 Corti, p. 130.
4 Hamann, p. 61.
5 Ibidem, p. 86.
6 Haslip, p. 299.
7 Ibidem, p. 302.
8 Hamann, p. 87.
9 Ibidem, p. 88.
10 Haslip, p. 305.
11 Mesenhol, pp. 281–282.
12 Corti, p. 135.
13 Ibidem, p. 134.

14 Hamann, p. 77.
15 Tagebucheintragung des Grafen Khevenhüller-Metsch. Mexiko-Stadt. 30. 12. 1864. Ausführlicher und ohne Auslassungen zitiert bei Hamann, p. 81.
16 Ibidem. Eintrag vom 23. Juni 1865, vorgenommen in Puebla. Vollständig zitiert bei Hamann, pp. 169–171.
17 Haslip, p. 319.
18 Corti, p. 136.
19 Ibidem, p. 139.
20 Haslip, p. 329.
21 Interessant ist die Herkunft der Bezeichnung »Gringo«, »Gringa«, »Gringita«. Von den Mexikanern durchwegs abschätzig gebraucht, bedeutet das Wort »Gringo« so viel wie Ausländer und wird auf alle Nichtmexikaner mit Ausnahme der Spanier angewandt. Am häufigsten auf die Bewohner Nordamerikas gemünzt, entstand dieser Ausdruck im amerikanisch-mexikanischen Krieg von 1846–1848, der mit der vernichtenden Niederlage Santa Anas und der Eroberung der mexikanischen Hauptstadt durch die Amerikaner endete. Im Laufe dieser Eroberungskampagne bevorzugten die »soldiers of Uncle Sam« ein bestimmtes Lied, das sie wieder und wieder sangen und das mit den Worten »Green grows my valley« begann. Daraus wurde später die Bezeichnung »Gringo« abgeleitet.
22 Haslip, pp. 330–331.
23 *Haus-, Hof- und Staatsarchiv.* Nachlaß des Kronprinzen Rudolf. Karton 21.
24 Corti, p. 140.
25 Ibdem, pp. 141–142.
26 Mesenhol, pp. 305–306.
27 Haslip, p. 335.
28 Mesenhol, pp. 313–314.
29 Corti, p. 145.
30 Haslip, p. 340.
31 Ibidem, p. 343.
32 Corti, p. 149.
33 Ibidem, pp. 149–150.

7. Kapitel

1 Felix Gamillscheg. *Kaiseradler über Mexiko.* Graz–Wien–Köln: Styria, 1964.
2 Ibidem, p. 176.
3 Haslip, pp. 348–349.
4 Corti, pp. 152–153.
5 Charles Blanchot, *L'Intervention Française au Mexique.* Paris, 1911.
6 José Luis Blasio. *Maximilian – Emperor of Mexico.* Yale: At the University Press, 1934.
7 Holler, *Napoleons Sohn,* p. 282.
8 Brief Dr. Hollers an den Verfasser vom 18. 1. 1991.

9 Frýd, p. 415.
10 Jacques Weygand. *Mon Père Weygand.* Paris, 1970.
11 Haslip, p. 509.
12 Ibidem, p. 510.
13 Egon Erwin Kisch. *Entdeckungen in Mexiko.* Berlin–Weimar, 1947.
14 Holler, pp. 280–281.
15 Siehe den Bericht in der *Wiener Weltpresse* vom 18. 5. 1948.
16 Corti, p. 155.
17 Haslip, p. 362.
18 Frýd, p. 262.
19 Haslip, pp. 364–365.
20 Frýd, p. 272.
21 Corti, p. 159.
22 Hamann, pp. 89–90.
23 Tagebucheintragung Carl Khevenhüllers vom 3. Mai 1866. Ohne Auslassungen zitiert bei Hamann, p. 205.
24 Corti, p. 168.
25 Ibidem, p. 156.
26 Haslip, p. 363.
27 Corti, p. 168.
28 Ibidem, pp. 170–171.
29 Corti, pp. 173–174.
30 Haslip, p. 378.
31 Corti, p. 172.

8. Kapitel

1 Hamann, pp. 214–216.
2 Haslip, p. 381.
3 Der spanische Originaltext des zur »La paloma-Melodie« gesungenen »Schmähgassenhauers« lautete:

Adios, Mama Carlota,
Adios, mi tierno amor,
Se fueron los Franceses,
Se ve el Emperador.

Dazu die deutsche Übersetzung:

Lebwohl Mama Carlota,
Lebwohl mein zärtlich Herz
Ziehen erst die Franzosen von dannen,
Weicht auch der Kaiser.

4 Frýd, p. 285.
5 Haslip, p. 387.
6 Ibidem, p. 391.
7 Corti, p. 189.
8 Rieder, p. 254.

9 Corti, p. 194.
10 Ibidem, p. 195.
11 Frýd, p. 309.
12 Haslip, p. 399.
13 Corti, pp. 197–199.
14 Haslip, p. 400.
15 Corti, p. 175.
16 Tagebucheintragung Carl Khevenhüllers vom 10. Juli 1866. Zur Gänze zitiert bei Hamann, p. 216.
17 Frýd, p. 317.
18 Haslip, p. 403.
19 Corti, p. 202.
20 Tagebucheintragung des Grafen Khevenhüller vom 18. August 1866. Ohne Auslassungen zitiert bei Hamann, pp. 219–220.
21 Corti, p. 203.
22 Haslip, p. 407.
23 Dieses mit wahrhaft gnadenloser Nonchalance als Wahrheit verkaufte unhaltbare Gerücht findet der konsternierte Leser auf Seite 412 von Frýds Buch.
24 Melvin Harris. *Jack the Ripper – Die blutige Wahrheit hundert Jahre danach*. Wien: Hannibal, 1988.
25 Frýd, pp. 345–346.
26 Corti, p. 210.
27 Ibidem, p. 212.
28 Corti, pp. 213–214.
29 Haslip, p. 429.
30 Corti, p. 222.
31 Haslip, p. 419.

9. Kapitel

1 Haslip, p. 433.
2 Corti, pp. 229–230.
3 Frýd, p. 351.
4 Haslip, p. 436.
5 Corti, p. 229.
6 Tagebucheintragung des Grafen Khevenhüller, datiert 31. Oktober 1866. Vollständig zitiert bei Hamann, pp. 222–227.
7 Corti, pp. 230–231.
8 ibidem, p. 232.
9 Frýd, p. 356.
10 Haslip, p. 448.
11 Cortí, p. 235/236.
12 Haslip, p. 448.
13 Monthlong, *Authentische Enthüllungen*, p. 39.

14 Haslip, p. 451.
15 Ibidem, p. 457.
16 Frýd, p. 352.
17 Ibidem, p. 369.
18 Tagebuchaufzeichnung Carl Khevenhüllers, datiert 13. Februar Mexiko-Stadt. Zur Gänze zitiert bei Hamann, pp. 242–244.

10. Kapitel

1 Felix Prinz Salm-Salm. *Querétaro. Blätter aus meinem Tagebuch in Mexiko.* Stuttgart, 1868, 2 Bände, Band 1, pp. 37–38. Auch zitiert bei Hamann, p. 244.
2 Unter Salms Namen erschienen zwei Bücher. 60 Jahre nach der Veröffentlichung von *Querétaro. Blätter aus meinem Tagebuch* erschien in Freiburg im Breisgau eine Neufassung mit dem Titel *Maximilian von Mexiko – Das Ende eines Kaiserreiches.*
3 Agnes Prinzessin Salm-Salm. *Zehn Jahre aus meinem Leben. 1862–1872.* Stuttgart 1878, 3 Bände.
4 Haslip, pp. 469–470.
5 Hamann, pp. 244–245.
6 Corti, p. 249.
7 Haslip, p. 472.
8 Ibidem, p. 474.
9 Corti, p. 252.
10 Haslip, p. 475.
11 Ibidem, p. 478.
12 Corti, p. 258.
13 Corti, p. 250.
14 Samuel Basch. *Erinnerungen aus Mexiko.* Leipzig, 1868, 2 Bände.
15 Haslip, p. 492.
16 Corti, p. 268.
17 Ibidem, p. 269.
18 Joachim Kühn (Hrsg.) *Anton von Magnus. Das Ende des maximilianischen Kaiserreiches in Mexiko. Berichte des königlich-preußischen Ministerresidenten an Bismarck 1866–1867.* Göttingen, 1965, p. 241.
19 Ferdinand Anders. »Erzherzog Ferdinand Maximilian und das Segundo Imperio Mexicano«, in: *Hardegger Beiträge zur Maximilian-Forschung I,* Hardegg, 1974, p. 41. Siehe auch Hamann, pp. 68–69.
20 Haslip, p. 501.
21 Alles spricht dafür, daß Maximilian mit nach vorne gerichtetem Kopf zu Boden stürzte, nachdem ihn die fünf tödlichen Schüsse getroffen hatten. Auch Conte Cortis Darstellung deckt sich mit dieser Version. Wie mir außerdem der Heeresexperte Professor Siegfried Kirchner mitteilte, ist es sehr wahrscheinlich, daß ein Mann, der vor dem Erschießungspeloton steht und eine betont militärisch-stramme Haltung einnimmt, mit dem Gesicht

nach vorn stürzen würde. Joan Haslips Version eines Todessturzes nach hinten ist daher unglaubwürdig.

22 Frýd, p. 388.

Epilog

1 *Der g'rade Michel.* 27. 7. 1867.

2 S. 2. Kapitel, Anm. 8.

3 Darauf wies mich freundlicherweise Dr. Gerd Holler aus Baden bei Wien hin, dem ich dafür sehr herzlich danke.

Bibliographie

Aichelburg, W. *Maximilian Erzherzog von Österreich, Kaiser von Mexiko in zeitgenössischen Photographien.* Wien, 1987.

Alvensleben, M. *With Maximilian in Mexiko.* London, 1867.

Anders, Ferdinand. »Maximilian in Mexiko«, in: *Katalog der Ausstellung auf Burg Hardegg,* Hardegg, 1974.

Anders, Ferdinand. »Maxing und Miramar. Die Schloßbauten Maximilians von Mexiko und ihre Vorbilder«, in: *Die Presse,* 29./30. November 1986.

Andics, Helmut. *Die Frauen der Habsburger.* Wien–München, 1969.

Aretz, Gertrude. *Glanz und Untergang der Familie Napoleons.* Wien, 1937.

Aronso, Theo. *The Fall of the Third Napoleon.* London, 1970.

Aubry, Octave. *Der König von Rom.* Zürich, 1935.

Aubry, Octave. *Kaiserin Eugenie.* Zürich, 1937.

Aubry, Octave. *Das zweite Kaiserreich.* Zürich, 1938.

Avenir National. 15. 3. 1865.

Basch, Samuel. *Erinnerungen aus Mexiko.* Leipzig, 1868, 2 Bände.

Basch, Samuel. *Recuerdos de México.* Mit einem Kommentar von Hilarión Frîas y Soto. Mexico-City, 1967.

Beust, Friedrich Ferdinand. *Aus drei Vierteljahrhunderten. Erinnerungen und Aufzeichnungen.* Stuttgart, 1887. 2 Bände.

Bigelow, John. *Retrospections of an Active Life.* New York, 1909. 2 Bände.

Blaas, Richard. »Die Gedächtniskapelle in Querétaro und die Wiederaufnahme der diplomatischen Beziehungen zwischen Österreich-Ungarn und Mexiko«, in: *Mitteilungen des Österreichischen Staatsarchivs,* 1955, pp. 191–222.

Blanchot, Charles. *L'Intervention Française au Mexique.* Paris, 1911. 3 Bände.

Blasio, José Luis. *Maximilian, Emperor of Mexico. Memoirs of His Private Secretary.* Yale, 1934.

Blasio, José Luis. *Massimiliano Intimo.* Mexico-City, 1966.

Bourgoing, Jean. *Le Fils de Napoléon.* Paris, 1932.

Bourgoing, Jean. *Aus den Papieren des Herzogs von Reichstadt.* Berlin, 1925.

Buffin, Camille. *La Tragédie Mexicaine.* Brüssel, 1925.

Bury, J. P. T. *Napoleon III. and the Second Empire.* London, 1964.

Cantú, Cesare. »L'Archiduca Massimiliano«, in: Anhang zu *Cronistoria dell'Independenza Italiana.* Turin, 1877. 4 Bände.

Castelot, André. *Napoleón Trois.* Paris, 1973/74. 2 Bände.

Cheetham, Nicholas. *A History of Mexico.* London–New York, 1971.

Coffin, Robert. *L'Imperatrice Fantome.* Paris, 1938.

Cornaro, Andreas. »Österreich und das mexikanische Freikorps«, in: *Mitteilungen des Österreichischen Staatsarchivs XIV,* 1961.
Corti, Egon Cäsar. *Maximilian und Charlotte von Mexiko.* Wien, 1924. 2 Bände.
Corti, Egon Cäsar. *Vom Kind zum Kaiser.* Wien, 1950.
Corti, Egon Cäsar. *Leopold I. von Belgien.* Wien, 1922.
Corti, Egon Cäsar. *Maximilian von Mexiko. Die Tragödie eines Kaisers.* München, 1980.
Covre, P. *Massimiliano d'Asburgo imperatore del Messico nelle monete e nelle medaglie.* Triest, 1969.
Decaux, Lucille. *Charlotte et Maximilien. Les amants chimériques.* Paris, 1937.
Decaux, Lucille. *Maximilian und Charlotte. Glanz und Untergang eines Kaiserpaares.* Bern, 1938.
Der g'rade Michel. 15. 8. 1863.
Der g'rade Michel. 27. 7. 1867.
Desternes, Suzanne & Chaudet, Henriette: *Maximilien et Charlotte.* Paris, 1964.
Dickens, Homer. *The Films of Cary Cooper.* Secaucus, New Yersey, 1974.
Duchesne, Albert. *L'Expédition Belge au Mexique 1864–1867.* Brüssel, 1970. 2 Bände.
El Sol, Mexico-City, Ausgabe des Jahres 1867.
Elwenspoek, C. *Charlotte von Mexiko. Der Leidensweg einer Kaiserin.* Stuttgart, 1927.
Fabiani, Rossella. *Schloß Miramare. Das Historische Museum.* Triest, 1989.
Fleury, Maurice. *Memoiren der Kaiserin Eugenie.* Leipzig, 1921. 2 Bände.
Forshufvud, Sten. *Mord an Napoleon?* Wien–Düsseldorf, 1962.
Fröbel, Julius. *Ein Lebenslauf.* Stuttgart, 1891.
Frýd, Norbert. *Die Kaiserin.* Stuttgart, 1976.
Gamillscheg, Felix. *Kaiseradler über Mexiko.* Graz, 1964.
Gasperini, Luisa. *Massimiliano nel Messico.* Rom, 1938.
Gasperini, Luisa. *Massimiliano d'Austria – Nei Suoi Ricordi.* Rom, 1935.
Guadella, Philip. *The Second Empire.* London, 1932.
Haggard, Henry Rider. *Montezuma's Daughter.* London, 1895.
Hamann, Brigitte. *Mit Kaiser Max in Mexiko. Aus dem Tagebuch des Fürsten Carl Khevenhüller 1864–1867.* Wien–München, 1983.
Hardig, B. *Phantom Crown. The Story of Maximilian and Carlota of Mexico.* Indianapolis–New York, 1934.
Harris, Melvin. *Jack the Ripper – Die blutige Wahrheit hundert Jahre danach.* Wien, 1988.
Haslip, Joan. *Maximilian. Kaiser von Mexiko.* München, 1972.
Haus-, Hof- und Staatsarchiv Wien, Depot Khevenhüller, Mexiko, Karton 42.
Haus-, Hof- und Staatsarchiv, Nachlaß des Kronprinzen Rudolf, Karton 22.
Haus-, Hof- und Staatsarchiv, Nachlaß Maximilians, Karton 98.
Heller, Karl. *Die äußeren und inneren politischen Zustände der Republik Mexiko.* Berlin, 1859.
Hellwald, F. *Maximilian I. Kaiser von Mexiko. Sein Leben, Wirken und sein Tod.* Wien, 1869.

Holler, Gerd. *Napoleons Sohn. Der unglückliche Herzog von Reichstadt.* Wien–München, 1987.
Hyde, Montgomery. *The Mexican Empire.* London, 1946.
Kératry, Emil. *Kaiser Maximilians Erhebung und Fall.* Leipzig, 1868.
Kératry, Emil. *La Contre-Guerilla Française au Mexique.* Paris, 1873.
Kerckvoorde, Mia. *Charlotte. La Passion et la fatalité.* Paris, 1981.
Kertbeny, Carl Maria. *Spiegelbilder der Erinnerungen.* Leipzig, 1868.
King, Merle. »Contribucáo para una teorîa de inestabilidade de poder e da politîca na America Latina«, in: *Revista Brasileira de Estudos Politîcos.* Belo Horizonte, 1959.
Kisch, Egon Erwin. *Entdeckungen in Mexiko.* Berlin–Weimar, 1947.
Kollonitz, Paula. *Eine Reise nach Mexiko.* Wien, 1867.
Kraft-Hohenlohe-Ingelfingen, Prinz von. *Aus meinem Leben.* Berlin, 1905. 2 Bde.
Krause, Walter. »Maximilians Reisen und Reiseberichte«, in: *Katalog der Ausstellung auf Burg Hardegg,* Hardegg, 1974.
Kühn, Joachim (Hrsg.) *Anton von Magnus: Das Ende des maximilianischen Kaiserreiches in Mexiko. Berichte des königlich-preußischen Ministerresidenten an Bismarck 1866–1867.* Göttingen, 1965.
Kühnelt-Leddihn, Erik. *Lateinamerika. Geschichte eines Scheiterns?* Osnabrück, 1967.
Kurtz, Harold. *The Empress Eugénie.* London, 1964.
Kurtz, Harold. *Eugenie, Kaiserin der Franzosen.* Tübingen, 1965.
l'Estafette. Mexiko-Stadt. 13. 6. 1863.
Leipziger Illustrirte Zeitung. 11. 5. 1867.
London Times. 11. 8. 1840.
Libutti, S. *Miramare.* Triest, 1960.
Lubienski, Johann. *Der Maximiliansche Staat Mexiko 1861–1867. Voraussetzungen, Phasen, Programme, Ideen.* Diss., Graz, 1983.
MacSmith, Denis, *Cavour.* New York, 1985.
Malortie, Carl. *Mexikanische Skizzen. Erinnerungen an Kaiser Maximilian.* Leipzig, 1882.
Malortie, Carl. *Ein Blick in die mexikanischen Wirren.* Mannheim, 1867.
Martin, Percy. *Maximilian – The Story of the French Intervention in Mexico.* London, 1914.
Martinez, H. P. *Juaréz el impasible.* Madrid, 1934.
Maurois, André. *»Olympio« Victor Hugo.* Hamburg, 1957.
Maximilian Ferdinand, Erzherzog von Österreich. *Mein erster Ausflug. Wanderungen in Griechenland.* Leipzig, 1868.
Maximilian Ferdinand, Erzherzog von Österreich. *Aus meinem Leben. Reiseskizzen. Aphorismen, Gedichte.* Leipzig, 1868.
Maximilian Ferdinand, Erzherzog von Österreich. *Aphorismen.* Wien, 1861.
Merimée, Prosper. *Lettres à Monsieur Panizzi.* Paris, 1881.
Mesenhol, Gerd. *Im Schatten der Zypressen. Habsburg und der Traum von Mexiko.* Gernsbach, 1990.
Metternich, Richard. *Mémoires Documents et Ecrits divers de Metternich.* Paris, 1883.

Monthlong, Wilhelm. *Authentische Enthüllungen über die letzten Ereignisse in Mexiko*. Stuttgart, 1868.

Niox, Jean. *Expédition du Mexique 1861–1867*. Paris, 1874.

Ollivier, Emile. *L'Empire libéral*. Paris, 1895–1912. 9 Bände.

Paléologue, Maurice. *Vertrauliche Gespräche mit der Kaiserin Eugenie*. Dresden, 1928.

Préviel, Armand. *La Vie Tragique de l'Impératrice Charlotte*. Paris, 1930.

Reinach-Foussemagne, Henriette. *Charlotte de Belgique, Impératrice du Mexique*. Brüssel, 1925.

Richardson, Joanna. *My dearest Uncle, A life of Leopold, first King of the Belgians*. London, 1925.

Rieder, Heinz. *Napoleon III – Abenteurer und Imperator*. Gernsbach, 1989.

Ridley, Jasper. *Napoleon III and Eugénie*. London, 1979.

Roeder, Ralph. *Juarez and his Mexico*. New York, 1947.

Sachsen-Coburg-Gotha, Herzog Ernst von. *Aus meinem Leben und aus meiner Zeit*. Berlin, 1889. 2 Bände.

Salm-Salm, Felix. *Querétaro. Blätter aus meinem Tagebuch in Mexiko*. Stuttgart, 1868. 2 Bände.

Salm-Salm, Felix. *Maximilian von Mexiko – Das Ende eines Kaiserreiches*. Freiburg im Breisgau, 1928.

Salm-Salm, Agnes. *Zehn Jahre aus meinem Leben. 1862–1872*. Stuttgart, 1878, 3 Bände.

Sierra, Maestro Justo. *Juárez, su Obra y su Tiempo*. Mexico-City, 1956.

Sheridan, Philip. *Personal Memoirs*. New York, 1888. 2 Bände.

Smissen, Alfred van der. *Souvenirs du Mexique 1864–1867*. Brüssel, 1892.

Springer, Elisabeth. *»Kaiser Maximilian von Mexiko. Zur Problematik seiner Testamente«*, in: *Hardegger Beiträge zur Maximilian-Forschung*. Hardegg, 1982.

Stevenson, Sarah York. *Maximilian in Mexico*. New York, 1987.

Stichler, Gerlinde. *Der Anteil Österreichs an der Unternehmung Erzherzog Maximilians in Mexiko*. Diss., Wien, 1963.

Sueß, Eduard. *Erinnerungen*. Wien, 1918.

Tavera, Ernst Schmitt Ritter von. *Die mexikanische Kaisertragödie*. Wien, 1903.

Thomas, Tony. *Burt Lancaster. Seine Filme – sein Leben*. München, 1981.

Todoroff, Ulrike. *Die Reaktion auf den Staatsstreich Louis Napoleons im Spiegel der österreichischen Presse*. Diss., Wien, 1984.

Viya, M. *Querido Max, Retrato de un principe*. Puebla, 1975.

Vogelsberger, Hartwig A. *»King Romance« – Rider Haggard's Achievement*. Salzburg, 1984.

Vogelsberger, Hartwig A. »The Loves of Lord Byron – Byron's Sexual Ambivalence«, in: *The Eternal Pilgrim*, Salzburg, 1988, pp. 28–57.

Walton, Emile. *Souvenirs d'un Officier Belge au Mexique*. Brüssel, 1868.

Weider, Ben & Hapgood, David. *Der Mörder Napoleons*. Bayreuth, 1983.

Wertheimer, Eduard. *Der Herzog von Reichstadt. Ein Lebensbild*. Stuttgart, 1913.

Weygand, Jacques. *Mon Père Weygand*. Paris, 1970.
Wocker, Karl Heinz. *Königin Victoria. Die Geschichte eines Zeitalters*. München, 1989.

Namenregister

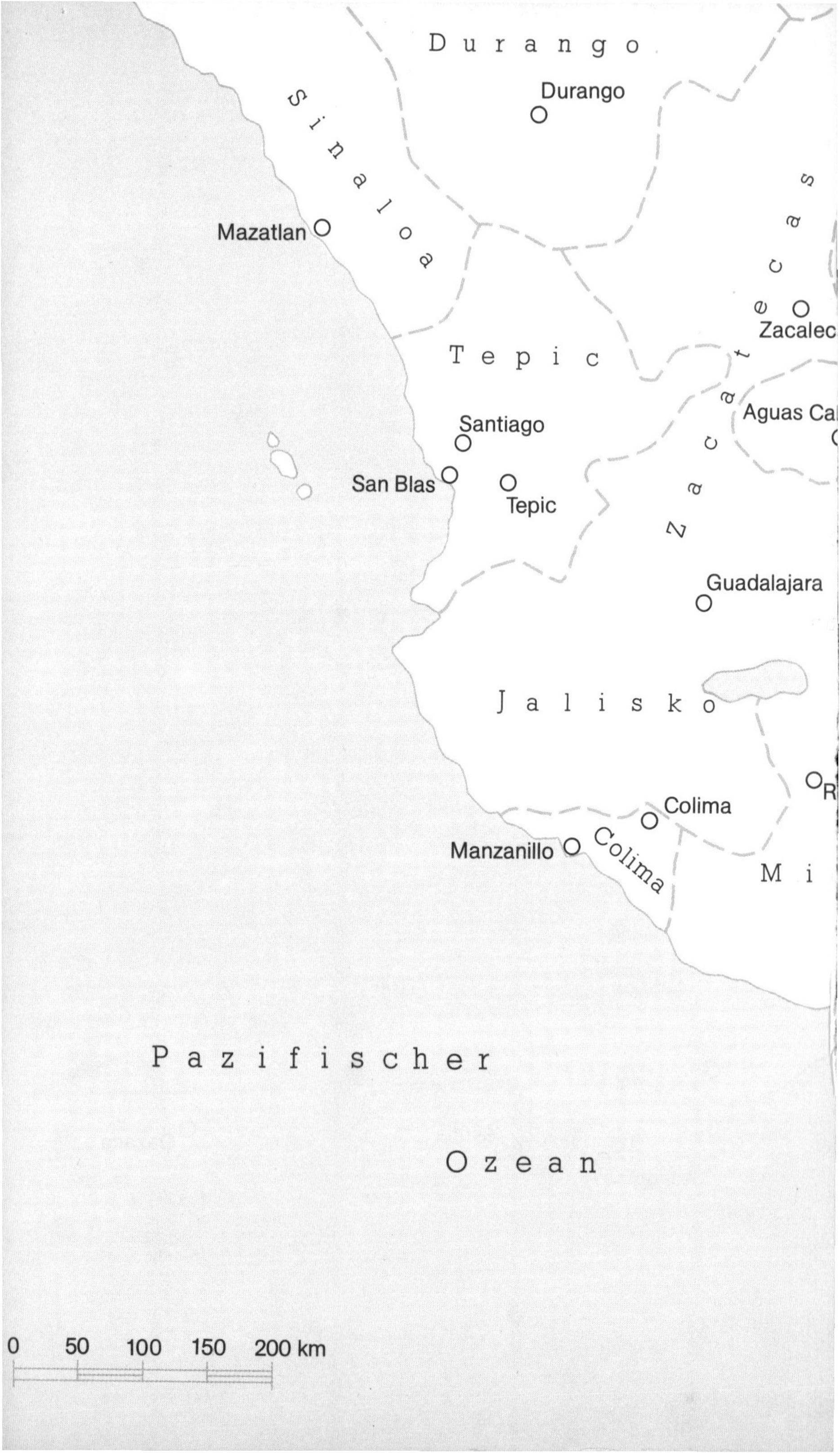

Durango
Durango
Sinaloa
Mazatlan
Zacatecas
Zacatec
Tepic
Aguas Ca
Santiago
San Blas
Tepic
Guadalajara
Jalisko
Colima
Manzanillo
Colima
Mi
Pazifischer
Ozean
0
50
100
150
200 km